Stadt in der Geschichte

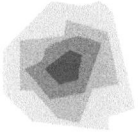

Veröffentlichungen
des Südwestdeutschen Arbeitskreises
für Stadtgeschichtsforschung

Begründet von
Erich Maschke und Jürgen Sydow

Herausgegeben von
Gabriele Clemens und Ulrich Nieß

Band 47

Stadtträume – Traumstädte

Tagungsband der 50. Jahrestagung
des Südwestdeutschen Arbeitskreises für Stadtgeschichtsforschung

Herausgegeben von
Roland Müller

Vandenhoeck & Ruprecht

Gedruckt mit freundlicher Unterstützung der Stadt Stuttgart.

Bibliografische Information der Deutschen Nationalbibliothek:
Die Deutsche Nationalbibliothek verzeichnet diese Publikation in der
Deutschen Nationalbibliografie; detaillierte bibliografische Daten sind
im Internet über https://dnb.de abrufbar.

© 2024 Vandenhoeck & Ruprecht, Robert-Bosch-Breite 10, 37079 Göttingen,
ein Imprint der Brill-Gruppe
(Koninklijke Brill BV, Leiden, Niederlande; Brill USA Inc., Boston MA, USA;
Brill Asia Pte Ltd, Singapore; Brill Deutschland GmbH, Paderborn, Deutschland)
Koninklijke Brill BV umfasst die Imprints Brill, Brill Nijhoff, Brill Schöningh, Brill Fink,
Brill mentis, Brill Wageningen Academic, Vandenhoeck & Ruprecht, Böhlau und V&R unipress.

Alle Rechte vorbehalten. Das Werk und seine Teile sind urheberrechtlich geschützt.
Jede Verwertung in anderen als den gesetzlich zugelassenen Fällen bedarf der vorherigen
schriftlichen Einwilligung des Verlages.

Umschlagabbildung: Postkarte Ende der 1920er Jahre, Stadtarchiv Stuttgart 9450_B69_001.

Satz: textformart, Göttingen
Umschlaggestaltung: SchwabScantechnik, Göttingen
Druck und Bindung: ⊕ Hubert & Co, Ergolding
Printed in the EU

Vandenhoeck & Ruprecht Verlage | www.vandenhoeck-ruprecht-verlage.com

ISSN 2940-2573
ISBN 978-3-525-31548-4

Inhalt

BERND ROECK
Einleitung 7

RICHARD SAAGE, EVA-MARIA SENG
Gebaute Utopien
Zwischen frühneuzeitlicher Idealstadt und den Architektur-
und Stadtplanungen der russischen Avantgarde der 1920er Jahre 15

EVA-MARIA SENG
Ideal- und Planstädte im deutschen Südwesten in der Frühen Neuzeit 37

FRANK GÖTTMANN
Die Zukunft der kleinen Stadt
Befunde und Projektionen um 1800 77

PETER COLLIN
Rechtliche Rahmenbedingungen kommunaler Raum-
und Infrastrukturplanung im 19. Jahrhundert –
preußische und badische Entwicklungslinien 99

JÖRG VÖGELE, ULRICH KOPPITZ
Traum oder Albtraum?
Planung für die gesunde Industriestadt –
an Beispielen aus der Rheinprovinz 121

DIETRICH ERBEN
Plätze des Liberalismus
Camillo Sittes »Städtebau« aus der Perspektive
der Geschichte politischer Ideen 157

REGINA STEPHAN
Blick zurück oder nach vorn?
Städtebauliche Vorbilder, Visionen und
Konzepte des frühen 20. Jahrhunderts 191

THOMAS MÖBIUS
Eine desurbanistische »Gartenstadt«
Michail O. Barschtschs und Moisej Ja.
Ginsburgs Entwurf für Selenyj Gorod (1929/30) 203

MICHAEL TRIEB (†)
UNTER MITARBEIT VON ANNA OELRICHS
Städte als Traum
Vom kosmischen Peking über das himmlische Jerusalem
bis zur humanen Stadt 221

Autor:innen 245

Personenregister 247

Ortsregister 249

Einleitung

Utopien kritisieren, was ist, indem sie vorführen, was sein könnte und vielleicht sein sollte. Amaurotum, die Hauptstadt von Thomas Mores fiktivem Inselstaat, ist mit ihrer quadratischen Anlage und dem absoluten Gleichmaß der Häuser das Gegenteil zum chaotischen, schmutzigen Moloch London. Symmetrie, gerade Straßen und rechte Winkel bestimmen bereits urbanistische Strukturen ältester Zeiten. Auch das »hippodamische System«, so genannt nach Hippodamos von Milet, einem Architekten und Staatstheoretiker des 5. Jahrhunderts, arbeitet mit rechteckigen oder quadratischen Parzellen und strebt nach Uniformität.[1] Dieselbe Logik bestimmt die Urbanistik, die Vitruv entwirft. Und auch Autoren des Mittelalters stellten sich die absolute Idealstadt, das himmlische Jerusalem, als ein perfektes geometrisches Gebilde vor, pflegt doch Gott, der Baumeister des Universums, alles nach Maß und Zahl einzurichten.

Umsetzung in reale Architektur strebte zuerst die Statutengesetzgebung italienischer Städte an. Man will gerade, nicht durch vorkragende Erker gestörte Straßenfluchten, denkt bereits an einheitliche Farbgebung und beachtet daneben hygienische Aspekte. Siena und Florenz bieten eindrucksvolle Beispiele für die Ratio spätmittelalterlicher Stadtbaukunst. Sie verweist damit auf Prinzipien, die in Stadtplanungen der Renaissance zur Geltung gebracht werden. Augenfällig vorgeführt werden sie auf drei Tafelbildern, die heute über Museen in Urbino, Berlin und Baltimore verteilt sind – gerade Straßen und möglichst symmetrisch organisierte Bebauung. Das ist als gemalte Vision schön anzusehen, scheint aber fürs Bewohnen wenig geeignet. Tatsächlich erscheinen Menschen nur auf der Version des Themas im Walters Art Museum in Baltimore.

Eine Ausnahme von der Ödnis geometrischer Stadtplanung lieferte der einflussreichste Architekturtheoretiker der frühen Neuzeit, Leon Battista Alberti (1404–1472). Seine »Zehn Bücher über die Baukunst« enthalten ein vieldiskutiertes Plädoyer für »krumme« Straßen. Sie sollten innerhalb der Stadt nicht gerade verlaufen, sondern »wie ein Fluß mal nach dieser Seite, mal zur anderen und aufs Neue zurück in sanften Biegungen gekrümmt sein – und zwar vor allem deshalb, weil, wenn so die Straße länger erscheine, man den Eindruck haben wird, daß die Stadt größer ist. Daneben trägt es zur Anmut [»*ad gratiam*«], zum praktischen Nutzen und zu den Erfordernissen der wechselnden Jahreszeiten bei. Und in der Tat wird es von Bedeutung sein, daß sich dem, der dort einhergeht, auf Schritt und Tritt langsam neue Perspektiven auf die Gebäude eröffnen, so daß sich Eingang und Fassade jedes Hauses sich in der Mitte der Straße in ihrer ganzen Größe zeigen. Während

---

[1] Ferdinando Castagnoli: Orthogonal Town Planning in Antiquity, Cambridge, Massachusetts 1971, S. 65–72.

anderswo zu große Weite unschön und auch ungesund ist, ist sie hier angebracht.«[2] Dieses bemerkenswerte Plädoyer, das nahezu sämtlichen urbanistischen Doktrinen widerspricht, ist wohl weniger von einem »mittelalterlichen« Stadtideal inspiriert als von rhetorischen Maßstäben, die für Albertis kunsttheoretische Schriften auch in anderen Zusammenhängen nachweisbar sind. Im Fall der »krummen Straße« ist es das Kriterium der »*varietas*«, der Abwechslung, die bekanntlich auch eine gute Rede auszeichnet.

Utopien nach More favorisierten ebenfalls Geometrie als urbanistisches Prinzip, von Filaretes »Sforzinda« bis zu Johann Valentin Andreaes »Christianopolis«, das von der realen Planung von Freudenstadt beeinflusst scheint (vgl. *Richard Saage/ Eva-Maria Seng* sowie *Eva-Maria Seng*, »Ideal- und Planstädte im deutschen Südwesten in der Frühen Neuzeit«, S. 15 ff.; S. 37 ff.).[3] Andreaes Konzept unterscheidet sich von der fiktiven Urbanistik von Campanellas »*Città del sole*« – er kannte das erst 1623 publizierte Manuskript – schon dadurch, dass es eine quadratische Struktur aufweist, während die »Sonnenstadt« auf konzentrischen Kreisen aufbaut.[4] Beide Entwürfe zeigen symbolische Formen, die für christliche Staatsideale mit freilich sehr unterschiedlicher Ausrichtung und Tradition stehen. Andreae gibt das Ideal einer lutherischen Kleinstadt, Campanellas Sonnenstadt greift wahrscheinlich auf Platons »Atlantis« zurück.

Weitere Beiträge zeigen die Konsistenz dieses »geometrischen Ideals« bis in die Moderne. Die Invektive Otto Wagners gegen Camillo Sittes urbanistisches Konzept, ein 1911 publizierter Vortrag vor dem New Yorker Urbanistik-Kongress, könnte – natürlich inzwischen unter völlig veränderten Vorzeichen – als Attacke gegen Albertis Vorschlag gelesen werden: »Ebensowenig berechtigt und ebenso künstlerisch verwerflich sind absichtliche, unmotivierte Straßenkrümmungen, unregelmäßige Straßen- und Platzlösungen etc. um angeblich malerische Straßenbilder zu erzielen.« (vgl. Beitrag *Erben*, S. 178). Was der romantische Blick in einer kalten Moderne als heimelig und pittoresk goutierte, erschien Kasimir Malewitsch als »Gerümpel« aus der Vergangenheit (*Richard Saage/Eva-Maria Seng*, Gebaute Utopien. Zwischen frühneuzeitlicher Idealstadt und den Architektur- und Stadtplanungen der russischen Avantgarde der 1920er Jahre, S. 15–36). Sein »Schwarzes Quadrat« deutet

---

2 Bernd Roeck: Der Morgen der Welt. Geschichte der Renaissance, München 2017, S. 650 f., Leon Battista Alberti: De re aedificatoria, IV,5; vgl. Ausgaben: Max Theuer (Hrsg.): Leon Battista Alberti: Zehn Bücher über die Baukunst/De re aedificatoria, Wien u. a. 1912, S. 201 sowie Giovanni Orlandi/Paolo Portoghesi (Hrsg.): Leon Battista Alberti. L'Architettura (De re Aedificatoria), Mailand 1966, S. 305 f.; Übersetzung B. R.

3 Vgl. auch Eva-Maria Seng: Stadt – Idee und Planung. Neue Ansätze im Städtebau des 16. und 17. Jahrhunderts, Berlin 2003.

4 Tessa Morrison: The Architecture of Andreae's Christianopolis and Campanella's City of the Sun. In: Alexandra Brown/Andrew Leach (Hrsg.): Proceedings of the Society of Architectural Historians, Australia and New Zealand 30, Bd. 1, Gold Coast, Qld 2013, S. 259–271. Campanellas Sonnenstadt weist sieben Kreise auf, die Städte auf Atlantis allerdings nur deren drei.

ein urbanistisches Ideal an, das seine Anfänge bei Hippodamus hat und in der Renaissance von Dürer und anderen aufgegriffen wird.

Das frühneuzeitliche Heilige Römische Reich war zwar in hohem Maß urbanisiert. Megastädte mit Millionenbevölkerung aber kannte allein Asien; auch die bevölkerungsreichsten Städte der Niederlande und Italiens – Mailand, Neapel und Venedig zum Beispiel – übertrafen die Einwohnerzahlen deutscher Kommunen bei Weitem. Der demographische Einbruch, den der Dreißigjährige Krieg verursacht hatte, war mancherorts erst um die Mitte des 19. Jahrhunderts überwunden, so dass auch erst zu dieser Zeit die Stadtmauern fielen. Es gibt damit gute Gründe, Planungen für die »kleine Stadt« zu thematisieren. *Frank Göttmann* nimmt die »Höhe« der Sattelzeit, die Jahre um 1800, ins Visier (»Die Zukunft der kleinen Stadt. Befunde und Projektionen um 1800«, S. 77–97). Fallstudien – die Städte Lieberose in der Lausitz, Olpe im westfälischen Sauerland und Engen im Hegau – werden mit zeitgenössischer theoretischer Reflexion konfrontiert, nämlich Christian Garves 1793 publizierter Abhandlung »Bruchstücke zu der Untersuchung über den Verfall der kleinen Städte, dessen Ursachen, und die Mittel ihm abzuhelfen«. Die Schrift formuliert ein sozial- und wirtschaftspolitisches Konzept, das auf einer Analyse der ökonomischen Verhältnisse in Stadt und Land basiert. Sie führt zu der Einsicht, dass es die mangelnde Kaufkraft »des gemeinen Landvolks« war, die zum Niedergang der kleinen Städte geführt habe. Daraus leitet Garve die Folgerung ab, dass das Ziel eine breitere Streuung der »Wohlhabenheit der Einwohner des offenen Landes« sein müsse – so durch Verringerung der Abgabenlasten –, die der Wirtschaft der Städte nützen würde. Als weitere Maßnahmen regt er unter anderem Gewerbeförderung an und legt nahe, zünftischen Monopolbildungen und damit Hindernissen fruchtbarer Konkurrenz entgegenzuwirken. Die Auseinandersetzung mit den realen Verhältnissen der kleinen Städte zeigen im Detail Aspekte des Übergangs von »Alteuropa« in die moderne Welt, wenn zum Beispiel mit Engen ein regionales Markt- und Gewerbezentrum begegnet, das kaum mehr mit dem problematischen Begriff »Ackerbürgerstadt« erfasst werde, sich vielmehr als Handwerkerstadt mit bäuerlichen Grundlagen« zeige (S. 94).

Aller Stadtplanung und damit Versuchen, sich idealen Konzepten anzunähern, geht das Recht voraus. Zumindest liefert die Gesetzgebung Hinweise darauf, wie es sein sollte und gestattet vorsichtige Schlüsse darauf, wie es war. Die frühesten und weitaus differenziertesten Befunde ermöglicht die spätmittelalterliche Statutengesetzgebung Italiens, die in Deutschland keine Entsprechung hatte.[5] Im vorliegenden Band führt *Peter Collin* in die Rahmenbedingungen kommunaler Infrastrukturplanung im 19. Jahrhundert ein (»Rechtliche Rahmenbedingungen kommunaler Raum- und Infrastrukturplanung im 19. Jahrhundert – preußische und badische

---

5 Bernd Roeck: Urbanistische Konzepte des Quattrocento. Zu Ideal und Wirklichkeit der Stadtplanung der Frührenaissance. In: Michael Stolleis/Ruth Wolff (Hrsg.): La bellezza della città. Stadtrecht und Stadtgestaltung im Italien des Mittelalters und der Renaissance, Tübingen 2004, S. 7–27.

Entwicklungslinien«, S. 99–119). Dabei stehen preußische und badische Rechtsquellen im Vordergrund. Auch auf diesem vergleichsweise abgelegenen Gebiet zeigt sich – mit Einschränkungen – die Macht des zentralistischen Berliner Leviathan. Die rechtlich definierten planerischen Befugnisse der Kommunen hatten im »liberalen« Baden jedenfalls sehr viel weitere Spielräume als im autoritären Preußen. Schemenhaft deutet sich mit dem letzten Drittel des 19. Jahrhunderts aber doch die Entwicklung der Kommunen zu »handlungsfähigen Planungsträgern« an.

Ein altes Ideal war die gesunde Stadt. Schon Vitruv widmete Hygieneaspekten Aufmerksamkeit, indem er empfahl, bei einer Stadtgründung gesunde Plätze auszusuchen und bei der Anlage von Straßen zu berücksichtigen, woher die Winde wehten. Sie sollten üble Gerüche, die, wie man meinte, für die Gesundheit gefährlich waren, fortwehen können. Auch empfahl er Methoden, das Wasser zu reinigen.[6] Das Problem beschäftigte die Statutengesetzgebung ebenso wie spätere urbanistische Theorien der frühen Neuzeit. Während der Industrialisierung gewann es zentrale Bedeutung. *Jörg Vögele* und *Ulrich Koppitz* beginnen ihre Darstellung der Bestrebungen, die »gesunde Industriestadt« einzurichten, mit einem Besuch in Manchester und damit einer »Albtraumstadt« der frühen Industrialisierung (»Traum oder Albtraum? Planung für die gesunde Industriestadt – an Beispielen aus der Rheinprovinz«, S. 121–156). An Beispielen aus der Rheinprovinz zeigen sie, wie sich Sanierungsbestrebungen in Debatten des »Niederrheinischen Vereins für öffentliche Gesundheitspflege« darstellten, wobei näher auf die Einrichtung der Schwemmkanalisation und von Großkliniken eingegangen wird. Der spektakuläre Fall der Gründung einer hygienischen »Idealstadt« wurde durch Verlegung der Bayer-Werke aus dem überfüllten Elberfeld in die Gegend des heutigen Leverkusen möglich. Vergleichbar sind englische Company Towns (*Regina Stephan*, »Blick zurück oder nach vorn? Städtebauliche Vorbilder, Visionen und Konzepte des frühen 20. Jahrhunderts«, S. 191–202).

Stadtgrundrisse lassen sich als symbolische Formen lesen; im Besonderen können Plätze als Ausdruck politischer Machtverhältnisse und sozialer Strukturen gedeutet werden.[7] »*Agora*«, »*forum*« oder »*piazza*« sind nicht nur Orte des Austauschs von Waren, sondern überhaupt Zentren der Kommunikation, »Verweilort und Ruheort« (S. 176), aber auch Raum der Inszenierung von Herrschaft und Macht. In manchen Kulturen, zum Beispiel der islamischen, kommen sie selten vor, haben jedenfalls nicht annähernd dieselbe städtebauliche Relevanz wie etwa in Italien. *Dietrich Erben* begreift den ästhetischen Anspruch, den die Stadtkonzeption Camillo Sittes erhebt – und im Besonderen seine Vorstellungen vom Platz – als Metaphern bürgerlicher Ideologie: Sie zeige Reflexe der »Leitideen des politischen, ökonomischen und kul-

---

6 Vitr. I, 6 (58–69); VIII, I 6 (360–363), 10f. (398f.), 15 (400f.); Curt Fensterbusch (Hrsg.): Vitruvii De architectura libri decem/Zehn Bücher über die Baukunst, Darmstadt 1981.
7 Niall Ferguson: The Square and the Tower. Networks and Power from the Freemasons to Facebook, New York 2018.

turellen Liberalismus«. Der »Städtebau nach seinen künstlerischen Grundsätzen« (1889) erscheint in Erbens Interpretation als ein eminent politisches Buch. Allein der Platz, in manchen Fällen über Jahrhunderte »zum Kunstwerk herangereift«, ist der Ort ästhetischer Erfahrung und damit relevant und nicht »ungegliederte Blockbauwürfel« oder »Rechtecksysteme« – wie sie, so ließe sich hinzufügen, seit der Antike immer wieder favorisiert werden. Sittes Ideal ist absolutes Gegenteil der »Funktionellen Stadt«, wie sie die Charta von Athen propagieren wird (ihre Prinzipien haben einen frühen Vorläufer in Tony Garniers *Cité industrielle*, vgl. den Beitrag von *Regina Stephan*). Die Charta erscheint als eine Art Totenschein für die bürgerlich- liberale Idee von Stadt. Damit verliert auch der Platz seine Bedeutung als Paradigma der Stadt; er ist nur noch »der Luftraum zwischen den Baukörpern.« (S. 179).

Die Tendenz, mit der Vergangenheit radikal zu brechen, kennzeichnet Utopien, seit es den Begriff gibt. Bizarre Dimension gewannen Attacken gegen den »Passatismus«, gegen alles Alte, nostalgisch Verklärte von Palästen bis zu Venedigs Kanälen und zum Mondschein, unter den Federn der italienischen Futuristen. »Wir stehen auf dem äußersten Vorgebirge der Jahrhunderte!«, tönt das futuristische Manifest. »Wir wollen den Krieg verherrlichen – einzige Hygiene der Welt ...Wir wollen die Museen, die Bibliotheken und die Akademien jeder Art zerstören... Besingen werden wir die nächtliche, vibrierende Glut der Arsenale und Werften, die von grellen elektrischen Monden erleuchtet werden; die gefräßigen Bahnhöfe, die rauchende Schlangen verzehren; die Fabriken, die an ihren verschlungenen Rauchfäden an den Wolken hängen; die Brücken, die wie gigantische Athleten Flüsse überspannen...«[8] Und die russische Avantgarde träumte von Raumstationen (S. 35).

Doch begegnen auch Retrotopien – man denke an William Morris' »*News from Nowhere*«, wo eine mittelalterliche Stadt mit glücklichen, von ihrer Arbeit nicht entfremdeten Menschen in die Zukunft verlegt wird. Weithin einflussreich war das ebenfalls in England entwickelte Gartenstadtkonzept Ebenezer Howards; in den ersten Jahrzehnten des 20. Jahrhunderts entstanden fantastische, aller Realisierung ferne Utopien wie Bruno Tauts »Stadtkrone« (Beitrag *Regina Stephan*, S. 202). Taut will Architektur dezidiert als Kunst sehen, als Spiel der Fantasie. Den Willen des »Baukünstlers« bestimme demnach nicht Nutzen; das Höchste, wonach er strebe, liege in Bauten, »deren praktischer Zweck ein geringfügiger oder gar keiner« sei. Kristallisierte religiöse Anschauung sei Endziel und Ausgangspunkt aller Architektur.[9] So ist das Kristallhaus, eher eine gigantische Skulptur – umgeben von Schauspielhaus, Oper, Museum, Volkshaus – strahlendes Zentrum von Tauts merkwürdigem Gedankengebilde.

Ein Déjà-vu-Erlebnis beschert die Lektüre des Betrags von *Thomas Möbius* (»Eine desurbanistische ›Gartenstadt‹. Michail O. Barschtschs und Moisej Ja. Ginsburgs

---

8 Filippo Tommaso Marinetti u. a.: I manifesti del Futurismo, Florenz 1914, S. 6–10 sowie Evelyn Benesch/Ingried Brugger: Futurismus – Radikale Avantgarde, Mailand 2003, S. 26 f. (Christa Baumgarth).
9 Bruno Taut: Die Stadtkrone, Jena 1919, S. 49 f., 67 f.

Entwurf für Selenyj Gorod (1929/30), S. 203–220). Die Autoren bieten eine Sozialutopie von düsterer Faszination, die an Platons »Politeia« und Mores »Utopia« erinnert. Selenyj Gorod, die »Grüne Stadt«, die etwa dreißig Kilometer nordöstlich Moskaus entstehen sollte, war als »sozialistische Korrektur des bereits bestehenden, langweiligen, stickigen, chaotisch-verbauten« Moskau gedacht. Anstelle der Hauptstadt wäre eine Gartenstadt mit einigen kulturellen Einrichtungen, Sport- und Erholungsstätten entstanden – eine Art »riesiges proletarisches Sanatorium«, industriell produzierte Datschen in einem ausgedehnten Park. Wie in einem Kartäuserkloster wären die Wohnungen puritanisch ausgestattet gewesen, Luxus konzentrierte sich allein auf die Gemeinschaftseinrichtungen. Radikalster Vorschlag war die Auflösung der Familie. Dafür würde es Kinderhäuser, Gemeinschaftsküchen und gemeinschaftliche Speisehäuser geben. Eigene Kontrolleure hätten die Hygiene bis in die letzten Winkel der Wohnungen überwacht. Die alte Stadt solle völlig abgeschafft und zu einem »System von selbständigen Siedlungsbändern« aufgelöst werden. In sie sollten die Moskauerinnen und Moskauer allmählich umziehen, während ihre Stadt dem Verfall preisgegeben worden wäre. Zum Glück für sie macht sich das Zentralkomitee der Kommunistischen Partei den »Desurbanismus« nicht zu eigen. Das Projekt wurde wegen seiner »halb-fantastischen« und »gefährlichen utopischen Grundsätze« abgelehnt (S. 219).

Zum Ende weitet *Michael Trieb*, der leider das Erscheinen dieses Bandes nicht mehr erleben darf, den Blick ins Universale (»Städte als Traum. Vom kosmischen Peking über das himmlische Jerusalem bis zur humanen Stadt«, unter Mitarbeit von *Anna Oelrichs*). Er erinnert daran, dass sich in einer Zeit, in der sich, mit Baudelaire, »die Form einer Stadt schneller wandelt als das Herz eines Sterblichen«, unsere Träume mit Träumen der Vergangenheit verbunden geblieben sind. Einerseits sind es die alten Mauern, die historischen Kerne, die unseren Städten Identität geben und nostalgische Gefühle, romantische Sehnsüchte evozieren; andererseits macht Trieb darauf aufmerksam, dass wir – nach dem Untergang der »metaphysischen Stadt« in einer entzauberten Welt – keineswegs über ganzheitliche Konzepte für die Stadt von morgen verfügen. Auch in Asien, das der Autor als Architekt und Stadtplaner mit Büros in Seoul und Beijing aus der Nähe kennt, würde die Stadt der Zukunft intensiv geträumt, intensiver vielleicht als in anderen Weltgegenden: »Stadtträume sind da gleichzeitig Lebensträume, Vorstellungen der Einzelnen von dem angestrebten zukünftigen individuellen Leben, und gesellschaftliche Zielsetzungen, die globale Anerkennung gewinnen wollen und sich in urbanen Traumlandschaften spiegeln« (S. 226). Doch gelänge es allzu selten, Anforderungen an materielle Funktionalität und das Kreieren von Identität mit der Schaffung spiritueller wie sozialer Funktionalität zu verbinden. So ist zum Schluss von Verlusten und Bedürfnissen zu berichten und von einer Herausforderung: einer Idee von Stadt, die eben auch seelischen und geistigen Bedürfnissen gerecht wird.

Der vorliegende Band versammelt Beiträge der 50. Arbeitstagung des Südwestdeutschen Arbeitskreises für Stadtgeschichte, der 2011 anlässlich dieses Jubiläums in seine Gründungsstadt Stuttgart zurückgekehrt war. Dort hatte im März 1961 das erste Treffen eines Arbeitsausschusses stattgefunden, bei der auch die künftige Form der Tätigkeit vereinbart worden ist. Und ebenfalls in Stuttgart fand ein Jahr später die erste größere Arbeitstagung zum Thema »Stadt und Stadtkirche« statt, damals noch ohne schriftlichen Niederschlag der Verhandlungen. Das im Januar 2011 in einem denkmalgeschützten Gebäude neu eröffnete Stadtarchiv Stuttgart bot für die Jubiläumstagung des Arbeitskreises den passenden Rahmen.

Aus gegebenem Anlass widmete sich der Arbeitskreis dem Thema »Stadtträume – Traumstädte«. Freilich können im traditionellen Format einer zweitägigen Veranstaltung nur einige Aspekte einer derart vielschichtigen Themenstellung erörtert werden. Umso mehr bedauern wir, dass nur ein Teil der Beiträge für eine Publikation zur Verfügung gestellt worden ist und deshalb die Komposition des seinerzeitigen Tagungsprogramms nicht mehr abgebildet werden kann. Dies berührt indes nicht die Relevanz der hier versammelten Beiträge.

Herzlicher Dank gilt den Autorinnen und Autoren, nicht zuletzt für ihre außerordentliche Geduld angesichts des sehr verspäteten Erscheinens des Bandes. Ausdrücklich ist deshalb darauf hinzuweisen, dass die Manuskripte überwiegend in den Jahren in 2014 bis 2018 abgeschlossen und später nur redaktionell überarbeitet worden sind. Ebenso gebührt Dank allen, die zum Gelingen der Stuttgarter Tagung beigetragen haben, sowie dem damaligen Direktor des Stadtarchivs Stuttgart, Roland Müller, der die Drucklegung vorbereitet hat.

Bernd Roeck   Zürich, im März 2022

Gebaute Utopien

Zwischen frühneuzeitlicher Idealstadt und den Architektur- und Stadtplanungen der russischen Avantgarde der 1920er Jahre

RICHARD SAAGE, EVA-MARIA SENG

Bis Mitte der 1990er Jahre hatte die Utopieforschung weitgehend vernachlässigt, was im Zentrum der frühneuzeitlichen Entwürfe einer alternativen Gesellschaft steht, nämlich die an geometrischen Formen orientierte architektonische und stadtplanerische Gestaltung des fiktiven Raumes. Es ist kein Zufall, dass in der groß angelegten Bilanz der Utopieforschung, die Wilhelm Vosskamp 1982 herausgegeben hat[1], ein Bericht über den Forschungsstand der Korrelation von Utopie und Stadtplanung bzw. Architektur fehlt, weil es eine solche Auseinandersetzung, die diesen Namen verdiente, zu diesem Zeitpunkt nicht gegeben hat. Dieses Forschungsdefizit ist unterdessen durch die beiden Studien von Sabine Rahmsdorf »Stadt und Architektur in der literarischen Utopie der frühen Neuzeit«[2] aus dem Jahr 1999 und von Eva-Maria Seng »Stadt – Idee und Planung. Neue Ansätze im Städtebau des 16. und 17. Jahrhunderts«[3], publiziert im Jahr 2003, weitgehend behoben. Doch bereits 1996 haben wir in der Zeitschrift für Geschichtswissenschaft die Umrisse eines Forschungsfeldes verdeutlicht, das das Thema »Architektur und Stadtplanung im utopischen Diskurs« von der Frühen Neuzeit bis zur russischen Avantgarde in der Frühphase des 20. Jahrhunderts erweiterte.[4] Aus diesem Aufsatz ist der folgende Versuch hervorgegangen, Kontinuitätslinien der architektonischen und städtebaulichen Entwicklung innerhalb eines Zeitraumes von 400 Jahren aufzuzeigen, obwohl

---

1 Vgl. Wilhelm Vosskamp (Hrsg.): Utopieforschung. Interdisziplinäre Studien zur neuzeitlichen Utopie, Bd. 1–3, Frankfurt a. M. 1985.
2 Vgl. Sabine Rahmsdorf: Stadt und Architektur in der literarischen Utopie der frühen Neuzeit, Heidelberg 1999.
3 Eva-Maria Seng: Stadt – Idee und Planung. Neue Ansätze im Städtebau des 16. und 17. Jahrhunderts, München/Berlin 2003.
4 Vgl. Richard Saage/Eva-Maria Seng: Geometrische Muster zwischen frühneuzeitlicher Utopie und russischer Avantgarde. In: Zeitschrift für Geschichtswissenschaft 8 (1996), S. 677–692.

sich die sozio-politischen Rahmenbedingungen ihres Ursprungs radikal gewandelt haben.

Um die Relevanz dieses Versuchs zu verdeutlichen, ist die folgende Strukturierung des Materials naheliegend. In Teil I wird es darauf ankommen, eine Art heuristisches Modell zu entwickeln, innerhalb dessen die spezifischen architektonischen und städtebaulichen Merkmale der Renaissance-Utopien zu einem konsistenten Szenario entwickelt werden. In Teil II sollen dann die Quellen verdeutlicht werden, aus denen das frühneuzeitliche Utopiekonzept seine Inspiration, aber auch sein spezifisches Feindbild bezog: die nicht selten im Auftrag frühabsolutistischer Herrscher konzipierten »Idealstädte«. Schließlich wird es in Teil III anhand einer kurzen Fallstudie der russischen Anvantgarde in Gestalt des Suprematismus und Konstruktivismus darauf ankommen, die Rezeption der klassischen Muster und ihre Umformung im Medium der ästhetischen Moderne nachzuzeichnen. Wir wählten das russische Beispiel, weil in diesem Land der utopische Diskurs zu Beginn des 20. Jahrhunderts seine radikalste Ausprägung fand und städtebauliche sowie architektonische Modelle mit einbezog.

I.

Wer die Vorläufer bzw. die Erben der klassischen Tradition utopischer Architektur- und Stadtplanung analysieren will, kommt um die Benennung dessen, was als Idealtypus der Gestaltung utopischer Räume gelten kann, nicht herum. Es ist oft zu Recht darauf hingewiesen worden, dass das Mittelalter einen solchen Idealtypus nicht hervorbringen konnte, weil ihm das utopische Denken im hier gemeinten Sinn fremd sein mußte: Wenn unterstellt wird, dass Gott – selbst in korrumpierter und depravierter Weise – in der irdischen Ordnung präsent ist, kann es eine weltimmanente Alternative nicht geben: die vorhandene Wirklichkeit vermag sich dann nur *eine* Form der Überhöhung zu geben, nämlich die eschatologische Verheißung.[5] So verstanden ist Utopie Menschenwerk. Ihr immanentes Kriterium besteht in dem fiktiven Nachweis, wie eine auf menschliche Arbeit gegründete vollkommene Gesellschaft in einer tendenziell säkularisierten Welt funktionieren kann. Demgegenüber ist Eschatologie nicht als ein präzise funktionierendes Gesellschaftsmodell zu definieren. Als heilsgeschichtliche Konzeption verlagert sie vielmehr die Erlösung der Menschheit ins Jenseits.[6] Im Blick auf die Architekturgeschichte bedeutet dies, dass die eschatologische Vision des »himmlischen Jerusalem« in den Kathedralen der mittelalterlichen Stadt ihren bildhaften Ausdruck fand. Zwar gab und gibt es ver-

---

5 Vgl. hierzu Thomas Nipperdey: Die Funktion der Utopie im politischen Denken der Neuzeit. In: Archiv für Kulturgeschichte 44 (1962), S. 357–378, hier S. 364.
6 Vgl. hierzu Arnold Künzli: Die Utopie des Karl Marx. In: Hans-Jürg Braun (Hrsg.): Utopien – Die Möglichkeit des Unmöglichen, Zürich 2. Aufl. 1989, S. 27–32, hier S. 27 f.

schiedene Typen der mittelalterlichen Stadtgrundrisse. Aber sie waren nicht Ausfluss eines nach rationalen Kriterien entwickelten Planes. Wer nämlich das Spezifische des utopischen Weltentwurfs, wie er sich in Architektur und Stadtplanung niederschlägt, erkennen will, ist gut beraten, sich das Bauprinzip der mittelalterlichen Welt klar vor Augen zu führen. Ihr ruhender Pol ist jene im Kosmos verankerte Ordnung, die die Interdependenz ihrer Teilbereiche durch deren Einbindung in eine Hierarchie abgestufter Seinsqualitäten ermöglicht. Auch der Rang der Gebäude und ihrer Architektur legitimierte sich durch die Geltung der jeweiligen Seinsqualität, die er zu repräsentieren vorgab.

Demgegenüber ist das utopische Denken von Anfang an mit einem Anspruch aufgetreten, der die mittelalterliche Welt mit neuen architektonischen und städtebaulichen Standards konfrontierte. Wir möchten folgende Aspekte nennen: An erster Stelle ist die Tatsache zu erwähnen, dass die utopische Stadt den traditionellen Vorgaben ihrer Herkunftswelt bricht. Sie entsteht gleichsam auf einer »tabula rasa«. Indem sie die historisch gewachsenen Formen des Mittelalters auf den Nullpunkt zurückführt, eröffnet sie einen Raum, welcher von Grund auf neu gestaltet werden kann. Der Baustoff, aus dem diese neue Welt errichtet wird, ist die säkularisierte Vernunft bzw. die durch Vernunft gezügelte Phantasie der Menschen. Ihre Orientierung gewinnt sie nicht aus einem in der Transzendenz verankerten Kosmos hierarchischer Seinsqualitäten, sondern aus der Rationalität geometrischer Basisfiguren wie dem Quadrat, dem Rechteck oder dem Kreis. Zwar rekurrierten die mittelalterlichen Grundrisse des Himmlischen Jerusalem ebenfalls auf eine geometrische Ikonografie. Und selbstverständlich war den mittelalterlichen Baumeistern die euklidische Geometrie bestens bekannt. Doch deren Muster symbolisierten die göttliche Weltordnung, welche sich dualistisch abhob vom Chaos des »Reichs des Bösen«. Demgegenüber erlangten in der Frühen Neuzeit geometrische Basisfiguren wie das Quadrat, das Rechteck oder der Kreis eine ganz andere Bedeutung. Weltimmanent ausgerichtet stellten sie das technische Medium dar, innerhalb dessen Funktionalität, Homogenität und Transparenz zum Signum einer neuen Stadt avancierten. Sie wirken bereits in der »Utopie« des Thomas Morus als Gestaltungsprinzip des geografischen Grundrisses der utopischen Insel. So bilden deren Küsten »einen wie mit dem Zirkel gezogenen Kreisbogen von fünfhundert Meilen Umfang und geben der ganzen Insel die Gestalt des zunehmenden Mondes«.[7] Auf geometrische Basisfiguren bezogene Stadtgestaltung und Architektur verstehen sich nicht länger mehr als Symbol der göttlichen Weltordnung, der eine Anpassung an aus der Tradition entstandene oder an natürliche Gegebenheiten entspricht. Vielmehr vollziehen sie sich in berechenbaren Formen, die der Natur von außen aufgezwungen werden.

---

7 Thomas Morus: Utopia. In: Klaus J. Heinisch (Hrsg.): Der utopische Staat, Reinbek 6. Aufl. 1970, S. 48.

Abb. 1: Thomas Morus, Utopia, 1516. Aus: Virgilio Vercelloni: Europäische Stadtutopien. Ein historischer Atlas, München 1994, Tafel 38. Reproduktion: Paderborner Bildarchiv, Universität Paderborn; ebenso die folgenden.

Sodann ist die Stadtgestaltung keine bloße Fortsetzung traditioneller Urbanität, wie das Frontispiz der Ausgabe der »Utopia« von 1516 suggeriert (Abb. 1), sondern sie ist Ausfluss von Planung und bewusster Konstruktion. So wurde der gesamte Plan von »Amaurotum«, der Hauptstadt Utopias, von ihrem Gründungsvater selbst konzipiert. Lediglich die Ausgestaltung dieser Vorgabe war das Werk späterer Generationen. Der Grundriss der utopischen Stadt selbst ist quadratisch.[8] Ihre Festlegung auf abstrakte geometrische Grundformen ermöglicht ein Höchstmaß von Homogenität. Tatsächlich stimmen alle 45 Städte Utopias nicht nur in Sprache, Sitten, Ein-

8 Ebenda, S. 51.

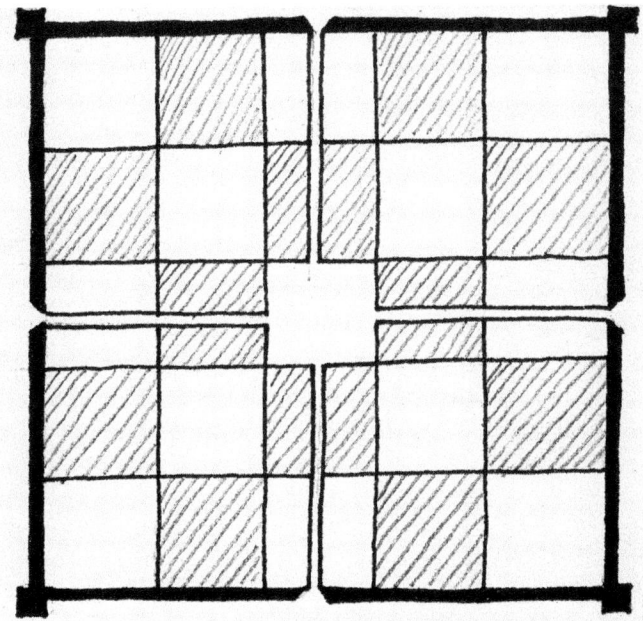

Abb. 2: Gerd de Bruyn. Skizze des Idealplans für Amaurotum, nach der Beschreibung von Thomas Morus. Aus: Gerd de Bruyn: Die Diktatur der Philanthropen. Entwicklung der Stadtplanung aus dem utopischen Denken, Braunschweig 1996, S. 55.

richtungen und Gesetzen vollständig überein. Darüber hinaus haben alle dieselben Anlagen und, sofern es die geographische Lage gestattet, auch dasselbe Aussehen.«[9] »Wer eine von ihren Städten kennt«, heißt es programmatisch, »kennt alle; so völlig gleichen sie einander, soweit es das Gelände erlaubt«.[10] Auch an der Architektur fällt auf, dass ein Haus wie das andere aussieht. Wir haben es mit Typenhäusern zu tun, die in langer und blockweise zusammenhängender Reihe angeordnet sind. An der Hinterseite dieser Zeilenbebauung zieht sich ein großer, durch die Rückseite der Blöcke von allen Seiten eingeschlossener Garten hin. Die Fronten der Häuserblöcke trennt eine zwanzig Fuß breite Straße.

Ferner sind die Straßen, im Rastersystem angelegt, durch Funktionalität und Übersichtlichkeit gekennzeichnet (Abb. 2): »sowohl günstig für den Verkehr als auch gegen die Winde geschützt«.[11] Ähnliches lässt sich von der Architektur der Häuser sagen. Zwar genügen sie durchaus ästhetischen Maßstäben. Doch ihr hervorragendes Merkmal ist ihre Transparenz und Funktionalität. So besitzt jedes Haus ein

---

9 Ebenda, S. 49.
10 Ebenda, S. 50.
11 Ebenda, S. 52.

zweiflügeliges Vordertor zur Straße und eine Hinterpforte zum Garten hin. Diese Türen können durch einen leichten Druck geöffnet werden; sie schließen sich daraufhin von allein. Der Sinn des Fehlens von Schlössern in den Türen ist evident: Weil jeder zu jedem Zeitpunkt jedes Haus betreten kann, gibt es – wenn überhaupt – nur einen eingeschränkten Privatbereich, dem die Architektur Rechnung zu tragen hat, zumal die Utopier ohnehin alle zehn Jahre ihre Häuser durch Auslosung wechseln.[12] Wenn aber die Funktionen der Architektur für die Gestaltung der Privatsphäre nur periphere Bedeutung haben, dann wachsen ihre Aufgaben im öffentlichen Bereich. Sie stehen im Dienst einer auf Harmonisierung der öffentlich verwalteten Sozialbeziehungen abzielenden Integration und der Lebensfähigkeit der Stadt als ganzer. Jede Häuserzeile verfügt zum Beispiel über einige geräumige Hallen in gleichem Abstand voneinander, in denen man gemeinschaftlich die Mahlzeiten einnimmt.[13] Funktional im Sinne gesellschaftlicher Harmonisierung ist aber auch die Zuordnung eines Gartens zu jedem Haus. Er dient nicht nur der Versorgung der Utopier mit Obst, Gemüse und Blumen, sondern auch zur sinnvollen Gestaltung ihrer Freizeit und zum friedlichen Wettbewerb zwischen den einzelnen Stadtteilen.[14] Darüber hinaus verfügt jede Stadt über öffentliche Einrichtungen wie Schulen, in denen sich die Utopier von ihrer Kindheit bis ins Alter weiterbilden, sowie über vier hervorragend eingerichtete Krankenhäuser, in denen die erfahrensten Ärzte ihre Patienten versorgen[15], und über Magazine, in denen die erwirtschafteten Güter zentral verteilt werden.[16]

Und schließlich achten im Unterschied zur mittelalterlichen Bauweise die Utopier darauf, dass ihre an geometrischen Mustern orientierten Baupläne mit den technisch fortgeschrittensten Materialien ausgeführt werden. Zwar waren ursprünglich auch die Häuser der Utopier den mittelalterlichen Standards angepasst. Es handelte sich um eine Art von niedrigen Hütten und Buden, deren Wände, planlos aus Holz errichtet, mit Lehm verschmiert und einem steilen und strohgedeckten Dach versehen waren. Doch in dem Maße, wie sich die Zivilisation der Utopier festigte, gingen sie dazu über, dreistöckige Häuser aus Granit, Backsteinen und anderem harten Gestein zu bauen und die Wände innen mit Mörtel zu verputzen.[17] Die aus gewissen Kunststeinen gefertigten Flachdächer sind so beschaffen, dass sie kein Feuer fangen können und den Unbilden des Wetters vorbeugen. Ein wichtiges Baumaterial ist für sie auch die damals im Hausbau aufkommende Verwendung von Glas, aus dem sie die Scheiben ihrer Fenster herstellen: Es sorgt nicht nur für die Helligkeit der Wohnung, sondern bietet auch Schutz vor dem Wind.

12 Ebenda.
13 Ebenda, S. 60.
14 Ebenda, S. 52.
15 Ebenda, S. 60.
16 Ebenda, S. 52.
17 Ebenda.

II.

Wenn es zutrifft, dass die Entstehung der literarischen Utopien und der ersten Idealstadtentwürfe in der Frührenaissance parallel verlief, stellt sich die Frage, ob es identische Elemente in beiden Ansätzen gibt. Lassen sie sich auf unserer heuristischen Folie so überzeugend abbilden, dass von einer Verwandtschaft ihrer Konstruktionsprinzipien gesprochen werden kann? Diese Frage soll durch den Rekurs auf die »Sforzinda«-Idealstadt Antonio Averlinos, genannt Filarete, Albrecht Dürers Festungsbautraktat und Heinrich Schickhardts Freudenstadt-Entwürfe beantwortet werden.

Zunächst fällt auf, dass »Utopia« und »Sforzinda« (Abb. 3) sich von allen natürlichen, aber auch historischen Voraussetzungen des Mittelalters weitgehend gelöst haben: gleichsam auf einer »tabula rasa« entstanden, könnten sie in dem Maße, in dem sie ein vollständig instrumentelles Verhältnis zur Natur erkennen lassen, auf jedem Platz der Erde errichtet werden. Zugleich sind beide Konstrukte hochgradig anthropomorph. Nicht nur bei den klassischen Utopisten, sondern auch bei Filarete ist die Tendenz erkennbar, »die menschlichen Proportionen selbst in einfache Maßverhältnisse (zu) bringen«.[18] Es ist die säkularisierte Verstandes- und Phantasietätigkeit der Menschen selbst, die die ideale Stadt konstruiert. Die geometrischen Figuren der Stadtgrundrisse beider Ansätze symbolisieren, dass der rationalistische Geist des Machens der äußeren Natur seine Signatur aufzwingt. Wie die utopische Stadt, so ist auch der Grundriss des Dürerschen Festungsplans auf eine geometrische Form festgelegt, nämlich das Quadrat[19] (Abb. 4). Warum er nicht auf die in Italien dominierende Figur des Kreises zurückgriff, die auch Campanella als Grundriss seines »Sonnenstaates« wählte, wird von ihm nicht weiter begründet. Von Dürers Festungsarchitektur ist leicht eine Linie zu Schickhardts Freudenstadtentwürfen zu ziehen.[20] Auch sie stellen ein Befestigungssystem mit großen Spitzbasteien dar, wie es dem seinerzeit modernen Stand der Festungsbaukunst entsprach. Im Gegensatz zu Dürer wählte Schickhardt aber nicht die geometrische Figur des Quadrats, sondern die eines Rechtecks zur Form seines Grundrisses für Freudenstadt; nur das Schloss ist als quadratische Vierflügelanlage ausgebildet (Abb. 5). Tatsächlich bestätigt ein Vergleich des Grundrisses von Dürers »fest schloß« und Schickhardts »Freudenstadt« auf der einen sowie Andreaes utopischem »Christianopolis«-Entwurf auf der anderen Seite, was in der Forschung als erwiesen gilt: dass nämlich

---

18 Georg Germann: Einführung in die Geschichte der Architekturtheorie, Darmstadt 2. Aufl. 1987, S. 66.
19 Albrecht Dürer: Etliche underricht zu befestigung der Stett, Schloß und flecken, Nürnberg 1527.
20 Vgl. Thomas Topfstedt: Die »Christianopolis« des Johann Valentin Andreae. In: Blätter für württembergische Kirchengeschichte 83/84 (1983/84), S. 20–33, hier S. 22.

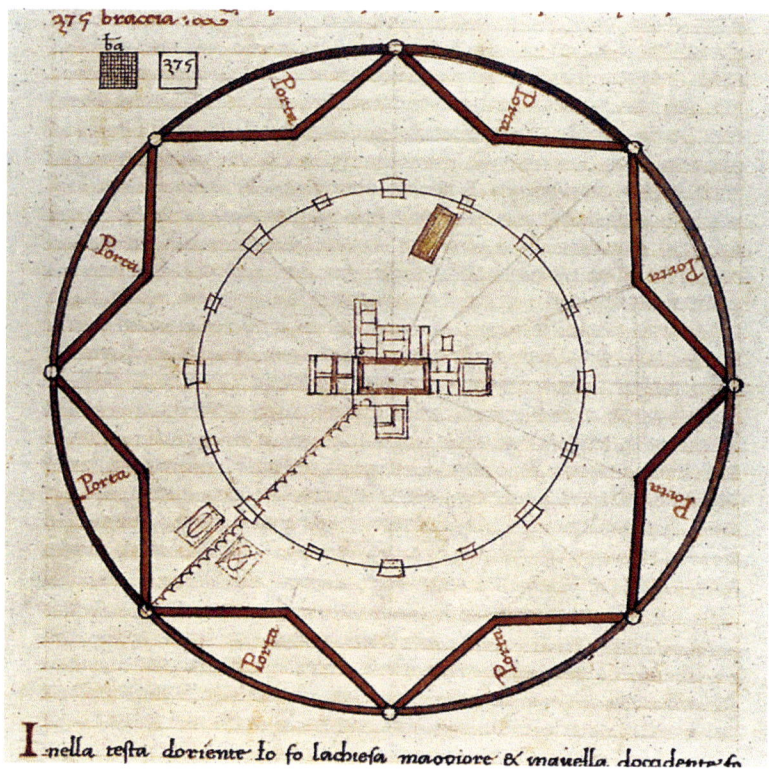

Abb. 3: Idealstadt Sforzinda. Zwischen 1460 und 1464 Von Antonio Averlina gen. Filarete in seinem Trattato del archittetura veröffentlicht. Aus: Virgilio Vercelloni: Europäische Stadtutopien. München 1994, Tafel 38.

Andreaes protestantische Utopie eines besten Staates von den Entwürfen seiner beiden Vorgänger, insbesondere von dem Schickhardts, nachhaltig beeinflusst worden ist.[21] (Abb. 6).

Es kommen noch andere Übereinstimmungen hinzu. Beide Ansätze, die das harmonische Zusammenleben von Menschen in arbeitsteilig differenzierten Gesellschaften teils voraussetzen und teils erst ermöglichen sollen, streben Perfektion auch in dem Sinne an, dass ihre Machbarkeit planbar, das heißt, berechenbar sein soll. So macht Filarete präzise Angaben über die Arbeitsdisziplin, die Zahl der Arbeiter, der Bauführer etc., die benötigt werden, um die Stadt innerhalb einer bestimmten Zeit bauen zu können. Auch weist Kruft zu Recht darauf hin, dass Filarete zum ersten Mal die Möglichkeit unbegrenzter Repetition und Reihung identischer Häuser for-

21 Ebenda, S. 20–33.

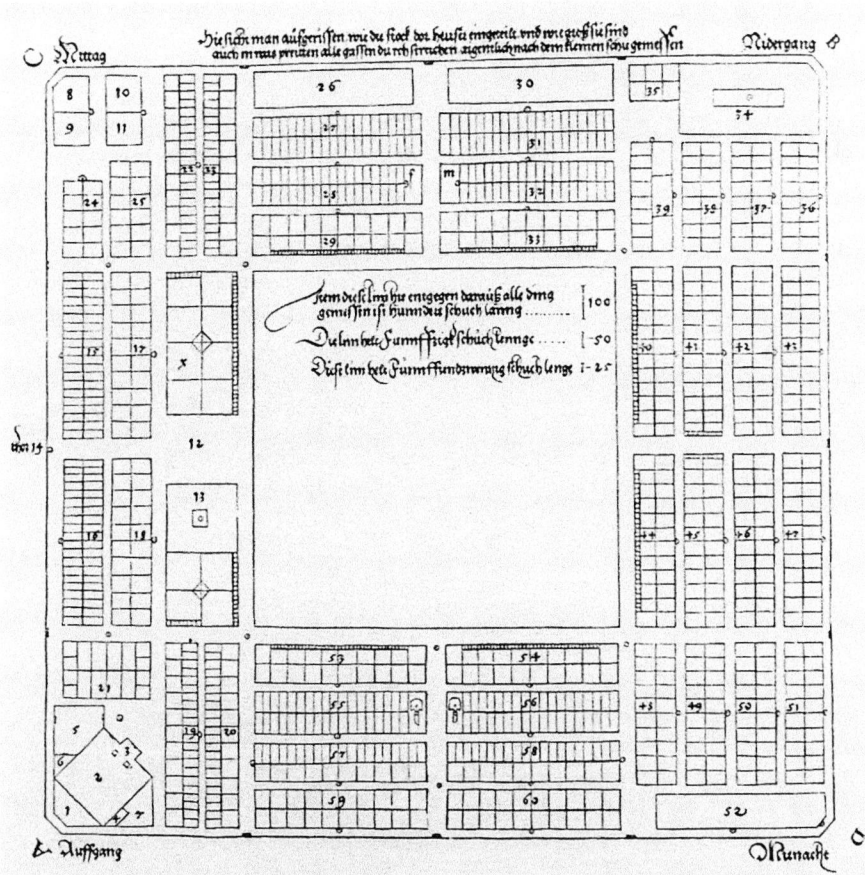

Abb. 4: Albrecht Dürer. Stadtentwurf aus seinem Festungsbautraktat von 1527. Aus: Virgilio Vercelloni: Europäische Stadtutopien, München 1994, Tafel 56.

muliert habe[22]: eine Intention, die gemäß unserem heuristischen Muster mit wichtigen Vorstellungen des Homogenitätsideals der klassischen Utopietradition konvergiert. Vor allem aber dienen – wie in den utopischen Konstrukten – die sakralen, öffentlichen und privaten Bauten Aufgaben, die das politische, wirtschaftliche und gesellschaftliche Funktionieren der Stadt gewährleisten sollen. Sie reichen von den Kirchen und Kastellen über die Paläste und Schulen bis hin zum Spital und den Gefängnissen. Kurz: sowohl Filarete als auch Morus, Campanella und andere denken

---

22 Vgl. Hanno-Walter Kruft: Geschichte der Architekturtheorie. Von der Antike bis zur Gegenwart, München 3. Aufl. 1991, S. 58.

Abb. 5: Entwurf zu Freudenstadt von Heinrich Schickhardt vor 1599. Aus: Virgilio Vercelloni: Europäische Stadtutopien, München 1994, Tafel 75.

die Stadt als Ganzes, deren Teile bzw. Subsysteme auf Interdependenz bzw. auf berechenbare Integration angelegt sind.

Auch Dürers Festungsarchitektur korreliert in ähnlicher Weise wie die klassischen utopischen Entwürfe mit der »Darstellung einer räumlich organisierten sozialen Struktur«[23]. Er beschreibt zunächst ein System von Gräben und Wällen, in dessen Zentrum das über quadratischem Grundriss errichtete Schloss lokalisiert ist. »Dann folgt eine genaue Aufteilung des übrigen Stadtareals. Benachbarte Handwerke werden einander zugeordnet; Schmiede sollen in der Nähe der Gießhütten wohnen etc. Das Rathaus und die Häuser des Adels befinden sich in der Nähe des

---

23 Ebenda, S. 123.

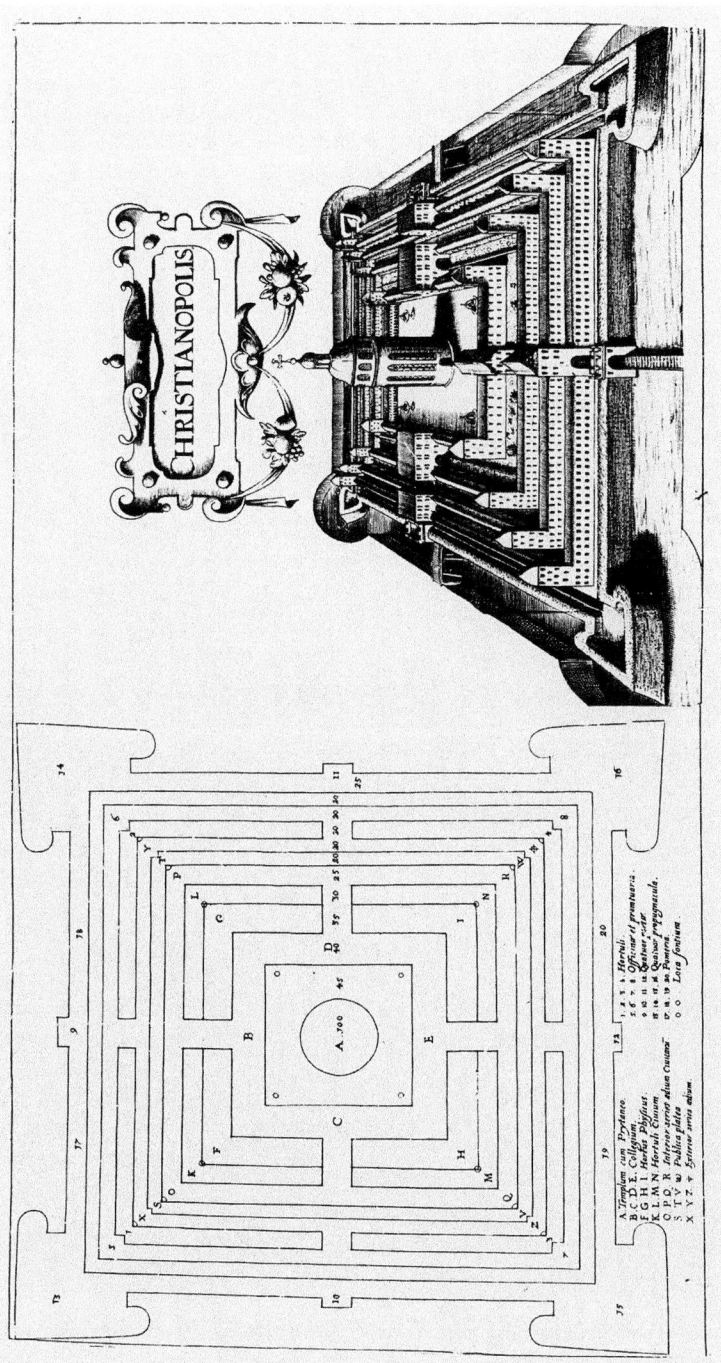

Abb. 6: Johann Valentin Andreaes Christianopolis. Stiche aus der Originalausgabe von 1619. Aus: Virgilio Vercelloni: Europäische Stadtutopien, München 1994, Tafel 84.

Königlichen Schlosses.«[24] Dürer bringt die funktionalistische Stoßrichtung seines fiktiven Arrangements auf einen prägnanten Begriff, wenn er schreibt: »*Der König sol nicht unnütze leut in disem schloß wonen lassen, sunder geschickte, frumme, weyse, manliche, erfarne, kunstreyche menner, gute handwercksleute (>) die zum schloß düglich sind, püchsengiesser und gute schützen.*«[25] Ferner klingt hier das utopische Verdikt des Müßigganges an, dem die vollständige Mobilisierung der Arbeitsressourcen entspricht. So befürwortet Dürer den Einsatz von Bettlern sowie arbeitsloser und armer Leute beim Festungsbau, »die man ohnehin durch Almosen unterhalten müsse und die man durch den Tagelohn am Betteln hindere und deren Lust am Aufruhr man auf diese Weise unterdrücke; Dürer erwähnt zur Unterstützung seines Arguments die nutzlose Kostenverschwendung beim Bau der ägyptischen Pyramiden. Festungsarchitektur wird so zugleich zum »Arbeitsbeschaffungsprogramm«.[26] Ebenso wichtig ist, dass der systematische Einsatz aller vorhandenen Arbeitskräfte zugleich auch die Reglementierung der Zeit und die Anpassung an die Organisation des Arbeitsprozesses bedeutet: Mechanismen der Sozialdisziplinierung, die zum Beispiel in Campanellas »Sonnenstaat« durch Zeitmessgeräte und Wetterfahnen symbolisch überhöht werden.[27]

Andererseits sind wichtige Unterschiede nicht zu übersehen, die »Utopia« von der »Idealstadt« unterscheidet. Gerade das Motiv der Sozialdisziplinierung, das beide verbindet, deutet auch die Differenz zwischen ihnen an. Die Reglementierungsmechanismen der »Idealstadt« sind nämlich im Vergleich zu den utopischen Konstruktionen dadurch gemildert, dass sie in der gesellschaftlichen Struktur des 16. Jahrhunderts verankert bleiben, mit der der utopische Diskurs gerade bricht. Es hat gleichsam paradigmatische Bedeutung, dass Dürer zum Beispiel Bierkeller vorsieht[28], die im Interesse eines rigiden Luxusverbots aus der utopischen Stadt kategorisch verbannt sind. Auch ist der soziale Standort ihrer Autoren durch einen scheinbar unüberbrückbaren Gegensatz gekennzeichnet. Die klassischen Utopisten der frühen Neuzeit betteten ihre alternativen Entwürfe in eine kritische Zeitdiagnose ein: ihre fiktiven Gegenentwürfe müssen als Alternativen zur existierenden Ständegesellschaft gedeutet werden[29], auch wenn sie nur den Geltungsanspruch eines regulativen Prinzips bzw. eines Ideals im Interesse der kleinen Leute erheben. Demgegenüber arbeiteten Filarete und Schickhardt im Auftrag von Fürsten und Herzögen. Idealstädte wie Sforzinda oder Freudenstadt werden von »oben verordnet«,

24 Ebenda, S. 124.
25 Zit. ebenda, S. 124.
26 Ebenda
27 Vgl. hierzu Lars Gustavsson: Negation als Spiegel. Utopie aus epistemologischer Sicht. In: Wilhelm Voßkamp (Hrsg.): Utopieforschung. Interdisziplinäre Studien zur neuzeitlichen Utopie. Bd. I, Stuttgart 1982, S. 280–292, hier S. 288.
28 Dürer, Etliche underricht (wie Anm. 19).
29 Vgl. hierzu Richard Saage: Politische Utopien der Neuzeit, Darmstadt 1991.

das heißt, sie werden von denen begründet, »die im Besitz von Macht und Geld sind«[30], und zwar mit dem Ziel der Intensivierung des individuellen Herrschaftsanspruchs frühneuzeitlicher Machtträger, gegen die die utopischen Autoren gerade polemisierten.

Andere Unterschiede sind offensichtlich. Die sozialen Einrichtungen werden in der »Idealstadt« zwar nicht ignoriert. Aber sie stehen auch nicht im Mittelpunkt des Konstrukts wie in den klassischen Utopien. In Dürers Entwurf fällt auf, dass Gebäude überhaupt fehlen, die der Erziehung dienen. Ein durch Bildung formierter »neuer Mensch« wird also von ihm nicht vorausgesetzt. Ähnliches kann von Schickhardts Freudenstadt-Entwürfen gesagt werden. In seinem funktionalen Stadt-Modell fehlen Schulen und Bildungsstätten ganz. Sie wollen nicht Lebensraum für »neue Menschen« schaffen, sondern Ausfluss und Überhöhung der gegebenen Machtverhältnisse ihrer Zeit sein. Deren Zentrum bleibt die Herrschaftsrepräsentation der Renaissance-Fürsten, die freilich um innovatorische funktionalistische Aspekte ergänzt wird. Dem entspricht, dass die Konzeption der »Idealstadt« weder die real vorhandene Ständestruktur noch die individuelle Verfügung über Besitz einschränkt oder auch nur in Frage stellt. Die »Privatheit« ist nicht wie in den utopischen Architekturmustern entweder ganz verbannt oder aber auf den Status einer bloß residualen Größe reduziert. Vielmehr wird sie dadurch, dass sie deutlich der individuellen Verwertung von Geld, Boden und Waren zugeordnet erscheint, als legitimer Sozialraum adaptiert und architektonisch gestaltet.[31] Auch überlagert im Architekturtraktat Filaretes die Vielfalt der historisch gewachsenen Abstufungen der nicht in Frage gestellten ständischen Hierarchie das utopische Postulat der Homogenität. Ebenso, wie kein Mensch dem anderen vollkommen gleich sei, unterschieden sich die Gebäude in Typus, Form und Schönheit.[32]

Welche Schlüsse sind aus dem Vergleich der Idealstädte bei Filarete, Dürer und Schickhardt einerseits und den utopischen Entwürfen der frühen Neuzeit andererseits zu ziehen? Zunächst einmal verdeutlicht er, dass utopisches Denken auf Konstruktionselemente zurückgreift, die gar nicht utopisch gemeint, sondern Ausdruck der von ihm gerade kritisierten realen gesellschaftlichen Verhältnisse der Frührenaissance sind. Aber dieses heimliche Vorbild der geometrischen und funktionalen Gestaltung des fiktiven Raumes wird dadurch utopisiert, dass sich die rezipierten formalen Muster mit Inhalten füllen, die die angeblichen Defizite der Ursprungsgesellschaft zu vermeiden suchen. Trifft diese Einschätzung zu, so wäre ein wichtiger Beleg für die These formuliert, dass utopisches Denken zwar einen Bruch mit der frühneuzeitlichen Gesellschaft und dem aufkommenden absolutistischen Staat anstrebt. Aber dies geschieht in der Weise, dass es deren funktionale Modelle und geometrische Architektur und Stadtplanungskonzeptionen nutzt, um Fehlentwick-

---

30 Hanno-Walter Kruft: Städte in Utopia. Idealstadt vom 15. bis zum 18. Jahrhundert zwischen Staatsutopie und Wirklichkeit, München 1989, S. 14.
31 Vgl. Germann, Einführung (wie Anm. 18), S. 78.
32 Ebenda, S. 74.

lungen einer im Umbruch begriffenen Übergangsgesellschaft besser bekämpfen zu können. Doch die Frage ist, inwiefern diese Muster auf die entstehende Moderne zu Beginn des 20. Jahrhunderts anwendbar sind.

III.

Die Affinität zwischen »Idealstadt« und »Utopie« hat gezeigt, dass die letztere keineswegs voraussetzungslos war, auch wenn sie durch die Opposition zu ihrem heimlichen Vorbild sich selbst ihre eigene Genese verschwieg. Aber sie griff nicht nur auf die älteren Vorbilder der oft im Auftrag von Fürsten entworfenen Idealstädte und ihrer antiken Vorläufer zurück, die sie freilich, wie wir sahen, charakteristisch umgestaltete. Noch wichtiger erscheint, dass ihre konstruktiven Formen in einem ganz anderen sozio-kulturellen Kontext vier Jahrhunderte später eine erstaunliche Renaissance erlebten. An keiner Avantgarde der ästhetischen Moderne lässt sich dieser Zusammenhang klarer darstellen als am Beispiel jener Gruppe russischer Maler, Architekten und Stadtplaner, die unter den Bezeichnungen »Suprematismus« und »Konstruktivismus« in die Kunstgeschichte eingegangen sind.[33] Aber welche gemeinsamen Schnittmengen sind nachweisbar? Um sie abbilden zu können, greifen wir erneut auf das oben entwickelte heuristische Raster zurück, das die wichtigsten architektonischen und städteplanerischen Merkmale zu einem Strukturmodell verdichten soll.

Architektur und Stadtplanung der klassischen Utopietradition lebten, wie wir sahen, vom Bruch mit den gewachsenen Strukturen der mittelalterlichen Stadt. Suprematismus und Konstruktivismus lassen eine ähnliche Stoßrichtung erkennen. Ihr Ziel ist nicht die »Reformierung von schon Bestehendem, sondern eine andere Begebenheit zustande zu bringen«.[34] Diese ästhetische Avantgarde hat zum Programm erhoben, was auch die klassische Utopietradition in ihrem Verhältnis zum Mittelalter keimzeichnete, nämlich die »Dinge von der Bindung ans Gestrige zu befreien«.[35] Das Leben müsse gereinigt werden von dem »Gerümpel der Vergangenheit, vom parasitären Eklektizismus«. Dieser »Sieg des Heute« setze die »Entrümpelung

---

33 Vgl. hierzu u. a. Adolf Behne: Von Kunst zur Gestaltung. Einführung in die moderne Malerei, Berlin 1925; Hubertus Gaßner/Karlheinz Kopanski/Karin Stengel (Hrsg.): Die Konstruktion der Utopie. Ästhetische Avantgarde und politische Utopie in den 20er Jahren, Marburg 1992; Bettina-Martine Wolter/Bernhart Schwenk (Hrsg.); Die große Utopie. Die russische Avantgarde 1915–1932 (Katalog), Frankfurt a. M. 1992 sowie Irina Antonowa/Jörn Merkert (Hrsg.): Berlin-Moskau, Moskau-Berlin 1900–1950 (Katalog),, München/Berlin 1995.
34 El Lissitzky: Maler, Architekt, Typograf, Fotograf. Erinnerungen, Briefe, Schriften. Übergeben von Sophie Lissitzky-Küppers, Dresden 1992, S. 353.
35 Kasimir Malewitsch: Suprematismus – Die gegenstandslose Welt, hrsg. von Werner Haftmann, Aus dem Russischen von Hans von Riesen, Köln 2. Aufl. 1989, S. 227.

des Bewußtseins« voraus. Die Verbindung von ästhetischen Formen verschiedener Epochen habe in dem angestrebten »gesäuberten, gesunden Lebensbewußtsein« zu verschwinden.[36] Diesen Imperativ begründete Malewitsch damit, dass sich die heutigen Energien nicht in gestrige Erzeugnisse pressen ließen. »Man kann einem Wagen nicht einfach anstelle der Pferde einen Motor vorspannen, man muss schon die Form des Wagens verändern. Derjenige aber, der die heutigen Dinge begreifen will, muss frei von ihnen, das heißt gegenstandslos sein.«[37] Die neue Kunst, so verkündete er, kenne keine Liebe zu alten Gewohnheiten. Sie kämpfe gegen die gestrige Form, gegen die gestrige Ästhetik und den »unerschütterlichen« antiken Schönheitsbegriff. Darum habe der Suprematismus auf den Brettern des Theaters durch die Oper »Sieg über die Sonne«[38] die Gegenstandslosigkeit verkündet. Er wolle damit sein Bewusstsein und die Entwicklung der Kunst von Formvorstellungen der Vergangenheit befreien.[39]

Tatsächlich ist Kasimir Malewitschs »Schwarzes Quadrat« aus dem Jahr 1913 mehr als eine Zäsur in der Geschichte der Malerei. Es ist auch das Symbol eines architektonischen und städtebaulichen Programms, das sich deswegen auf die elementaren Formen der Geometrie verwiesen sah, weil sich das Bauen und Planen neuer Städte von allen Voraussetzungen emanzipiert hatte, die nicht dem konstruierenden Intellekt des Menschen zugeordnet werden können. Diese Prämisse vorausgesetzt, machten sie nicht nur Front gegen den längst zur Tradition geronnenen Neo-Klassizismus in Malerei und Architektur, sondern auch gegen die mittelalterlichen Stadtkerne der großen Metropolen wie Wien, Paris oder Moskau. An die Stelle klassizistischer Monumentalität setzten sie die Gegenstandslosigkeit, und die historisch gewachsene Straßenführung der alten Stadtgrundrisse konfrontierten sie – wie die klassische Utopietradition – mit dem geometrischen Raster. Aber sie trieben diese Konvergenz noch ein Stück weiter. Sie korrelierten nämlich – wie ihre Vorgänger in der frühen Neuzeit – die geometrische Gestaltung des Raumes mit der Option für holistische Architektur – und Stadtplanungsmuster, der Festlegung der Architektur auf die Befriedigung kollektiver Bedürfnisse und dem Eintreten für eine Bautechnik, die sich in Übereinstimmung weiß mit der Spitze des wissenschaftlich-technischen Fortschritts.

Die holistische Prämisse des konstruktivistischen Architektur- und Stadtplanungskonzepts besteht darin, »dass sich jeder Teil dem Ganzen unterordnen muss und das System der Stadt den Charakter seiner Bauwerke bestimmt«.[40] Sie ist dann eingelöst, wenn verwirklicht wird, was die utopische Stadt der frühen Neuzeit auszeichnete: Transparenz und Funktionalität ihrer ins Ganze eingebundenen Elemente.

---

36 Ebenda, S. 338.
37 Ebenda, S. 227.
38 Vgl. grundlegend Hubertus Günther: Die Erstaufführung der futuristischen Oper »Sieg über die Sonne«. In: Wallraf-Richartz-Jahrbuch 53 (1992), S. 189–207.
39 Malewitsch, Suprematismus (wie Anm. 35), S. 228.
40 El Lissitzky: Proun und Wolkenbügel. Schriften, Briefe, Dokumente, Dresden 1977, S. 80.

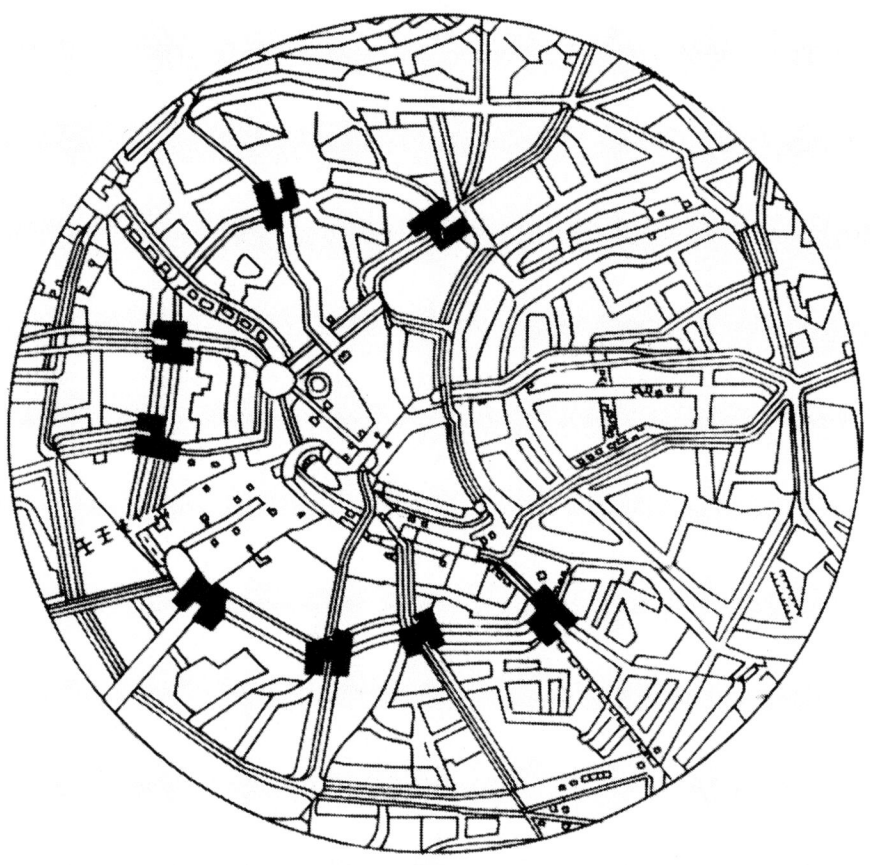

Abb. 7: Schematischer Stadtplan von Moskau mit den eingezeichneten Hochhäusern von El Lissitzky 1923 bis 1925. Aus: Hanno-Walter Kruft: Geschichte der Architekturtheorie. Von der Antike bis zur Gegenwart, München 1985, Tafel 193.

So plante El Lissitzky im Zentrum Moskaus acht Hochhäuser die er Wolkenbügel nannte (Abb. 7). Den Kern des mittelalterlichen Moskau, den Kreml, umkreisend, sollten sie den Gegensatz zwischen den »absterbenden alten [...] und den wachsenden lebendigen neuen (Teilen)«[41] der Metropole vertiefen. Ebenso wichtig wie diese kulturrevolutionäre Stoßrichtung ist freilich, dass sie innerhalb des Ganzen der Stadt mehr Transparenz zu ermöglichen hätten. Aufgabe der Wolkenbügel war nämlich auch, das unübersichtliche Straßennetz des mittelalterlichen Moskau dadurch über-

41 Ebenda, S. 83.

sichtlicher zu gestalten, dass die kreisförmige Gruppierung der Wolkenbügel, die zudem mit unterschiedlichen Farben gestrichen werden sollten, den Passanten nach allen Himmelsrichtungen Orientierung bietet. Stellte diese Konzeption noch einen Kompromiss mit den Überresten der mittelalterlichen Siedlungsstruktur Moskaus dar; so ließ Malewitsch über das Straßensystem der zukünftigen Stadt keinen Zweifel aufkommen: »Die Neuerer auf allen Gebieten der Kunst« so schrieb er, »werden die Straßen der Städte begradigen. Sie werden die eklektischen Verknotungen beseitigen und die Gebäude von ihrem Stilgemisch, die neuen Systeme von veralteten, nicht mehr zeitgemäßen Dingen befreien. Sie werden den Städten die kubistische Rundumfassade geben und den Einklang zwischen der akustischen und der optischen Form herstellen.«[42]

Die zweite Voraussetzung suprematistischer Architektur bestand in dem Verdikt, das Bauen in den Dienst der Befriedigung individueller Bedürfnisse zu stellen. »Wir sprechen von Bauwerken«, heißt es programmatisch bei El Lissitzky, »nicht von ›Häusern‹, weil wir der Meinung sind, dass die neue Stadt den Begriff des individuellen Hauses überwinden muß.«[43]

Auch die utopische Architektur der frühen Neuzeit, so konnte gezeigt werden, hatte – im Unterschied zur »Idealstadt« – eine eindeutig kollektive Stoßrichtung. Morus sah Häuser vor, die jederzeit durch die zweiflügelige Vorder- und Hintertür von jedermann zu betreten waren. Der private Bereich stellte – im Gegensatz zum öffentlichen Sektor – keine architektonische Herausforderung dar, weil er bei Morus auf ein Minimum eingeschränkt wurde und bei Campanella ganz entfiel. Diese charakteristische Akzentsetzung ist von der russischen Avantgarde übernommen und weiterentwickelt worden. Der Architektur ist – wie in der klassischen Tradition – eine klare Aufgabe gestellt: Sie hat die Gemeinschaftsbildung und damit die Entstehung eines »neuen Menschen« zu fördern. Wie in »Utopia« die eigene Einzelküche ihre Funktion verliert, so verlegt das konstruktivistische Paradigma die Zubereitung der Speisen ebenso »in das gemeinsame Kochlaboratorium« wie die Hauptmahlzeit in öffentliche Speiseanstalten und die Erziehung der Kinder in die staatlichen Kindergärten oder in die Schulen. Diese Schrumpfung des Raumes für das individuelle und private Leben ist nicht nur der Wohnungsnot in den ersten Jahren nach der Oktoberrevolution geschuldet; sie wird zum Programm der Zukunft erhoben. »Dafür soll das Allgemeine immer freier in Ausmaß und Gestaltung werden. Die Architektur wird damit zum Ausdruck des sozialen Zustandes, gilt als Wirkungsfaktor des sozialen Lebens. Das Ziel ist heute, das Haus aus einer Summe von Privatwohnungen in eine Hauskommune zu überführen.«[44] So gesehen, gehört die architektonische Gestaltung des individuell bewohnten Hauses der Vergangenheit

---

42 Malewitsch, Suprematismus (wie Anm. 35), S. 228.
43 El Lissitzky, Proun und Wolkenbügel (wie Anm. 40), S. 80.
44 El Lissitzky: 1929. Rußland: Architektur für eine Weltrevolution, Braunschweig/Wiesbaden 2. Aufl.1989, S. 18.

Abb. 8: Kulturpalast für den proletarischen Block. Wettbewerbsentwurf von Ivan Leonidov 1930. Aus: Die grosse Utopie. Die russische Avantgarde 1915–1932. Katalog, Frankfurt a. M. 1992, Abb. 677.

an. Die Funktion der Vergemeinschaftung vor Augen, hat sich die architektonische Phantasie auf die Räume zu konzentrieren, in denen die Eingliederung der einzelnen ins Kollektiv stattfindet: auf den Klub als »sozialem Kraftwerk«[45], auf die Sportanlagen und Tribünen sowie auf die Fabrikhallen (Abb. 8).

Und schließlich haben Architektur und Stadtplanung den Imperativen des fortgeschrittensten Standes der wissenschaftlich-technischen Entwicklung zu entsprechen, dessen Ausfluss genau die Bedürfnisse sind, für deren Befriedigung gebaut wird: des »neuen Menschen« meiner »geometrischen Epoche«. Dessen Auge will, davon war die ästhetische Avantgarde überzeugt, »reine einfache Formen sehen ...,

---

45 Ebenda, S. 25 f.

die in klaren Proportionen gegliedert und zur genauen Orientierung im Raum exakt miteinander koordiniert sind«.[46] Dieses Gebot erstreckt sich sogar auf die Gestaltung der Möbel. Sie sind *ehrlich*, so El Lissitzky, weil sie nur sich selbst darstellen und nicht etwas vollkommen anderes. Sie sind *elementar*, weil sie nach dem Prinzip »erfinderischer Einfachheit« gestaltet sind. Sie haben ferner dem Kriterium der *Exaktheit* zu genügen, das heißt: sie müssen als Ganzes wahrnehmbar sein, »ohne in einem Wirrwarr umherzuirren und darin steckenzubleiben«. Und sie sind das Resultat *geometrischer* und *industrieller* Fertigungsweisen, weil sie als Ganzes und in ihren Details mit Zirkel und Lineal konstruiert und durch eine moderne Maschine hergestellt wurden.[47] Wie wir gesehen haben, verfügten auch die Utopier der frühen Neuzeit bereits über standardisierte Häusertypen und über Baumaterialien, die dem neuesten Stand des 16. Jahrhunderts entsprachen. Das Baukonzept der russischen Avantgarde ist diesem Vorbild gefolgt: Zur Ausführung ihrer architektonischen Entwürfe sah sie gleichfalls die in ihrer Zeit technisch am weitesten fortgeschrittenen Materialien vor, nämlich Stahl, Beton und vor allem den großflächigen Einsatz von Glas. Zugleich stellte sie den avanciertesten Stand der Technik in den Dienst ihrer Bauvorhaben. Wurde bei den Utopiern noch der Kalk auf der Baustelle angerührt und zog der Maurer aus den einzelnen Ziegelsteinen die Wände hoch, so eröffnen jetzt neue technische Möglichkeiten ganz andere Modalitäten des Bauens. Weil das Haus ebenso als Mittel zum Wohnen zu betrachten sei wie das Auto oder das Flugzeug als Instrument zur Fortbewegung, stehe die Forderung auf der Tagesordnung, Zeitlimits und Normen für Fertigteile festzulegen, damit deren Massenproduktion Fabriken übertragen werden könne. Nach Katalog bestellt, sollten sie in kürzester Zeit auf der Baustelle montiert werden. Das Resultat wäre im Idealfall eine Homogenisierung der Architektur gewesen, die in ihrer Massenhaftigkeit das utopische Vorbild der klassischen Tradition bei weitem übertroffen hätte. El Lissitzky selbst schildert deren Eindruck auf den Betrachter in nüchternen Worten: »Die massenhafte Herstellung bedingt diese großen glatten Wandmassen, die Rechtwinkligkeit der Formen und die flachen Dächer, also all das, was für den neuen geometrischen Stil charakteristisch ist.«[48]

Die Totalisierung der städtebaulichen und architektonischen Homogenität, die so charakteristisch für die russische Avantgarde ist, deutet bereits daraufhin, dass sie in wesentlichen Aspekten die Grenzziehungen der klassischen Utopietradition überschritt. Das von Morus geprägte Muster stand noch im Schatten der »Politeia« des Platon: Ausgestattet mit dem Geltungsanspruch eines Ideals war die utopische Stadt auf Statik angelegt wie das in sich Vollkommene selbst. Was perfekt ist, wird zu einer Größe, die sich nur um den Preis ihres Niederganges verändern kann. Dynamik kann – unter der Voraussetzung der Raumutopie – ausschließlich in Kate-

---

46 El Lissitzky, Proun und Wolkenbügel (wie Anm. 43), S. 61.
47 Ebenda, S. 93.
48 El Lissitzky, Erinnerungen (wie Anm. 34), S. 373.

gorien des Verfalls gedacht werden. Demgegenüber hat die russische Avantgarde entschlossen die Wende von der Raum- zur Zeitutopie mitvollzogen, die sich seit der Mitte des 18. Jahrhunderts anbahnte: Das utopische Projekt ist nicht per se vollkommen, sondern es kann dieses Ziel erst in der Zukunft erreichen. Was für die Raum-Utopie gleichsam kontraproduktiv war, gelangt nun ins Zentrum des utopischen Konstrukts: die permanente Veränderung. Zugleich benannten die Klassiker der Zeitutopien seit dem frühen 19. Jahrhundert auch den Motor dieser Dynamik: die moderne Technik. Sie spielte seit Morus in den utopischen Entwürfen schon immer eine wichtige Rolle. Doch jetzt avanciert sie zum Dreh- und Angelpunkt des utopischen Konstrukts selbst: Der weise Gründungsvater der utopischen Insel, dessen ideale Verfassungsstrukturen selbst in Bacons »Neu-Atlantis« als unverzichtbare Rahmenbedingung des wissenschaftlichen Fortschritts akzeptiert werden, sieht sich nun durch den auf fortwährende technische Innovation drängenden Ingenieur ersetzt. Malewitsch brachte diesen Paradigma-Wechsel auf eine anschauliche Formel, als er schrieb: »Der Ingenieur ist erbarmungslos gegen die gestrigen Vollkommenheiten. Auch die gesamte technische Jugend ist für jeden neuen Schritt. Ihre Parole ist: ›Weiter‹«.[49]

Die Wende von der Raum- zur Zeitutopie ließ die russische Avantgarde das utopische Muster der frühen Neuzeit in zweierlei Einsicht durchbrechen. Zunächst einmal verabschiedete sie sich von der konstitutiven Bedeutung der menschlichen Arbeit, die sie in der frühen Neuzeit für die Reproduktion der utopischen Gemeinwesen hatte. Der wissenschaftlich-technische Fortschritt, so lautete ihr Credo, werde die in vorindustriellen Gesellschaften eherne Notwendigkeit, durch physische Muskelkraft von Mensch und Tier das Überleben der Gesellschaft zu sichern, wegrationalisieren. Es gelte jetzt, die neuen Freiräume für die »gegenstandslose« Kreativität zu nutzen. Wenn demgegenüber die Bolschewiki hartnäckig an eben der Prämisse festhielten, so bezeichnete dies präzise eine entscheidende Trennlinie, die sie von der ästhetischen Avantgarde unterschied. So sah Malewitsch das Stigma des Bolschewismus in dessen »praktischen Futtertrog-Realismus«.[50] Zwar stelle der Sozialismus eine notwendige Etappe in der historischen Entwicklung der Menschheit dar, weil durch ihn der wissenschaftlich-praktische Realismus seine höchste Vollendung und äußerste Grenze erreiche. Doch das Ende der Geschichte kristallisiere sich erst in einer Welt, in der sich die kreativen Energien der Menschen von allen materiellen Restriktionen befreiten.

Für unseren Zusammenhang ist nun entscheidend, dass der wissenschaftlich-technische Fortschritt, der dieses Zeitalter des »befreiten Nichts« (Malewitsch) erst ermöglicht, die Strategien von Stadtplanung und Architektur weit über das hinaustreibt, was im 16. Jahrhundert für die utopischen Antizipationen des klassischen Diskurses möglich war. Orientiert an der fortgeschrittensten Technologie ihrer Zeit, der beginnenden Flugtechnik, forderten deren Wortführer, allen voran Malewitsch, die

---

49 Malewitsch, Suprematismus (wie Anm. 35), S. 43.
50 Ebenda, S. 53.

Abb. 9: Lenin-Institut Diplomarbeit an den VChUTEMAS 1927 von Ivan Leonidov. Aus: Europa, Europa. Das Jahrhundert der Avantgarde in Mittel- und Osteuropa, Katalog, Bonn 1994, Bd. 2, Abb. S. 32.

Architektur habe die Schwerkraft zu überwinden und die Stadtplanung sei partiell ins All zu verlegen: »Die neuen Behausungen der neuen Menschen liegen im Weltraum. Die Erde wird für sie zu einer Zwischenstation, und dementsprechend müssen Flugplätze angelegt werden, die sich den Aeroplanen anpassen, also ohne säulenartige Architektur.«[51] Auf jeden Fall müsse, so El Lissitzky, solange noch keine Möglichkeit eines vollkommen freien Schwebens erfunden worden sei, die horizontale Bewegung beim Häuserbau stärker betont werden als die vertikale. Die Parole habe zu lauten:

---

51 Ebenda, S. 238.

»Das Ziel ist, ein Maximum an Nutzfläche bei einem Minimum an Stützfläche zu erreichen«[52] (Abb. 9).

Freilich sollten diese Grenzen der Überschneidung der utopischen Architektur- und Stadtplanungskonzeption der frühen Neuzeit mit dem entsprechenden Ansatz im russischen Suprematismus und Konstruktivismus nicht überbewertet werden. Sie relativieren sich nämlich dann, wenn man in dem Umschlag von der Raum- zur Zeitutopie keinen Bruch mit der klassischen Tradition sieht, sondern deren Weiterentwicklung. Löste man nämlich deren Postulat, immer an der Spitze des wissenschaftlich-technischen Fortschritts zu marschieren, von den begrenzten Möglichkeiten der frühen Neuzeit ab, um sie auf die Bedingungen der ersten Jahrzehnte des 20. Jahrhunderts zu übertragen, so könnten die kühnen Visionen der russischen Avantgarde als Modernisierungsanstrengungen angesehen werden, welche mit den damals neuesten technischen Mitteln die ursprünglichen Vorgaben lediglich fortschrieben und radikalisierten. Die Differenzen zur klassischen Tradition ließen sich dann als deren konsequente Weiterentwicklung interpretieren.

---

52 El Lissitzky, Proun und Wolkenbügel (wie Anm. 43), S. 80.

Ideal- und Planstädte im deutschen Südwesten in der Frühen Neuzeit

Eva-Maria Seng

Architekturutopien, Stadtvisionen und Städtebau sind in den letzten Jahren wieder en vogue, insbesondere im Ausstellungsbetrieb großer Kunstmuseen und Ausstellungshallen. So zeigte das Pariser Centre Pompidou im Jahr 2010 eine vielbeachtete und vielbesuchte Ausstellung unter dem Titel »Dreamlands« zu künstlerischen und architektonischen Utopien.[1] Gleichzeitig zeigte die Cité de L'architecture et du patrimoine die gezeichnete Stadt in Architekturzeichnungen, Comics und Filmen unter dem Titel »Archi & BD, la ville dessinée«.[2] In Berlin gab es eine Ausstellung zu Stadtvisionen um 1910 und um 2010 in den Städten Berlin, Paris, London und Chicago.[3] Das Deutsche Architekturmuseum in Frankfurt hatte schon im Jahr zuvor nach der »New Urbanity. Die europäische Stadt im 21. Jahrhundert« gefragt.[4] Der SPIEGEL gab 2008 ein eigenes Magazin zum Thema »Architektur und Design. Wie werden wir morgen leben« heraus[5], und die neuen Utopien in der Architektur sind auch wieder Gegenstand eines großen Bandes, der in Berlin unter dem Titel »Utopia forever. Visions of Architecture and Urbanism« publiziert wurde[6], ebenso wie der Rückblick auf gebaute Idealstädte wie Brasilia, der in der Kieler Kunsthalle von Mai bis August mit 32 großformatigen Langzeitbelichtungen zweier Fotografen unter dem Titel »Archiv Utopia. Das Brasilia-Projekt von Lina Kim und Michael Wesely« zu sehen war.[7] Für die Ausstellung wurde der 25-jährige Anbau der Kunsthalle nicht

---

1 Centre Pompidou (Hrsg.): Dreamlands. Des parcs d'attractions aux cités du futur, Paris 2010.
2 Archi & BD, la ville dessinée. Exposition conçue par la Cité de l'architecture et du patrimoine-Institut français d'architecture, avec le concours de la Cité internationale de la bande dessinée et de l'image, Paris 16 juin au 28 novembre 2010.
3 Harald Bodenschatz/Christina Gräwe/Harald Kegler/Hans-Dieter Nägelke/Wolfgang Sonne (Hrsg.): Stadtvisionen 1910/2010 Berlin, Paris, London, Chicago. 100 Jahre Allgemeine Städtebau-Ausstellung Berlin, Berlin 2010.
4 Annette Becker/Karen Jung/Peter Cachola Schmal (Hrsg.): New Urbanity. Die europäische Stadt im 21. Jahrhundert, Katalog der Ausstellung im Deutschen Architekturmuseum Frankfurt a. M., Salzburg, München, Wien 2008.
5 Architektur und Design. Wie wir morgen leben werden. In: Spiegel Spezial 4, 2008.
6 Robert Klanten/Lukas Freireiss (Hrsg.): Utopia Forever. Visions of Architecture and Urbanism, Berlin 2011.
7 Anette Hüsch (Hrsg.): Archiv Utopia. Das Brasilia-Projekt von Lina Kim und Michael Wesely, Heidelberg 2011.

nur neu gestrichen, sondern auch alle eingezogenen Wände aus den Räumen entfernt und ein Rahmenprogramm mit Künstlergesprächen, Filmen und Führungen zum Thema »Stadtvision« angeboten. Ebenso sind neue gesellschaftspolitische Modelle Gegenstand utopischer Überlegungen wie zum Beispiel auf den Tagen der Utopie, die alle zwei Jahre seit 2003 in Vorarlberg mit mehr als 1.200 Teilnehmern stattfinden, wobei der Sozialwissenschaftler und Verwaltungsexperte Konrad Hummel vom Bundesverband für Wohnen und Stadtentwicklung in Berlin im Jahr 2011 unter dem Titel »Urbanes Leben zwischen Utopia und Babylon« zu Bürgerbeteiligung, neuen Milieus und Gemeinschaften in der kommunalen Entwicklung sprach.[8]

2016, dem Jahr der 500. Wiederkehr der Veröffentlichung von Thomas Morus' Schrift Utopia, die der Gattung Utopie den Namen gab, erschienen zahlreiche Schriften zur Utopie, wenn auch abgesehen von einigen Aufsätzen das Thema Stadt und Utopie eher eine geringere Rolle spielte.[9] Dafür sind die Veröffentlichungen zu Smart Cities, Stadt 4.0, also zu Stadttransformationen unter dem Einfluss der Digitalisierung zahlreich.

Stadtvisionen, Idealstädte sind also nicht nur handfestes Thema bei Architekten und Stadtplanern, sondern haben sich Museen und Kunsthallen und den Bereich der Kunst erobert, bzw. es sind die Entwürfe oder Abbildungen der Städte selbst zur Kunst geworden. Aktuelle Überlegungen zu Bürgerbeteiligung oder demokratischer Planungskultur in Städten, wie Gerd de Bruyn dies schon 1996 nannte[10], muss man in Stuttgart nicht weiter ausführen.[11]

---

8 http://tagederutopie.org/archiv/ (abgerufen am 02.01.2018)
9 Eva-Maria Seng: Utopie und Architektur zu Beginn des 21. Jahrhunderts. Dave Eggers' Utopie der totalen Vernetzung – Branding und Firmenarchitektur: Der Firmencampus als Utopos. In: Alexander Amberger/Thomas Möbius (Hrsg.): Auf Utopias Spuren. Utopie und Utopieforschung. Festschrift für Richard Saage zum 75. Geburtstag, Wiesbaden 2017, S. 375–397; Eva-Maria Seng/Richard Saage: Utopie und Architektur. In: Winfried Nerdinger (Hrsg.): L' Architecture Engagée. Manifeste zur Veränderung der Gesellschaft, Publikation zur Ausstellung des Architekturmuseums der Technischen Universität München in der Pinakothek der Moderne 2012, München 2012 mit ausführlicher Bibliographie. S. hierzu auch die Bibliographie zur Utopie in der ZS Information Philosophie. Die Zeitschrift: http://www.information-philosophie.de/?a=1&t=7021&n=2&y=2&c=51 (abgerufen am 02.01.2018). Die dennoch erschienenen Beiträge Stadt und Utopie sowohl in literarischen Werken, in Entwürfen, Bildern oder Filmen werden von den Literaturwissenschaftlern, Politologen oder Philosophen jedoch auch konsequent ausgeblendet und kaum rezipiert.
10 Gerd de Bruyn: Die Diktatur der Philantropen. Entwicklung der Stadtplanung aus dem utopischen Denken, Braunschweig, Wiesbaden 1996, S. 263–272.
11 http://www.bahnprojekt-stuttgart-ulm.de/aktuell/ (abgerufen am 02.01.2018) Offizielle Projektseite der Deutschen Bahn; http://www.schlichtung-s21.de (abgerufen am 02.01.2018) Schlichtung; http://www.kopfbahnhof-21.de (abgerufen am 02.01.2018) Aktionsbündnis Kopfbahnhof 21; http://www.stuttgart.de/stuttgart21/ (abgerufen am 02.01.2018) Seiten der Landeshauptstadt Stuttgart; http://www.biss21.de (abgerufen am 02.01.2018) Bürgerinformationssystem Stuttgart 21 (BISS21).

Ein Blick auf die Stadtutopien und Idealstädte in der Zeit des Alten Reiches zeigt ein ähnliches Szenario, wenn wir insbesondere an die architekturtheoretischen Entwürfe und städtebaulichen Umsetzungen im Zeitalter der Renaissance denken. Neben utopischen und architekturtheoretischen Formulierungen einer idealen Stadt finden sich auch tagesaktuelle Planungen von Städten. Die Staaten und Städte waren damals offensichtlich einer ähnlichen Umbruchsituation, einem ähnlichen Wettlauf und Wettbewerb gegeneinander unterworfen wie heute. Beides, Theorie und Praxis, scheint sich also auch damals schon bedingt bzw. gegenseitig beeinflusst zu haben.

Vier Phänomene stadtplanerischen Vorgehens lassen sich dabei in der Frühen Neuzeit ausmachen: 1. Vollkommen neu geplante Städte auf einer tabula rasa, also auf bislang nicht bebautem Gelände, 2. die Neuordnung eines Großteils einer Stadt nach einem Brand, dessen Ausbruch auch häufig die notwendige Neuordnung der Stadtanlage sinnfällig vor Augen führte, 3. ein innerstädtischer Umbau bzw. eine Neuordnung als impulsgebender Faktor durch die Anlage von Plätzen und 4. die Erweiterung der Städte durch die Konzeption von Neustädten.

Weiterhin können fünf theoretische Entwürfe für den deutschsprachigen Bereich im engeren Sinne angeführt werden: 1. Albrecht Dürers Festungsbaustraktat »Etliche underricht/zu befestigung der Stett/Schlosz/und Flecken« von 1527[12], 2. Daniel Specklins »Architectura von Vestungen« von 1589[13], 3. Wilhelm Dilichs

---

12 Albrecht Dürer: Befestigungslehre, Nürnberg 1527. Faksimile-Neudruck der Originalausgabe Nördlingen 1980. Neuauflagen von Dürers Befestigungslehre erschienen 1530 und 1538 in Nürnberg, 1603 in Arnheim und 1535 wurde überdies in Paris eine lateinische Übersetzung publiziert. Wilhelm Waetzoldt: Dürers Befestigungslehre, Berlin 1916; Alexander von Reitzenstein: Etliche Vnterricht/zu Befestigung der Stett/Schlosz/vnd Flecken. Albrecht Dürers Befestigungslehre. In: Verein für Geschichte der Stadt Nürnberg und von der Senatskommission für Humanismus-Forschung der Deutschen Forschungsgemeinschaft (Hrsg.): Albrecht Dürers Umwelt. Festschrift zum 500. Geburtstag Albrecht Dürers am 21. Mai 1971, Nürnberg 1971, S. 178–192; Hanno-Walter Kruft: Geschichte der Architekturtheorie, a. a. O., S. 123 ff.; Hans Rupprich (Hrsg.): Dürer schriftlicher Nachlass, Bd. 3, Berlin 1969, S. 371–405; Johannes Karl Wilhelm Willers: Bemerkungen zu Albrecht Dürers Interesse an Waffen, Kriegstechniken und Festungsbau. In: Anzeiger des Germanischen Nationalmuseums 1976, S. 72–76 sowie Eva-Maria Seng: Stadt – Idee und Planung. Neue Ansätze im Städtebau des 16. und 17. Jahrhunderts, München, Berlin 2003, S. 174–177.

13 Daniel Specklin: Architectura von Vestungen: Wie die zu unsern zeiten mögen erbawen werden, an Städten, Schlössern und Clussen, zu Wasser Land, Berg unn Thal, mit ihren Bollwercken, Cavaliren, Streichen, Gräben und Leuffen, sampt deren gantzen anhang und nutzbarkeit, auch wie die Gegenwehr zu gebrauchen, was Geschütz dahin gehörig, unnd wie es geordnet, unnd gebraucht werden soll, alles auß grund und deren Fundamenten. Sampt den Grund Rissen, Visierungen, und Auffzügen für Augen gestellt, Straßburg 1589. Reprint Unterschneidheim 1971, fol. 24 a und b und 57b-59b sowie Seng, Stadt – Idee und Planung (wie Anm. 12), S. 177–180.

»Peribologia« von 1640[14], 4. Joseph Furttenbachs der Jüngere, »Gewerbe-Statt gebäw« von 1650[15] und 5. Johann Valentin Andreaes »Christianopolis« von 1619.[16] Es handelt sich um drei Festungsbautraktate mit Idealstadtentwürfen, einen architekturtheoretischen Entwurf einer Handels- und Gewerbestadt und eine literarische Utopie; drei von ihnen sind dabei auch dem deutschen Südwesten zuzuordnen.[17] Theoretische Vorstellungen wie ausgeführte Stadtanlagen und Stadtumbauten weisen dabei drei Faktoren für die Inangriffnahme der Maßnahmen auf: 1. Repräsentation, 2. Ausdruck guter Regierung und Verwaltung auf Seiten des frühneuzeitlichen Staates und der städtischen Obrigkeiten und 3. Schaffung neuer städtischer Fixpunkte mit Mittelpunktsfunktionen. Damit verbinden sich häufig eine Veränderung der innerstädtischen Sozialtopographie, zugleich aber auch die Steigerung der Attraktivität der Stadt und damit der Zuzug und die Investitionsbereitschaft von neuen Bürgern und schließlich, aber nicht zuletzt wirtschaftliche Impulse und Interessen.

Ausgehend von diesen Überlegungen möchte ich im Folgenden den Ideal- und Planstädten im deutschen Südwesten unter vier Gesichtspunkten nachgehen, 1. den architekturtheoretischen und utopischen Modellen, wie sie in den genannten Schriften propagiert wurden, 2. den vier städtebaulichen Maßnahmen anhand von Bei-

14 Wilhelm Dilich: Peribologia. Von Vestungsgebewen vieler Orter, vermehrett wie auch mit geberenden grundt und auffrissen versehen und publ., Frankfurt a. M. 1640 sowie Seng, Stadt – Idee und Planung (wie Anm. 12), S. 180–181.
15 Joseph Furttenbach d. J.: Gewerbe-Statt gebäw, Augsburg 1650 sowie Seng, Stadt – Idee und Planung (wie Anm. 12), S. 182.
16 Die Originalausgabe erschien unter dem vollständigen Titel: Johann Valentin Andreae: Reipublicae Christanopolitanae Descriptio, Psalm. LXXXIII. Praestat dies unius in DEI atrijs quam alibi mille: malim in DEI mei domo ad limen esse quam in impiorum tabernaculis habitare. Nam Sol & propugnaculum Iehova DEUS; Iehova gratiam, gloriamque confert ijs, qui se gerunt innocentes, eis bona non denegans. Argentorati, Sumptibus haeredum Lazari Zetzneri, Anno M.DC.XIX.
    1741 wurde durch David Samuel Georgi eine deutsche Übersetzung herausgegeben. D(avid) S(amuel) G(eorgi) (Hrsg.):D(octoris) V(alentin) A(ndreae) Reise nach der Insul Caphar Salama, Und Beschreibung der darauf gelegenen Republic Christiansburg, Nebst einer Zugabe von Moralischen Gedancken, in gebundener und ungebundener Rede, Esslingen 1741. Ein unveränderter Nachdruck dieser Ausgabe erfolgte nochmals 1754.
    1916 erschien eine vollständige englische Übertragung: Felix Emil Held: Christianopolis. An Ideal State of the Seventeenth Century. Translated from the Latin of Johann Valentin Andreae with an Historical Introduction by Felix Emil Held, New York 1916. Zwei neuere Ausgaben folgten dann in den 70er und 80er Jahren des vorigen Jahrhunderts: Wolfgang Biesterfeld (Hrsg.): Johann Valentin Andreae, Christianopolis. Aus dem Lateinischen übersetzt, kommentiert und mit einem Nachwort, Stuttgart 1975, Stuttgart 2. Aufl.1996; Richard van Dülmen (Hrsg.): Johann Valentin Andreae, Christianopolis, deutsch und lateinisch, Stuttgart 1982 sowie Eva-Maria Seng: Christianopolis. Der utopische Architekturentwurf des Johann Valentin Andreae. In: Rainer Lächele (Hrsg.): Das Echo Halles. Kulturelle Wirkungen des Pietismus, Tübingen 2001, S. 59–92.
17 Andreae, Furttenbach und Specklin.

spielstädten, 3. der Veränderung der städtebaulichen Vorstellungen im 18. Jahrhundert unter dem Begriff der Verschönerung der Stadt im Inneren, dem sogenannten Embellissement einerseits und andererseits der Verbindung zwischen der Stadt und ihrer Umgebung mittels Begrünung, der sogenannten Naturalisierung, um 4. mit einem Resumée und abschließenden Bemerkungen zu Stadtumbau und Neubau zu enden.

1. Architekturtheoretische und utopische Modelle frühneuzeitlicher Städte im deutschen Südwesten

Albrecht Dürer wie Johann Valentin Andreae legten ihren Stadtmodellen quadratische Stadtentwürfe zugrunde. Dürer plante auf einem Grundriss mit einer Seitenlänge von 4.300 Schuh (1290 m) eine Stadt für 5.225 Einwohner (Abb. 1). Im Zentrum ebenfalls auf quadratischem Grundriss, einem »gefierten platz« von 800 Schuh (240 m), sollte dabei das wiederum gegen die Stadt befestigte Schloss errichtet werden. Die Stadt war darüber hinaus in zwölf streng nach funktionalen und hierarchischen Kriterien gegliederten Quartiersblöcke unterteilt, wobei die Eckflächen der Kirche (östlich), der Gießhütte (südlich), einem der Zeughäuser (westlich) und dem Speisehaus (nördlich) vorbehalten waren. Ansonsten sah er vor der Hauptachse des Schlosses den Markt mit Rathaus und Gefängnis und die Häuser der Herren und in der äußeren Zone Richtung Stadtmauer diejenigen der Edelleute, Hauptleute, Fähnriche, »Weybel« und vornehmsten Kriegsleute vor, während er die übrigen Stadtareale dann entsprechend den einzelnen Handwerken unterteilte. Insgesamt aber sollte die Stadt breite gepflasterte Straßen und Plätze, steinerne, helle Häuser mit Brandmauern zur Feuersicherheit, ausreichend Brunnen und einen Friedhof außerhalb der Stadt aus hygienischen Gründen besitzen.[18]

Andreaes Christianopolis wurde ebenfalls mit viereckigem Grundriss beschrieben, »deren jede Seite 700 Schuh beträgt« (Abb. 2). Die massiv durch vier Bollwerke, einen Wall und weitere acht starke und 16 kleinere Türme, jeweils über die Stadt verteilt, befestigte Stadt wurde durch zwei Reihen dreistöckiger Wohngebäude und weiteren zwei Reihen Kanzleien und Regimentshäusern mit ebenfalls drei Stockwerken gebildet, deren Mitte ein Markt und ein »unüberwindliches Schloß« mit einem Rundtempel bildeten. Alle Gebäude sollten aus gebrannten Steinen gemauert und zusätzlich noch durch Feuermauern gegeneinander geschützt sein. Die Stadt war lediglich für 400 Einwohner konzipiert, die in drei Bereichen Tätigkeiten ausübten und dementsprechend eingeteilt waren, nämlich in der Ernährung, Übung und Betrachtung. Nach diesen Gruppierungen verteilte Andreae die Bewohner dann auch auf die Bezirke der Stadt: die äußerste Reihe der Stadt für die Bauern und Handwerker, für Vieh, Getreide, Mühlen, Bäckereien, Keltereien, Schlachtereien, Wasch-

---

18 Dürer, Befestigungslehre (wie Anm. 12).

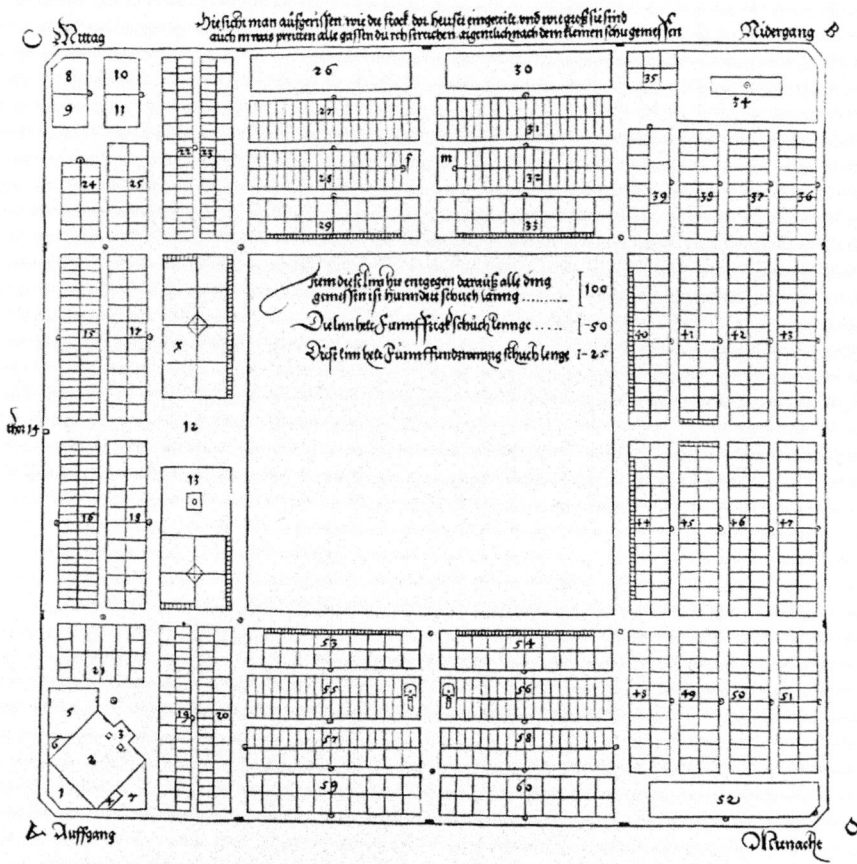

Abb.1: Albrecht Dürer: Idealstadtentwurf. Aus: Ders.: Etliche vnderricht zu befestigung der Stett, Schlosz vnd Flecken, Nürnberg 1527. Reproduktion: Bildarchiv Paderborn, Universität Paderborn; ebenso bei Abbildungen aus Druckwerken.

häuser etc. und für Fremde, der zweite Ring für die künstlerischen Handwerker und ihre Wohnungen und die beiden inneren Reihen für die öffentlichen Gebäude, Regierung und Verwaltung; das Schloss aber beherbergte – entsprechend der Bedeutung, die Andreae der Wissenschaft in seiner Utopie beimaß – die Bibliothek, die Laboratorien, die Sammlungen, die Hör- und Schlafsäle der Schüler, den Rundtempel, schließlich Kirche und Rathaus.[19]

---

19 Andreae, Christianopolis (wie Anm. 16), S. 44–59.

IDEAL- UND PLANSTÄDTE IM DEUTSCHEN SÜDWESTEN

43

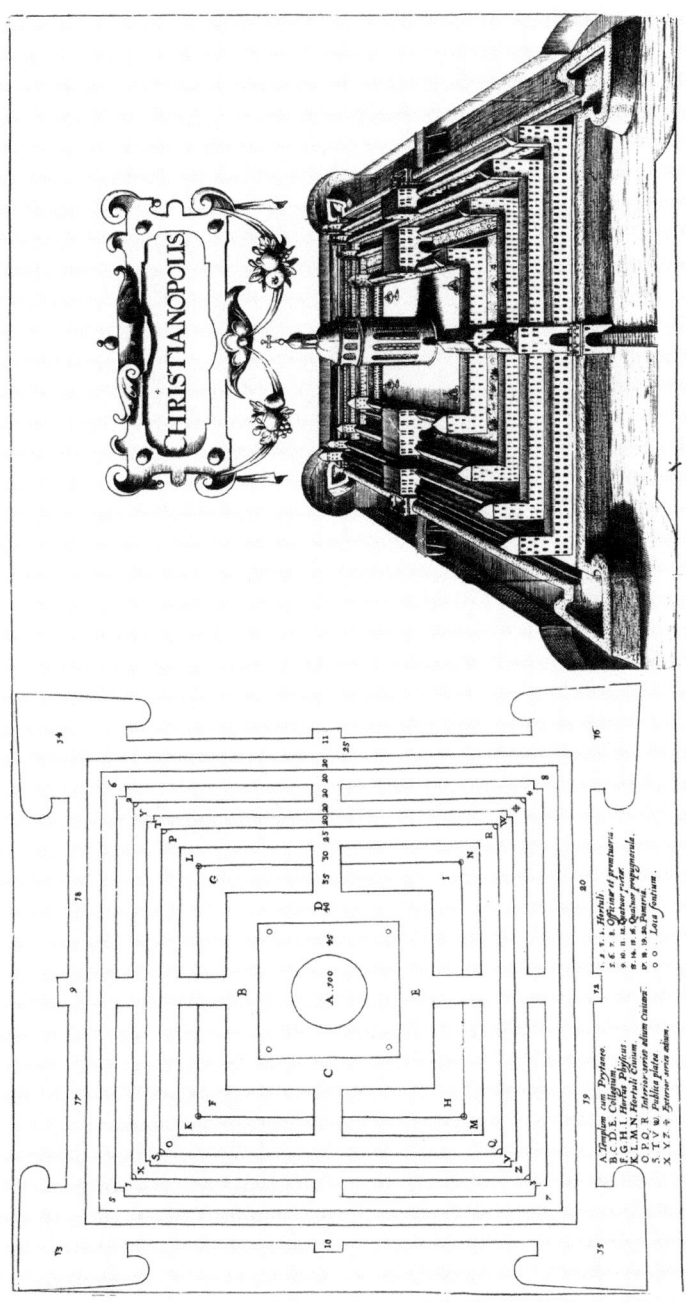

Abb. 2: Johann Valentin Andreae: Grundriss und Ansicht der Christianopolis, Stich aus der Erstausgabe, Straßburg 1619.

Demgegenüber stellte Specklin 1589 einen Idealstadtentwurf vor, der die damals moderne Bastionärbefestigung mit der damit üblicherweise in Zusammenhang gebrachten polygonalen Radialanlage vereinte. Grundrissanlagen, die weniger als fünf Ecken aufweisen, insbesondere dreieckige, verwarf er aus verteidigungstechnischen Aspekten (zu spitz oder scharf zulaufende Wehren) sogar ganz.[20] Festungen oder Zitadellen innerhalb einer Stadt – wie bei Dürers oder Andreaes Entwurf – sah er ebenfalls aus praktischen Gründen als unvorteilhaft an, da die Herrscher so leicht durch ihre eigenen Untertanen gefangengesetzt werden könnten..[21] Überhaupt bezog er Stellung gegen eine Verbindung von Stadt und Festung, da »*der gemeyn Mann solche [Festung] als ein gefängnuß hassen unnd anfeinden thut.*« Falls aber dennoch Stadt und Kastell miteinander verbunden werden sollten, so müsse das Kastell nach der Größe der Stadt geplant werden. Das veranschaulichte er am Beispiel eines zehnseitigen Stadtpolygons mit neun »Winckelhacken«-Bollwerken, während das an Stelle des zehnten Bollwerkes ansetzende fünfseitige Kastell schärfer geschnittene Bollwerke erhalten sollte.[22] Für seine Idealstadt – ohne Kastell – schlug er einen fünf- bis achteckigen kreisförmigen Grundriss mit sternförmigem, auf den zentralen Marktplatz der Stadt zuführendem Straßennetz vor (Abb. 3). An diesem sollte die Kirche angeordnet sein, lediglich mit einem Friedhof für Notzeiten, der Hauptfriedhof war außerhalb der Stadt vorgesehen. Am Marktplatz lagen auch der Fürstenhof für den temporären Aufenthalt des Herrschers oder seines Statthalters, das Rathaus und Waage, Kaufhaus und Herberge. Weitere öffentliche Bauten wie Zeughäuser, Magazine, Speicher und ein Hospital waren an den äußeren Baublöcken am Wall vorgesehen. Die Einwohnerschaft verteilte sich nach wie vor nach ständestaatlichen Vorstellungen. So sollten die Adeligen und Ratsfamilien ihre Häuser am Markt erhalten, die übrigen Bewohner in den verbleibenden Quartieren. Die Größe der Stadt bemaß er nach den Ausmaßen ihrer Befestigungsanlagen, also variabel. Für 8.000 angenommene Fuß Gesamtumfang kann man dabei eine Einwohnerzahl von 6.650 Personen veranschlagen.[23]

Die nächste Stufe der Idealstadtkonzeptionen der frühen Neuzeit verkörpern dann die Entwürfe Wilhelm Dilichs von 1640 (Abb. 4). Was Specklin für die Verbesserung der italienischen Manier im Festungsbauwesen des ausgehenden 16. Jahrhunderts darstellte, bedeutete Dilich nun für die Modernisierung der niederländischen

---

20 Specklin, Architectura von Vestungen (wie Anm. 13), fol. 3a u. 7a.
21 Ebenda, fol. 57b–63a, u. fol. 17a u. 24b.
22 Ebenda, fol. 24a u. b.
23 Ebenda, fol. 57b–59b sowie Kersten Krüger: Albrecht Dürer, Daniel Specklin und die Anfänge frühmoderner Stadtplanung in Deutschland. In: Mitteilungen des Vereins für Geschichte der Stadt Nürnberg 67, 1980, S. 79–97, hier S. 88 f. Siehe hierzu auch die realisierte Festungsstadt Palmanova im Friaul, die jedoch in jeder Hinsicht nicht erfolgreich war. Vgl. Eva-Maria Seng: Palmanova, eine Idealstadt im Friaul. In: Zibaldone. Zeitschrift für italienische Kultur der Gegenwart 60 (2015) S. 69–79.

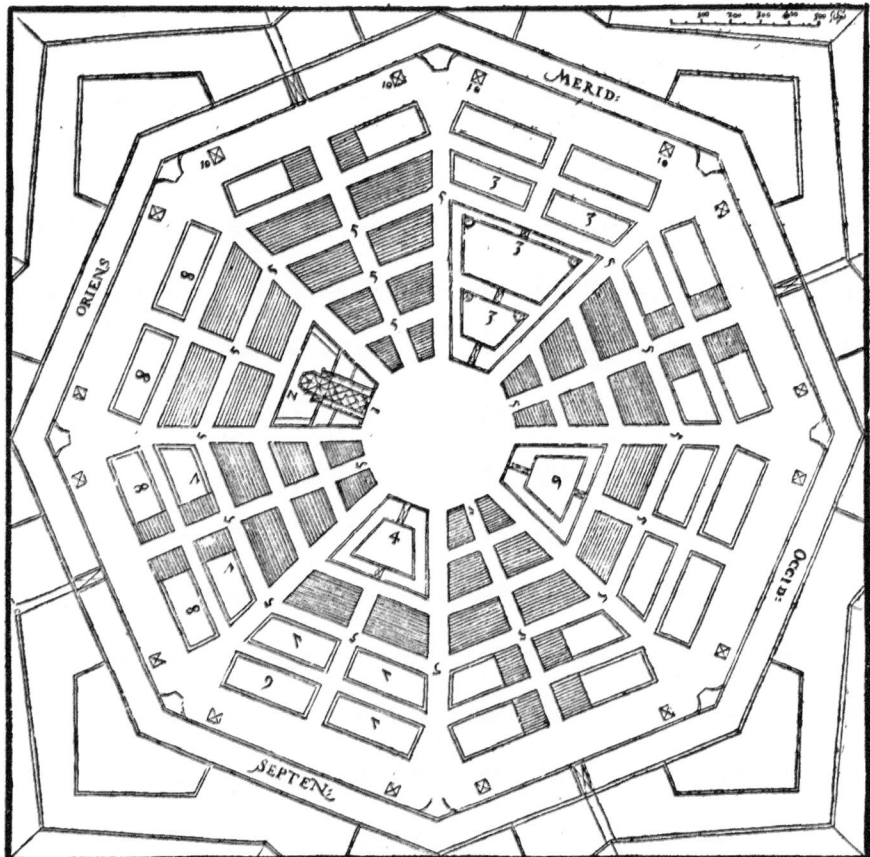

Abb. 3: Daniel Specklin: Entwurf einer idealen befestigten Stadt aus seiner Schrift »Architectura von Vestungen«, Straßburg 1589.

Befestigungskunst im 17. Jahrhundert. Seine Stadtgrundrisse zeigen, abgesehen von einigen Radialstadtanlagen, die ganze Fülle polyzentrischer, mit quadratischen Häuserblöcken bestückter Städte jeweils in Verbindung mit einer ebenfalls befestigten polyzentrischen Zitadelle. Falls möglich wurde dabei der zentrale Platz der Stadt mit der Mittelachse des Schlosses verbunden. Die Festung war stets gegen die Stadt und den äußeren Feind zugleich gerichtet und wurde deshalb in einer Randlage zur Stadt angelegt.[24]

24 Dilich, Peribologia. (wie Anm. 14). Ulrich Schütte: Das Schloss als Wehranlage. Befestigte Schloßbauten der frühen Neuzeit im alten Reich, Darmstadt 1994, S. 160 f.

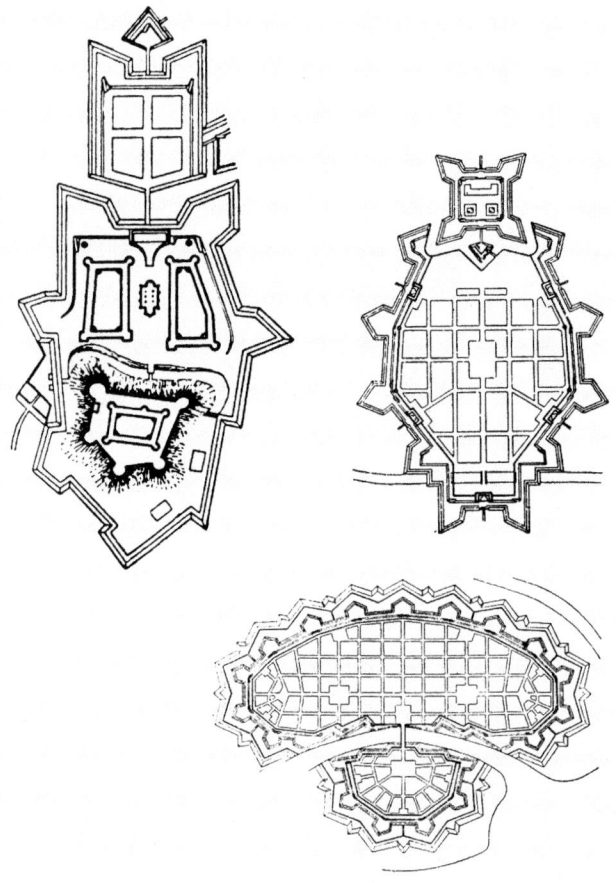

Abb. 4: Wilhelm Dilich: Ideales befestigtes Schloss (links oben) und Vorschläge für befestigte Städte mit Schlössern (rechts oben und unten) aus seiner Schrift »Peribologia«, Frankfurt a. M. 1640.

Ebenso der Mitte des 17. Jahrhunderts ist dann das Idealstadtmodell Joseph Furttenbachs d. J. zuzurechnen (Abb. 5). Der Entwurf zeigt anhand des idealisierten querovalen oder »überlängten« Grundrisses der Reichsstadt Ulm (der Heimatstadt Furttenbachs) sämtliche Bautypen einer (freien Reichs-)Stadt additiv nach ihren Funktionen eingefügt. Auf eine Schlossanlage wurde hierbei verzichtet, ebenso wie Furttenbach in seiner »Gewerb=Statt« auch keine Bauern vorsah.[25]

25 Furttenbach d. J., Gewerbe-Statt gebäw (wie Anm. 15); Gerhard Eimer: Die Stadtplanung im schwedischen Ostseereich 1600–1715. Mit Beiträgen zur Geschichte der Idealstadt,

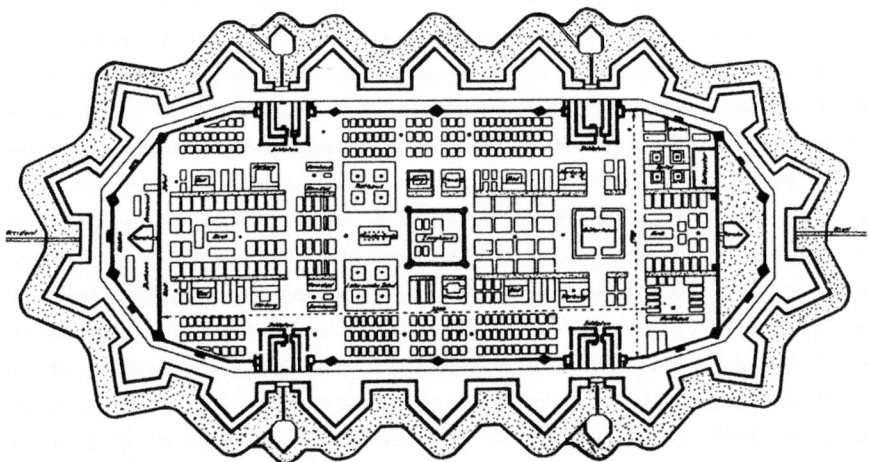

Abb. 5: Joseph Furttenbach d. J.: Idealstadtentwurf aus seiner Schrift »Gewerbe-Statt gebäw«, Augsburg 1650.

Wir haben es im Grunde also mit einem einzigen Modell von Stadt zu tun, nämlich einer auf einem streng geometrischen Grundriss mit ebenfalls streng radialer oder gerasterter Inneneinteilung angelegte Stadt. Die äußere Form – quadratisch, rund oder polygonal – war dabei je nach Zielrichtung symbolischen oder auch nur rein militärischen Aspekten geschuldet. So wurde die Radialstadt mit strahlenförmig-konzentrischer Straßenführung insbesondere von den italienischen Renaissance-Architekten und Architekturtheoretikern bevorzugt und wohl in deren Nachfolge auch von dem deutschen Festungsbau- und Stadtbaumeister Daniel Specklin. Dazu im Gegensatz stand die geometrische Quadrat- oder Vierungsstadt mit gerasterter oder das Quadrat wiederholender Zeilenbauweise. Sie wurde sowohl zur Planungsgrundlage der literarischen Utopien als auch der Ideal- und Planstädte nördlich der Alpen oder in Süd- und Nordamerika. Diese Form der Stadtanlage war unter rein utilitaristischen Gesichtspunkten die zweckmäßigste Anlage. Kaum befestigt, waren diese Städte jederzeit in alle Richtungen erweiterbar. Den Ausgangspunkt bildete dabei stets der rechteckige Hauptplatz im Zentrum. Jeweils von der Mitte jeder Platzseite aus waren die Hauptstraßen anzulegen und jeweils zwei weitere Straßen von den Eckpunkten des Platzes aus. Der Platz sollte überdies ebenso wie die vier Hauptstraßen von Säulengängen flankiert sein. Die Straßen waren in kalten Regionen breit und in warmen schmal anzulegen; aus Verteidigungsgründen wären sie allerdings eher breit

Lund 1961, S. 142; Georg Münter: Idealstädte. Ihre Geschichte vom 15.–17. Jahrhundert, Berlin 1957, S. 83 u. S. 90 sowie Virgilio Vercelloni: Europäische Stadtutopien. Ein historischer Atlas, München 1994, Tafel 88.

anzunehmen. Die Kirche sollte bei Stadtanlagen im Landesinnern nicht am Hauptplatz, sondern abseits, freistehend und erhöht errichtet werden. Am Hauptplatz im Zentrum der Stadt waren dagegen keine Privatleute anzusiedeln, sondern Bauten der Kirche, des Königs, Verwaltungsgebäude und Geschäfte und Wohnungen der Kaufleute aufzuführen. Diese Vorstellungen verordnete der spanische König Philipp II. dann auch 1573 für die Neuanlage von Städten bei der Besiedelung Süd- und Mittelamerikas.[26]

2. Städtebauliche Maßnahmen anhand von Beispielstädten

2.1 Vollkommen neu geplante Städte auf einer tabula rasa

Für eine Stadtneugründung lässt sich im deutschen Südwesten die vielfach schon besprochene Planstadt des württembergischen Herzogs Friedrich I. im Schwarzwald »Friedrichs Freudenstadt« (später nur Freudenstadt) anführen, die sich seit 1599 im Bau befand (Abb. 6). Bei Freudenstadt handelte es sich um eine Bergbausiedlung oberhalb von Christophstal, wo Silber und Kupfer gefördert wurden. Zugleich verfolgte die fürstliche Gründung jedoch noch weitere Ziele. So diente sie einerseits als Zufluchts- und Ansiedlungsort für Bergleute aus Kärnten und der Steiermark, die wegen ihres protestantischen Glaubens von dort vertrieben worden waren, und andererseits als Grenzstadt an der Passstraße im Schwarzwald über den Kniebis zu Frankreich, den habsburgischen Besitzungen und nicht zuletzt als Ausgangspunkt einer geplanten Landbrücke zum württembergischen Mömpelgard. Allerdings wurde die zunächst auch in den ersten Planungen ins Auge gefasste militärische Funktion schon vor Baubeginn fallen gelassen. Die Stadt wurde schließlich zunächst nur mit einem einfachen Plankenzaun umgeben. Offensichtlich galt den merkantilistischen Überlegungen und der verkehrsgünstigen Lage der Stadt das Hauptaugenmerk.

Heinrich Schickhardt, der mit Planung und Bau beauftragte Baumeister des Herzogs, berichtet über die Planungsphase zu Freudenstadt von zwei Konzeptionen, zunächst einer ersten auf ihn selbst zurückgehenden, in der er dem Herzog eine Stadt auf quadratischem Grundriss mit ebenfalls quadratischem Markt in der Mitte vorschlug. Kirche und herzogliches Schloss sollten zwei diagonal gegenüberliegende Eckquadrate einnehmen, während das Rathaus am Markt geplant war. Die Randlage des befestigten Schlosses entsprach damit aktuellen städtebaulichen Theorien,

---

26 Seng, Stadt – Idee und Planung (wie Anm. 12), S. 181–184, S. 198 f. Heinz Stoob: Frühneuzeitliche Städtetypen. In: Ders.: (Hrsg.): Die Stadt. Gestalt und Wandel bis zum industriellen Zeitalter, Köln, Wien 2. Aufl. 1985, S. 191–223, hier: S. 194–196; Leonardo Benevolo: Die Geschichte der Stadt, Frankfurt a. M., New York, 6. Aufl. 1991, hier: S. 668 f sowie Wolfgang W. Wurster: Kolonialer Städtebau in Iberoamerika – eine Zusammenfassung. In: Architectura 12 (1982) S. 1–19, hier: S. 4 ff.

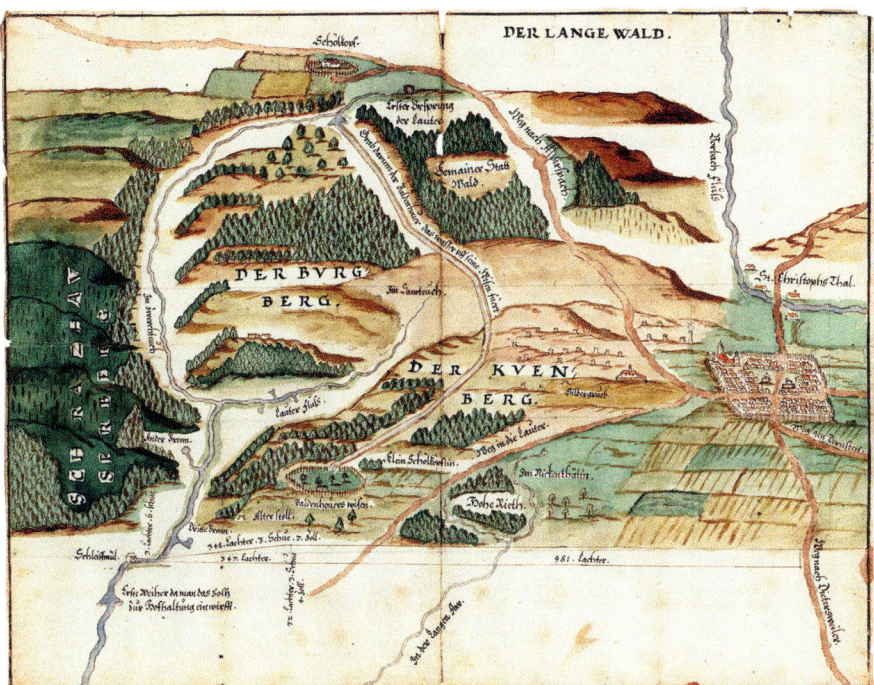

Abb. 6: Johannes Oettinger: Karte der Gegend um Freudenstadt 1626. Hauptstaatsarchiv Stuttgart N 220 A 339 Bü 63.

da ein zentral platziertes Schloss sowohl aus Gründen der Verteidigung der Stadt als auch gegen die Bewohner als ungünstig galt. Die Häuser zeichnete Schickhardt als rechteckige Blöcke, also Blockrandbebauung, mit Hof und Gartenanlagen in der Mitte.[27] Lediglich entlang der Stadtmauer sah er Zeilenbebauung vor. Dieser Plan missfiel dem Herzog, der wollte, »*das henden und vor jedem Haus ein Gassen und das Schloß mitten auf dem Markt stehen soll*«. Auf Befehl des Herzogs änderte also Schickhardt den Entwurf in eine ebenfalls quadratische Anlage mit einem im Zentrum über Eck gestellten Schlossbau, um den er fünf gleichartige und parallel verlaufende Häuserzeilen anordnete, nun ohne Gärten. Kirche und Rathaus sah er jetzt als Winkelhakenbauten am Marktplatz vor (Abb. 7), der rundum von Arkaden eingefasst sein sollte.[28] Gebaut wurde schließlich ein leicht reduzierter Vierzeilen-

---

27 Seng, Stadt – Idee und Planung (wie Anm. 12), S. 192–195; Hanno-Walter Kruft: Städte in Utopia. Die Idealstadt von 15. bis zum 18. Jahrhundert, München 1989, S. 72 f. sowie Werner Fleischhauer: Renaissance im Herzogtum Württemberg, Stuttgart 1971, S. 291–294.
28 Wilhelm Heyd (Hrsg.): Handschriften und Handzeichnungen des herzoglich württembergischen Baumeisters Heinrich Schickhardt, Stuttgart 1902, S. 346 f.

Abb. 7: Heinrich Schickhart: Plan der Stadt Freudenstadt, aquarellierte Federzeichnung um 1600. Hauptstaatsarchiv Stuttgart N 220 A 177.

plan, wobei sowohl trauf- als auch giebelständige Häuser errichtet wurden. Auf den Schlossbau und die Befestigung wurde jedoch verzichtet (Abb. 8).

Unschwer lassen sich Planungen und Bau von Freudenstadt sowohl mit Johann Valentin Andreaes Christianopolis als auch Dürers Idealstadtentwurf sowie weiteren Festungsbautraktaten in Verbindung bringen, ebenso wie mit den neuen Bergstädten in Sachsen wie dem 1521 angelegten Marienberg, Scheibenberg 1522, Neustadt im Wiesenthal (Oberwiesenthal) 1527 oder Sebastiansberg 1550.[29]

---

29 Klaus Kratzsch, Bergstädte des Erzgebirges. Städtebau und Kunst zur Zeit der Reformation, (Münchner kunsthistorische Abhandlungen Bd. IV), München, Zürich 1972 sowie Seng, Stadt – Idee und Planung (wie Anm. 12), S. 185–192.

Abb. 8: Freudenstadt, Luftbild heute. Das von Schickhardt für die Platzmitte entworfene Schloss wurde nie gebaut. Stadtarchiv Freudenstadt.

2.2 Die Neuordnung von Städten nach einem Brand

Dieser weit häufiger eintretende Fall von Um- und Neubaumaßnahmen in Städten nach Stadtbränden lässt sich wiederum an einer Reihe von Beispielen im Werk Heinrich Schickhardts aufzeigen. So erarbeitete er Wiederaufbaupläne für Schiltach 1590, Clerval 1590, Oppenau 1615 und Vaihingen an der Enz 1617.[30]

In Schiltach, einem an einer Wegegabelung zwischen Rottweil und dem Kloster Alpirsbach bzw. dem Kinzigtal an einem Steilhang gelegenen Handels- und württembergischen Grenzort ordneten Schickhardt und Georg Beer trotz ungünstiger topographischer Verhältnisse ausgehend vom unteren Tor und den beiden davon abzweigenden Straßen so, dass sich hinter dem Tor, im Bereich der Wegegabelung,

---

30 Heyd (Hrsg.), Handschriften und Handzeichnungen (wie Anm. 28), Bl. 169a–206b, S. 346–392. Schickhardt verzeichnete 1632 eine Auflistung seiner Werke unterteilt nach Bauaufgaben, so z.B. neue Städte »Stätt von Newem erbaut«. Hier führt Schickhardt »Fredenstat«, »Mömpelgart«, »Schilgensfürst« und »Blamont« an, Bl. 170, S. 346 ff. Unter »Stätt, so verbrunen, wider erbautt« führte er »Schiltach«, »Cleroval«, »Openaw«, Vayhingen« an, Bl. 171, S. 348 ff.

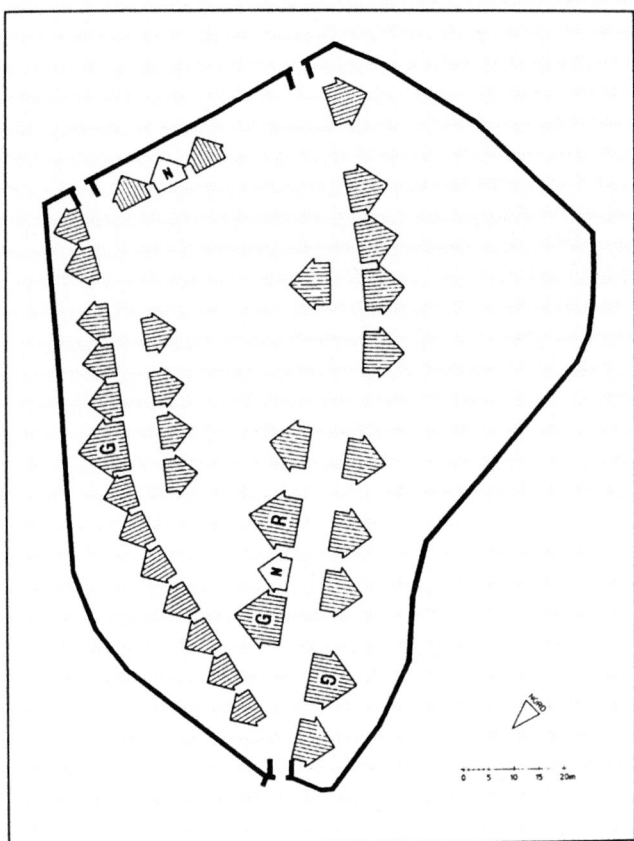

Abb. 9: Schiltach, Rekonstruktion des Stadtgrundrisses vor dem Stadtbrand von 1590. Der spätere Marktplatz war noch bebaut mit Rathaus (R), Gasthaus (G) und weiteren zwei Häusern. Hauptstaatsarchiv Stuttgart.

ein größerer dreieckiger, trichterförmig zur Stadtmitte zulaufender Marktplatz öffnet, an dem nun Rathaus und ein Gasthaus als platzabschließende und prägende Bauten zu stehen kamen, ebenso wie die beiden weiteren Gasthäuser der Stadt (Abb. 9, 10, 11). Entlang der beiden steil ansteigenden Straßen wurden die Häuser neu geordnet (Abb. 12). Ermöglicht wurde dies durch Grundstückstausch und Entschädigungen. Heinrich Schickhardt schilderte dies anschaulich in seinem Werkverzeichnis am Beispiel des 1590 abgebrannten Schiltach, das »*zuvor ganz ohnordentlich gebaut gewesen*«, so dass er und Georg Beer von Herzog Ludwig beauftragt worden seien, »*die Gassen ab[zu]stekhen und Ordnung [zu] geben ... wie zu bauen.*« Und »*ob sie gleichwol nit alle gern daran komen, so haben sie doch gefolgt*«, so dass er

Abb. 10: Schiltach, Luftbild mit Rathaus. Foto: Franz Meckes.

Abb. 11: Schiltach, Marktplatz, rechts Rathaus. Foto: Franz Meckes.

Abb. 12: Schiltach, Rekonstruktion des Stadtgrundrisses nach dem Wiederaufbau von 1591. Hauptstaatsarchiv Stuttgart.

zwei Jahre später bei einem erneuten Aufsuchen »*die Stat in guter Ordnung erbaut*« vorgefunden habe und die »*Burger ... ob sie wol ohngern dem Absteken nach gebaut, so danken sie doch jezsonder Gott und allen denen, so darzu geholffen haben; dan sie an statt alter bawfelliger und ibel geordneter Gassen und Heiser wolgeordnete Gassen und Heiser haben.*«[31]

31 Heyd (Hrsg.), Handschriften und Handzeichnungen (wie Anm. 28), Bl. 171, S. 348 f. Franz Meckes: Schiltach. In: Sönke Lorenz/Wilfried Setzler (Hrsg.), Heinrich Schickhardt. Baumeister der Renaissance. Leben und Werk des Architekten, Ingenieurs und Städteplaners, Leinfelden-Echterdingen 1999, S. 266–275; Ehrenfried Kluckert: Auf dem Weg zur Idealstadt. Humanistische Stadtplanung im Südwesten Deutschlands, Stuttgart 1998, S. 81–83.

Ähnlich verfuhr er 25 Jahre später beim Wiederaufbau der Stadt Oppenau, einer ebenfalls unter strategischen und Handelsgesichtspunkten wichtigen Stadt zwischen Freudenstadt und dem im Elsass gelegenen württembergischen Reichenweier. Wiederum sollte Schickhardt »*ein Abriß zu der gantzen Statt machen ..., wie dieselbig in besserer Ordnung, dan sie vor gewesen widerumb mecht zu erbauen sein*«, wie er in seinem Werkverzeichnis und Rechenschaftsbericht ausführt.[32] Von Oppenau haben sich drei Wiederaufbaupläne Schickhardts im Hauptstaatsarchiv Stuttgart erhalten, die eine zentrale von Stadttor zu Stadttor verlaufende Hauptstraße, flankiert von zwei Nebenstraßen zeigen, an denen er die Häusergrundrisse in nahezu regelmäßigen Vierecken anordnete. Zwischen den Häusern waren Brandgassen vorgesehen, die zur besseren Belichtung der Häuser und Verbesserung der hygienischen Verhältnisse beitrugen, jedoch den Verzicht auf die zuvor existierenden Gärten nach sich zog. Die Oppenauer Kirchen waren außerhalb bzw. am Rande der Stadt gelegen, so dass Schickhardt auf die Anlage eines Platzes zugunsten einer möglichst hohen Anzahl von Häusern (96) und der regelmäßigen Straßenabfolge verzichtete (Abb. 13, 14, 15).[33]

Auch beim dritten und von mir als letztes Beispiel angeführten Wiederaufbau der Stadt Vaihingen an der Enz nach den Bränden von 1617 und 1618 sollte Schickhardt der Stadt »*Ordnung ... geben, wie man wider bauwen soll*«.[34] Leider ist hier kein Stadtplan überliefert, sondern lediglich ein Plan der aus wirtschaftlichen Gründen zunächst vordringlich wiederaufgebauten Keltern und Kelleranlagen erhalten, die nach einheitlichem Muster errichtet wurden.[35] Vaihingen wurde bei einem erneuten Brand 1693 nahezu ganz vernichtet, so dass von den Schickhardtschen Maßnahmen heute nurmehr ein Kelterkeller und Reste erhalten sind.[36]

32 Heyd (Hrsg.), Handschriften und Handzeichnungen (wie Anm. 28), Bl. 171, S. 349.
33 Hauptstaatsarchiv Stuttgart (HStAS) N 220 A 44. Vgl. hierzu auch Kluckert: Auf dem Weg zur Idealstadt (wie Anm. 31), S. 84–86 sowie Heinz G. Huber: Oppenau. In: Lorenz/Setzler (Hrsg.), Schickhardt (wie Anm. 31), S. 238–243.
34 Heyd (Hrsg.), Handschriften und Handzeichnungen (wie Anm. 28), Bl. 171, S. 349 f.
35 Hauptstaatsarchiv Stuttgart (HStAS) N 220, A 3005, Erlaß der Rentkammer zum Wiederaufbau. N 220, A 29, Tintenskizze mit Angabe der Lage und Maße der abgebrannten und wiederaufzubauenden Gebäude 1617–1619, 18 × 56 cm. N 220, A 11, Skizzen der Kirche mit Vermerken zum Vergleich der Kirchen in Mömpelgard, Grüntal, Horkheim und dem Kirchturm in Cannstatt, 1618.
36 Manfred Scheck: Vaihingen an der Enz. In: Lorenz/Setzler (Hrsg.), Schickhardt (wie Anm. 31), S. 332–335; Kluckert, Auf dem Weg zur Idealstadt (wie Anm. 31), S. 87–92.

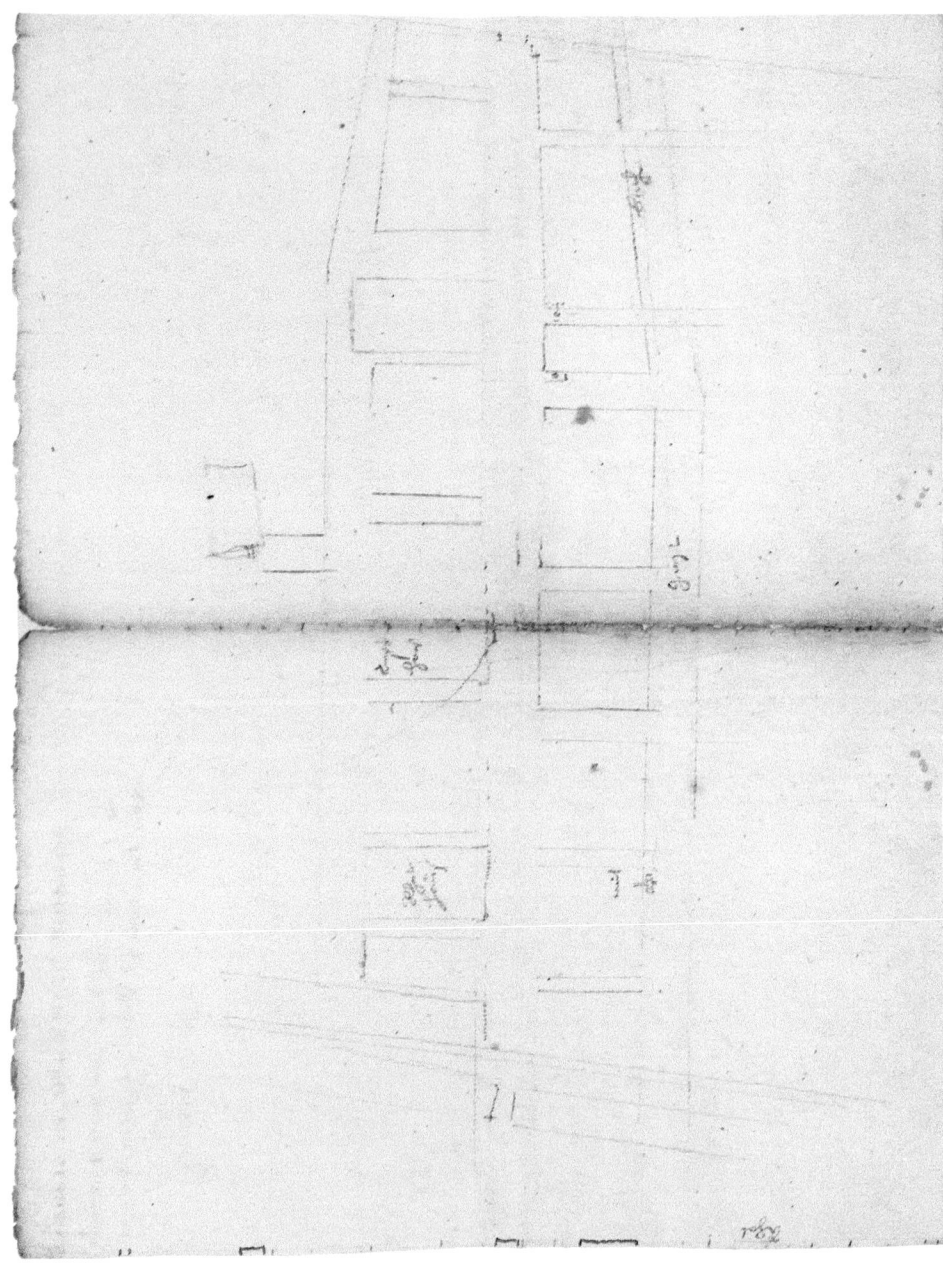

Abb. 13: Oppenau, Wiederaufbauplan nach dem Brand am 21. August 1615, Skizze von Heinrich Schickhardt. Hauptstaatsarchiv Stuttgart N 220 A 44

IDEAL- UND PLANSTÄDTE IM DEUTSCHEN SÜDWESTEN 57

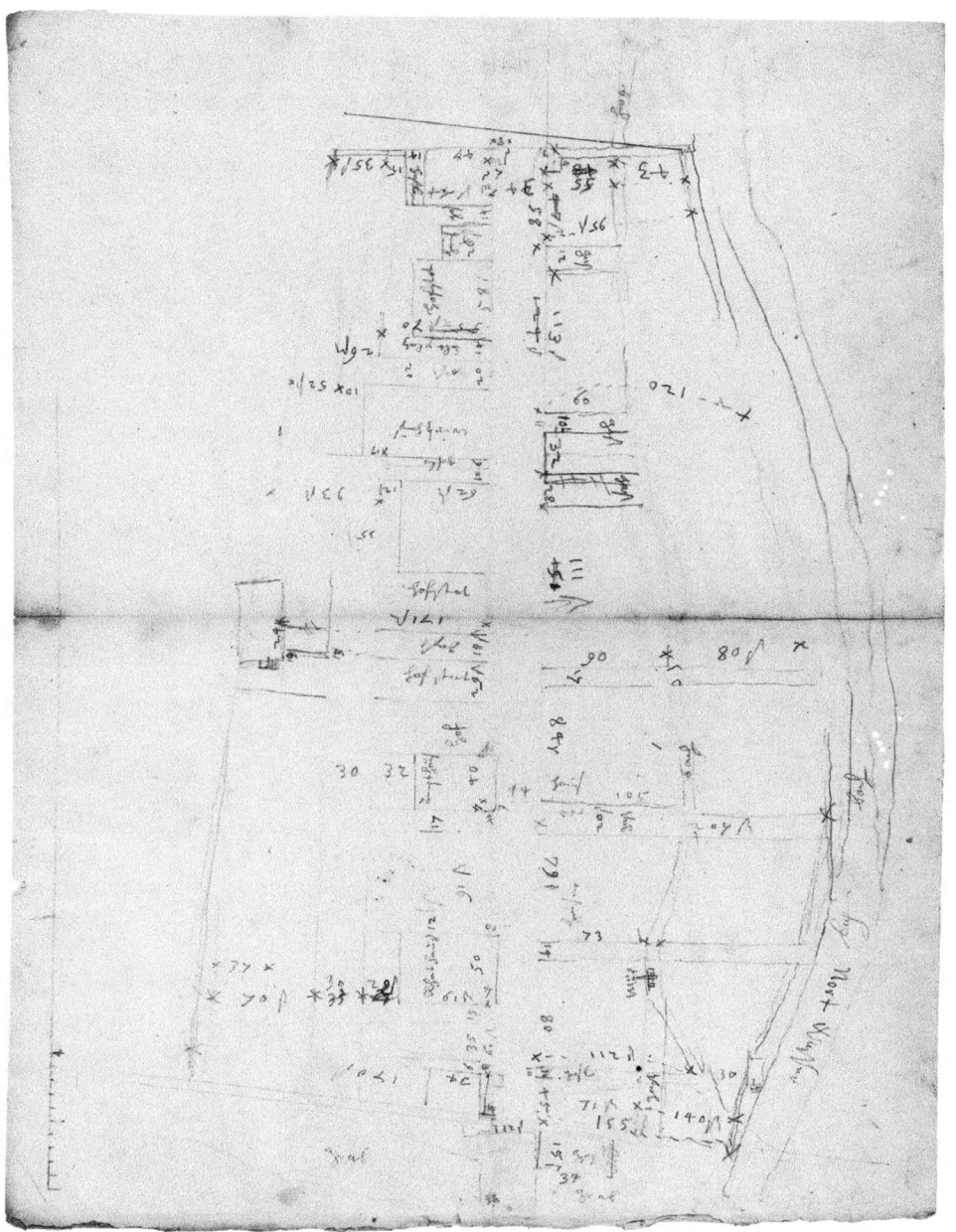

Abb. 14: Oppenau, Wiederaufbauplan nach dem Brand am 21. August 1615, Skizze von Heinrich Schickhardt. Hauptstaatsarchiv Stuttgart N 220 A 44.

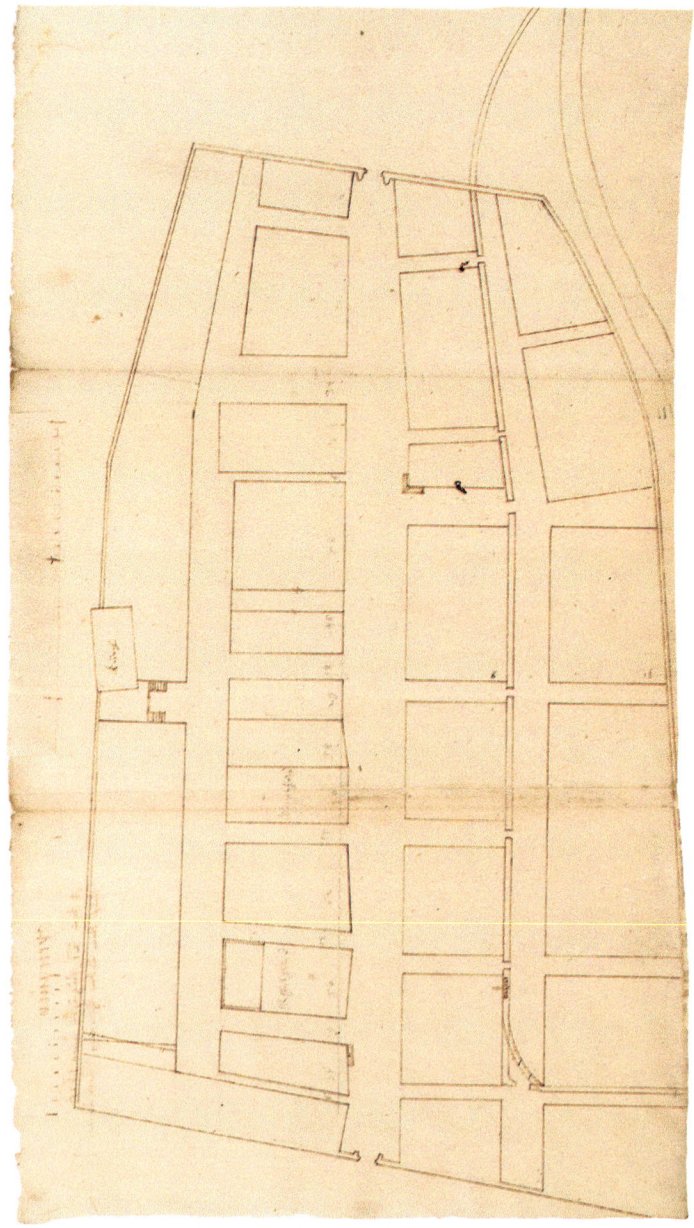

Abb. 15: Oppenau, Stadtplanentwurf von Heinrich Schickhardt, Tintenskizze der geplanten Baublöcke mit Lage der Kirche, des Rathauses und des Amtshauses. Hauptstaatsarchiv Stuttgart N 220 A 44.

2.3 Umbau und Neuordnung von Städten durch die Anlage von Plätzen

Die Neuordnung von bestehenden Städten wird seit den für ganz Europa vorbildhaften Platzanlagen im Auftrag Heinrichs IV. in Paris zum Ausgangspunkt stadtplanerischer Aktivitäten. Charakteristisch war dabei die geschlossene Platzwand oder der wie in den Stadtkörper eingestanzt wirkende Platz, umgeben von einheitlicher Bebauung mit uniformer Fassadengestaltung wie die quadratische Place Royale (heute Place des Vosges) in Paris (Abb. 16), die zwischen 1605 und 1612 errichtet wurde, oder die dreieckige Anlage der Place Dauphine an der Spitze der Ile de la Cité in Paris, die ab 1609 mit einheitlichen Typenhäusern umgeben wurde.[37] Auch im deutschen Südwesten war die Anlage von regelmäßigen Plätzen üblich, wie wir bei den Neuanlagen von Städten wie Freudenstadt oder anlässlich der Wiederaufbaupläne nach Bränden wie dem dreieckigen Marktplatz von Schiltach gesehen haben.

Wiederum soll als Beispiel eine Planung Heinrich Schickhardts herangezogen werden, nämlich die Neuordnung Stuttgarts im Bereich des Schlosses, der Stiftskirche und des Marktplatzes. Schon 1596 wurde Schickhardt vom Herzog die Aufgabe übertragen, elf Häuser zwischen Stiftskirche und Kanzlei von ihren Besitzern aufzukaufen, um diese abreißen zu können und einen Platz anzulegen (Abb. 17).[38] Im Zuge dieser Maßnahmen wurden auch die Kramläden an der Stiftskirche abgebrochen und nach einheitlichem Schema neu errichtet[39], ebenso wie der Fruchtkasten neben der Stiftskirche um fünf Meter zurückgenommen wurde und eine neue Fassade erhielt, um mit der Stiftskirche eine gemeinsame Fluchtlinie bzw. Platzfront zu bilden.[40] Am Ende des Prozesses konnte Schickhardt den Schlossplatz, den heutigen Schillerplatz, mit zwei Brunnen anlegen (Abb. 18). Für die Platzseite zur Königsstraße hin, an der das Gesandtenhaus, später Prinzenbau, errichtet werden sollte, wurden eigens fünf Häuser aufgekauft und abgerissen (Abb. 19, 21). Der Bau konnte von Schickhardt aufgrund beschränkter finanzieller Mittel der Herzöge und des Ausbruchs des Dreißigjährigen Krieges nicht vollendet werden.[41] Auch auf der gegenüberliegenden Schlossseite wurden für die Errichtung des Neuen Marstalls mit Rüst- und Kunstkammer (sogenannter Neuer Bau) Häuser niedergelegt. Auch hier entstand eine Platzsituation, die jedoch mit Gitter und Toren verschlossen geplant

---

37 Heinz Coubier: Europäische Stadt-Plätze. Genius und Geschichte, Köln 2. Aufl. 1988, S. 198–206; A. E. Brinckmann: Deutsche Stadtbaukunst in der Vergangenheit, Frankfurt a. M. 2. Aufl. 1921, S. 63–96; Eva-Maria Seng: Stadt – Idee und Planung, S. 227–264 sowie Eva-Maria Seng/Laura Gieser/Frank Göttmann: Revisionen. Städtebau im 18. Jahrhundert. In: Francia. Forschungen zur Westeuropäischen Geschichte 39 (2012), S. 473–482, hier S. 480 f.
38 Heyd (Hrsg.), Handschriften und Handzeichnungen (wie Anm. 28), Bl. 199a, S. 384.
39 HStAS N 220, A 192, Neue Verkaufsstände an der Stiftskirche 1596–1597.
40 Heyd (Hrsg.), Handschriften und Handzeichnungen (wie Anm. 28), Bl. 199a, S. 384.
41 Ebenda, Bl. 197a, S. 383, Bl. 199b, S. 384.

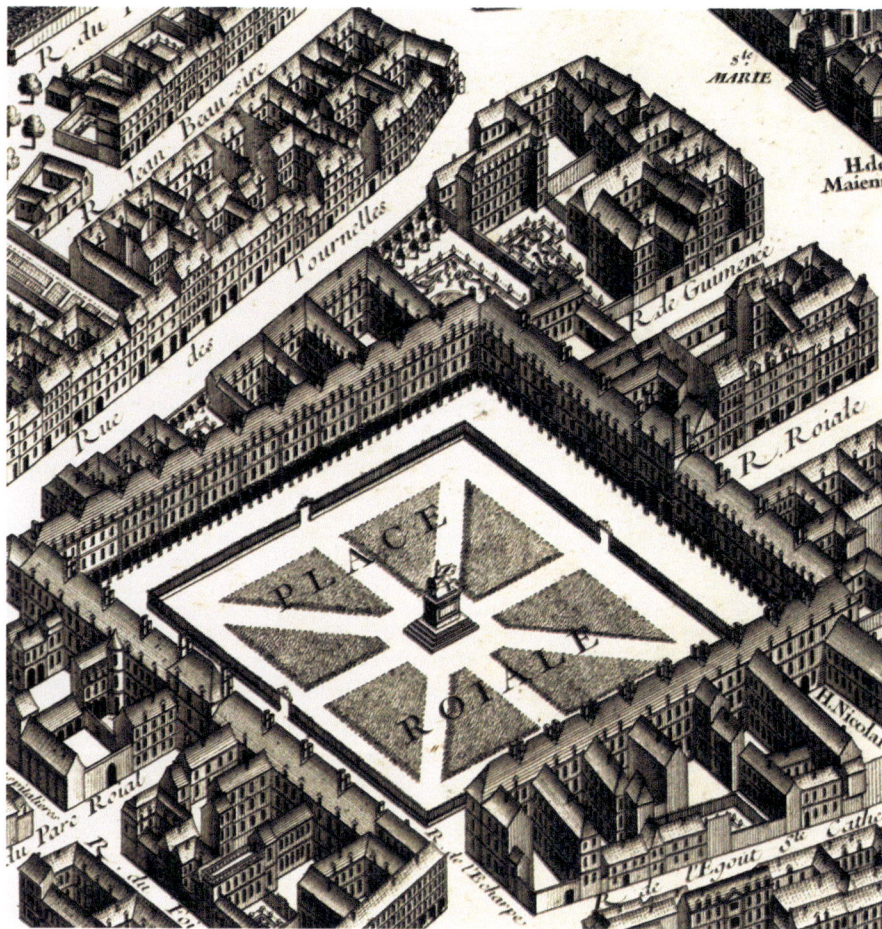

Abb. 16: Paris, Place des Vosges (früher Place Royale) 1605. Universitätsbibliothek Augsburg 02/IV.3 1/2.2° 4.

war (Abb. 20, 21).[42] Als letzte Platzplanung sind von Schickhardt die Erweiterungen des Stuttgarter Marktplatzes zu nennen, wofür erneut Häuser abgebrochen wurden. Hier sollten offensichtlich das ältere gräfliche Herrenhaus und das Stadthaus der Bürgerschaft platzbildprägend sein und eine bessere Anbindung zum Schloss- und Hofbereich und den dortigen Plätzen geschaffen werden.

42 Ebenda, Bl. 196a, S. 382f. Bl. 199b, S. 384f sowie Kuno Drollinger: Stuttgart. In: Lorenz/Setzler (Hrsg.), Schickhardt, S. 296–302 (wie Anm. 31).

IDEAL- UND PLANSTÄDTE IM DEUTSCHEN SÜDWESTEN 61

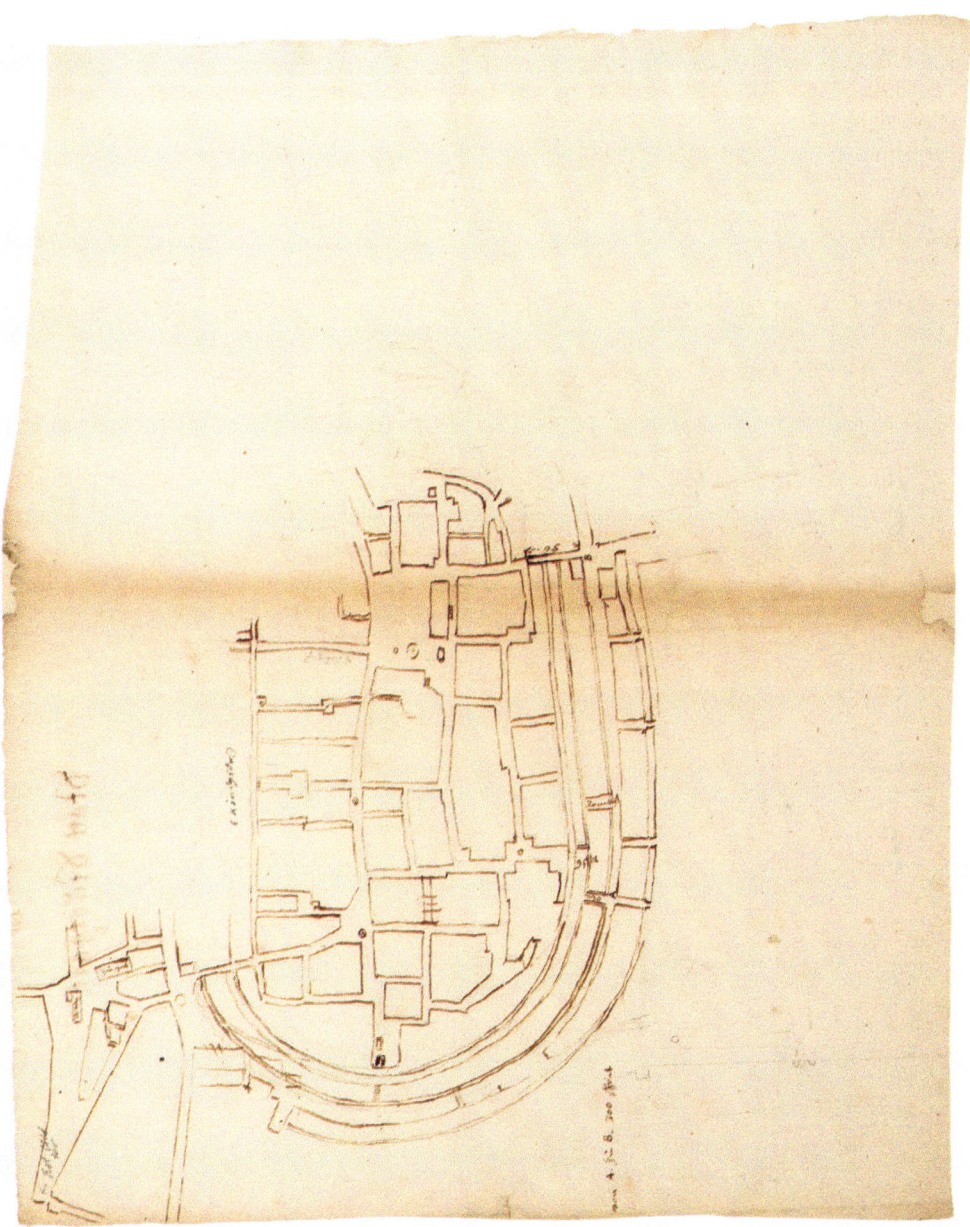

Abb. 17: Heinrich Schickhardt: Skizze der gesamten Altstadt von Stuttgart (nach 1622). Hauptstaatsarchiv Stuttgart N 220 A 188.

Abb. 18: Stuttgart, Alter Schlossplatz, Lithographie von Franz Schnorr 1826. Landesmedienzentrum Baden-Württemberg, Nr. LMZ096103.

Abb. 19: Stuttgart, Schillerplatz nach Entwürfen von Heinrich Schickhardt heute. Foto: Eva-Maria Seng.

Abb. 20: Stuttgart, Neuer Bau von Heinrich Schickhardt, Zeichnung von 1779. Landesmuseum Württemberg, Foto: Peter Frankenstein und Hendrik Zwietasch, Inv.-Nr. E2262 – Schefold 8404, Abb. 296.

2.4 Die Erweiterung von Städten durch die Anlage von Neustädten

Durchaus üblich war die Erweiterung von Städten durch die Anlage von Vorstädten, die dann mit eigener Mauer umgeben wurden und relativ selbständige Einheiten mit eigenem Rathaus bildeten. Ein sehr prominentes Beispiel stellt hier die Turnieracker-Vorstadt oder »Reiche Vorstadt« dar, nordwestlich des Grabens der Stuttgarter Altstadt angelegt. Sie wird meist mit den Baumaßnahmen Graf Eberhards im Bart nach 1483 in Verbindung gebracht. Es handelt sich um eine regelmäßig, in quadratischen Baublöcken mit breiten rechtwinkligen Straßen und stattlichen Gebäuden angelegte Vorstadt, die meist mit umfangreichen Planungen von neuen Stadtgebieten und einer Neustadt in Ferrara in Verbindung gebracht werden (Abb. 21).[43] Das damals singuläre Vorgehen in Ferrara, nämlich nicht nur die Erweiterung, sondern die Anlage einer neuen Stadt bei einer bestehenden Stadt wurde beispielhaft. Zwischen 1588 und 1600 ließ Herzog Karl III. von Lothringen bei Nancy, seiner Hauptstadt des Herzogtums an der Südseite der Altstadt eine Neustadt mit halbelliptischem

---

43 Paul Sauer: Geschichte der Stadt Stuttgart, Bd. 2: Von der Einführung der Reformation bis zum Ende des 17. Jahrhunderts, Stuttgart, Berlin, Köln 1993, S. 69–75 sowie Kluckert, Auf dem Weg zur Idealstadt (wie Anm. 31), S. 50 ff.

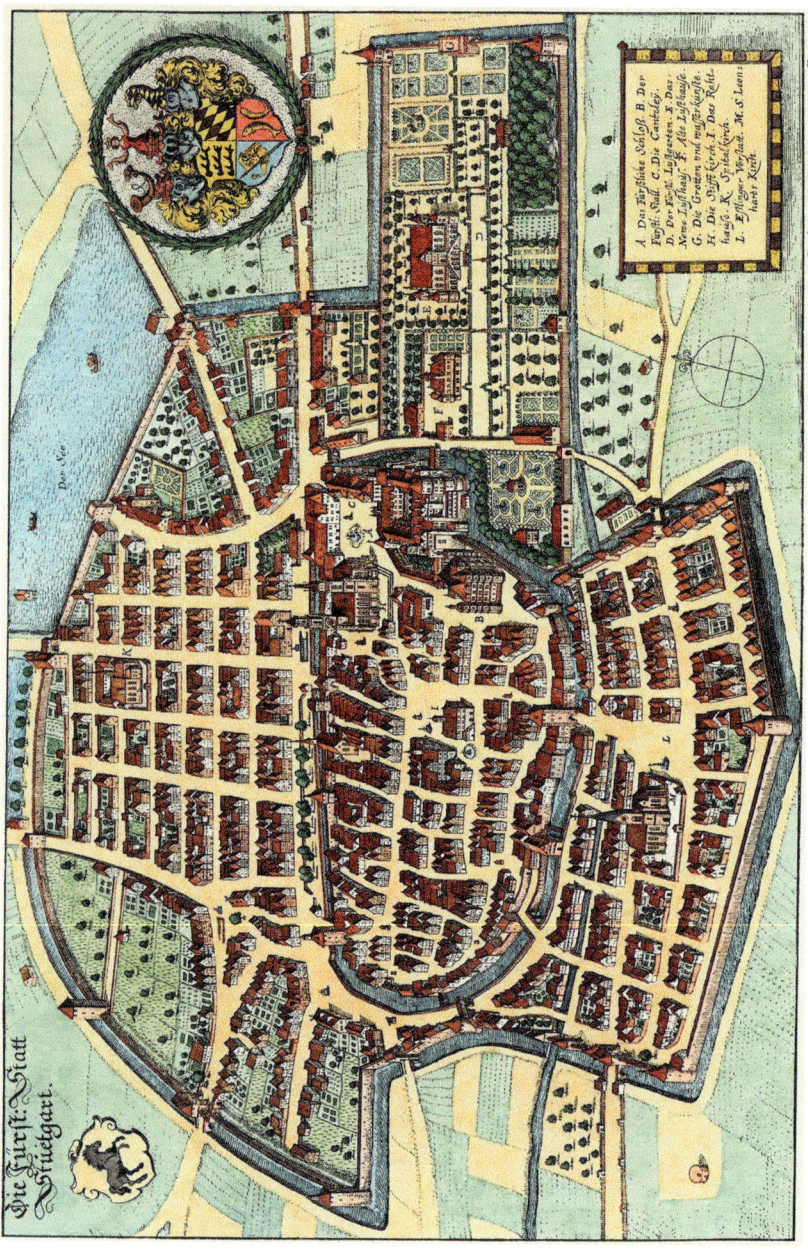

Abb. 21: Stuttgart, Matthäus Merian, Stuttgart um die Mitte des 17. Jahrhunderts mit Herrenhaus auf dem Marktplatz (nicht Rathaus wie in der Legende), Neuem Bau (nicht Fürstl. Stall), Schloss, Kanzlei, Gesandtenhaus, Fruchtkasten und Stiftskirche und damit den neu durch Schickhardt geschaffenen Plätzen Schlossplatz (zwischen Kanzlei, Gesandtenhaus, Fruchtkasten und Stiftskirche) und Platz zwischen Neuem Bau und Marstall und dem Marktplatz. Nordwestlich des Grabens die Turnierackervorstadt oder »Reiche Vorstadt«. Stadtarchiv Stuttgart 9050_1813.

IDEAL- UND PLANSTÄDTE IM DEUTSCHEN SÜDWESTEN 65

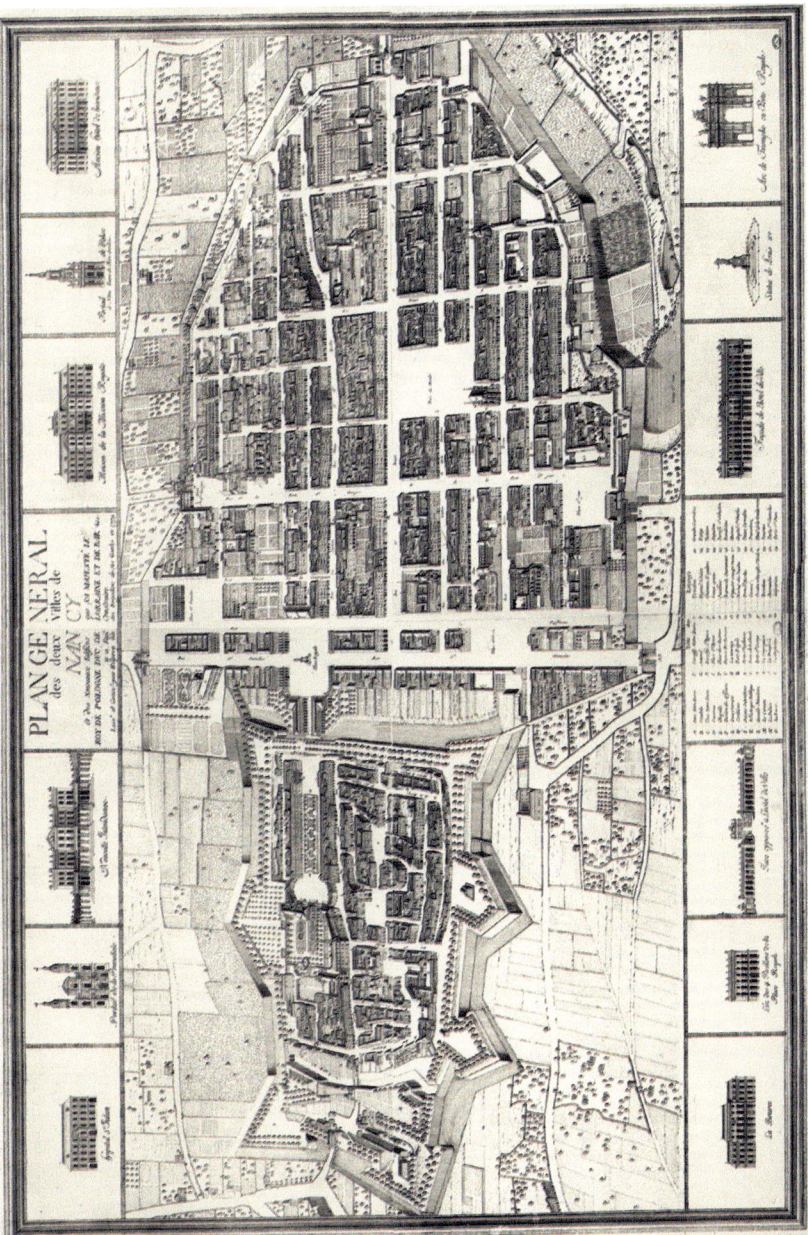

Abb. 22: Nancy, Thomas Belprey, Plan général des deux villes de Nancy von 1754. 1754. Stich in vier Portionen: Stadtarchiv Nancy, Beleprey, Plan général des deux Villes de Nancy et des noveaux édificies que Sa Majesté le roi de Pologne y fait construire, 1754, Inventarnummer 1 Fi 1502. Fotomontage: Paderborner Bildarchiv.

Umriss nach dem typischen stadtplanerischen Entwurf des 16. Jahrhunderts als schachbrettartige Anlage mit rechtwinkligen Straßenzügen errichten (Abb. 22). Die Neustadt war dreimal so groß wie die Altstadt und von dieser durch Wehranlagen und einen breiten Graben getrennt, wobei die Altstadt mit dem Herzogspalast sich zur Neustadt wie eine stark befestigte Zitadelle verhielt. Vier Plätze wurden in der neuen Planstadt angelegt, vor dem neuen Rathaus, ein Marktplatz und vor einem Kloster und einem Hospiz. Die Bauten der Neustadt wurden allesamt aus Stein und Ziegel errichtet. Nancy war sowohl unter verkehrstechnischen Gesichtspunkten, am Kreuzungspunkt von Wasserwegen und Straßen von Flandern nach Italien, als auch als Hauptstadt des Herzogtums Lothringen und prosperierende Manufaktur- und Gewerbestadt ein weit beachtetes Vorbild. Demographisch verzeichnete die Stadt nach einem enormen Wachstum zwischen dem Ende des 15. und dem Ende des 16. Jahrhunderts, in dessen Verlauf sich die Einwohnerzahl vervierfachte, eher stagnierende Zahlen und blieb auch in der Mitte des 17. Jahrhunderts bei den schon 1580 erreichten 8.000 Einwohnern stehen.[44]

Gleichzeitig mit den Planungen und dem Bau von Freudenstadt erhielt Schickhardt auch den Auftrag, die Hauptstadt der württembergischen Grafschaft Mömpelgard auszubauen und mit einer Neuveville zu versehen. Westlich der alten Stadt legte er zwischen 1598 und 1607 eine südlich vom Fluss Allan begrenzte und nördlich von einem Hügel, der dann mit einer Zitadelle zum Schutze der Stadt bestückt wurde, regelmäßige Neustadt an, bestehend aus drei parallel zum Fluss verlaufenden Straßen mit drei Querstraßen und regelmäßigen Baublöcken (Abb. 23). Den Mittelpunkt bildete ein quadratischer Platz für den Handel, an dem auch das Universitätskollegium zur Ausbildung der Pfarrer für den Pays de Montbéliard errichtet wurde.[45] Mömpelgard war eine prosperierende, schnell wachsende Gemeinde, da sie nach Ausbruch der Religionskriege in Frankreich zum Zufluchtsort für calvinistische Glaubensflüchtlinge aus Lothringen, Burgund (Besançon) und Frankreichs (Champagne) wurde. Rund 12 % der Einwohner waren 1586 Religionsflüchtlinge, die jedoch, um Vollbürger zu werden, in den streng lutherischen württembergischen Staat und dessen Bekenntnis eingepasst werden sollten, hierzu wie zur Vermittlung der deutschen Sprache diente das Kollegium. Schickhardt kannte und besuchte 1599 sowohl Ferrara als auch 1603 Nancy.[46]

---

44 Jan Ostrowski: La Place Royale de Nancy: remarques sur genese de l'architecture et les contenus simboliques. In: Centri storici di grandi agglomerati urbani 9 (1982) S. 89–96, hier S. 92–95; Pierre Simonin/Alain George: Nancy, la ville de Stanislas, literaires du patrimoine 54 Meurthe-et-Moselle, Paris 1994, S. 2–18; P. Pillet, Nancy: Place Stanislas et Place de la Carriere. In: Les monuments historiques de la France Nr. 1, 1973, S. 45–52 sowie Michel Caffier: Place Stanislas. Nancy: trois siècles d'art et d'histoire, Strasbourg 2005, S. 27–53.
45 Heyd (Hrsg.), Handschriften und Handzeichnungen (wie Anm. 28), S. 287–292, Bl. 170, S. 347.
46 Ebenda, S. 221–233; André Bouvard: Heinrich Schickhardt. Württ. Architekt und Ingenieur (1558–1635). In: Heimat- und Museumsverein für Stadt und Kreis Freudenstadt (Hrsg.):

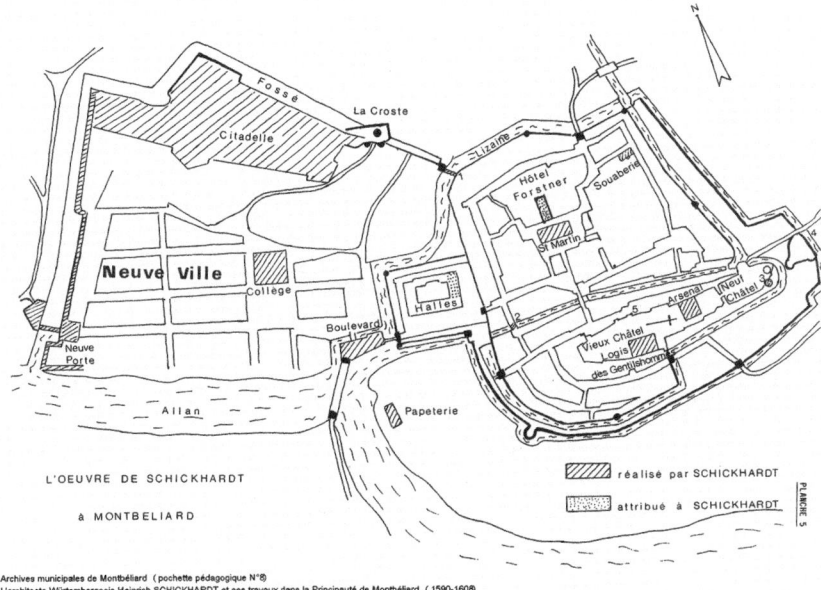

Abb. 23: Montbéliard, Heinrich Schickhardt, Neuve Ville Montbéliard 1616. Archives Municipales de Montbéliard.

Noch innovativer scheinen mir jedoch die Planungen Schickhardts für Stuttgart zu sein. So zeigt ein Plan aus der Zeit um 1622 die Anbindung der regelmäßigen Baublöcke der Turniervorstadt über den Graben, die heutige Königsstrasse hinweg an das Gefüge der Altstadtstraßen, die nun ebenfalls regelmäßiger und falls notwendig entsprechend der Achsen der Neustadtstraßen in die Altstadt hineingebrochen werden sollten (Abb. 24, 25). Schickhardt beschäftigte sich damit offensichtlich mit der Zuschüttung des Grabens zumindest im Schlossbereich, der damals schon als

Die Gründung Freudenstadts inmitten europäischer Geschichte. 400 Jahre Freudenstadt, Horb a. N. 2003, S. 62–78, hier S. 66 f., S. 72–74. Ders., Mömpelgard. In: Lorenz/Setzler (Hrsg.): Schickhardt (wie Anm. 31), S. 220–229; Céline Delétang: Heinrich Schickhardt et la Neuve Ville de Montbéliard. In: Bulletin de Mémoires de la Societé d'Emulation de Montbéllard 128 (2005; ersch. 2006) S. 3–41, hier S. 5–21; Robert Cuisenier: Les comptes de la ville de Montbéliard et l'histoire communale au temps du prince Frédéric de Württemberg. In: Bulletin et Mémoires de la Societé d'Emulation de Montbéllard, LXXX Vol. Nr. 107 (1984) S. 25–131 sowie Juliane Krinninger-Babel: Friedrich I. von Württemberg als Regent der Grafschaft Mömpelgard (1581–1593) – Forschungsstand und Perspektiven. In: Sönke Lorenz/Peter Rückert (Hrsg.): Württemberg und Mömpelgard. 600 Jahre Begegnung. Beiträge zur wissenschaftlichen Tagung vom 17. bis 19. September 1997, Leinfelden-Echterdingen 1999, S. 251–283, hier S. 278 ff.

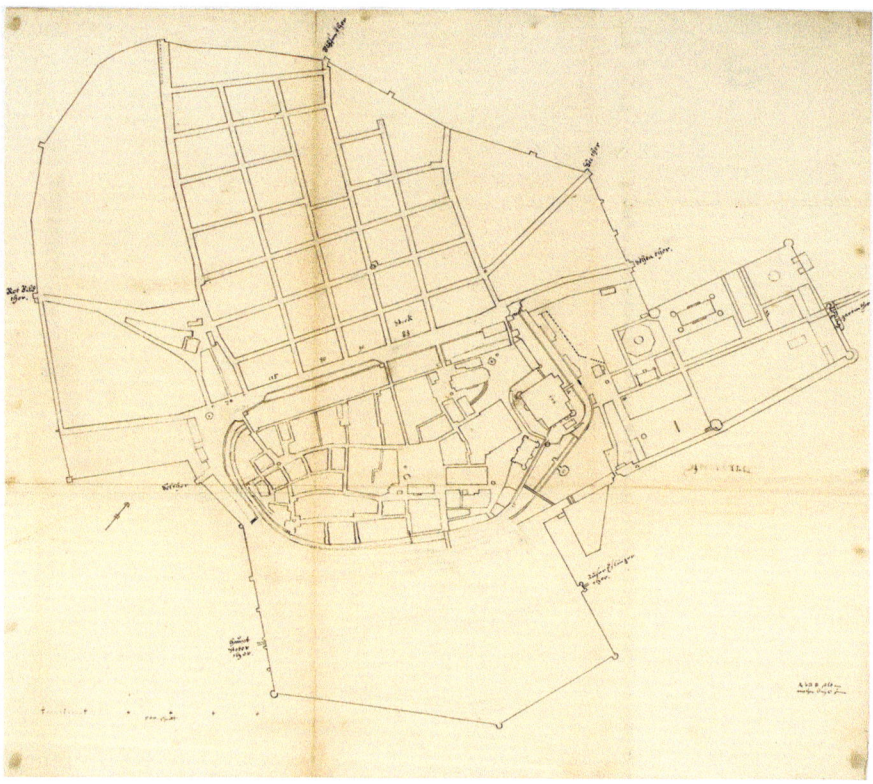

Abb. 24: Stuttgart, Plan der Stadt von Heinrich Schickhardt 1622. Einzeichnung der Altstadt, des Mauerrings und der Tore, der Schlossgartengegend und der gesamten Blöcke der Neustadt. Hauptstaatsarchiv Stuttgart N 220 A 186.

Übergang zur Reichen Vorstadt die Hauptstraße der Stadt bildete, jedoch nur mittels Brücken an verschiedenen Punkten die Verbindung über die Stadtmauer in die Vorstadt gewährleistet war. Damit verweist Schickhardt aber auf stadtplanerische Vorstellungen voraus, wie sie erst zu Beginn des 18. Jahrhunderts geäußert und umgesetzt wurden.[47]

---

47 Plan Heinrich Schickhardts mit Bleistifteinzeichnungen um 1622. HStAS N 220, A 187.

IDEAL- UND PLANSTÄDTE IM DEUTSCHEN SÜDWESTEN 69

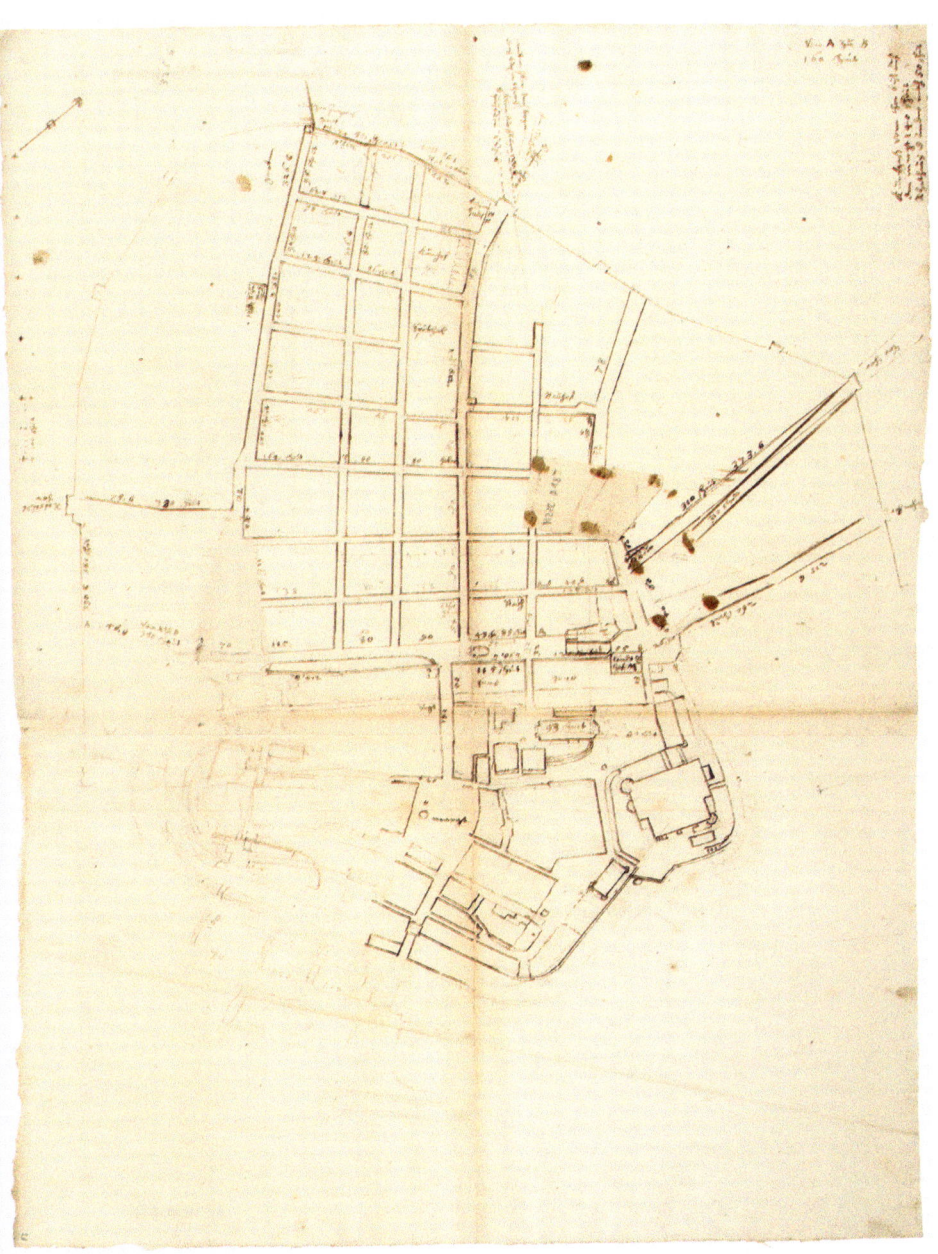

Abb. 25: Stuttgart, Plan der Stadt von Heinrich Schickhardt um 1622. Mit nordöstlichem Teil der Altstadt, Rathaus, Marktplatz, Schloss, Graben und Neustadt mit der eingezeichneten verlängerten Straßen über den Graben hinweg und damit der Verbindung zwischen Alt- und Neustadt. Hauptstaatsarchiv Stuttgart N 220 A 187.

3. Die Veränderung der städtebaulichen Vorstellungen im 18. Jahrhundert unter dem Begriff der Verschönerung der Stadt im Inneren und der Verbindung zwischen der Stadt und ihrer Umgebung

Das Stichwort des *Embellissement* ist sicherlich dasjenige, womit die Stadtbaukunst des 18. Jahrhunderts vornehmlich verbunden wird. Embellissement, der von Marc-Antoine Laugier in seinem »Essai sur l'architecture« (1753/1755) geprägte, freilich schon seit dem 17. Jahrhundert mit Blick auf die infrastrukturelle Verbesserung der Stadt verwendete Begriff bezeichnete die planmäßige Veränderung der Stadt unter Berücksichtigung der vorhandenen Baustruktur zum Zwecke der Verschönerung und Modernisierung[48]. Darunter verstand man die Anlage innerstädtischer Plätze, die Anpassung und Nivellierung der Straßen, Verfüllung der Stadtgräben und Niederlegung der Befestigungsanlagen und Öffnung der Städte zu ihrem Umland und der Natur durch die Betonung von Sichtachsen, die Anlage von Promenaden, der Einbezug natürlicher Gegebenheiten wie Fluss oder Park in die Stadtgestaltung.[49] Diese unter dem Schlagwort der Verlandschaftung oder Naturalisierung der Stadt verhandelte Entwicklung lässt sich erneut insbesondere an den städtebaulichen Maßnahmen in Nancy seit Beginn des 18. Jahrhunderts ablesen (Abb. 26, 27). Ziel war es dort, durch die Anlage einer rhythmischen Folge von Plätzen und die Einbeziehung gärtnerischer Gestaltung die Alt- und Neustadt miteinander zu verbinden und zum Fluss und zur Umgebung zu öffnen.[50] Auch in Stuttgart sind solche Maßnahmen greifbar und ablesbar. Die Auffüllung des Grabens zur Königsstraße, erfolgte zwar erst im ersten Jahrzehnt des 19. Jahrhunderts, die Durchgrünung und Öffnung der Stadt bahnte sich jedoch durch die Aufgabe der Gräben um das Schloss, die Anlage der Schlossgärten an, bis sie im 18. Jahrhundert mit dem Bau des Neuen Schlosses, der Planierung des Platzes davor (heutiger Schlossplatz) und dessen gärtnerischer Anlagen, die allmählich in die gestaltete Landschaft übergingen, umgesetzt wurden (Abb. 28, 29).[51]

---

48 Jean-Louis Harouel: L'embellissement des villes. L'urbanisme français au XVIIIe siècle, Paris 1993; Michael Locher: Embellissement. Eine städtebauliche Strategie. Mit Beiträgen von Hans Kollhoff – Dieter Schnell – Jürg Sulzer, Bern 2005; Jörg Biesler: BauKunstKritik. Deutsche Architekturtheorie im 18. Jahrhundert, Berlin 2005, S. 9; Klaus Jan Philipp: Um 1800. Architekturtheorie und Architekturkritik in Deutschland zwischen 1790 und 1810, Stuttgart 1997 sowie Ulrich Schütte: Ordnung und Verzierung. Untersuchungen zur deutschsprachigen Architekturtheorie des 18. Jahrhunderts, Braunschweig, Wiesbaden 1986.

49 Eliana Perotti: Der antiurbane Reflex. Alternative Siedlungsmodelle und die Verlandschaftung der Stadt. Einführung. In: Vittorio Magnago Lampugnani/Katja Frey/Eliana Perotti (Hrsg.): Anthologie zum Städtebau, Bd. 1: Von der Stadt der Aufklärung zur Metropole des industriellen Zeitalters, Berlin 2008, S. 205–302.

50 Seng u. a., Revisionen. Städtebau im 18. Jahrhundert (wie Anm. 37), S. 477–481.

51 Eva-Maria Seng: Urbanistische Projekte in Stuttgart zur Zeit Carl Eugens. In: Wolfgang Mährle (Hrsg.): Aufgeklärte Herrschaft im Konflikt. Herzog Carl Eugen von Württemberg 1728–1793, Stuttgart 2017, S. 153–182, hier S. 167–179.

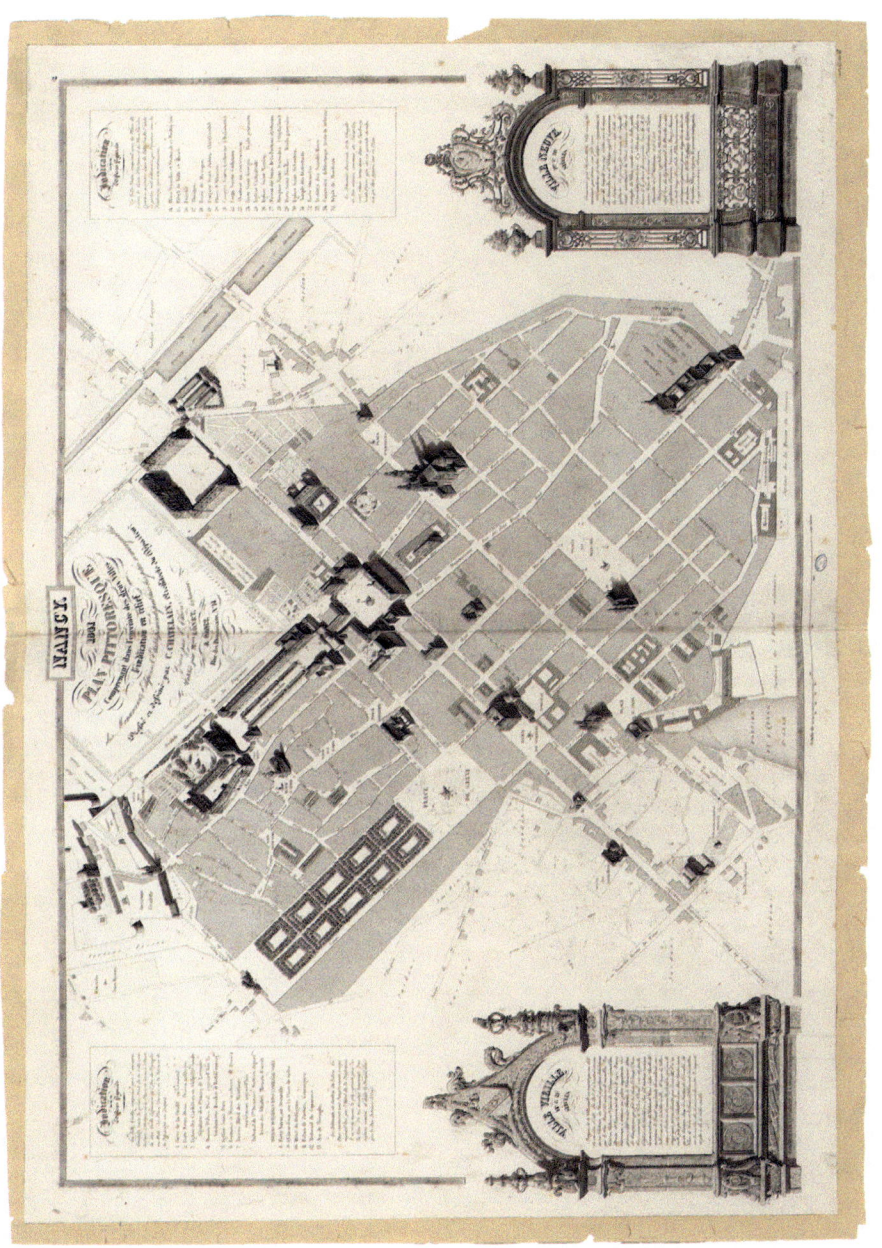

Abb. 26: Nancy, Plan Pittoresque von C. Chatelain, gestochen von E. Ollivier 1841. Platzfolge: Place Royale (heute Place Stanislas), Place de la Carrière, Place de la l'Hémicycle und Place Stanislas (heute Place d'Alliance). Stadtarchiv Nancy B54395610l_H_FG_ES_00026.

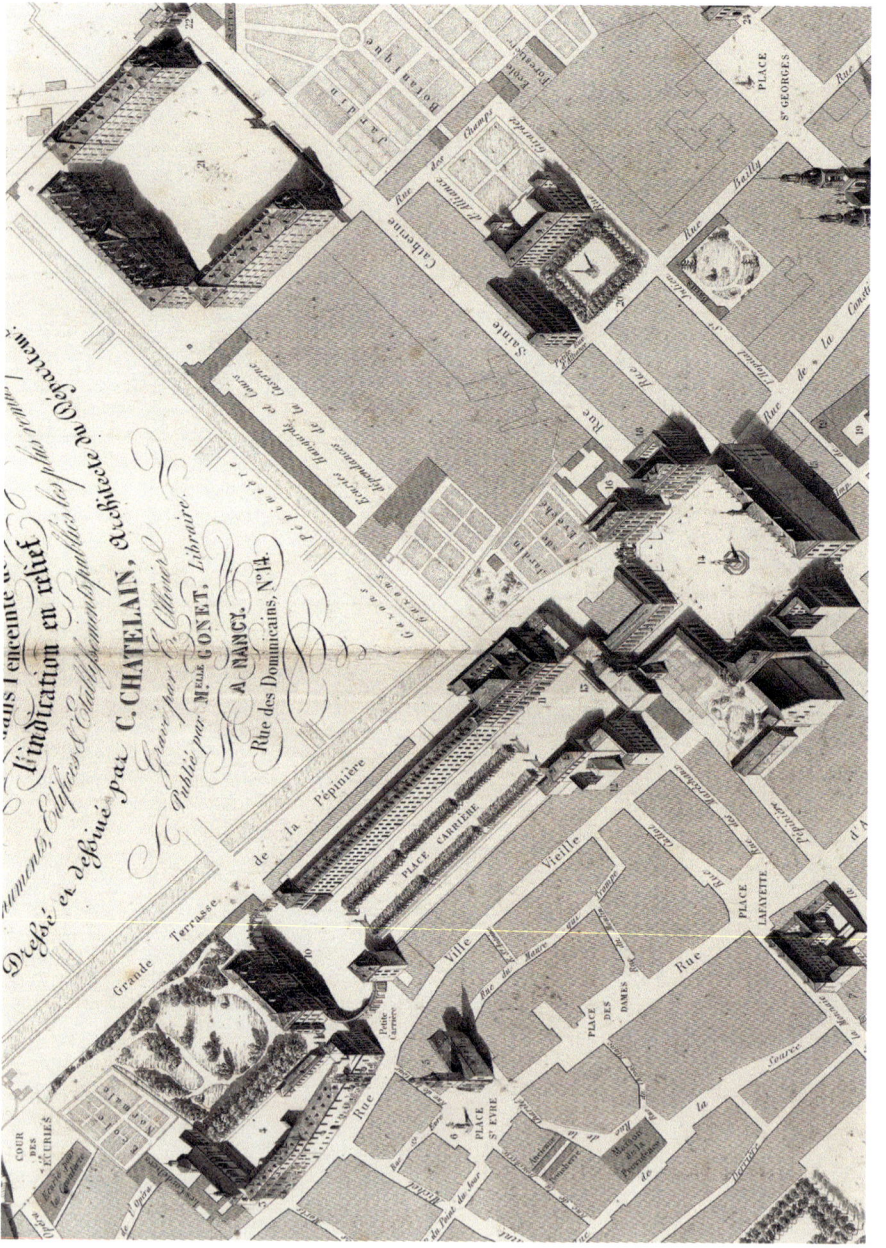

Abb. 27: Nancy, Plan Pittoresque von C. Chatelain, gestochen von E. Ollivier 1841. Platzfolge: Place Royale (heute Place Stanislas), Place de la Carrière, Place de la l'Hémicycle und Place Stanislas (heute Place d'Alliance). Ausschnitt aus Abb. 26.

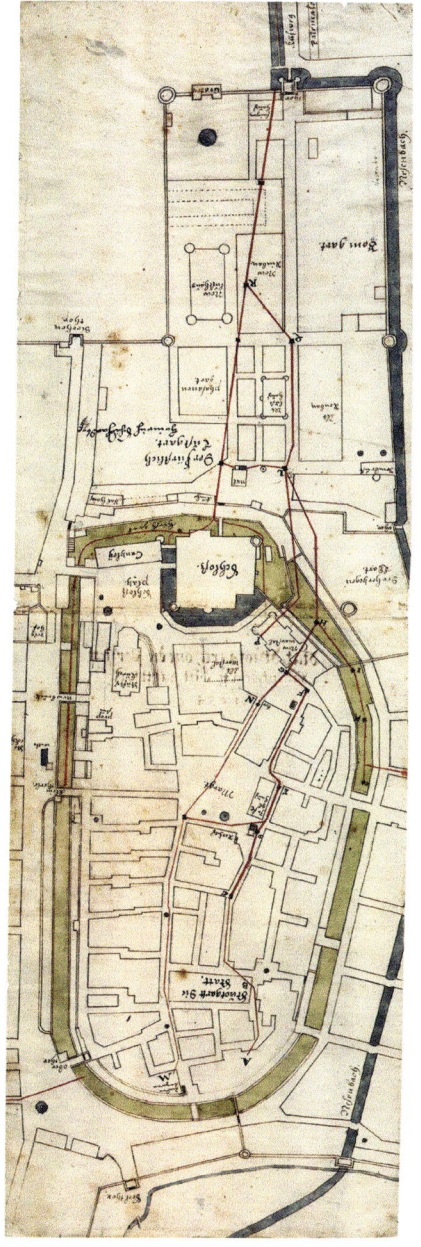

Abb. 28: Stuttgart, Plan der Stadt und des Fürstlichen Lustgartens mit Einzeichnung der Dolen von Heinrich Schickhardt 1634. Hauptstaatsarchiv Stuttgart N 220 A 158.

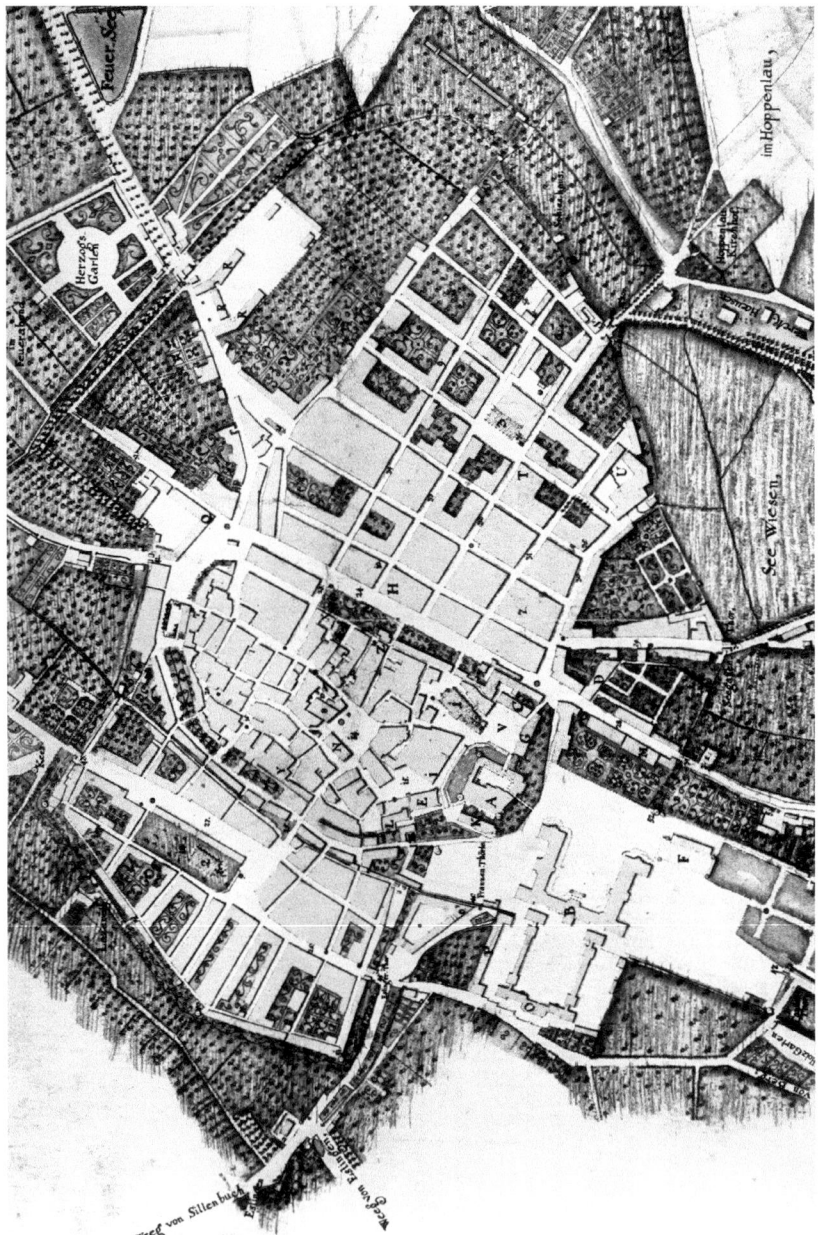

Abb. 29: Stuttgart, Plan der Stadt 1771, Ausschnitt der Karte des Corps des Guides »von der Gegend um die herzogliche Solitude«. Aus: Gustav Wais: Alt-Stuttgart. Die ältesten Bauten, Ansichten und Stadtpläne bis 1800 mit stadtgeschichtlichen, baugeschichtlichen und kunstgeschichtlichen Erläuterungen. Neuauflage Stuttgart 1954, Tafel 48. Foto: Paderborner Bildarchiv (Original: Württembergische Landesbibliothek Stuttgart, Kriegsverlust).

4. Resumée und abschließende Bemerkungen zu Stadtumbau und Stadtneubau

Der deutsche Südwesten war hinsichtlich der Theoriebildung und theoretischer Reflexion zum Städte- und Festungsbau eine der fruchtbarsten Gegenden im Heiligen Römischen Reich. Theorie und Wirklichkeit bedingten sich dabei gegenseitig, wie das Beispiel von Johann Valentin Andreaes utopischer Schrift »Christianopolis« nach dem Bau der Stadt Freudenstadt belegt, ebenso wie die streng rationalen neuen Stadtanlagen in Sachsen oder Mittel- und Südamerika. Unter städtebaulichen Gesichtspunkten waren aber keineswegs die vollkommen neu angelegten Städte diejenigen mit dem größten Entwicklungs- und Zukunftspotential, vielmehr scheint die Anlage von Neustädten im Zusammenhang mit existierenden Altstädten und der daraus resultierende Transformationsprozess der alten Stadt, also Stadtumbau und Stadtreparatur oder Verbindung von Ideal- und Planstadt, die nachhaltigere Entwicklung einzuläuten. Um nochmals auf meine eingangs gemachten Beobachtungen zu den aktuellen Entwicklungen zurückzukommen: Auch die Frühe Neuzeit, insbesondere die Jahre um 1600, durchprobte offensichtlich in der ganzen Vielfalt und Breite möglicher Lösungen das Laboratorium der Stadt von »Dreamlands« über Visionen oder Utopien bis hin zur »New Urbanity.«

Die Zukunft der kleinen Stadt

Befunde und Projektionen um 1800

Frank Göttmann

Der Begriff »kleine Stadt« verweist auf das begriffliche Dilemma der Stadtgeschichtsforschung: Die herkömmlichen Typologien bleiben letztlich defizitär. Die am Beispiel der mittelalterlichen Stadt aufgrund von Kriterien der Genese und der Rechts- und Verfassungsverhältnisse entwickelten Städtetypen sind nicht ohne weiteres mit den Größenverhältnissen aufgrund der Einwohnerzahlen in Einklang zu bringen. Eine Klassifizierung nach Einwohnerzahlen – Kleinstadt, Mittelstadt, Großstadt – zieht, scheinbar etwas willkürlich, quantitative Klassengrenzen. Freilich handelt es sich um einander relative Begriffe, deren quantitative Grundlage und deren Relationen zueinander sich im Laufe der Jahrhunderte verschoben haben. Immerhin war auf diese Weise ein quantitativer Ansatz gewonnen, die Ausbreitung des Städtewesens und die Verdichtung der Städtelandschaften säkular zu erfassen und »Urbanisierung« als primär quantitatives Phänomen zu beschreiben. Ergebnis waren die allseits bekannten Aufstellungen mit schematischen, recht willkürlich anmutenden Größenklassifizierungen, wobei die Kleinstadt mit einer Einwohnerzahl von bis zu 2.000 angesetzt wurde.[1] Zieht man allerdings einen zeitgenössischen Quellenbefund heran, spiegelt etwa die Steinsche Städteordnung von 1808 mit einer maximalen Einwohnerzahl von 3.500 die damalige Auffassung von Kleinstadt.[2]

---

1 Vgl. etwa die aufgrund der Literatur zusammengestellte Tab. bei Heinz Schilling: Die Stadt in der Frühen Neuzeit, München 1993, S. 8: Zwischen 1500 und 1800 wuchs demnach die Gesamtzahl der der Städte im Alten Reich von rund 3.500 auf 4.000, in der Größenklasse von über 10.000 Einw. von 26 auf 61, und es verdoppelte sich die Zahl derer von 2.000 bis 10.000 Einw. auf etwa 400, während die Zahl derer mit 1.000 bis 2.000 (einige hundert) und derer darunter (etwa 3.000) stagnierte. Vergleichbare Angaben bei Peter Johanek: Landesherrliche Städte – kleine Städte. Umrisse eines europäischen Phänomens. In: Jürgen Treffeisen/Kurt Andermann (Hrsg.): Landesherrliche Städte in Südwestdeutschland, Sigmaringen 1994, S. 12 f.

2 Ordnung für sämtliche Städte der Preußischen Monarchie, Königsberg, 19. Nov. 1808, Tit. II, § 10; Druck in: Sammlung der für die Königlichen Preußischen Staaten erschienenen Gesetze und Verordnungen von 1806 bis zum 27sten Oktober 1810, Berlin 1822, ND Bad Feilnbach 1985. Zur gleichen Zeit postulieren französische Besteuerungsgrundsätze eine Zahl von 1500 bis 3000 Personen in einer geschlossenen Siedlung. Bernard Lepetit: In search of the small town in early nineteenth-century France. In: Peter Clark (Hrsg.): Small towns in early modern Europe, Cambridge 1995, S. 166–183, hier S. 167 u. S. 174.

Einwohnerzahlen sind zwar ein wichtiges Kriterium, um einer Siedlung städtischen Charakter zuzuschreiben, sind aber letztlich fruchtlos, wenn sie nicht durch die Elemente von Urbanität wie etwa wirtschaftliche, administrative und kulturelle Funktionen begleitet werden, welche die Stadt vom Land unterscheiden.[3] Mit einer solchen funktionalen Betrachtungsweise suchte im Grunde schon die ältere Stadtgeschichtsforschung durch die Bildung von Funktionstypen – wie Bergbau-, Festungs-, Exulanten-, Residenz-, Hauptstädten etc. – den Unzulänglichkeiten der Typenbildung nach rechtlichen und quantitativen Kriterien zu begegnen. Zudem hat die aus der Geographie adaptierte Zentralitätsforschung das empirisch-statistische Handwerkszeug geliefert, Siedlungen einer bestimmten Zentralitätsstufe zuzuweisen und sie in einem regionalen Netz von Siedlungen unterschiedlichen Ranges zu verorten. Über Produktion, Angebot und Nachfrage, die eine bestimmte Reichweite konstituieren, ist immerhin eine Möglichkeit eröffnet, die lokale und regionale Bevölkerungszahl mit herrschaftlichen, administrativen und kulturellen Institutionen sowie der Wirtschafts- und Sozialstruktur zu verknüpfen.[4] Somit könnte als kleine Stadt eine Siedlung bezeichnet werden, deren Zentralität die eigene lokale Reichweite signifikant überschreitet bzw. die umgekehrt für benachbarte Siedlungen zentrale Leistungen anbietet und differenzierte urbane Lebensverhältnisse und eine entsprechende Mentalität ihrer Bewohner aufweist.[5]

Dieser Definitionsversuch verweist auf die Begründung, warum man sich denn überhaupt mit der Thematik Kleine Stadt beschäftigen sollte. Ihre Relevanz ergibt sich schon schlicht quantitativ aus der sehr hohen Anzahl solcher Städte im Vergleich

---

3 Vgl. die Hinweise bei Clemens Zimmermann: Die Kleinstadt in der Moderne. In: Ders. (Hrsg.): Kleinstadt in der Moderne, Ostfildern 2003, S. 9–27, hier S. 13–15. Eine Charakterisierung der Kleinstadt um 1800 nach den Strukturmerkmalen Wirtschaft, Bevölkerung, Gesellschaft, Politik und Verfassung sowie Kultur unternimmt Wilfried Reininghaus: Idylle oder Realität? Kleinstädtische Strukturen am Ende des Alten Reiches. In: Westfälische Forschungen 43 (1993), S. 514–529, hier S. 520–528 auf der Grundlage eines breiten Literaturüberblicks. Zum Problem des Begriffs Minderstadt als Siedlung »zwischen Stadt und Dorf« Wilfried Ehbrecht: »Minderstadt« – ein tauglicher Begriff der vergleichenden historischen Städteforschung? in: Herbert Knittler (Hrsg.): Minderstädte, Kümmerformen, gefreite Dörfer. Stufen zur Urbanität und das Märkteproblem, Linz 2006, S. 1–50, hier bes. S. 32 f. u. S. 47 f.

4 Vgl. die schematisierte, mit dem empirischen Befund verbundene Tabelle der Stufen der zentralen Orte bei Hans Heinrich Blotevogel: Zentrale Orte und Raumbeziehungen in Westfalen vor der Industrialisierung (1780–1850), Münster 1975, S. 40 f. sowie S. 42 Übersicht über die Kriterien des Klassifizierung; Kap. I grundsätzlich und differenziert zur Methode der historischen Zentralitätsforschung.

5 Nach den Kategorien Blotevogels, ebenda, S. 41 etwa einzuordnen als »Mittelzentrum (schwach)« mit ca. 1.000 bis 3.000 Einw., »einige Unterzentren noch deutlich überschichtend«. – Zum Problem der Definition vgl. Peter Clark, Introduction. In: Clark, Small towns (wie Anm. 2), S. 4 f.; Holger Th. Gräf: Zur Konjunktur in der historischen Kleinstadtforschung. In: Peter Johanek/Franz-Joseph Post (Hrsg.): Vielerlei Städte. Der Stadtbegriff, Köln 2004, S. 145–158, hier S. 151 f.

zu den anerkannt größeren.[6] Betrachtet man den Anteil der Stadtbevölkerung an der Gesamtbevölkerung und das Bevölkerungswachstum überhaupt als Indikator sozioökonomischer Transformationsprozesse, zeigt sich, dass gerade die kleineren Städte und die mit Gewerbe durchdrungenen ländlichen Siedlungen am Vorabend der Industrialisierung und noch in deren Frühphase das größte Wachstumspotential aufweisen.[7] Im Laufe der Frühen Neuzeit und bis ins 19. Jahrhundert hinein wuchs ihr Anteil an der Gesamtbevölkerung in den von de Vries beobachteten europäischen Regionen – indes mit signifikanten regionalen Unterschieden – von einem Sechstel auf ein Viertel, während die sonstigen Städte mehr oder weniger stagnierten und der Anteil der im Agrarsektor tätigen Landbevölkerung sich nahezu um die Hälfte auf 40% halbierte[8] – zugegebenermaßen wegen des disparaten Datenmaterials nur eine grobe Trendangabe. Wie auch in der demographischen Forschung wiederholt gezeigt werden konnte, sicherte das demographische Wachstum auf dem Land die demographische Existenz der Stadt, schon bevor die sogenannte Landflucht und die demographische Transition des 19. Jahrhunderts die modernen industrialisierten Großstädte entstehen ließen.[9]

So lässt sich die Ansicht vertreten, dass kleinere Städte unmittelbar den demographischen und wirtschaftlichen Austausch mit dem platten Land trugen, aber auch im Sinne der Zentralitätstheorie zu den übergeordneten Städten höherer Zentralitätsstufe vermittelten und quasi den »Unterbau« der Städtelandschaften verkörperten. Gerade aufgrund ihrer eingeschränkten Autonomie konnten sie zu Medien der herrschaftlichen Durchdringung des Landes werden.[10] Mentalitätsgeschichtlich betrachtet, machte sich an ihnen einerseits die Sehnsucht nach einfachem Leben und ländlicher Idylle fest, andererseits aber auch die Verachtung der Kleinheit der Lebensverhältnisse und des bildungsfernen, engstirnigen Spießers.

---

6 Johanek, Landesherrliche Städte (wie Anm. 1), S. 13 beklagt grundsätzlich das diesbezügliche Versäumnis der traditionellen Stadtgeschichtsforschung.

7 Vgl. etwa Hildegard Schröteler-von Brandt: Stadtbau- und Stadtplanungsgeschichte. Eine Einführung, Stuttgart 2008, S. 93 und die S. 94 aufgelisteten niederrheinischen Städte.

8 Jan de Vries: European Urbanization 1500–1800, London 1984, S. 239 Graphik u. passim; grundsätzlich zur Bedeutung der kleinen Städte beim Wandel von der Agrar- zur Industriegesellschaft Clark, Introduction (wie Anm. 5), hier v. a. S. 15–19. – In deutschen Regionen betrug der Anteil der Kleinstädte unter 2000 Einwohnern an der städtischen Bevölkerung z. T. zwei Drittel; Reininghaus, Idylle (wie Anm. 3), S. 519.

9 Vgl. Roger Mols: Die Bevölkerung Europas 1500–1700. In: Europäische Wirtschaftsgeschichte, hg. von Carlo Maria Cipolla und Knut Borchardt, Bd. 2: 16. und 17. Jahrhundert, Stuttgart 1979, S. 5–49, hier S. 28 u. S. 34; am Beispiel Sachsens Volkmar Weiss: Bevölkerung und soziale Mobilität, Sachsen 1550–1880, Berlin 1993, S. 183–192.

10 Zu solchen Fragen vgl. etwa den Problemüberblick bei Helmut Flachenecker/Rolf Kießling: Einführung. In: dies. (Hrsg.): Städtelandschaften in Altbayern, Franken und Schwaben. Studien zum Phänomen der Kleinstädte während des Spätmittelalters und der Frühen Neuzeit, München 1999, S. 1–12, hier S. 5–7. – Zugespitzt bei Johanek, Landesherrliche Städte (wie Anm. 1), S. 25.

Über diese allgemeinen Begründungen hinaus möchte ich meine Überlegungen an zwei Stichwörtern aus dem Titel orientieren: »Zukunft« und »um 1800«. Sichtet man die umfangreiche Stadtgeschichtsforschung, so fällt in epochaler Hinsicht auf, dass das Ende des Alten Reiches oder weiter gefasst des Ancien Régime in Europa nach wie vor eine Epochenscheide bildet, die kaum überschritten wird. Aber es ist trivial: Die alten Stadtsiedlungen bestehen im 19. Jahrhundert ja fort, auch wenn nun in den meisten neuformierten deutschen Ländern Städteordnungen sozusagen administrative und rechtliche »Ordnung« in die »gewachsenen« Städtelandschaften bringen und sich die Industrialisierung immer stärker auswirkt.[11] Diese äußerte sich gerade auch im starken Wachstum der »prosperierenden Landstädtchen und Industriedörfer«, was etwa die preußische Provinzialregierung des Rheinlandes veranlasste, mit einem »Planungserlass« 1834 allen wachsenden Städten mit mehr als 2.000 Einwohnern die Aufstellung eines Stadtbauplanes zu verordnen.[12] Wenn Johanek unter Verweis auf Jean Pauls Reichsmarktflecken Kuhschnappel die zeitgenössische Auffassung um 1800 belegt sieht, schon »in der kleinsten Stadt scheint in nuce das Modell angelegt, durch das auch die Großstadt charakterisiert war«[13], stellt sich immer dringlicher die Frage nach der Kontinuität besonders der sozialen und demographischen, wirtschaftlichen und mentalen Strukturen über die Epochenscheide hinweg. Gerade die kleinen städtischen und stadtähnlichen dörflichen Siedlungen waren symbiotisch mit der umgebenden ländlichen Sphäre verbunden, und so hätte man vermuten dürfen, dass der Blick auf schleichende Wandlungsprozesse unterhalb der Oberfläche der scheinbar starren Agrarverfassung seit dem letzten Drittel des 18. Jahrhunderts, welche bereits weit ins neue Jahrhundert verwiesen,[14] auch die Erforschung der Städte erfasst hätte. Das ist so nicht erkennbar, obwohl der von Reinhart Koselleck eingeführte Begriff der Sattelzeit für die hundert Jahre von der Mitte des 18. bis zur Mitte des 19. Jahrhunderts als Periode der allgemeinen Transformation zur Moderne inzwischen historiographisches Gemeingut geworden ist.[15] Bekanntlich hat gerade die sogenannte Volksaufklärung seit der Mitte des 18. Jahrhunderts mit ihrer Kritik an der traditionellen Agrarverfassung sowie praktisch durch Musterhöfe als vorbildhafte Multiplikatoren und durch eine Flut von Publikationen Verbesserungs- und Reformvorschläge die Agrarreformen des beginnenden 19. Jahrhunderts vorgedacht und vorbereitet. Auch wenn gemeinhin von starken Beharrungskräften in der Agrarbevölkerung ausgegangen wird, haben diese Aufklärer doch in weiten Kreisen der Landbewohner einen Mentalitätswandel eingeleitet, der

---

11 Vgl. Helmut Naunin: Einführung. In: ders., (Hrsg.): Städteordnungen des 19. Jahrhunderts. Beiträge zur Kommunalgeschichte Mittel- und Westeuropas, Köln 1984, S. IX–XXVII.
12 Schröteler-von Brandt, Stadtbau- und Stadtplanungsgeschichte (wie Anm. 7), S. 93 f.
13 Johanek, Landesherrliche Städte (wie Anm. 1), S. 15.
14 Vgl. z. B. Hanna Schissler: Preußische Agrargesellschaft im Wandel. Wirtschaftliche und politische Transformationsprozesse von 1763 bis 1847, Göttingen 1978.
15 Vgl. Stefan Jordan: Sattelzeit. In: Friedrich Jaeger (Hrsg.): Enzyklopädie der Neuzeit, Bd. 11, Stuttgart 2010, Sp. 610–613.

diese aus den Veränderungen eine Verbesserung ihrer sozialen und ökonomischen Lage erwarten ließ, also eine positive Erwartung auf eine bessere Zukunft erzeugte.[16] Ähnliches, wenn auch längst nicht derart breit ausgeprägt, ist auch für die Vorgeschichte der Städtereformen des beginnenden 19. Jahrhunderts zu beobachten.[17] Ebenfalls schon vor der Französischen Revolution war bekanntlich in der Spätzeit des Alten Reiches eine publizistische Diskussion über die Zukunftsfähigkeit von Herrschaft und Gesellschaft, etwa der Geistlichen Staaten,[18] entbrannt. Das in der zeitgenössischen Diskussion sichtbare Niedergangsparadigma und Krisenszenarien, die mit traditionellen geschichtsphilosophischen Positionen über Fortschritt und Verfall in der Geschichte korrespondierten, werden in der Forschung nur hin und wieder problematisiert und ansonsten als weithin der Realität entsprechend angenommen.[19] Das gilt letztlich auch für die Stadtgeschichtsforschung,[20] die inzwischen

16 Vgl. Holger Böning: Gemeinnützig-ökonomische Aufklärung und Volksaufklärung. Bemerkungen zum Selbstverständnis und zur Wirkung der praktisch-populären Aufklärung im deutschsprachigen Raum. In: Siegfried Jüttner/Jochen Schlobach (Hrsg.): Europäische Aufklärung(en). Einheit und nationale Vielfalt, Hamburg 1992, S. 218–248, hier S. 246–248.
17 Maßgebliche Vertreter der zeitgenössischen politischen Theorie wie etwa Möser und Stüve bezogen sich primär auf den bäuerlichen Grundbesitzer als gesellschaftlich-staatliches Zentrum und erst in zweiter Linie auf den städtischen Bürger. Hans-Joachim Behr: Selbstverwaltung bei Möser und Stüve und die Hannoversche Städteordnung von 1851/58. In: Naunin, Städteordnungen (wie Anm. 11), S. 159–189, hier S. 159 u. S. 161 f. – Der Forschungsüberblick von Böning spiegelt bezeichnenderweise die dominante Konzentration der Volksaufklärung auf Fragen der Landwirtschaft. Holger Böning: Der »gemeine Mann« als Adressat aufklärerischen Gedankengutes. Ein Forschungsbericht zur Volksaufklärung. In: Das achtzehnte Jahrhundert 12 H. 1 (1988), S. 52–80, hier bes. S. 55.
18 Vgl. Peter Wende: Die geistlichen Staaten und ihre Auflösung im Urteil der zeitgenössischen Publizistik, Lübeck 1966.
19 Problemeinblicke bei Alexander Demandt: Dekadenz. In: Stefan Jordan (Hrsg.): Lexikon Geschichtswissenschaft. Hundert Grundbegriffe, Stuttgart 2002, S. 54–56 und Gerrit Walther: Dekadenz. In: Friedrich Jaeger (Hrsg.): Enzyklopädie der Neuzeit, Bd. 2, Stuttgart 2005, Sp. 887–891. Diskussion der unterschiedlichen zeitlichen, sachlichen und semantischen Dimensionen in den Sammelbänden Reinhart Koselleck/Paul Widmer (Hrsg.): Niedergang. Studien zu einem geschichtlichen Thema, Stuttgart 1980 sowie Johannes Kunisch (Hrsg.): Spätzeit. Studien zu den Problemen eines historischen Epochenbegriffs, Berlin 1990. Enger auf die Stadtgeschichte bezogen Philipp R. Hoffmann-Renitz: Rhetoriken des Niedergangs. Zur Wahrnehmung städtischer Schrumpfungsprozesse in der Frühen Neuzeit am Beispiel Lübecks. In: Angelika Lampen/Armin Owzar (Hrsg.): Schrumpfende Städte. Ein Phänomen zwischen Antike und Moderne, Köln 2008, S. 145–180, hier v. a. S. 149–152.
20 Hoffmann konstatiert geradezu eine »ökonomische Deurbanisierungsphase« der altbayerischen Städtelandschaft seit dem 17. Jahrhundert bis in das 20. Jahrhundert hinein; Carl A. Hoffmann: Territorialstadt und landesherrliche Politik in Altbayern. Aspekte des Verhältnisses in der Frühen Neuzeit. In: Flachenecker/Kießling, Städtelandschaften (wie Anm. 10), S. 81–112, hier S. 111.

durchaus Differenzierungsprozesse in der Städtelandschaft seit dem 17. Jahrhundert konstatiert und dabei auch die kleinen Städte mit einbezieht,[21] deren Erforschung sich seit geraumer Zeit einiger Aufmerksamkeit erfreut.[22] Freilich brechen die gängigen Einführungen mit dem Ende der Frühen Neuzeit beziehungsweise mit dem Ende des Alten Reiches ab und entsprechen somit der Forschungssituation.[23] Diese erschwert die Möglichkeit, durchgängige Kontinuitätslinien zu erfassen.[24] Allerdings lässt sich nach Reininghaus in der Geschichte der vorindustriellen Kleinstadt in ökonomischer, demographischer und politischer Hinsicht eine bemerkenswerte Widerstands- und Regenerationsfähigkeit beobachten, welche sie Katastrophen und Krisen (Stichwörter: Krieg, Seuchen, Stadtbrände) immer wieder überwinden ließ[25] und ihr damit Zukunftsfähigkeit verlieh.

Wie die berühmte Preisfrage des Fuldaer Domherrn Philipp Anton von Bibra aus dem Jahre 1785, worin die »eigentlichen Mängel« der geistlichen Staaten zu suchen und wie »solche zu heben« seien[26], damit explizit die Frage nach den Mitteln für die

---

21 Vgl. etwa die Hinweise bei Ulrich Rosseaux: Städte in der Frühen Neuzeit, Darmstadt 2006, S. 12 f.
22 Gräf, Konjunktur (wie Anm. 5), S. 149; zu den Perspektiven ebenda, S. 152–154.
23 So Rosseaux, Städte (wie Anm. 21) sowie Schilling, Stadt (wie Anm. 1) und Klaus Gerteis: Die deutschen Städte in der frühen Neuzeit. Zur Vorgeschichte der ›bürgerlichen Welt‹, Darmstadt 1986. Dieser verweist mit seinem Untertitel immerhin auf mögliche Kontinuitäten. – Nur zwei Beispiele: Der Tagungsband Zimmermann, Kleinstadt (wie Anm. 3) setzt im Wesentlichen mit dem 19. Jahrhundert ein. Ein zweiter wichtiger Tagungsband bleibt zum allergrößten Teil der Frühen Neuzeit verhaftet: Thomas Rudert/Hartmut Zückert (Hrsg.): Gemeindeleben. Dörfer und kleine Städte im östlichen Deutschland (16.–18. Jahrhundert), Köln 2001. So bezeichnet auch Schöller die Jahre von 1780 bis 1820 als Scheitel für den Verstädterungsprozess in Mitteleuropa, dessen Beginn er im Wesentlichen in der ersten Hälfte des 19. Jahrhunderts sieht. Peter Schöller: Die Großstadt des 19. Jahrhunderts – ein Umbruch der Stadtgeschichte. In: Heinz Stoob (Hrsg.): Die Stadt. Gestalt und Wandel bis zum industriellen Zeitalter, 2. überarb. Aufl. Köln 1985, S. 275–313, hier S. 310.
24 Gerteis, Städte (wie Anm. 23), S. 32 bezeichnet in seiner Gliederung der Merkmale der frühneuzeitlichen Stadt neben den traditionellen Merkmalen der rechtlichen Verfasstheit, Landwirtschaft und Nahmarkt mit Handwerk und Regionalhandel das Zukunftspotential mit den Merkmalen staatlicher Amts- und Zentralverwaltung, Dienstleistung und Bildung, Massenproduktion für den Fernabsatz, Bank- und Kreditwesen sowie Residenzfunktion; vgl. auch S. 177 u. 180. – Pröve, S. 198 f. bemängelt die Vernachlässigung der Veränderungsprozesse der sogenannten Sattelzeit und sucht bei seinen Fallbeispielen Linien von »Modernität« und »Traditionalität« zurückzuverfolgen. Ralf Pröve: Ökonomie und Gesellschaft in Friesack und [Bad] Freienwalde im Jahre 1843. Überlegungen zur Sozial- und Wirtschaftsgeschichte brandenburgischer Kleinstädte. In: Holger Th. Gräf (Hrsg.): Kleine Städte im neuzeitlichen Europa, Berlin 1997, S. 195–222. Ähnlich das grundsätzliche Fazit von Gräf, Konjunktur (wie Anm. 5), S. 158.
25 Reininghaus, Idylle (wie Anm. 3), S. 528 f.
26 Zit. nach Wende, Staaten (wie Anm. 18), S. 9.

Gestaltung einer besseren Zukunft stellte, so wurden im 18. Jahrhundert auch schon Überlegungen über den Zustand und die Zukunft der Städte angestellt. Während der Hamburger Jurist und Publizist Johann Peter Willebrand (1719–1786) die großen Reichs- und europäischen Hauptstädte[27] und der Kameralist und Staatsdenker Johann Heinrich Gottlob von Justi die »große Stadt« allgemein in den Blick nahmen[28], veröffentlichte Christian Garve 1793 von Breslau aus »Bruchstücke zu der Untersuchung über den Verfall der kleinen Städte, dessen Ursachen, und die Mittel ihm abzuhelfen«.[29] Weitergedacht lassen sich hier durchaus die Linien ausziehen zu utopischen Stadt- und Gesellschaftsentwürfen von Robert Owen und Charles Fourrier.[30]

Kurz, Zukunft stand als allgemeines Thema auf der Tagesordnung. Mit der Aufklärung wurde der Begriff des Niedergangs gerade auf die Vergangenheit bezogen, um auf der anderen Seite die Erwartung einer besseren Zukunft zu postulieren

---

27 Willebrand, Johann Peter (1719 Rostock–1786 Hamburg). – Franklin Kopitzsch: Art. »Willebrand, Johann Peter«. In: Franklin Kopitzsch/Dirk Brietzke (Hrsg.): Hamburgische Biographie. Personenlexikon, Bd. 2, Hamburg 2003, S. 443 f.; Franklin Kopitzsch: Spiegel und Modell: Johann Peter Willebrands »Grundriß einer schönen Stadt«. In: Mitteilungen des Hamburger Arbeitskreises für Regionalgeschichte 39 (2002), S. 38–48; Mascha Bisping: »Glückselige Städte«. Johann Peter Willebrand's Conception of Urban Happiness. In: Arnold Bartetzky/Marc Schalenberg (Hrsg.): Urban Planning and the Pursuit of Happiness. European Variations on a Universal Theme (18th – 21st Centuries), Berlin 2009, S. 18–33.

28 Johann Heinrich Gottlob von Justi: Die große Stadt in verschiedenen Verhältnissen betrachtet, insonderheit von den besten Maaßregeln sie mit Abgaben zu belegen, und ihr einen wohlfeilen Preiß der Lebensmittel zu verschaffen. In: Johann Heinrich Gottlob von Justi, Gesammelte Politische und Finanzschriften über wichtige Gegenstände der Staatskunst, der Kriegswissenschaften und des Cameral- und Finanzwesens, Bd. 3, Kopenhagen/Leipzig 1764, ND Aalen 1970, S. 449–538; Hinweis auf diese Schrift bei Johanek, Landesherrliche Städte (wie Anm. 1), S. 12. – Justi diskutiert grundsätzlich kritisch den Zusammenhang zwischen wirtschaftlichen Rahmenbedingungen bzw. staatlicher Ordnungspolitik und konjunktureller Entwicklung und macht Vorschläge zu Verbesserungen besonders in Form der Aufhebung von entwicklungshemmenden Einschränkungen, aber auch zur Einführung von Marktregulierungen.

29 Erstveröffentlichung in: Schlesische Provinzialblätter, hg. von Karl Konrad Streit und Friedrich Albert Zimmermann, Bd. 17, Breslau 1793; hier zitiert nach: Christian Garve: Vermischte Aufsätze, welche einzeln oder in Zeitschriften erschienen sind, T. 1 u. 2, ND d. Ausg. Breslau 1796 u. 1800 Hildesheim 1985, S. 373–444.

30 Leonardo Benevolo: The European City, Oxford, S. 167 f.; Ders.: Die Geschichte der Stadt, Frankfurt a. M. 1983, S. 804–807. Zu dem von Owen verfolgten sozialutopischen Experiment in der von württembergischen Pietisten 1814 gegründeten Siedlung New Harmony/Indiana vgl. Eberhard Fritz: Radikaler Pietismus in Württemberg. Religiöse Ideale im Konflikt mit gesellschaftlichen Realitäten, Epfendorf/Neckar 2003, S. 215–218, S. 274–276 u. S. 367.

und diese zu prognostizieren.³¹ Das bedeutete aber in praktischer Hinsicht die Beseitigung und Überwindung wahrgenommener Nachteile und Mängel sowie die Umsetzung besonderer Zielvorstellungen. Bezogen auf das Thema Stadt, sind hier die einander überkreuzenden Fragenbereiche Stadtbaukunst, Stadtentwicklung und Stadtplanung berührt, Themen, denen sich die wissenschaftliche Behandlung von Architekturtheorien seit der Renaissance, Stadt- und Staatsutopien und der konkreten, gebauten, Umsetzung neuer städtebaulicher Prinzipien in der Frühen Neuzeit gewidmet hat.³²

Wie aber hat der zeitgenössische Beobachter über das Problem des Zustands und der künftigen Entwicklung der kleinen Städte gedacht und sich damit auseinandergesetzt? – und zwar jenseits der bekannten Polemiken eines Jean Paul, August von Kotzebue, aber auch der Darstellung kleinstädtischen Milieus von Carl Spitzweg und Peter Philippi oder auch der regelmäßigen Satiren »Aus dem deutschen Kleinstädterleben« in den »Fliegenden Blättern«, nicht zu vergessen reisende Schriftsteller und Beamte wie der gegen die Zustände des Ancien Régime polemisierende Westfalenreisende Justus Gruner.³³ Der Spott über die rückständige Spießigkeit der Kleinbürger, die desolaten sozioökonomischen Verhältnisse und das deprimierende Erscheinungsbild der ›typischen‹ Kleinstadt waren noch das ganze 19. Jahrhundert über schier allgegenwärtig.³⁴ Als Zeitzeugen möchte ich also zunächst (1) den schon genannten Christian Garve anrufen. Sodann (2) sollen einige seiner Argumente am Beispiel von drei geographisch weit auseinander liegenden Kleinstädten betrachtet werden: Lieberose in der Lausitz, Olpe im westfälischen Sauerland und Engen im Hegau, nordwestlicher Bodenseeraum. Wenn sich schließlich aus den zu sammelnden Befunden einige allgemeineren Erkenntnisse über Bedingungen und Ablauf der Transformation der kleinen Städte an der Zeitenwende zur sogenannten Moderne, aber auch zur Auseinandersetzung damit gewinnen ließen, hätten meine Bemühungen ihren Zweck erfüllt.

---

31 Paul Widmer: Niedergangskonzeptionen zwischen Erfahrung und Erwartung. In: Koselleck/Widmer, Niedergang (wie Anm. 19), S. 12–30, hier bes. S. 27 f.; in der Zusammenfassung durch Koselleck, Einleitung, ebenda S. 8.

32 Stellvertretend zu nennen die Hallenser Habilitationsschrift (2000) von Eva-Maria Seng: Stadt – Idee und Planung. Neue Ansätze im Städtebau des 16. und 17. Jahrhunderts, München 2003; ansonsten vgl. die einführenden Artikel über Stadtbaukunst, Städtebau, Stadtentwicklung und Stadtplanung in: Friedrich Jaeger (Hrsg.): Enzyklopädie der Neuzeit, Bd. 12, Stuttgart 2010.

33 Vgl. Holger Th. Gräf: Probleme, Aufgaben und Methoden historischer Kleinstadtforschung. In: Ders. (Hrsg.): Kleine Städte im neuzeitlichen Europa, Berlin 1997, S. 11–24, hier S. 22; Ders.: Konjunktur (wie Anm. 5), S. 147 f. – Gerd Dethlefs/Jürgen Kloosterhuis (Bearb.): Auf kritischer Wallfahrt zwischen Rhein und Weser. Justus Gruners Schriften in den Umbruchsjahren 1801–1803, Köln 2009. – Peter Philippi: Die kleine Stadt und ihre Menschen. Bilder – Erlebnisse – Gedichte. Einführung von Carl Meißner, Stuttgart 1938.

34 Vgl. Reininghaus, Idylle (wie Anm. 3), S. 514 f.

1. Theorie: Christian Garve und der »Verfall der kleinen Städte«

1.1 Vita

Einige Stichwörter zur Vita:[35] Garve, Sohn eines Färbers, wurde 1742 in Breslau geboren und starb dort 1798. Er studierte in Frankfurt an der Oder, Halle und Leipzig vor allem Philosophie, wurde als 24jähriger promoviert und habilitierte sich drei Jahre später. Seine außerordentliche Professur der Philosophie in Leipzig gab er aus gesundheitlichen Gründen schon 1772 wieder auf und kehrte nach Breslau zurück, wo er bis zu seinem Lebensende als freier Schriftsteller lebte. Er verfasste neben größeren Werken Aufsätze und Kritiken zu Themen der praktischen Philosophie, der Pädagogik, der Literatur, der Ökonomie und der sozialen Verhältnisse. Seine Tätigkeit der Übersetzung und Kommentierung antiker Schriften und der Werke englischer Philosophen und Ökonomen diente zwar vordergründig dem Broterwerb, beeinflusste aber zweifellos sein eigenes Denken[36] – zu nennen insbesondere die vom preußischen König Friedrich II. veranlasste Übersetzung von Ciceros »Abhandlung von den Pflichten« (1783) und des Werkes von Adam Smith »Untersuchung über die Natur und die Ursachen des Nationalreichtums« (1794–1796). Übrigens begegnet Smith unausgesprochen immer wieder in der hier noch zu betrachtenden Schrift über den Verfall der kleinen Städte. Auch aus seinen Verbindungen zum »ersten Demographen« Johann Peter Süßmilch[37] mag er Anregungen für seinen Blick auf die Bevölkerungsstrukturen empfangen haben. In Breslau sammelte Garve einen sehr heterogenen Freundeskreis von Literaten, Gelehrten, Lehrern, Geschäftsleuten, hohen Klerikern, Vertretern der katholischen Aufklärung und der jüdischen Gemeinde um sich. Dieser Kreis gilt als Kristallisationskern des Breslauer Bildungsbürgertums und Garve entsprechend als Haupt der bürgerlich-intellektuellen Elite. Außerdem engagierte er sich regelmäßig mit Vorträgen in der ökonomisch-patriotischen Gesellschaft.[38]

Seine Ausstrahlung und Bedeutung beschränkten sich aber nicht nur auf das Lokale und Regionale, sondern er war der Einschätzung Vowinckels nach »in der

---

35 Vgl. Daniel Jacoby: Art. »Garve, Christian«. In: Allgemeine Deutsche Biografie, URL http://de.wikisource.org/w/index.php?title=ADB:Garve,_Christian&oldid=1705159 (abgerufen am 25.07.2013); Leonie Koch-Schwarzer: Popularphilosophie und Volkskunde. Christian Garve (1742–1798), URL: http://www.kultur.uni-hamburg.de/volkskunde/Texte/Platt/garve.html (abgerufen am 29.05.2011).
36 Vgl. Reinhard Brandt: Die englische Philosophie als Ferment der kontinentalen Aufklärung. In: Siegfried Jüttner/Jochen Schlobach (Hrsg.): Europäische Aufklärung(en): Einheit und nationale Vielfalt, Hamburg 1992, S. 66–79, hier S. 71.
37 Zu Süßmilch neuerdings Justus Nipperdey: Die Erfindung der Bevölkerungspolitik. Staat, politische Theorie und Population in der Frühen Neuzeit, Göttingen 2012, S. 412–421.
38 Zum Breslauer Kreis Anne-Margarete Brenker: Aufklärung als Sachzwang. Realpolitik in Breslau im ausgehenden 18. Jahrhundert. München 2000, S. 65–70.

zweiten Hälfte des 18. Jahrhunderts einer der bekanntesten philosophischen Schriftsteller deutscher Sprache und ein scharfsinniger soziologischer Beobachter und Analytiker.«[39] Über die Schnittstelle von Garves Popularphilosophie zu den Ansätzen wissenschaftlicher Volkskunde[40] ist hier nicht zu reden, ebenso nicht über den Paradigmenwechsel der von Garve vertretenen Soziologie der Glückseligkeit zum Idealismus Kantscher Prägung.[41] Festgehalten sei aber, dass Garve in seiner längeren publizistischen Auseinandersetzung mit Kant bzw. dessen Anhängern dasjenige Attribut selbstironisch als Selbstbezeichnung wählte, das man als stehendes Epitheton in allen biographischen Notizen über Garve findet: »Popularphilosoph«! Er sei »ein populärer Philosoph, im schlimmsten Sinne des Wortes, oder vielmehr, dass ich ein Prediger des allgemeinen ›Menschensinnes‹, des Feindes aller ächten Philosophie, sey.«[42] »Die Popularphilosophie, um die Mitte des 18. Jahrhunderts entstanden, definierte ihre Inhalte und Perspektiven als Philosophie über und für die Welt.«[43] Und als Popularphilosoph interessiert sich Garve für »die alltäglichen Ausdrucks- und Handlungsweisen und die hinter diesen stehenden lebensweltlichen Erfahrungen sowie [das] Wert- und Normengefüge«. Am Anfang steht dann das »Erfassen, Beschreiben und Analysieren sowie [...] [das] Verstehen der in sozialökonomischen Strukturen und historisch gewachsenen Gesellschaftsverhältnissen gegründeten ›Volks‹- bzw. Sozialcharaktere – d. h. [...] [des] Mensch[en] um seiner selbst willen.« Diesen Ansatz verfolgt Garve in seiner bekannten Schrift »Ueber den Charakter der Bauern und ihr Verhältnis gegen die Gutsherrn und gegen die Regierung« (1796), aber auch im »Verfall der kleinen Städte«.

1.2 Theorie

Die 70 Duodezseiten Text sind inhaltlich wenig systematisiert und bieten durchaus den vom Titel angekündigten Eindruck: »Bruchstücke«. Gewiss hatte Garve eine Situation in Schlesien vor Augen, wie sie sich bis 1817, der Erhebung der amtlichen preußischen Statistik, kaum verändert haben dürfte: Während die Großstadt Breslau allein 19 Prozent der städtischen Bevölkerung auf sich vereinigte, lebte in den kleinen Städten unter 3.500 Einwohnern gemäß der Grenze der Steinschen Städteordnung knapp deren Hälfte (47%), in den Städtchen bis 2.000 Einwohnern allein ein gutes Viertel (27%).[44] So werden allgemeine Aussagen von Garve hin und wieder

39 Gerhard Vowinckel: Christian Garve und das Ende der Glückseligkeitslehre. In: Zs. f. Soziologie 18 H. 2 (1989), S. 136–147, hier S. 136.
40 Dazu Koch-Schwarzer, Popularphilosophie (wie Anm. 35).
41 Dazu Vowinckel, Garve (wie Anm. 39), S. 141–143.
42 Zit. nach ebenda, S. 140. Zur Auseinandersetzung mit Kant siehe ebenda, S. 141 sowie Koch-Schwarzer, Popularphilosophie (wie Anm. 35), S. 2.
43 Zitate: ebenda, S. 2.
44 Cäcilia Maria Rohde: Die preußische Statistik als Quelle zur schlesischen Landesgeschichte insbesondere zu einem Geschichtlichen Atlas von Schlesien auf der Grundlage der Bevölkerungszählungen von 1816–1910, Frankfurt a. M. 1990, S. 100 u. S. 103.

mit konkreten Beispielen unterlegt. Seine Argumentation ist verschränkt historisch, mikro- und makroökonomisch, wirtschaftsgeographisch, politisch, sozial und psychologisierend, lokal, territorial, national und europäisch. Ich versuche den Stoff etwas zu ordnen, kann dabei aber nicht jeder Verästelung Garvescher Gedanken folgen.

Zunächst: Was versteht Garve unter »kleiner Stadt«? Er identifiziert sie mit »Landstädten«, »die weder Residenzen noch große Handelsstädte sind« (S. 375).[45] Und was ist sein Ausgangspunkt? Die allgemeine Klage in den deutschen Provinzen, dass Städte, die vor wenigen Generationen noch nach »Volksmenge« und »Betriebsamkeit der Einwohner« in Blüte gestanden hätten, nun folgendes Bild böten: die Häuser in desolatem Zustand, die Werkstätten leerstehend, also Handwerksbetriebe eingegangen, und die Einwohner arm. Garves Gesamtbefund – das gelte auch für England und Schlesien – ist aber ambivalent: niedergehende – nach neuerer Betrachtungsweise auch schrumpfende – Städte auf der einen, prosperierende auf der anderen! (S. 376ff.)[46] Den Grund dafür sieht Garve im Vorhandensein fortschrittlicher »Manufaktur- oder Handlungszweige« im Unterschied zum traditionellen Handwerk (S. 379). Es gab also Gewinner und Verlierer.

Was sind dafür in den Augen Garves die Gründe im Einzelnen? Macht und Ansehen der Bürger im Staat einerseits und der Erwerb von Wohlstand andererseits hingen eng zusammen. Politisch Depravierte seien auch hinsichtlich des Erwerbs eigenen Wohlstands unmotiviert. Früher seien mit dem Aufstieg und der Autonomie der Städte und Bürger »Fleiß und Betriebsamkeit« einhergegangen. Diese aber seien mit dem politischen und militärischen Funktionsverlust der Stadt geschwunden (S. 382). Bürgerliche Freiheit habe also ursprünglich wirtschaftliche Innovationskraft freigesetzt. Qualitätssteigerung in der Produktion wiederum hätten Rang und Ansehen gesteigert (S. 383). Aber die zünftische Monopolbildung habe sich inzwischen als Hemmfaktor erwiesen, sowohl mental als auch wegen der Behinderung freier Konkurrenz (S. 390). Und weiter stellt Garve fest, dass aufgrund des Monopols früher die gewerblichen Preise wesentlich höher gelegen hätten als die der Agrarerzeugnisse und der Rohstoffe. Nun aber habe sich dieses Verhältnis umgekehrt, womit Einkommen und Wohlstand der, vornehmlich in der Stadt ansässigen, Gewerbetätigen signifikant gesunken seien (S. 391).

Die skizzierten wirtschaftlichen Zusammenhänge will Garve ausdrücklich auch für die kleinen Städte gelten lassen und begründet deren Verfall mit den Veränderungen der Angebots- und Nachfragestrukturen, die aber auch mit demographischen

---

45 Ziffern in runder Klammer verweisen auf die Seitenzahlen im Text nach der Ausgabe in den Gesammelten Werken (wie Anm. 29).
46 Zu der in schlesischen Verwaltungskreisen verbreiteten Rhetorik des auch so bezeichneten »Verfalls« der Städte vgl. Johannes Ziekursch: Das Ergebnis der friderizianischen Städteverwaltung und die Städteordnung Steins. Am Beispiel der schlesischen Städte dargestellt, Jena 1908, S. 31f. – Auch sonst entspricht der Garvesche Befund den in der Öffentlichkeit diskutierten Missständen auf ökonomischen, gesellschaftlichen und administrativen Feldern; Beispiele und Hinweise bei ebenda, S. 31–42.

und ständisch-sozialen Differenzierungs- und Konzentrationsprozessen einhergingen. Sein Anschauungsmaterial bezieht er offenbar vor allem aus der Großlandschaft der ostelbischen Gutsherrschaft und Gutswirtschaft. Die zunehmende Beeinträchtigung des städtischen Bierbraumonopols und den damit verbundenen Einkommensverlust nimmt er zum Ausgangspunkt eines historischen Vergleichs: Als noch Fürsten und adelige Gutsherren sich aus den Städten in ihrer Nähe mit Waren und Dienstleistungen eindeckten und bei ihrem mäßigem Anspruchsniveau ein Import von Luxuswaren die Ausnahme war, arbeitete jede Landstadt für alle Landbewohner einer Gegend, und die Bürger erfreuten sich eines hinreichenden Wohlstandes. (S. 392 f.) Das aber habe sich bis in Garves Zeit geändert, und die Landstädte seien gegenüber konkurrierenden größeren Städten zurückgeblieben, v. a. weil die höheren, kaufkräftigeren sozialen und ständischen Schichten ihren Bedarf an höherwertigen Produkten nun dort deckten. Damit differenzierte sich aber auch die Qualifikation der Handwerker aus: Das kleine Handwerk verlor den Anschluss und blieb technisch, wirtschaftlich und sozial zurück. (S. 397 f.) – Die bis hierhin angeführten Negativfaktoren bezeichnet Garve als »natürliche Ursachen [...], welche in dem Gange der menschlichen Begebenheiten liegen.« (402) Dahinter verbirgt sich einerseits ein Bild vom Menschen zwischen Begierden, Ehrgeiz und Trägheit, andererseits auch die Vorstellung von automatisch sich vollziehenden Abläufen – die »unsichtbare Hand« von Adam Smith!

Den zweiten großen Ursachenkomplex für den Niedergang der Städte sieht Garve in den »Einrichtungen und Verfügungen der bürgerlichen Regierung.« (S. 402) Er meint damit vor allem die Steigerung der Steuer- und Abgabenlast mit der Formierung des sogenannten frühmodernen Staates, eine Steuerlast, die vor allem den Städtern auferlegt worden sei. Um die daraus folgende Depression der Einkommen zu erklären, bedient sich Garve eines interessanten psychologischen Argumentes: Die städtischen Gewerbetreibenden hätten den Steuerdruck als Herabwürdigung ihrer Arbeit und als Versuch empfunden, die Preise niedrig zu halten. (S. 403) Denn sie könnten die Abgaben nicht ohne weiteres an den Endverbraucher weitergeben, ohne die eigenen Verkaufschancen ihrer vom Landbewohner relativ elastisch nachgefragten Produkte zu beeinträchtigen. Andererseits müsse der Städter aber nolens volens seinen Lebensmittelbedarf bei steigenden Agrarpreisen decken und gerate so in eine sich verschärfende soziale Klemme und gegenüber dem Agrarproduzenten ins Hintertreffen. (S. 405; S. 407)

Darüber hinaus wird nach Garve diese Situation noch verschärft durch die ungleiche Einkommensverteilung auf dem Land. Erbuntertänigkeit und Frondienste hätten einseitig die Gutsbesitzer bevorteilt, die ja ohnehin kaum mehr die Nachfrage in der kleinen Stadt speisten, und zu einer Verarmung des »gemeinen Landmannes« geführt und dessen Kaufkraft stark reduziert. Hinzu komme der Reallohnverfall beim Gesinde (S. 410 f.). Gerade für letztere Konsumentengruppen seien die Landstädte die einzigen Lieferanten von Waren. So zieht Garve das Fazit: »Die Erfahrung zeigt also eine Verbindung zwischen dem Wohlstande des geringern Landvolks und dem Flor der kleinen Städte.« (S. 414)

Aufgrund dieser Analyse steht für Garve das zu erreichende Ziel fest: »Allgemeine, unter viele vertheilte, und bis auf die niedrigste Classe sich erstreckende Wohlhabenheit der Einwohner des offenen Landes – [...] – das ist es, was die kleinen Städte aufrecht erhält.« (S. 418) Es bedürfe einerseits einer langfristigen, »natürlichen« Entwicklung, andererseits auch einer »guten Staatsverwaltung«, um die Lage zu verbessern. (S. 421) So zählt er, teilweise redundant, eine ganze Reihe von Maßnahmen auf und erläutert sie (S. 420–426): die Senkung der Abgaben und Lasten; die Förderung des Absatzes ehemals erfolgreicher Produkte wie Bier; die Qualifizierung der kleinstädtischen Handwerker, damit sie gegenüber denen größerer Städte konkurrenzfähig würden; die Ausbildung »in mechanischen und zeichnenden Künsten« und die »Vervollkommnung der Industrie«, also Erziehung und Unterweisung in Handwerk und Handarbeiten; die Ansiedlung »geschickter und fleißiger Handwerker«, ebensolcher Krämer und Gastwirte, sowohl als Vorbilder und Multiplikatoren als auch zur Steigerung der auswärtigen Nachfrage; die Einführung neuer, konkurrenzloser Gewerbezweige, nicht aber die Wiederherstellung bereits verfallener.

Diese Gedanken überträgt Garve auf den Wiederaufbau durch Feuer zerstörter oder ruinöser Gebäude und ganzer Stadtteile: Neue Bauten und Anlagen seien für moderne Gewerbe besser nutzbar, und die verbesserte Wohn- und Lebensqualität motiviere ihre Bewohner positiv zu Fleiß und Ordnung, während alte verfallene Häuser nur üble Gewohnheiten, Trägheit und Armut reproduzierten. (S. 426)

Eine wichtige Voraussetzung für die Zukunft der Stadt war für Garve das Fortbestehen der gewerblichen Trennung zwischen Stadt und Land: Er plädierte für eine Konzentration der Handwerker in der Stadt.[47] Diese Konzentration führe durch Arbeitsteilung, Kooperation und Spezialisierung und daraus erwachsende Konkurrenz quasi zu materiellen und immateriellen Synergieeffekten und zu einer Steigerung der Wirtschaftsleistung und der Qualität, zumal die Trennung von Stadt und Land und komplexere Marktverhältnisse zu einem höheren Geldumlauf und somit zur Vermehrung des Reichtums führten; auf dem Land hingegen genüge das agrarische Bedarfsgewerbe. (S. 427–433)

Die räumliche Entfernung und Trennung zwischen Land- und Stadtbewohnern einerseits, deren Begegnung andererseits münzt Garve, anthropologisch betrachtet, zu einem Wachstumsmoment um: Durch die Distanz werde »eine größere Thätigkeit in beyden Classen erweckt [...], welche nicht nur bey ihnen Körper und Geist zu neuen Arbeiten stärkt, sondern auch neue Antriebe zum Fleiße giebt.« Wenn der Landmann seine Produkte zu Markte bringt, lernt er in der Stadt Waren kennen, die seine Besitzbegierde wecken. Anderseits muss der für unbekannte Kunden arbeitende Handwerker darüber nachdenken, wie er den Geschmack aller treffen könne. Wenn aber Handwerker und Bauer Tür an Tür lebten, fiele diese wechselseitig mo-

---

47 Schon 1791 machen die schlesischen Landräte die Vermehrung des Landhandwerks für den »Verfall der Städte« verantwortlich. Ziekursch, Städteverwaltung (wie Anm. 46), S. 31.

tivierende Fremdheit weg – für den einen, seine Produkte zu vervollkommnen, für den andern, seine Ernten zu steigern. (S. 433 ff.)

Auch wenn Garve die Differenz zwischen Stadt und Land postuliert, weist ihn dies keinesfalls als Vertreter eines rechtlich bestimmten Stadtbegriffes aus. Er sagt: »Es giebt große und volkreiche Dörfer[...], die nie Stadtrecht erhalten haben, aber die in den wesentlichen Beschaffenheiten Städten gleichkommen.« Aus wirtschaftlichen Gründen seien dort Handwerker zur Deckung des Bedarfs zuzulassen. (S. 438) Gemessen am Größen- und am funktionalen Argument, sieht Garve offenbar die Unterschiede zwischen kleinen Städten und großen Dörfern schwinden.

Grundsätzlich aber ist nicht zu übersehen, dass Garve in den vielstimmigen Chor der Beobachter der Missstände und strukturellen wirtschaftlichen und administrativen Schwächen einstimmt. Gerade Vertreter der höheren Amtsverwaltungen sahen eine verfehlte Steuerpolitik mit als Ursache des Verfalls und forderten spätestens seit dem Tod Friedrichs II. konkrete Reformmaßnahmen, die man seit 1791 durch Vereinbarungen zwischen den zuständigen Oberbehörden zu verwirklichen suchte – letztlich ohne Erfolg.[48] Wenigstens in diesen Kreisen wuchs die Einsicht, dass die »bisherigen Zustände sich überlebt hatten«. So konstatiert Ziekursch weiter: »Die wichtigste Vorbedingung einer Reform, die Revolution der Geister, hatte sich bei einem großen Teil der Träger der Staatsgewalt, bei vielen Beamten, schon vollzogen: den Glauben an die Güte, die Dauer und den Nutzen der bestehenden wirtschaftspolitischen Einrichtungen hatten sie meist verloren«.[49] In mehr oder minder offener Wendung gegen den gutsherrlichen Adel, dessen Wirtschaftsprivilegien mit zum Verfall der kleinen Städte beigetragen hätten, orientierten sich Menschen wie der Akzise- und Zolldirektor Kretschmer in Neisse als Heilmittel auf die Lehren eines Adam Smith, indem er erklärte: »Nichts vermag Missbräuche zu reprimieren und das Raffinement und ein ökonomisches Verfahren mehr zu befördern als selbständiger Fleiss und Freiheit, ermuntert und angestrengt durch einige freie konkurrierende Nachbarn«.[50] Diese Aussagen gehören in den gleichen geistigen und materiellen Kontext wie Garves Veröffentlichungen. Wenn dieser auch nicht selber direkt an jenen Verhandlungen und Beratungen beteiligt gewesen sein mochte, so dürfte doch seine Bedeutung darin gelegen haben, dass er mit seinen Artikeln, Schriften und Vorträgen Kritik und Reformvorschläge in die Öffentlichkeit trug und diese mental darauf einstimmte.

---

48 Ebenda, S. 42 f.
49 Ebenda, S. 43 f.
50 Zit. nach Ziekursch, Städteverwaltung (wie Anm. 46), S. 42 sowie S. 26.

2. Empirie

Daten über die Zahl von Garves Lesern oder über die Auflagenhöhe seiner Schriften liegen mir nicht vor. Dennoch sei die Frage nach seiner Wirkung gestellt und auch die Frage, wieweit er mit seiner Einschätzung der Lage der kleinen Städte richtig lag. Darüber hinaus interessiert, inwieweit seine Lösungsvorschläge ähnlich auch sonst ventiliert worden sind. Deshalb möchte ich im Folgenden aus unterschiedlichen Perspektiven zu drei kleinen Städten einige Impressionen liefern, die sich mit Garves Überlegungen berühren.

2.1 Beispiel 1: Lieberose in der Niederlausitz[51]

Das Mediatstädtchen Lieberose in der gleichnamigen adeligen Mediatherrschaft in der sächsischen Niederlausitz verkörpert einen im Raum der ostmitteldeutschen und ostdeutschen Gutsherrschaft weit verbreiteten Städtetyp an der Übergangszone zu dörflichen Strukturen. Ein gutes Viertel der rund 120.000 Einwohner der Niederlausitz lebte an der Wende zum 19. Jahrhundert in Städten. Als Kleinstadt mit einer Einwohnerschaft um die 1.000 Köpfe erfüllte Lieberose grundlegende zentrale Funktionen in Wirtschaft, Verwaltung, Justiz und Kultur und prägte die alltägliche Erfahrungswelt des Stadtbewohners. Trotz vergleichsweise unterdurchschnittlicher wirtschaftlicher Leistungskraft sicherten »bürgerliche Freiheiten« und Privilegien wie land- und forstwirtschaftliche Nutzungsrechte, Niedergerichtsbarkeit, Braurecht, Märkte und Zunftrechte auf Dauer die »bürgerliche Nahrung« und festigten im gutsherrlichen Umfeld eine »spezifisch ländlich-kleinstädtische Identität«. Lieberose kann damit als Exempel für die vielen vergleichbaren Mediatstädte jener Gutsherrschaftsregion gelten, die in dreifacher Weise aus ihrer ländlich-bäuerlichen Umgebung herausragten: durch die relative Freizügigkeit der Einwohner, durch bessere Besitz- und Erbrechte sowie durch zentralörtliche Funktionen aufgrund von Markt-, Brau- und Zunftrechten. Nicht zuletzt die erbitterte Verteidigung jener Vorrechte seitens der Städter und die Abschottung der Kleinstadt gegenüber verändernden wirtschaftlichen Entwicklungen führten dazu, dass sich bis zur Mitte des 19. Jahrhunderts sowohl ihre äußere Gestalt als auch ihr kleingewerblich-agrarischer Charakter erhielten – und das sogar trotz »des Wandels der politischen und rechtlichen Rahmenbedingungen (Übergang des Territoriums an Brandenburg, Auflösung der gutsherrschaftlichen Strukturen)«.

Es ist frappant: An Lieberose erfüllte sich faktisch Garves negative Prognose der problematischen Zukunftsfähigkeit einer Kleinstadt ohne mentale Inspiration und wirtschaftliche Innovation. Von Breslau aus hatte Garve die benachbarten Lausitzen gewiss im Blick. Fast könnte Lieberose sein Beispiel für die Relevanz des Bierbrauens

---

51 Im Folgenden nach der Dissertation von Alexander Kessler: Stadt und Herrschaft Lieberose/Niederlausitz im 17. und 18. Jahrhundert, Berlin 2003, S. 39 u. bes. S. 232–237.

als Erwerbszweig für die städtischen Bürger gebildet haben. Ein von Rat und Bürgermeister 1815 auf staatliches Geheiß veranlasstes Gutachten über die wirtschaftlichen Verhältnisse bestätigt nämlich die desolate Lage des Braugewerbes.[52] Zugleich werden aber auch die mindere Qualität und die zünftische Erstarrung des städtischen Handwerks sowie seine weitgehende Beschränkung auf den lokalen Absatzmarkt konstatiert, auf der anderen Seite wird aber auch die ländliche, unzünftische Konkurrenz registriert[53] – ebenfalls Garvesche Kriterien für schlechte Wirtschaftslage und Zukunftsaussichten. Und schließlich scheint auch Garves Einschätzung zutreffend gewesen zu sein, die hohe Abgabenbelastung verursache wesentlich die schlechte wirtschaftliche Konjunktur und die niedergedrückte soziale Lage mit, wenn man sich die erbitterten Auseinandersetzungen über Abgaben und Dienste zwischen dem gutsherrlichen Adel und seinen städtischen Untertanen in den Lausitzen und in Brandenburg vor Augen hält, zumal landesherrliche Steuern den Druck noch verschärften.[54]

2.2 Beispiel 2: Olpe im westfälischen Sauerland

Garve plädiert nachdrücklich für den Wiederaufbau zerstörter oder den Abriss und Neuaufbau ruinöser Gebäude, indem er einen Zusammenhang zwischen Wohnverhältnissen, Wirtschaftsleistung, Lebensqualität und Motivation herstellt (425 f.): »Eine neue Stadt, oder die, welche aus der Asche wieder emporsteigt, verspricht auch eine veränderte Art zu leben, und einen neuen Fortgang der Dinge.« Dass ein solcher Wieder-, besser Neuaufbau nicht so einfach war, zeigt der Fall der sauerländischen Kleinstadt Olpe nach dem verheerenden Stadtbrand von 1795, durch den 83 % des Gebäudebestandes der ca. 1.500 Einwohner zählenden Stadt vernichtet worden waren.[55] Solche katastrophalen Stadtbrände waren vor dem 19. Jahrhundert, als deren Häufigkeit deutlich zurückging, eine verbreitete Erscheinung.[56] Als Landesherr des Herzogtums Westfalen setzte die kurkölnische Regierung gegen den Widerstand von Rat und Bürgerschaft Olpes ein rational durchgeplantes Neubaukonzept durch, das auf den alten gewachsenen Stadtgrundriss wenig Rücksicht nahm.[57] Peter Weber, der Bearbeiter des Falles in der aus dem Jahr 2002 stammenden Olper Stadtgeschichte, beklagt das völlige Unverständnis der beiden aufgeklärten hohen Beamten, des Hof-

---

52 Vgl. ebenda, S. 191–198.
53 Ebenda, S. 206–216.
54 Ebenda, S. 227 ff.
55 Peter Weber: Entwicklung der Stadttopographie bis ins 19. Jahrhundert. In: Josef Wermert (Hrsg.): Olpe. Geschichte von Stadt und Land, Bd. 1, Olpe 2002, S. 95–130.
56 Cornel Zwierlein: Die Alltäglichkeit der Großbrandgefahr und die Bedeutung virtueller Affektsteuerung in der Geschichte von Brandwahrnehmung und Brandbekämpfung. In: Vera Fionie Koppenleitner u. a. (Hrsg.): Urbs incensa. Ästhetische Transformationen der brennenden Stadt in der Frühen Neuzeit, Berlin 2011, S. 192–209, hier S. 192–194.
57 Umzeichnung des alten Stadtplanes mit dem darüber gelegten Wiederaufbauplan ebenda S. 97 und deutlicher bei Manfred Wolf: Geschichte der Pfarrei St. Martinus bis zum Ende des Alten Reiches. In: Wermert, Olpe (wie Anm. 55), S. 581–634, hier S. 606.

kammerrats und Baumeisters Johann Adam Stahl und des kurfürstlichen Richters Johann Josef von Stockhausen, die als Baukommissare eingesetzt waren, deren Unverständnis für Gewachsenes, konkret die alte Stadtgestalt und den alten Grundriss als Gegenstand bürgerlicher Identifikation und Erinnerungskultur. Ihr Ziel sei demgegenüber ein »geordnetes Siedlungswesen« und ein »planmäßiges Grundrißgefüge« gewesen.[58] Bei näherem Hinsehen erweist sich diese Zielsetzung freilich weniger als ideologisch, vielmehr als funktional: Linienführung der Straßen, deren Breite und der Abstand zwischen den Gebäuden sollten der Ausbreitung von Bränden vorbeugen, ebenso die wegen Materialmangels nur zäh realisierbare Eindeckung der Dächer mit Ziegelpfannen anstelle des üblichen Strohs. Die breiteren Hauptstraßen, welche die Linienführung der Olpe kreuzenden Fernstraßen aufnahmen, die größere Dimension des neuen Marktplatzes und die Ansiedlung des Gast-, Brau- und Lebensmittelgewerbes im Stadtkern verweisen auf ein wirtschaftlich-soziales Ordnungskonzept von Stadtplanung, das die Zukunftsfähigkeit der Stadt sichern sollte.[59] Der Rückgang der Stadtbrände im 19. Jahrhundert zeigt gerade den Erfolg solcher städtebaulicher Maßnahmen,[60] die in Brandenburg-Preußen als Stadtumbau unter dem Verwaltungsbegriff »Retablissement« seit der ersten Hälfte des 18. Jahrhunderts gezielt und im Ablauf formalisiert verfolgt wurden.[61]

Neben dem wirtschaftlichen scheint im Genehmigungserlass des Kurfürsten Maximilian Franz vom Juni 1795 auch der bei Garve anklingende ästhetische Gesichtspunkt auf: Bei der Vergabe der besseren Bauplätze sollten auch Interessenten berücksichtigt werden, die oder deren »Nachkommen ihren Vermögensstand zu bessern und ihr Gewerbe zu erweitern vielleicht Lust und Mittel haben können.« Solche zählten wohl nicht zu jener Klasse, »welche nur schlechte Hütten bauen, wodurch die Stadt verunstaltet würde«.[62] Ein halbes Jahr später stimmte die Baukommission dem Ansinnen der Hufschmiede zu, ihre Werkstätten im Hof ihrer Wohnbauten einzurichten, da damit der »Bauplan nicht [...] verunstaltet [...], sondern auch der Stadt von dieser Seite ein schöneres Ansehen« gegeben werde[63] – Embellissement in der Provinz! Hier wird eine alte Vorstellung der europäischen Stadtgeschichte sichtbar, in der etwa seit der römischen Antike (Stichwort: Nero) der Feuerkatastrophe eine »reinigende Kraft« zugeschrieben wurde, die beim Wiederaufbau die Stadt quasi wie Phoenix aus der Asche wiedererstehen ließ.[64]

---

58 Weber, Stadttopographie (wie Anm. 55), S. 103 f.
59 Vgl. ebenda, S. 110–114.
60 Zwierlein, Alltäglichkeit (wie Anm. 56), S. 193 f.
61 Christof Baier: »verjüngt und verschoent aus ihrer Asche«. Die projektive Wahrnehmung des Stadtbrands durch die preußische Bürokratie im 18. Jahrhundert. In: Koppenleitner, Urbs incensa (wie Anm. 56), S. 321–338, hier S. 322–324.
62 Zit. nach Weber, Stadttopographie (wie Anm. 55), S. 116; vgl. ähnliche Äußerungen S. 114.
63 Zit. ebenda, S. 124.
64 Baier, Wahrnehmung (wie Anm. 61), S. 321 f. – Diese gängige Metapher auch bei Garve: die Stadt, »welche aus der Asche wieder emporsteigt«; s. o.

Allerdings identifizierten sich die Einwohner mit dem 1798 nach einem unglaublichen Kraftakt während der Koalitionskriege abgeschlossenen Neuaufbau nach Meinung von Peter Weber nicht.[65] Freilich spricht diese kurze Bauzeit doch gerade dafür! Und das Unternehmen war insofern erfolgreich, als Olpe unter preußischer Herrschaft 1819 zur Kreisstadt erhoben wurde und 1835 mit seiner Aufnahme in die Städtekammer des westfälischen Provinziallandtages sein Status als Stadt hinfort unbestritten blieb.[66] Kurz, der schmerzliche Neuaufbau noch unter dem alten Stadtherrn hatte der Stadt zumindest eine politisch-administrative Zukunftsperspektive gesichert.[67]

2.3 Beispiel 3: Engen im Hegau[68]

Die als Fallbeispiel ausgewählte kleine fürstenbergische Amts- und Landstadt im nordwestlichen Bodenseehinterland kann als typisch für die Vielzahl vergleichbarer Städtchen gelten, die gleichsam aus eigener Kraft – nach Garve: bei gegebenen strukturellen Bedingungen – die Umbruchzeit vom 18. zum 19. Jahrhundert bewältigen mussten. Reinhard Brosig hat die Bevölkerungs-, Wirtschafts- und Vermögensstruktur des Ortes, der um 1800 knapp 1.000 Einwohner zählte,[69] seit dem Dreißigjährigen Krieg nicht zuletzt auch quantifizierend untersucht. Er kommt zu dem Ergebnis, dass Engen gerade aufgrund seiner Entwicklung in der zweiten Hälfte des 18. Jahrhunderts keinesfalls mehr als »Ackerbürgerstadt« charakterisiert werden kann – ohnedies ein problematischer Terminus, der in der Stadtgeschichtsforschung oftmals mehr die tatsächlichen Verhältnisse verfälscht, als er sie erklärt. Vielmehr müsse von einer Handwerkerstadt mit bäuerlichen Grundlagen gesprochen werden, welche ein regionales Markt- und Gewerbezentrum bildete.

Die Entwicklung dorthin resultierte nach Brosig zum einen aus sozialen und beruflichen Umschichtungen, wobei die Bindung an einen die Subsistenz sichernden

---

65 Weber, Stadttopographie (wie Anm. 55), S. 126.
66 Günther Becker: Entstehung und Entwicklung der ländlichen Siedlungen im Olper Stadtgebiet bis zum 19. Jahrhundert. In: Wermert, Olpe (wie Anm. 55), S. 65–94, hier S. 92 sowie Norbert Wex, Verfassung und Verwaltung in preußischer Zeit. In: Wermert, Olpe (wie Anm. 55), S. 275–318, hier S. 287 u. S. 289.
67 Vgl. auch die allgemeine Feststellung Kollers zumindest für den habsburgischen Herrschaftsbereich, dass viele »kleinere Städte als Verwaltungsmittelpunkte wieder Bedeutung und neue Aufgaben bekamen, zumal die bis dahin weitgehend mit diesen Funktionen betrauten adeligen Herrschaftssitze ausgeschaltet wurden.« Heinrich Koller: Zur Entwicklung der Stadtgeschichtsforschung im deutschsprachigen Raum. In: Fritz Mayrhofer (Hrsg.): Stadtgeschichtsforschung. Aspekte, Tendenzen, Perspektiven, Linz 1993, S. 1–18, hier S. 4.
68 Im Folgenden nach Reinhard Brosig: Engen in der Frühen Neuzeit: Bevölkerung und Gesellschaft. Eine Untersuchung der Bevölkerungs-, Berufs- und Vermögensstruktur von 1600 bis 1800, Singen 2012; Übersicht in Kapitel 6 »Schlussbilanz«, S. 383–349.
69 Ebenda, S. 43 ff.

landwirtschaftlichen Grundbesitz sukzessive schwand. Zum andern erhöhte sich die Heiratsmobilität und die damit einhergehende Zuwanderung in die Stadt quantitativ und räumlich. Zum dritten, davon zum Teil gespeist, verschob sich das gewerbliche Berufsspektrum zugunsten von Produzenten für den regionalen Güter- und den städtischen Verbrauchermarkt. Entsprechend wurde das für den landwirtschaftlichen Bedarf arbeitende Handwerk relativ geschwächt und auf der anderen Seite tendenziell der soziale Aufstieg gerade von »neuen«, spezialisierten Handwerkern begünstigt. Das gilt für das mit Handelstätigkeit verbundene Gast- und Speditionsgewerbe, für den Regionalmarkt arbeitende Textilproduzenten, für Färber, spezialisierte Feinschmiede, Dreher etc. Damit erhielt die Gewerbestruktur einen stärker städtischen Charakter. Die Kehrseite der Entwicklung war aber auch, dass nach den Schätzungen Brosigs zu Beginn des 19. Jahrhunderts bereits 80 Prozent der Bürger nicht mehr ausschließlich von der Landwirtschaft hatten leben können. Und schließlich seien die neuen Gesundheitsberufe ein deutliches Zeichen für die generell wachsende strukturelle und mentale Entfernung der Stadt von den Dörfern des Umlandes gewesen, zumal sich mit den Zuwanderern Familien etablierten, die nicht mehr in der alten Stadt-Land-Pfarrei ihre Wurzeln hatten und nun in der sich wandelnden Stadtgesellschaft politisch, sozial und ökonomisch zunehmend sichtbar wurden. Insofern konnten die Engener Einwohner aber auch ein eigenes städtisches Selbstverständnis ausbilden, mit dem sie sich gegenüber den Landbewohnern abgrenzten.

Mit der skizzierten Ausdifferenzierung wuchsen in der Stadt Engen die Einkommensmöglichkeiten und insgesamt die sozioökonomische Tragfähigkeit, die Voraussetzung weiteren demographischen Wachstums. Während dieses Transformationsprozesses verflachten die Vermögens- und Einkommensunterschiede. Wir erinnern uns: Garve bezeichnete eine möglichst gleiche Verteilung des Wohlstands und ein differenziertes marktorientiertes Gewerbe mit Sitz in der Stadt als Voraussetzung für Wirtschaftswachstum. In den Koalitions- und napoleonischen Kriegen geriet die kleine Stadt Engen allerdings mehrfach zwischen die Fronten und hatte danach erhebliche Mühe, an ihre positive Ausgangslage vor Ende des Alten Reiches wieder anzuknüpfen.

3. Fazit

Garves oberster Maßstab für den Erfolg der Maßnahmen zur Verbesserung der Lage der kleinen Städte[70] ist der »Wohlstand« aller Stadt- und Landbewohner, der aber auch umgekehrt in Form der Kaufkraft die Voraussetzung für eine günstige wirtschaftliche Entwicklung darstellt. Mit der Smithschen Kategorie des Wohlstandes implizit verwoben ist die von kameralistischen Wirtschaftslehren vertretene Vorstellung vom »Glück« des Staates und seiner Untertanen. Freilich hält Garve im Gegensatz dazu die direkten Einflussmöglichkeiten des Staates für gering, erwartet

---

70 Vgl. die »Sätze« von Garve (wie Anm. 29), S. 441–444.

aber von ihm ordnungspolitisch die Schaffung günstiger Rahmenbedingungen – wie die Senkung der Abgabenbelastung und die Beseitigung diesbezüglicher Ungerechtigkeiten, die Abschaffung bzw. Reform nicht mehr zeitgemäßer und hemmender Institutionen der städtischen Gewerbe- und Wirtschaftsverfassung sowie die Förderung neuer gewerblicher Einkommensmöglichkeiten. Weiteres Ziel und Voraussetzung sind für Garve angemessene Preise für Waren und deren gute Qualität. Als Verbindungsglied zwischen den genannten Faktoren vertritt Garve das Bild von einem Menschen, der unter der Annahme einer grundsätzlich, natürlich, vorhandenen Eigenverantwortung und Gleichheit durch gerechte Verhältnisse zu Leistung motiviert und nicht durch ungerechte und hemmende Strukturen und Belastungen je nachdem demotiviert oder zu Trägheit verführt werde.

Es ist hier nicht der Ort, ideengeschichtliche Herkunft und praktische Plausibilität von Garves Vorschlägen zu diskutieren, dem Verfall der kleinen Städte »abzuhelfen«, wie er im Titel seiner Schrift sagt. Wichtiger sind folgende Punkte: Erstens seine Argumentationsstruktur: Aus der Beschreibung der Vergangenheit und aus der Analyse seiner Gegenwart gewinnt er die Kriterien und die konkreten Maßnahmen für die Gestaltung der Zukunft. Und zweitens ist Garve von der Zukunftsfähigkeit der kleinen Städte überzeugt.

Garves Schrift ist keine Einzelmeinung eines fachlich breit interessierten Gelehrten, sondern sie gehört allgemein in einen weiten öffentlichen Diskurs über die Zukunftsfähigkeit von Staat und Gesellschaft, über die politische, gesellschaftliche und wirtschaftliche Ordnung, über das Bild vom Menschen und seinen rechtlichen und sozialen Status im Gemeinwesen. Im Besonderen gewährt Garves Schrift gerade wegen ihres teilweise fragmentarischen und wenig systematischen Charakters Einblick in die zeitgenössische Theoriebildung zwischen ökonomischer Theorie und empirischer Anschauung. Dass Garve sich hierbei durchaus nahe an den realen Problemen seiner Zeit bewegte, dafür sollten unsere drei Fallbeispiele sprechen.

Als Quellenzeugnis für ihre Zeit besitzt Garves Abhandlung wiederum Relevanz für die Theoriebildung des heutigen Stadtgeschichtsforschers. Diesen lehrt sie ein Mehrfaches, nämlich: erstens den systemischen Zusammenhang zwischen den Merkmalen der Stadttypologien als solchen zu thematisieren und nicht etwa »traditionelle« und »zukunftsorientierte« und Merkmale von »Sonderfunktionen« nebeneinanderzustellen[71] und hinsichtlich ihrer retardierenden oder beschleunigenden Wirkung gegeneinander aufzurechnen. Zweitens gemahnt Garve daran, die komplementären Strukturen und die Entwicklung von Stadt und Land stets gemeinsam, integrativ zu untersuchen und nicht jeweils getrennt. Auch wenn die Stadt nach heutigem Befund historisch der Sieger gegenüber dem Land zu sein scheint, stellt sich doch die Frage nach der Stadtgeschichte als einer eigenen Disziplin – *historisch* für die ältere Zeit wegen der demographischen Dominanz des Landes, *theoretisch* wegen der keineswegs stets linearen Aufwärtsentwicklung der alle Lebensbereiche erfassenden »Urbanisierung« – Stichwort: »schrumpfende Städte« –, *begrifflich* wegen

---

71 So etwa bei Gerteis, Städte (wie Anm. 23), S. 31 f.; vgl. auch oben Anm. 24.

des heute angesichts von Regional- und Megastädten zerfließenden Stadtbegriffs. Kurz, sollte man nicht lieber von Stadt-Land-Geschichte sprechen? Betrachtet man die Geschichte der kleinen Städte unter den Kategorien »Verfall« und »Zukunft«, wie in dem vorliegenden Versuch geschehen, so sollten drittens die häufig unter ganz anderen Prämissen und Perspektiven errichteten, institutionell »versteinerten« Epochengrenzen bewusst überschritten werden, weil sie Erkenntnis gerade im Falle komplexer historischer Organismen wie Städten nur behindern.

Rechtliche Rahmenbedingungen kommunaler Raum- und Infrastrukturplanung im 19. Jahrhundert – preußische und badische Entwicklungslinien*

Peter Collin

1. Realisierungsdimensionen des Stadtplanungsrechts

»Stadtträume« – um einen zentralen Begriff dieses Sammelbandes aufzugreifen – bedürfen einer konkretisierenden Umsetzung, wenn sie wahr werden sollen. Eine konkretisierende Zwischenstufe auf dem Weg zur Realisierung ist die Stadtplanung. Heute kann man unter Stadtplanung einen »systematischen Entwurf« zur zukünftigen Ordnung des städtischen Gemeinwesens verstehen.[1] Versucht man allerdings in historischer Perspektive, über Stadtplanung als rechtlich konturierte Ordnung zu sprechen, bereitet die Verwendung dieses Begriffs Schwierigkeiten. Denn das Wort gelangte erst recht spät in die Rechtssprache. In der Gesetzessprache wird der Begriff »Plan« zunächst für projektbezogene Einzelplanungen verwendet,[2] im Laufe des 19. Jahrhunderts etabliert sich hierfür der Terminus Planfeststellung.[3] Der Begriff des Bebauungsplans als Umschreibung für eine umfassend die städtische Raumordnung regelnde Maßnahme[4]

---

* Der vorliegende Text wurde bereits als Preprint veröffentlicht in: Max Planck Institute for European Legal History Research Paper Series No. 2020–25, Zugang auf SSRN: https://ssrn.com/abstract=3725539. Für die Publikation in diesem Sammelband wurden nur geringfügige Änderungen vorgenommen.
1 Hier in Orientierung an Bernd Streich, Stadtplanung in der Wissensgesellschaft, Wiesbaden ²2011, S. 18.
2 So § 3 Preußisches Eisenbahngesetz vom 3. November 1838. In: Preußische Gesetzsammlung (im Folgenden PrGS), S. 505.
3 Dazu umfassend Willi Blümel: Die Bauplanfeststellung, 1. Teil: Die Planfeststellung im preußischen Recht und im Reichsrecht, Stuttgart 1961.
4 Die schon Mitte des 19. Jahrhunderts auftauchende Bezeichnung »Bebauungsplan« (siehe Paul Alexander Katz: Über preußisches Fluchtlinienrecht, Berlin 1908, S. 7) bezog sich lediglich auf die Straßenplanung; siehe dazu auch die Anleitungen zum notwendigen Inhalt des »Bebauungsplans« in: Instruktionen für den mit der Ausarbeitung eines Bebauungsplans für Berlin und seine Umgebung beauftragten Baubeamten (o.J., ca. 1858), abgedr. bei Ekke Feldmann: Bauordnungen und Baupolizei. Zur Entwicklungsgeschichte zwischen 1850 und 1950, Frankfurt am Main 2011, S. 456f. Der Bebauungsplan nach § 16 des Allgemeinen

findet sich, soweit ersichtlich, erst im Allgemeinen Baugesetz für das Königreich Sachsen von 1900.⁵

Doch bereitet es auch Schwierigkeiten, Stadtplanung im Sinne eines einheitlichen Handlungskomplexes, also als Regelungsgegenstand zu konturieren. Denn von Stadtplanung im Sinne einer umfassenden, verschiedene kommunale Belange integrierenden Gesamtplanung kann man – sieht man von einzelnen Städten, insbesondere Residenzstädten, Festungsstädten und Flüchtlingsstädten, ab – bis zum Ende des 19. Jahrhunderts in nur sehr beschränktem Maße sprechen.⁶ Soll im Folgenden

Baugesetzes für das Königreich Sachsen vom 1. Juli 1900 (GVBl. S. 381) zählte dagegen zum Planinhalt nicht nur die Straßenlinienführung, sondern auch Festlegungen zu Bauweise, Gebäudehöhe, Nutzungsarten usw.; siehe hierzu Franz-Joseph Peine: Die Einheit von Bauplanungs- und Bauordnungsrecht – Konzept und Realität des Allgemeinen Baugesetzes –. In: Hartmut Bauer u. a. (Hrsg.): 100 Jahre Allgemeines Baugesetz Sachsen, Stuttgart u. a. 2000, S. 245–261, S. 253 f.

5 Gerd Albers: Vom Fluchtlinienplan zum Stadtentwicklungsplan. Zum Wandel städtebaulicher Leitvorstellungen und Methoden in den letzten hundert Jahren. In: Archiv für Kommunalwissenschaften 6 (1967), S. 192–211, S. 194 f. Das bedeutet allerdings nicht, dass erst die sächsische Gesetzgebung umfassende städtische Planung ermöglicht hat. Auf recht umfassende Freiräume für die Stadt München schon ab Mitte des 19. Jahrhunderts wird hingewiesen bei Stefan Fisch, Stadtplanung im 19. Jahrhundert. Das Beispiel München bis zur Ära Theodor Fischer, München 1988, S. 163 ff. Auf weitere Kommunen aufmerksam machend, die dahingehend eine Vorreiterrolle beanspruchen konnten, Stefan Fisch: Neue Aspekte der Münchener Stadtplanung zur Zeit Theodor Fischers (1893 bis 1901) im interurbanen Vergleich. In: Wolfgang Hartwig/Klaus Tenfelde (Hrsg.): Soziale Räume in der Urbanisierung. Studien zur Geschichte Münchens im Vergleich 1850 bis 1933, München 1990, S. 175–191, S. 184 ff.

6 Horst Matzerath/Ingried Thienel: Stadtentwicklung, Stadtplanung, Stadtentwicklungsplanung. Probleme im 19. und 20. Jahrhundert am Beispiel der Stadt Berlin. In: Die Verwaltung 10 (1977) S. 173–196, S. 180; Stefan Fisch: Nahverkehr aus der Sicht der Stadtplanungsgeschichte. Anmerkungen eines Verwaltungs- und Planungshistorikers. In: Hans-Liudger Dienel/Barbara Schmucki (Hrsg.): Mobilität für alle. Geschichte des öffentlichen Personennahverkehrs in der Stadt zwischen technischem Fortschritt und sozialer Pflicht, Stuttgart 1997, S. 51–61, S. 51. Differenzierend und stadtplanerische Elemente schon in Mittelalter und Früher Neuzeit auch in »gewachsenen« Städten ausmachend Wolfgang Wüst: Urbanes Planen in der Frühmoderne. Beispiele aus Süddeutschland. In: Andreas Otto Weber (Hrsg.): Städtische Normen – genormte Städte. Zur Planung und Regelhaftigkeit urbanen Lebens und regionaler Entwicklung zwischen Mittelalter und Neuzeit, Ostfildern 2009, S. 97–129. Zu diesem Urteil kommt der Autor aber vor allem dadurch, dass er aus heutiger Sicht eher gefahrenabwehrrechtliche (v. a. gesundheits- und feuerpolizeiliche) als planungsrechtliche Instrumente in seine Darstellung einbezieht. Differenzierte Auseinandersetzung mit der Behauptung eine mittelalterlichen Stadtplanung, wie sie vor allem bei Klaus Humpert/Martin Schenk: Entdeckung der mittelalterlichen Stadtplanung. Das Ende vom Mythos der »gewachsenen Stadt«, Stuttgart 2001, vertreten wurden, bei Stephan Albrecht: Die vermessene Stadt – mittelalterliche Stadtplanung zwischen Mythos und Befund. In: Kunstchronik 52 (2004) S. 80–86.

von einer städtischen Planung die Rede sein, bedarf es daher der Konkretisierung des Untersuchungsgegenstandes. Demgemäß nimmt der Beitrag solche Entscheidungsformen in den Blick, denen erstens ein planendes Element im Sinn der lang- bzw. mittelfristigen Zukunftsgestaltung gemeinsam ist und die sich zweitens durch einen komplexen Sachbezug auszeichnen, Planungsgegenstand sind hier also nicht punktuelle Gestaltungselemente, sondern umfassende Raum- bzw. Projektdimensionen. Weiter beschränken sich die folgenden Ausführungen auf die Gemeinde als Planungsakteur. Dabei ist die Gemeinde als rechtlich verfasstes Subjekt, nicht als sozialer Beziehungszusammenhang gemeint. Im letzteren Falle müssten komplexere Gestaltungsgefüge, zu denen auch Privatunternehmen und »zivilgesellschaftliche« Akteure gehören, analysiert werden. Dies kann an dieser Stelle nicht geschehen.[7]

Demgemäß sollen hier die städtische Straßenplanung sowie Maßnahmen der Einrichtung städtischer Infrastrukturen in den Blick genommen werden – mit einer Beschränkung auf die Infrastrukturkomplexe Gas, Kanalisation, Wasserversorgung und Elektrizität.[8] Allerdings sollen die folgenden Ausführungen nicht derart gegliedert werden, dass nacheinander das Recht der Straßenplanung, der Gasversorgung, der Kanalisation usw. abgehandelt wird. Der Schwerpunkt liegt vielmehr auf der Herausarbeitung von zentralen Rechtsinstituten und Regelungsstrukturen, die planerische Entscheidungen wesentlich determinierten. Dabei steht die Entwicklung des preußischen und des badischen Rechts im Vordergrund[9], nicht im Sinne eines systematischen Vergleichs der jeweiligen Rechtsmaterien, sondern mit dem Ziel der Herausstellung von Regelungsalternativen und Modelllösungen.

---

7 Hierzu vor allem Klaus Selle: Stadtentwicklung aus der »Governance-Perspektive«. Eine veränderte Sicht auf den Beitrag öffentlicher Akteure zur räumlichen Entwicklung – früher und heute. In: Uwe Altrock/Grischa Betram (Hrsg.): Wer entwickelt die Stadt? Geschichte und Gegenwart lokaler Governance. Akteure – Strategien – Strukturen, Bielefeld 2012, S. 27–48.
8 Zur hier nicht behandelten städtischen Verkehrsinfrastruktur Fisch, Nahverkehr (wie Anm. 6), aber auch Dieter Schott: Die Vernetzung der Stadt. Kommunale Energiepolitik, öffentlicher Nahverkehr und die Produktion der modernen Stadt. Darmstadt, Mainz, Mannheim 1880–1918, Darmstadt 1999.
9 Zur Entwicklung des bayerischen Bauplanungsrechts Reinhard Heydenreuter: Die Verbindung von Innerer und Äußerer Planung – Urbanes Wachstum und Baurechtsentwicklung in Bayern. In: Weber, Städtische Normen (wie Anm. 6), S. 163–176; zu Sachsen: Rüdiger Breuer: Das sächsische Baurecht und die baurechtliche Entwicklung in anderen deutschen Staaten während des 19. Jahrhunderts – Vergleichende Betrachtungen. In: Hartmut Bauer u. a. (Hrsg.): 100 Jahre Allgemeines Baugesetz Sachsen, Stuttgart u. a. 2000, S. 209–241.

2. Entwicklung kompetenzrechtlicher Grundlagen

2.1 Kommunale Selbstverwaltung als Schlüsselkompetenz?

Wenn Art. 28 Abs. 2 des Grundgesetzes den Kommunen heute die eigenverantwortliche Regelung ihrer örtlichen Angelegenheiten gewährleistet, so beinhaltet diese Garantie auch die Planungshoheit als kommunale Kernkompetenz. Einen derartigen Aussagegehalt kommunalen Selbstverwaltungsgarantien des 19. Jahrhunderts zugrunde zu legen, erscheint allerdings aus mehreren Gründen schwierig. Zum einen lässt sich der Regelungsgehalt der die moderne Selbstverwaltung begründenden Gesetze, also der preußischen Städteordnung von 1808[10] und des badischen Gemeindegesetzes von 1831[11], nicht ohne weiteres auf Gestaltungskomplexe beziehen, die dem damaligen Regelungsgeber fremd gewesen sein mussten – weil sie erst später technisch realisiert wurden (Elektrizitäts-, z. T. auch Gasversorgung, sowie moderne Kanalisations- und Wasserversorgungsanlagen) oder weil sich, wie bei der Bauleitplanung, ein planerischer Modus, jedenfalls in den gewachsenen Städten, noch nicht als Gestaltungsform hatte etablieren können.

Zum zweiten erstreckte sich die Selbstverwaltungsgarantie nicht auf alle Angelegenheiten mit örtlichem Bezug. Soweit es sich um polizeiliche Regelungsmaterien handelte, war die Kommune nur in dem Maße handlungsfähig, wie ihr die Polizeigewalt zugewiesen war. An dieser Stelle lässt sich schon ein erster grundlegender Unterschied zwischen den badischen und den preußischen Verhältnissen festhalten. Polizeiangelegenheiten waren in Preußen staatliche Angelegenheiten. Soweit diese nicht von staatlichen Polizeidirektionen wahrgenommen wurden, waren sie dem Magistrat als Auftragsangelegenheit zugewiesen, d. h. unter fachlicher Weisungsgewalt der Staatsbehörden zu erledigen, nicht als Selbstverwaltungsangelegenheit[12] – einen konkret fassbaren Kompetenztitel für Selbstverwaltungsangelegenheiten stellte das preußische Kommunalrecht nicht zur Verfügung.[13] Vereinfacht lässt sich für die Ausgangslage, wie sie die Städteordnung von 1808 geschaffen hatte, sagen, dass sich die gemeindliche Selbstverwaltung auf die Verwaltung des städtischen Vermögens bezog, verbunden mit dem Recht, aber auch der Pflicht, dieses für den Betrieb polizeilich angeordneter Anstalten, des Armenwesens, der Schulverwaltung und

---

10 § 108 Städteordnung vom 19. November 1808. In: PrGS 1806–1810, S. 324.
11 § 6 Gesetz über die Verfassung und Verwaltung der Gemeinden vom 31. Dezember 1831. In: RegBl. 1832, S. 81, abgedr. bei Christian Engeli/Wolfgang Haus: Quellen zum modernen Gemeindeverfassungsrecht in Deutschland, Stuttgart u. a. 1975, S. 208 ff..
12 § 166 Städteordnung vom 19. November 1808. In: PrGS 1806–1810, S. 324.
13 Harald Schinkel: Polizei und Stadtverfassung im frühen 19. Jahrhundert. Eine historisch-kritische Interpretation der preußischen Städteordnung von 1808. In: Der Staat 3 (1964) S. 315–334, S. 316.

einer rudimentären Gesundheitsverwaltung, aufzubringen.[14] Selbstverwaltung war Vermögensverwaltung, nicht Wahrnehmung öffentlicher Aufgaben, in Bezug auf diese sollte eher von abgestufter[15] Partizipation an staatlicher Aufgabenerfüllung gesprochen werden.[16]

Baden hingegen entschied sich im Prinzip dafür, der Gemeinde »die Ortspolizei im Umfange des Ortes und der Gemarkung übertragen«.[17] Ob sich dies als Überweisung der Polizei an die Selbstverwaltung einstufen lässt oder ob die Polizei weiterhin staatliche Aufgabe blieb, ist nach wie vor umstritten.[18] Aber auch wenn die gemeindlichen Polizeiangelegenheiten einer schärferen staatlichen Aufsicht unterworfen waren als andere Gemeindeangelegenheiten,[19] besteht doch weitgehend Einigkeit darüber, dass die badischen Gemeinden die Polizei in großem Umfang selbständig handhaben konnten.[20]

Die Frage, wie sich die Unterscheidung von polizeilichen und nichtpolizeilichen Angelegenheiten in konkreter Weise auf die Möglichkeiten gemeindlicher Planung auswirkte, gilt es an späterer Stelle noch zu verfolgen. Hier sei lediglich vermerkt, dass aus einer grundsätzlichen Zusicherung von kommunaler Autonomie nur begrenzt Planungskompetenzen geschlussfolgert werden können. Die Herleitung einer Planungskompetenz aus einer allgemeinen Selbstverwaltungsgarantie ist erst ein Produkt späterer Zeiten.

---

14 Berthold Grzywatz: Stadt, Bürgertum und Staat im 19. Jahrhundert. Selbstverwaltung, Partizipation und Repräsentation in Berlin und Preußen 1806 bis 1918, Berlin 2003, S. 123 ff., insb. S. 134.
15 Dazu instruktiv Schinkel, Polizei (wie Anm. 13), S. 328 ff.
16 Grzywatz, Stadt (wie Anm. 14), S. 167.
17 § 6 S. 2 Gesetz über die Verfassung und Verwaltung der Gemeinden vom 31. Dezember 1831. In: RegBl. 1832, S. 81, abgedr. bei Engeli/Haus (wie Anm. 11).
18 Für Ersteres wohl Franz-Ludwig Knemeyer: Die Entwicklung der kommunalen Selbstverwaltung im Spiegel von Verfassungen und Kommunalordnungen. In: Arno Buschmann u. a. (Hrsg.): Festschrift für Rudolf Gmür zum 70. Geburtstag, Bielefeld 1983, S. 137 (S. 139 f.); für Zweites Helmuth Croon, Gemeindeordnungen in Südwestdeutschland. In: Helmut Naunin (Hrsg.): Städteordnungen des 19. Jahrhunderts, Köln 1984, S. 233 (250).
19 § 151 Gesetz über die Verfassung und Verwaltung der Gemeinden vom 31. Dezember 1831 (RegBl. 1832, S. 81, abgedr. bei Engeli/Haus (wie Anm. 11): »*Die Verwaltung der Ortspolizei steht unter der ununterbrochenen Aufsicht des Staats.*«
20 Anton Christ: Ueber Gemeinden und Gemeindeverfassungen. In: ders., Das badische Gemeindegesetz, sammt allen darauf Bezug habenden Gesetzen, Verordnungen, allgemeinen Ministerialentscheidungen, Karlsruhe ²1844, S. 5 f., S. 8, S. 13 ff.; siehe auch die vergleichenden Ausführungen (wenn auch unter Berücksichtigung der späteren, allerdings den bisherigen Rechtszustand nicht wesentlich ändernden Gesetzgebung) bei Anton Reus: Polizei- und Selbstverwaltung insbesondere im Rahmen des Bayerischen Gemeinderechts, München u. a. 1928, S. 64 ff.; Ernst Jagomast: Vergleichende Darstellung der Staatsaufsicht über die Gemeinden und Gemeindeverbände nach geltendem Gemeindeverfassungsrecht, Köln 1929, S. 26 f.

2.2 Einzelne Planungskompetenzen

Mehr Ertrag verspricht die Suche nach Rechtsgrundlagen für einzelne Typen von Planung. Diese Suche erstreckt sich in den nachfolgenden Ausführungen auf das Gebiet der Straßenplanung und auf das der Planung von Infrastruktureinrichtungen.

a) Straßenplanung

Die Festlegung des städtischen Straßenliniennetzes determiniert zumindest in den Grundzügen die bauliche Struktur des Gemeindegebiets. Mit der Bestimmung von Straßenbreiten, Straßenabständen und Baufluchtlinien wurden auch mittelbar Vorentscheidungen über die Bebauungsdichte und teilweise die Bebauungsart getroffen,[21] allerdings eben nur mittelbar. Denn verbindlich legte die Straßenplanung im 19. Jahrhundert zunächst nur fest, wo nicht gebaut werden durfte, nämlich auf den für öffentliche Straßen und Plätzen vorgesehenen Flächen. Straßenplanung war keine umfassende Bauleitplanung, wenn sie nicht mit weiteren Festlegungsmöglichkeiten verbunden war.[22] So konnte der Straßenplaner nach dem preußischen Fluchtliniengesetz keine Vorgaben für das Ob und Wie (z. B. Geschossflächenzahlen und Nutzungsmöglichkeiten) der Bebauung erstellen[23] – unter diesen Umständen konnte er lediglich ein »abstraktes Strassenskelett«[24] entwerfen. Und noch auf eine weitere Einschränkung ist aufmerksam zu machen: Für gewachsene Gemeinden bedeutete eine dahingehende Planungskompetenz im 19. Jahrhundert erst einmal nur den Zugriff auf noch baulich unerschlossene Gemeindegebietsteile, Planung war also im Wesentlichen Erweiterungsplanung.[25]

Gesetzlich wurde ein derart zugeschnittenes Bauplanungsrecht erstmals[26] den badischen Gemeinden im Ortsstraßengesetz von 1868 zugesprochen: Die Planent-

---

21 Rudolf Eberstadt: Handbuch des Wohnungswesens und der Wohnungsfrage, 2. Aufl. Jena 1910, S. 182 f.
22 Katz, Fluchtlinienrecht (wie Anm. 4), S. 6.
23 Albers, Fluchtlinienplan (wie Anm. 5), S. 194; siehe auch Feldmann, Bauordnungen (wie Anm. 4), S. 121.
24 Hugo Preuß: Öffentliches und Privatrecht im Städtebau. In: Archiv für Rechts- und Wirtschaftsphilosophie 6 (1912/1913) S. 341–365, 358. – Auf die demgegenüber erweiterte, weil umfassende Nutzungsregelungen einräumende, Planungskompetenz aufmerksam machend, die das Allgemeine Sächsische Baugesetz von 1900 den sächsischen Kommunen zuwies, Breuer, Baurecht (wie Anm. 9), S. 221.
25 Fisch, Nahverkehr (wie Anm. 6), S. 51.
26 Ernst Walz: Das Badische Ortsstraßenrecht, Heidelberg 1900, S. 6. Die bayerische Bauordnung von 1805 etablierte hingegen eher eine kommunal-staatliche Mischverwaltung in Bezug auf die Aufstellung von Bebauungsplänen; siehe hierzu Heydenreuter, Verbindung (wie Anm. 9), S. 168 ff. Darauf hinzuweisen ist, dass den Städten natürlich noch andere Möglichkeiten offenstanden, flächenbezogene Planungsvorstellungen zu realisieren – ohne dass es dazu einer ausdrücklichen gesetzlichen Ermächtigung bedurfte. Eine nicht selten

würfe für die Anlage neuer Straßen hatte die Gemeinde zu erstellen;[27] allerdings oblag die weitere Prüfung und abschließende Feststellung der Bezirksbehörde (Bezirksamt, Bezirksrat).[28] Für den vorherigen Rechtszustand lassen sich keine eindeutigen gesetzlichen Regelungen finden. Herrschende Verwaltungspraxis schien es aber gewesen zu sein, dass vor 1868 die Straßenbaupläne von den Bezirksämtern, also den Staatsbehörden,[29] erstellt wurden;[30] die Beteiligung der Gemeinde im Wege einer Anhörung wurde uneinheitlich gehandhabt.[31]

Hierbei wird ein gravierender Unterschied zu den preußischen Verhältnissen erkennbar. Denn üblicherweise lässt man das Zeitalter der gemeindlichen Stadtplanung in Preußen mit dem Erlass des Fluchtliniengesetzes von 1875 beginnen, vorher sei die Straßenplanung eine staatliche Angelegenheit gewesen.[32] Für diese Ansicht spricht auch § 6 des Polizeiverwaltungsgesetzes von 1850 mit seinen verkehrswegebezogenen Kompetenzen sowie der polizeilichen Generalklausel.[33] Allerdings weist ein Erlass des Handelsministeriums von 1855 die Zuständigkeit zur Aufstellung der Bebauungspläne den Kommunal-, nicht den Polizeibehörden zu.[34] Beide hätten bei

gewählte Option bestand darin, dass die Kommune Land kaufte, parzellierte, erschloss und dann wieder verkaufte (»Terraingesellschaft«); siehe dazu nur Stefan Fisch: Der »große Durchbruch« durch die Straßburger Altstadt. Ein frühes Beispiel umfassender Stadterneuerung (1907–1957). In: Gerhardt Fehl/Juan Rodriguez-Lores (Hrsg.): Stadt-Umbau. Die planmäßige Erneuerung europäischer Großstädte zwischen Wiener Kongreß und Weimarer Republik, Basel u. a. 1995, S. 57–74, S. 59.

27 Art. 2 Ortsstraßengesetz vom 20. Februar 1868. In: RegBl. S. 286.
28 Breuer, Baurecht (wie Anm. 9), S. 238. Aus dieser Verfahrensweise auf eine »(...) *letztlich dominierende Staatskompetenz [...]*« zu schließen, wie es Breuer getan hat, erscheint allerdings problematisch, da die Zuständigkeit zur Initiative und zur Setzung der Inhalte bei der Gemeinde lag.
29 Darauf hinzuweisen ist, dass Entscheidungskompetenzen auf der Ebene der badischen Bezirksverwaltung seit der Verwaltungsreform von 1863 in weitem Ausmaß Institutionen mit Bürgerbeteiligung zugewiesen waren (*Bezirksräte*); siehe hierzu Rüdiger von Krosigk, Bürger in die Verwaltung! Bürokratiekritik und Bürgerbeteiligung in Baden. Zur Geschichte moderner Staatlichkeit im Deutschland des 19. Jahrhunderts, Bielefeld 2010, S. 140 ff. Dies ändert jedoch nichts an der Einstufung der hier zuständigen Bezirks*ämter* als Staatsbehörden.
30 Walz, Ortsstraßenrecht (wie Anm. 26), S. 7; ähnlich auch F.J. Bär, Die Wasser- und Straßenbau-Verwaltung in dem Großherzogtum Baden, Karlsruhe 1870, S. 418 (Veranlassung des Straßenneubaus durch die Staatsbehörden).
31 Walz, Ortsstraßenrecht (wie Anm. 26), S. 7.
32 Saran, Bebauungspläne (Preußen). In: Josef Brix u. a. (Hrsg.): Handwörterbuch der Kommunalwissenschaften, Bd. 1, Jena 1918, S. 326–329, S. 327; so auch noch Feldmann, Bauordnungen (wie Anm. 4), S. 101, S. 120.
33 § 6 Polizeiverwaltungsgesetz vom 11. Mai 1850 (PrGS S. 265).
34 Vorbemerkung, Erlass des Handelsministeriums vom 12. Mai 1855 über die Aufstellung städtischer Bebauungs- resp. Retablissementspläne, abgedr. bei Carl Doehl: Repertorium des Baurechts und der Baupolizei für den Preussischen Staat, Berlin 1867, S. 75 ff.

der Projektierung »gleichmäßig mitzuwirken«.[35] Eine Überweisung dieser Aufgabe nur an die Polizeibehörde war zwar möglich, aber lediglich bei Vorliegen bestimmter Gründe,[36] schien somit nicht der Regelfall zu sein.[37] Deutlich wird also, dass sich die Kompetenzlage keineswegs so darstellt, wie dies die Entwicklung der Gesetzgebung nahelegt. Baden, dessen Gesetzesrecht seinen Gemeinden eine stärkere Autonomie zubilligte, räumte ihnen vor der Geltung des Ortsstraßengesetzes weniger Mitbestimmung bei der Straßenplanung ein als Preußen vor dem Erlass des Fluchtliniengesetzes.

b) Planungskompetenzen für Infrastruktureinrichtungen

Die kompetenzielle Zuordnung der im Laufe des 19. Jahrhunderts eingerichteten Infrastrukturen der Gasversorgung, der Kanalisation und der Wasserversorgung sowie der Elektrizitätslieferung lässt sich keinesfalls immer eindeutig vornehmen. Eine grundlegende Unterscheidung könnte dahingehend getroffen werden, dass Infrastrukturen, die zu den polizeilichen Einrichtungen zählten, der Kompetenz der Polizei zugewiesen waren – mit unterschiedlichen Konsequenzen für Baden und Preußen, wie schon ausgeführt wurde. Nichtpolizeiliche Einrichtungen hingegen konnte die Gemeinde eigenverantwortlich planen und einrichten. Demnach waren, wenn man sich an den bis in die ersten Jahrzehnte des 20. Jahrhunderts hinein geltenden Einteilungen orientiert, Kanalisation und Wasserversorgung den polizeilichen Einrichtungen zuzuordnen (weil aus gesundheitspolizeilichen Gründen erforderlich),[38] Gas- und Elektrizitätsversorgung hingegen den nichtpolizeilichen gewerblichen Einrichtungen.

Allerdings vermittelt diese Einteilung aus mehreren Gründen keine konturenscharfen Aussagen über das Ausmaß an Planungshoheit. Erstens ließen sich manche Infrastrukturkomplexe nicht vollständig eindeutig der einen oder anderen Gruppe zuordnen. Vielmehr kam es auf den konkreten funktionalen Zusammenhang an. So gewann die Gasversorgung dann einen polizeilichen Charakter, wenn sie für die Straßenbeleuchtung eingesetzt wurde,[39] denn die Gewährleistung der Straßensicherheit war eine polizeiliche Angelegenheit;[40] Wasserwerke galten in Preußen lange als ge-

---

35 § 7 a. a. O.
36 Gemäß ebenda konnte der Regierungspräsident die Überweisung vornehmen, wenn er dies für nötig erachtete.
37 In der Praxis scheint es eine Zusammenarbeit zwischen Polizeibehörden und städtischen Gremien gegeben zu haben; siehe für Göttingen (nach der preußischen Annexion, aber vor Erlass des Fluchtliniengesetzes) Jan Volker Wilhelm: Auf dem Weg zur idealen Stadt. Die Ausprägung der lokalen Governance in Göttingen zwischen 1866 und 1918. In: Altrock/Betram, Wer entwickelt die Stadt? (wie Anm. 7), S. 107–124, S. 111.
38 Wolfgang R. Krabbe: Kommunalpolitik und Industrialisierung. Die Entfaltung der städtischen Leistungsverwaltung im 19. und frühen 20. Jahrhundert, Stuttgart u. a. 1985, S. 20.
39 Ebenda, S. 40.
40 Hans-Dieter Brunckhorst: Kommunalisierung im 19. Jahrhundert, dargestellt am Beispiel der Gaswirtschaft in Deutschland, München 1978, S. 56.

werbliche Einrichtungen,[41] aber nur, solange sie nicht in direktem Zusammenhang mit Entwässerungsanlagen standen.[42] Zweitens konnte sich die jeweilige Einstufung ändern: Den preußischen kommunalen Wasserwerken wurde wegen ihrer hygienischen Funktion 1882 der Status als Gewerbebetrieb entzogen.[43] Drittens konnten trotz Zugehörigkeit zum polizeilichen Aufgabengebiet bestimmte Einrichtungen im Einzelfall der kommunalen Kompetenz zugewiesen werden.[44] Und viertens schließlich schloss die Zuordnung zur Polizei nicht aus, dass Kommunen eigenständig Pläne entwickelten oder sogar von den Staatsbehörden dazu aufgefordert wurden.[45] – Allein die Suche nach gesetzlichen Kompetenzvorschriften verspricht also keinen ausreichenden Aufschluss über rechtliche Möglichkeiten und Grenzen kommunaler Planung. Damit verschiebt sich die Aufmerksamkeit von den Kompetenzgrundlagen zu einzelnen Regelungselementen oder Regelungsarrangements.

3. Kooperation und Konkurrenz von Parallelkompetenzen

Zunächst zeichneten sich die Regelungsstrukturen kommunaler Planung durch die Interaktion von verschiedenen Kompetenzen aus, die sich allerdings auf denselben Gegenstand bezogen. Hierin konkretisierte sich auch die Aufspaltung der Materien in polizeiliche und nichtpolizeiliche Angelegenheiten. Dies soll anhand von drei Regelungskomplexen verdeutlicht werden.

3.1 Versorgungsinfrastrukturen und Anschluss- und Benutzungszwang

Soweit es einer Kommune überlassen war, Versorgungsinfrastrukturen einzurichten – sei es weil es sich um eine gewerbliche Einrichtung handelte, sei es, weil ihr die Zuständigkeit zur Einrichtung ausdrücklich zugewiesen war –, ging damit noch nicht die Befugnis einher, die Einwohner zur Nutzung dieser Einrichtung zu zwin-

---

41 Dabei ist eine Abgrenzung zu Brunnenanlagen vorzunehmen, die als hygienische Anstalten der Polizeikompetenz überwiesen waren, Berthold Grzywatz: Metropolitane Infrastruktur und staatliche Intervention im Kaiserreich, Städtische Investitionen, polizeiliche Gemeindeanstalten und der Ausgleich des Gemeindepartikularismus beim Aufbau kommunaler Vorsorgeleistungen in den westlichen Vororten Berlins. In: Karl Heinrich Kaufhold (Hrsg.): Investitionen der Städte im 19. und 20. Jahrhundert, Köln u.a. 1997, S. 199–239, S. 206; gleiches für die Aufsicht über bestehende Wasserleitungen, die gleichfalls der polizeilichen Kompetenz zugerechnet wurde, Grzywatz, a.a.O., S. 207.
42 Krabbe, Kommunalpolitik (wie Anm. 38), S. 24.
43 Ebenda.
44 Lorenz Jellinghaus: Zwischen Daseinsvorsorge und Infrastruktur. Zum Funktionswandel von Verwaltungswissenschaften und Verwaltungsrecht in der zweiten Hälfte des 19. Jahrhunderts, Frankfurt am Main 2006, S. 208.
45 Für die Gasbeleuchtung Brunckhorst, Kommunalisierung (wie Anm. 40), S. 59; für die Wasserversorgung Krabbe, Kommunalpolitik (wie Anm. 38), S. 28.

gen. Befehlsgewalt gegenüber dem Untertan war dem Staat vorbehalten. Darin spiegelt sich eine Auffassung von Kommunen als *gesellschaftlichen* Anstalten, denen grundsätzlich keine staatlichen Zwangsbefugnisse zur Verfügung standen. Somit hat man es mit einer Aufsplittung in Konzipierungs- und Realisierungskompetenzen zu tun.

Dies sollte vor allem bei der Wasserversorgung und Kanalisation relevant werden – allerdings nur in Preußen. Denn zwar galt auch in Baden die Festsetzung eines Anschluss- und Benutzungszwangs als polizeiliche Angelegenheit. Da die Ortspolizei aber den Gemeinden zugewiesen war, vereinigten sich diese Kompetenzen in den Händen der Stadt.[46] Die preußischen Kommunen hingegen mussten mit den staatlichen Polizeibehörden kooperieren, genauer: der kommunale Satzungsgeber musste sich mit den für den Erlass polizeilicher Verordnungen zuständigen Instanzen – das konnten auch die Magistrate sein, wenn keine staatliche Polizeibehörde eingesetzt war – abstimmen. Versuchen, den Anschluss- und Benutzungszwang selbst – in Ortssatzungen – festzusetzen[47], hatten die preußischen Gerichte schnell einen Riegel vorgeschoben.[48] Soweit sich dies jedenfalls für den Berliner Raum ermitteln lässt, spielte sich damit folgende Praxis ein: Die Gemeinde konzipierte die Kanalisation, durch polizeiliche Verordnung wurde der Anschluss- und Benutzungszwang vorgeschrieben[49] und der Gemeinde wiederum war es überlassen, die Nutzungsgebühren festzulegen.[50] Planung war hier also nur realisierbar durch ein Zusammenspiel von gemeindlichen und staatlichen Kompetenzen.

3.2 Wegeeigentum, Wegebaulast und Wegepolizei

Eine Interaktion verschiedener Kompetenzgrundlagen bzw. Verfügungstitel lässt sich auch bei den wegebezogenen Zuständigkeiten beobachten. Unabdingbar für die Errichtung von leitungsgebundenen Infrastrukturen – Wasserversorgung, Kanalisation, Gas und Elektrizität – war die Inanspruchnahme von gemeindlichem Straßenland. Wer über die Straßen verfügte, verfügte über erhebliche Gestaltungsmacht.

---

46 Dieter Hartmann: Die Entwicklung des Anschluß- und Benutzungszwangs gemeindlicher Einrichtungen unter Berücksichtigung des § 18 der Deutschen Gemeindeordnung vom 18.1.1935, Würzburg 1939, S. 50. Siehe auch Denkschrift des Stadtrathes zum Projecte einer Kanalisation der Stadt Baden-Baden, Baden-Baden 1890, insb. S. 4, aus der keine Bedenken gegen die städtische Festsetzung eines Anschluss- und Benutzungszwangs hervorgehen.

47 Von einem solchen Fall wird auch noch für den Beginn der 1880er Jahre berichtet; siehe Grzywatz, Metropolitane Infrastruktur (wie Anm. 41), S. 208.

48 Hartmann, Entwicklung (wie Anm. 46), S. 22 f.

49 § 1 Polizeiverordnung, betreffend die Kanalisierung der Stadt Berlin, vom 24. Juli 1874, abgedr. in: Berliner Gemeinderecht, Bd. 5: Kanalisation – Oertliche Straßenbau-Polizei, Abtheilung II (Kanalisation) – Wasserwerke, Berlin 1903, S. 111 ff..

50 Bekanntmachung des Magistrats von Berlin vom 14. Juli 1874, abgedr. a. a. O., S. 114. Das betreffende Ortsstatut vom 4. September 1874 ist abgedr. in: Polizei-Verordnung und Ortsstatut betreffend die Kanalisation von Berlin, Berlin (o. J.), S. 7 ff., dort §§ 7 f.

Dies zeigte sich vor allem beim Aufbau von Elektrizitätsnetzen. Die Verfügungsgewalt über das Straßenland erlaubte es den Kommunen, entweder eine Versorgung durch eigene Leitungsnetze zu konzipieren oder privaten Firmen die Errichtung solcher Netze zu erlauben, dabei aber die Bedingungen zu diktieren[51] – auch wenn es den Privatfirmen dann auf andere Weise gelang, ihre Interessen durchzusetzen.[52]

Regelmäßig fielen Eigentümerstellung und Straßen- bzw. Wegebaulast, also die Pflicht zur baulichen Sicherung der Straßenfunktionen, in einem Rechtssubjekt zusammen.[53] Für die innerhalb des Gemeindegebiets liegenden Straßen bzw. Wege waren prinzipiell die Gemeinden baulastpflichtig – sowohl in Baden als auch in Preußen.[54] Allerdings war mit dieser Ableitung des Eigentums aus der Baulast nur eine Indizregel bezeichnet.[55] Auch lokale Straßen konnten im Eigentum des Fiskus stehen.

Aber auch dann, wenn vom Eigentumsstatus der Gemeinden auszugehen war, konnte dies die Stadt nicht in jedem Fall vor der Durchkreuzung ihrer Infrastrukturplanung schützen: Ein von Berthold Grzywatz recherchierter Fall aus dem Charlottenburg der 1870er Jahre soll das illustrieren:[56] Die Stadt Charlottenburg hielt sich mit der Einrichtung eines Wasserversorgungsnetzes zunächst zurück, vor allem aus finanziellen Gründen. Währenddessen unternahm es eine private Gesellschaft, für wohlhabende Ortsteile eine Wasserversorgung einzurichten. Dies war rechtlich zunächst unproblematisch, weil die in Anspruch genommenen Straßen dem Fiskus

---

51 Helga Nussbaum: Versuche zur reichsgesetzlichen Regelung der deutschen Elektrizitätswirtschaft und zu ihrer Überführung in Reichseigentum 1909 bis 1914. In: Jahrbuch für Wirtschaftsgeschichte 2 (1968), S. 117–203, S. 149.
52 Gerade gegen Ende des 19. Jahrhunderts gelang es größeren Elektrizitätsunternehmen, den Kommunen nachteilige Vertragsbedingungen zu diktieren, die u. a. ein Installationsmonopol des Unternehmens, überlange Vertragslaufzeiten und eine für die Kommune ungünstige Preisgestaltung beinhalteten; siehe dazu ausführlich Gustav Siegel: Die Elektrizitätsgesetzgebung der Kulturländer der Erde, Bd. 1, Berlin 1930, S. 121 f.; Fritz Blaich: Die Energiepolitik Bayerns 1900–1921, Kallmünz, Obf. 1981, S. 59 ff.; Bernhard Stier: Staat und Strom. Die politische Steuerung des Elektrizitätssystems in Deutschland 1890–1950, Ubstadt-Weiher 1999, S. 93.
53 Gerhard Lassar: Grundbegriffe des preußischen Wegerechts, Berlin 1919, S. 72 f.
54 Ernst Walz, Wegerecht (Baden). In: Max Fleischmann (Hrsg.): Wörterbuch des Deutschen Staats- und Verwaltungsrechts, Bd. 3, Tübingen ²1914, S. 919–922, 920; Albert Zorn: Wegerecht (Preußen). In: Wörterbuch des Deutschen Staats- und Verwaltungsrechts, a. a. O., S. 896–909, S. 902; Lassar, Grundbegriff (wie Anm. 53), S. 52 f.; Jürgen Salzwedel: Wege, Straßen und Kanäle (Wasserwirtschaft). In: Kurt G. A. Jeserich/Hans Pohl/Georg-Christoph Unruh (Hrsg.): Deutsche Verwaltungsgeschichte, Bd. 3, Stuttgart 1984, S. 332–355, S. 339.
55 Abgesehen davon konnte schon die Baulast einem höherstufigen Verwaltungsverband zugewiesen sein. Dies war dann der Fall, wenn die im Gemeindegebiet gelegene Straße eine überörtliche Bedeutung aufwies.
56 Grzywatz, Metropolitane Infrastruktur (wie Anm. 41), S. 201 ff.

gehörten, durchkreuzte aber eigene, auf einen späteren Zeitpunkt bezogene Planungsabsichten der Gemeinde. Als das Unternehmen sein Netz über das fiskalische Straßenland hinaus erweitern und hierzu Leitungen über städtisches Straßeneigentum legen wollte, legte die Gemeinde dagegen Widerspruch ein. Die Polizeibehörde erteilte jedoch die Genehmigung – mit der Begründung, sie erkläre hiermit lediglich die *polizeirechtliche* Unbedenklichkeit der Röhrenverlegung, unbeschadet der Rechte Dritter. Zudem wurde die kommunale Eigentümerschaft bestritten. Das bedeutete aber, dass sich die Gemeinde zur Wahrung ihrer Rechte in einen langwierigen Zivilrechtsstreit begeben musste, währenddessen das Privatunternehmen sein Projekt verwirklichte. Das Innehaben städtischen Grundes verschaffte also nicht zwingend eine öffentlich-rechtlich armierte Infrastrukturkompetenz, sondern lediglich eine beweisbedürftige *privatrechtliche* Wehrhaftigkeit, keine Wehrhaftigkeit gegenüber konkurrierenden staatlichen Entscheidungen mit Planungsbezug. Erst in den 1880er Jahren stärkte das preußische Oberverwaltungsgericht die Stellung der Gemeinden, in dem es erstens die Wegebaulast fest mit der Eigentumsvermutung verknüpfte und zweitens jegliche Sondernutzung gemeindlichen Eigentums an deren Zustimmung band.[57]

Ferner ergab sich aus städtischen Eigentumspositionen nicht die Befugnis, über die Anlage von Infrastrukturen zu disponieren, die mit der Straßenfunktion in Verbindung standen. So ließ sich die Einrichtung einer Gasversorgung zwar als gemeindliches gewerbliches Unternehmen einstufen, inwiefern eine Gasbeleuchtung der Straßen zu erfolgen hatte, stand jedoch nicht im Ermessen der Kommune. Hieran ändert auch der Befund nichts, dass dieser die Wegebaulast übertragen war. Denn erstens handelte es sich bei der Wegebaulast nicht um eine Befugnis, sondern um eine Pflicht,[58] und zweitens umfasste diese nur die unmittelbar auf den Straßenbaukörper bezogenen Sicherstellungsaufgaben.[59] Die Straßenbeleuchtung wiederum galt anerkanntermaßen als polizeiliche Anstalt. Das bedeutete wiederum, dass die Polizeibehörden hierüber zu disponieren hatten.[60]

---

57 Urteil des Preußischen Oberverwaltungsgerichts vom 29. Dezember 1883, PrOVGE 10 (1884), S. 201 f.
58 Salzwedel, Wege (wie Anm. 54), S. 339.
59 Zorn, Wegerecht (wie Anm. 54), S. 903; Lassar, Grundbegriff (wie Anm. 53), S. 72; in manchen Gesetzen auch ausdrücklich geregelt, so z. B. in § 8 Wegeordnung für die Provinz Sachsen vom 11. Juli 1891 (PrGS S. 316): »*Die Beleuchtung gehört nicht zur Wegebaulast; ebensowenig innerhalb der Städte und ländlichen Ortschaften die Reinigung der Straßen und öffentlichen Plätze sowie der Zubehörungen derselben, einschließlich der Schneeräumungsarbeiten.*«
60 Unterschiedliche Auffassungen wurden zu der Frage vertreten, ob die Beleuchtung zum Kompetenzbereich der Ortspolizei (so Rudolf Bering, Die Rechte an öffentlichen Wegen, Berlin 1894, S. 42 f.) oder der Wegepolizei gehörte so Zorn, Wegerecht (wie Anm. 54), S. 903. Relevant wurde diese Unterscheidung auch wohl nur bei einem Auseinanderfallen von Orts- und Wegepolizeibehörden.

2.3 Straßenplanung und Baupolizei

Von einer Bauleitplanungskompetenz der Gemeinden kann man eigentlich für Baden erst ab 1868, für Preußen erst ab 1875 sprechen. Daneben existierte allerdings eine Parallelplanungskompetenz der Baupolizei. Diese konnte innerhalb der durch den Fluchtlinienplan festgesetzten Baugebiete Art und Maß der Bebauung festlegen. Dies geschah auf einer ersten abstrakten Stufe durch Bauordnungen.[61] Für Baden erging diese landeseinheitlich durch eine Verordnung von 1869, die allerdings den Erlass konkretisierender Vorschriften durch Gemeindebauordnungen vorsah.[62] In Preußen fehlte es an einer einheitlichen Bauordnung für das gesamte Staatsgebiet, vielmehr wurde separate baupolizeiliche Kodifikationen für die einzelnen Kreise, Regierungsbezirke und Provinzen erlassen,[63] wobei allerdings eine gewisse Vereinheitlichung durch ministerielle Richtlinien sichergestellt war.[64] Sie enthielten beispielsweise Vorgaben zur Baudichte, zur Geschosszahl und zur Bauhöhe.[65] Auf einer zweiten Stufe erfolgte eine baupolizeiliche Reglementierung durch die Festsetzung von Nutzungsarten bzw. Bebauungsarten für bestimmte Ortsteile durch lokalpolizeiliche Verordnungen,[66] auf einer dritten Stufe durch die für den Einzelfall zu erlassende Baugenehmigung, welche in Preußen den Ortspolizeibehörden,[67] in Baden den Staatsbehörden oblag.[68]

Der konkrete Bebauungscharakter der durch die gemeindliche Straßenparzellierung festgesetzten Baugebiete wurde also letztlich polizeilich festgelegt, ja man kann sogar sagen, dass bestehende Bauordnungen letztlich das gemeindliche Planungsrecht determinierten: Der Straßenplaner hatte sich an den polizeilichen Festsetzungen

---

61 Ausführlich dazu Feldmann, Bauordnungen (wie Anm. 4), S. 80 ff.
62 § 2 Verordnung, die Handhabung der Baupolizei betreffend, vom 5. Mai 1869. In: Gesetz- und Verordnungs-Blatt für das Großherzogtum Baden, S. 125.
63 H. Luppe, Baupolizeirecht (Reichsgesetzgebung – Preußen). In: Brix u. a., Handwörterbuch (wie Anm. 32), S. 254–259, S. 256 f.
64 Kurt Krüger: Geschichte der Baupolizei, insbesondere des neuzeitlichen formellen baupolizeilichen Verfahrens, Halle 1914, S. 45 f.; Eberstadt, Handbuch des Wohnungswesens (wie Anm. 21), S. 474 ff. Auf die Orientierung an den Baupolizeiordnungen für Berlin von 1853, 1887 und 1897 weist Breuer, Baurecht (wie Anm. 9), S. 231, hin.
65 Für Preußen: Münchgesang: Bauwesen (I. Reich und Preußen. C. Baupolizei). In: Max Fleischmann, (Hrsg.): Wörterbuch des Deutschen Staats- und Verwaltungsrechts, Bd. 1, Tübingen ²1911, S. 313–318, S. 315; für Baden: Roth, Baupolizeirecht (Baden). In: Brix u. a., Handwörterbuch (wie Anm. 32), S. 273–275, S. 273 f.
66 Ein Beispiel schildernd Conrad Bornhak, Verwaltungsrechtliches im Städtebau, Berlin 1908, S. 9.
67 Münchgesang, Bauwesen (wie Anm. 65), S. 318.
68 § 2 Ziffer 1 Verordnung des Ministeriums des Innern vom 10. Februar 1857, teilw. abgedr. bei Bär, Wasser- und Straßenbau-Verwaltung (wie Anm. 30), S. 472 f.; § 50 Verordnung des Ministeriums des Innern vom 5. Mai 1869 (GVBl. S. 125).

zu Bebauungsdichte und Bebauungsart zu orientieren[69] – oder noch schneidender im Urteil eines zeitgenössischen Kommentators: Auch unter der Herrschaft des Fluchtliniengesetzes musste der gemeindliche Straßenplaner »noch in vormärzlichen Gamaschen marschieren«.[70] Hinzu kam ein weiteres Einwirkungsrecht der Staatsverwaltung: Erhoben Private gegen den gemeindlichen Plan Einwendungen, hatten die staatlichen Behörden darüber zu entscheiden. Diese Entscheidungsgewalt war mit der Befugnis verbunden, Abänderungen an der kommunalen Planung vorzunehmen.[71]

Diese Aufspaltung der Planungskompetenz wurde durchaus ambivalent beurteilt. Die Perspektive der Kommunalpolitik spiegelt eine Stellungnahme, die den geringen Gestaltungsanteil der Kommunen beklagt und ausführt: »Die gegenwärtige Rechtsordnung lässt jeden billigen Ausgleich zwischen der Polizeigewalt und den GemAufgaben [sic] auf dem Gebiet des Bauwesens vermissen (...)«.[72] Auf der anderen Seite hielt man es aus sozial- und gesundheitspolitischen Gründen nicht nur für legitim, sondern sogar für erforderlich, den Gestaltungsspielraum der Kommunen weiter einzuengen. Schon durch die gemeindliche Parzellierung der Baugebiete sei eine verdichtete Bauweise gefördert worden, die zu unhaltbaren hygienischen Zuständen führe. Angesichts dessen müsste das allgemeine öffentliche Wohl über die lokalen (Verwertungs-) Belange gestellt werden und daher der staatlichen Seite mehr Einfluss eingeräumt werden.[73]

4. Materieller Polizeibegriff und Stadtplanung

Das Nebeneinander von polizeilichen und gemeindlichen planungsrelevanten Entscheidungskompetenzen wies aber nicht nur eine behördenorganisationsrechtliche, sondern auch eine materiellrechtliche Komponente auf. Denn ihm korrespondierte ein Nebeneinander von polizeilichen und nichtpolizeilichen Ordnungsvorstellungen, die sich auch nach zeitgenössischen Kriterien zumindest ungefähr voneinander abgrenzen ließen und deren Differenz desto stärker an Bedeutung gewannen, je mehr planungsrelevante Entscheidungen als Eingriffe in subjektive Rechte begriffen wurden. Dabei spielten zwei Faktoren in der Rechtsentwicklung eine Rolle: erstens die Durchsetzung der Auffassung, dass Eingriffe in subjektive Rechte einer gesetzlichen

---

69 Josef Stübben: Über den Zusammenhang zwischen Bebauungsplan und Bauordnung, Berlin 1909, insb. S. 17, S. 18 f.
70 Max Matthias: Der Staat und die Bebauungspläne. In: Kommunalarchiv 3 (1912), S. 385–395, S. 385.
71 § 8 Fluchtliniengesetz; siehe dazu auch Matthias, Staat (wie Anm. 70), S. 389 f.
72 Max Matthias, Anhang – Baupolizei und Gemeinden in Preußen. In: Brix u. a., Handwörterbuch (wie Anm. 32), S. 259–263, S. 262.
73 Eberstadt, Handbuch des Wohnungswesens (wie Anm. 21), S. 215 ff.

Ermächtigung bedurften, also unter Gesetzesvorbehalt standen, und zweitens die Einengung des materiellen Polizeibegriffs des § 10 II 17 des preußischen Allgemeinen Landrechts auf Gefahrenabwehr, nicht mehr auf Wohlfahrtszwecke – eine Auffassung, die sich seit dem Kreuzbergurteil des preußischen Oberverwaltungsgerichts von 1882[74] durchgesetzt hatte. Zum Bereich der Gefahrenabwehr wurden beispielsweise Gesichtspunkte der Hygiene, die Straßensicherheit, die Feuersicherheit oder der Verunstaltungsschutz gezählt,[75] nicht jedoch Aspekte ästhetischer Optimierung, der Einrichtung moderner Versorgungssysteme oder der sozialen Verbesserung von Wohnverhältnissen, soweit diese nicht von gesundheitspolitischen Maßgaben gedeckt waren.

Hierdurch wurde erstens der bauleitplanerische Handlungsspielraum der Polizeibehörden eingeengt – jedenfalls soweit diese sich nur auf die allgemeine polizeirechtliche Gefahrenabwehrklausel und nicht auf spezialgesetzliche Ermächtigungen stützen konnte. Wo allerdings genau die Grenze zwischen Gefahrenabwehr und allgemeinen Wohlfahrtsaspekten verlief, war noch lange Zeit umstritten. Noch zu Beginn des 20. Jahrhunderts hatten polizeiliche Verordnungen, die den Bau von Fabriken in bestimmten Vierteln verboten oder die Anlage von Vorgärten oder eine aufgelockerte Bebauung geboten, gerichtlichen Bestand,[76] was allerdings auch auf Skepsis in der Rechtswissenschaft stieß.[77]

Aber auch in anderen Planungsbereichen wirkte sich die Verengung des materiellrechtlichen Polizeibegriffs aus. Die polizeiliche Festsetzung eines Anschluss- und Benutzungszwangs für Wasserversorgungsleitungen konnten auf feuerpolizeiliche Gründe gestützt werden, soweit dies im Einzelfall plausibel war, nicht jedoch auf hygienische Erwägungen, wenn der Anlieger schon über einen beanstandungsfreien Trinkwasseranschluss verfügte.[78]

Letztlich zielte die Engfassung des materiellen Polizeibegriffs auf eine umfassendere Vergesetzlichung des Planungsrechts, die jegliche Planungsentscheidung mit Eingriffseffekten betraf. Davon waren dann nicht mehr nur die Polizeibehörden betroffen, sondern auch die Kommunen, sobald sie hoheitlich in Rechte der Bürger eingriffen, so zum Beispiel wenn die Festsetzung eines Anschluss- und Benutzungszwangs durch Statutarrecht nur auf einer gesetzlichen Grundlage und innerhalb von

---

74 Urteil des Preußischen Oberverwaltungsgerichts vom 14. Juni 1882 (PrOVGE 9, S. 353 ff.).
75 Bornhak, Verwaltungsrechtliches (wie Anm. 66), S. 9; Münchgesang, Bauwesen (wie Anm. 65), S. 313.
76 Breuer, Baurecht (wie Anm. 9), S. 232; siehe auch Matzerath/Thienel, Stadtentwicklung (wie Anm. 6), S. 179 f.
77 Bornhak, Verwaltungsrechtliches (wie Anm. 66), S. 9; relativierend O. von Rittgen, Art. »Baupolizeibehörde«. In: Brix u. a., Handwörterbuch (wie Anm. 32), S. 250–254, S. 250 f.: Die Polizei hätte zwar nur polizeiliche Erwägungen bei Erteilung ihrer Versagung oder Zustimmung zum Plan zu berücksichtigen, sollte aber auch wirtschaftliche und »schönheitliche« Seite nicht ausschließen, z. B. die zweckmäßige Aufteilung der Grundstücke.
78 Hartmann, Entwicklung (wie Anm. 46), S. 26 f.

deren Grenzen erfolgen durfte.[79] Und auch Straßenplanungen, die Grundeigentum in einer für den Eigentümer unvorteilhaften Weise zerschnitten, mussten sich mit dem Einwand der Eigentumsverletzung auseinandersetzen.[80]

5. Rechtliche Rahmenbedingungen planungsrelevanten Ressourcenzugriffs

Planung verspricht nur Erfolg, wenn die zu ihrer Realisierung nötigen Mittel zur Verfügung stehen. Im letzten Abschnitt soll daher der Frage nachgegangen werden, welche Freiräume das Recht den Kommunen beim Zugriff auf planungsrelevante Ressourcen zugestand.

5.1 Enteignung

Das Maß an kommunaler Planungshoheit bemisst sich auch daran, in welchem Maße der Kommune der Zugriff auf den Boden zusteht. Zu den rechtlichen Rahmenbedingungen gemeindlicher Planung zählt somit auch das Enteignungsrecht. Die zwangsweise Inanspruchnahme von Boden war grundsätzlich ein staatliches Hoheitsrecht.[81] Dies bedeutete, dass die Kommunen auf Inanspruchnahme staatlicher Enteignungsgewalt angewiesen waren. In Preußen galt dies jedenfalls bis zum Fluchtliniengesetz von 1875.[82] Erst dieses[83] wies den Kommunen die Befugnis zu, in Eigenregie Enteignungsverfahren vorzunehmen.[84] Damit war der Gemeinde ein Gestaltungsspielraum eingeräumt, der keineswegs selbstverständlich war.[85] Denn in Baden stand den Gemeinden eine derartige Enteignungsbefugnis nicht zur Verfügung.[86]

---

79 Reichseinheitlich geregelt durch § 18 der Deutschen Gemeindeordnung vom 30. Januar 1935 (RGBl. I S. 49); siehe auch Gerhard Stuber: Die Energie- und Wasserversorgung als Voraussetzung für die moderne Stadtentwicklung – eine Aufgabe kommunaler Selbstverwaltung. In: Jürgen Sydow: Städtische Versorgung und Entsorgung im Wandel der Geschichte, Sigmaringen 1981, S. 9–28, S. 26.
80 Preuß, Städtebau (wie Anm. 24), S. 360.
81 Zwar konnten auch – wie im preußischen Eisenbahnrecht – maßgebliche Teile des Enteignungsverfahrens an Privatunternehmen delegiert werden, jedoch verblieb es bei der staatlichen Letztentscheidungskompetenz; siehe dazu auch Werner Schubert, Das preußische Eisenbahngesetz von 1838, ZRG Germ. Abt. 116 (1999) S. 152–203, S. 176 ff.
82 Ludwig von Rönne: Die Wege-Polizei und das Wege-Recht des Preußischen Staates, Breslau 1852, S. 410 f.
83 Alexander-Katz, Fluchtlinienrecht (wie Anm. 4), S. 8.
84 § 11 Gesetz, betreffend die Anlegung und Veränderung von Straßen und Plätzen in Städten und ländlichen Ortschaften, vom 2. Juli 1875 (Fluchtliniengesetz) (PrGS S. 561).
85 Auch in Preußen verblieb es ansonsten bei der staatlichen Befugnis zu Enteignung, § 2 Gesetz über die Enteignung von Grundeigenthum vom 11. Juni 1874 (PrGS S. 221).
86 Ernst Walz: Bauwesen (V. Baden). In: Max Fleischmann (Hrsg.): Wörterbuch des Deutschen Staats- und Verwaltungsrechts, Bd. 1, Tübingen ²1911, S. 335–339, S. 338.

Auch das spätere badische Enteignungsgesetz von 1899 verwies die Kommunen auf einen Antrag bei den staatlichen Bezirksämtern.[87] Die allgemein gegenüber den preußischen Gemeinden stärkere Selbstverwaltungsgarantie ging also nicht einher mit einer ebenso stärkeren Selbstständigkeit beim Zugriff auf Grundeigentum.

Allerdings erlaubte auch in Preußen das kommunale Enteignungsrecht nur die Enteignung der für Straßen und Plätze bestimmten Grundflächen und nur dann, wenn ein entsprechender Fluchtlinienplan hierfür festgestellt worden war.[88] Diese Einschränkung wurde auch in der Literatur kritisiert.[89] Denn die Inanspruchnahme weiterer, für die Planung relevanter Flächen, konnte somit nur nach den Vorgaben des Enteignungsgesetzes 1874 und damit nur über ein von den Staatsbehörden durchzuführendes Verfahren realisiert werden.[90]

5.2 Finanzierungsquellen: Beiträge und Gebühren

Der Bau von Straßen und Infrastrukturanlagen nahm die finanziellen Ressourcen der Kommunen in erheblichem Maße in Anspruch. Nicht selten mussten Kredite aufgenommen, werden, die aber unter staatlichem Genehmigungsvorbehalt standen – dazu später. Die Ansicht, dass moderne Stadtplanung sich weitere Geldquellen erschließen musste, indem sie die nutznießenden Anleger zur Finanzierung heranzog, setzte sich weitgehend durch.[91] Hinweise in der Literatur deuten darauf hin, dass dies auch geschah.[92] Die Rechtsgrundlagen blieben jedoch unspezifisch. Zwar galt allgemein die Verpflichtung der Einwohner, durch finanzielle Beiträge oder bestimmte Dienste zur Einrichtung und Betreibung städtischer Anstalten beizutragen;[93] im Einzelfall ließ sich eine darauf gestützte Heranziehung zum Bau

---

87 § 16 Enteignungsgesetz vom 26. Juni 1899. In: Gesetz- und Verordnungsblatt für das Großherzogtum Baden, S. 359.
88 § 11 Gesetz, betreffend die Anlegung und Veränderung von Straßen und Plätzen in Städten und ländlichen Ortschaften, vom 2. Juli 1875 (Fluchtliniengesetz) (PrGS S. 561); siehe auch Saran, Bebauungspläne A. Recht II. Preußen (wie Anm. 32), S. 328 f. Hinzu kam, dass die höchstrichterliche Rechtsprechung dazu tendierte, die Entschädigungshöhe eher großzügig zu bemessen (Orientierung nicht am Verkehrswert zur Zeit der Enteignung, sondern an Prognosen über die »rentabelste« Nutzung). Damit war die Enteignung eigentlich nur für die »reichen« Kommunen ein praktikables Instrument, Fisch, Stadtplanung (wie Anm. 5), S. 107.
89 Preuß, Städtebau (wie Anm. 24), S. 362 f.: eher für Umlegung, Zonenenteignung.
90 Zorn, Wegerecht (wie Anm. 54), S. 908.
91 Siehe nur Alexander-Katz, Fluchtlinienrecht (wie Anm. 4), S. 8.
92 Conrad Bornhak, Das Kommunalabgabengesetz und das Gesetz wegen Aufhebung direkter Staatssteuern vom 14. Juli 1893, Berlin 1893, S. 23.
93 Für Preußen: §§ 26 ff. Städteordnung vom 19. November 1808 (PrGS 1806–1810, S. 324); §§ 35 ff. Revidierte Städteordnung vom 17. März 1831 (PrGS S. 9); für Baden §§ 77 f. Gesetz über die Verfassung und Verwaltung der Gemeinden vom 31. Dezember 1831 (RegBl. 1832, S. 81), abgedr. bei Engeli/Haus (wie Anm. 11), speziell zur Inanspruchnahme für den Straßenbau Bär (wie Anm. 30), S. 418.

neuer Straßen aber nicht immer durchsetzen.[94] Festgehalten werden muss, dass den Kommunen ein verlässliches Finanzierungsinstrument erst mit der Regelung des Beitragsrechts im preußischen Fluchtliniengesetz von 1875 bzw. im badischen Ortsstraßengesetz von 1868 zur Verfügung stand.[95] Die Kosten für Straßenbau- und Straßenunterhaltung für die ersten fünf Jahre konnten nunmehr gegenüber den Anliegern geltend gemacht werden.[96]

Beiträge, wie sie im vorhergehenden Absatz erörtert worden waren, sind Abgaben für abstrakte Nutzungsvorteile. Konkrete, also realiter genossene Nutzungsvorteile wurden durch Gebühren abgeglichen, Gebühren für den Bezug von Wasser, Elektrizität und Gas und für den Anschluss an die Kanalisation. Hierbei muss allerdings unterschieden werden: Erfolgte der Bezug der Leistung auf der Grundlage vertraglicher Vereinbarungen, handelte es sich um Nutzungsentgelte auf privatrechtlicher Grundlage, für die an sich keine besonderen Kompetenztitel notwendig waren. Die Kommunen handelten hier als private Wirtschaftsakteure, auch wenn die Gebührensätze meist durch Ortssatzungen festgesetzt wurden und der staatlichen Genehmigung bedurften. Beruhte der Bezug der Leistung auf einem Anschluss- und Benutzungszwang, gestaltete sich die Gebührenfestsetzung als Hoheitsakt. Auch hier wurden erst Ende des 19. Jahrhunderts allgemeine gesetzliche Grundlagen geschaffen. Das preußische Kommunalabgabengesetz von 1893 sah unabhängig von der Festsetzung des Anschluss- und Benutzungszwangs die Möglichkeit einer Gebührenerhebung vor.[97]

5.3 Finanzaufsicht

Finanzielle Dispositionen, die der Realisierung von Planungsabsichten dienten, nahm die Gemeinde grundsätzlich in Eigenverantwortung vor. Allerdings unterlag sie bei der Inanspruchnahme eigener und bei dem Zugriff auf fremde Ressourcen der Staatsaufsicht. Dies stellte an sich auch nach der zeitgenössischen Betrachtungsweise einen Systembruch dar. Denn integraler Bestandteil der Reformkonzeption des beginnenden 19. Jahrhunderts war die Selbständigstellung der Gemeinde als

---

94 Siehe Ludwig von Rönne: Die preußischen Städte-Ordnungen vom 19. November 1808 und vom 17. März 1831, Breslau 1840, S. 123 f.
95 Alexander-Katz, Fluchtlinienrecht (wie Anm. 4), S. 8.
96 Art 9 Ortsstraßengesetz vom 20. Februar 1868 (RegBl. S. 286); § 15 Gesetz, betreffend die Anlegung und Veränderung von Straßen und Plätzen in Städten und ländlichen Ortschaften, vom 2. Juli 1875 (Fluchtliniengesetz) (PrGS S. 561). Ausgeweitet wurde die Möglichkeit der Beitragserhebung durch § 9 des preußischen Kommunalabgabengesetzes vom 14. Juli 1893 (PrGS S. 152) auf andere »(...) *Veranstaltungen, welche durch das öffentliche Interesse erfordert werden (...)*«.
97 § 4 Abs. 1 Kommunalabgabengesetz vom 14. Juli 1893 (PrGS S. 152): »*Die Gemeinden können für die Benutzung der von ihnen im öffentlichen Interesse unterhaltenen Veranstaltungen (Anlagen, Anstalten und Einrichtungen) besondere Vergütungen (Gebühren) erheben.*«

Vermögenssubjekt. Staatliche Einflussnahme war zwar möglich bei der Erfüllung öffentlicher Aufgaben, die Staatsinteressen berührten, die eher privatrechtlich gedachte Finanzautonomie zählte jedoch nicht hierzu.

Demgemäß hielt sich die Städteordnung von 1808 noch mit dahingehenden Eingriffsregeln zurück.[98] Allerdings hatte man schon in der Reformphase auf die Gefahr unkontrollierten gemeindlichen Finanzgebarens aufmerksam gemacht und entsprechende Vorkehrungen angemahnt.[99] Erst das Abgabengesetz von 1820[100] aber beschränkte das gemeindliche Steuererhebungsrecht empfindlich und die revidierte Städteordnung von 1831 stellte Schuldenaufnahmen, andere Vermögensdispositionen und Steuererhebungen unter staatlichen Genehmigungsvorbehalt.[101] Auch die Erhebung neuer Gebühren und Beiträge unterlag dem Genehmigungsvorbehalt.[102] Derartige Einschränkungen der kommunalen Finanzhoheit zählten fortan zum Standardinstrumentarium der Staatsaufsicht. In Baden standen Kapitalaufnahmen, die nicht der Schuldentilgung dienten, sowie zusätzlich in kleineren Gemeinden die Verwendung der Gemeindeüberschüsse und der außerordentliche Erwerb von Liegenschaften unter Genehmigungsvorbehalt.[103]

So unterschiedlich die Ausgestaltung der Finanzaufsicht im Einzelnen auch ausfiel, so ließ sie sich doch in allen Fällen geltend machen, um Infrastrukturvorhaben zu verhindern oder in eine andere Richtung zu bewegen – sei es, dass man die Kreditaufnahme für bestimmte Projekte untersagte, sei es dass man die Kommunalisierung vorhandener (privater) Infrastrukturanlagen durch Geltendmachung haushaltspolitischer Einwände verhinderte oder umgekehrt eine Kommunalisierung gebot.[104] All diese Eingriffe ließen sich auf die allgemein anerkannte Befugnis der Staatsaufsicht stützen, eine Überschuldung der Kommunen zu verhindern.[105] Politische

---

98 § 1 Städteordnung vom 19. November 1808 (PrGS 1806–1810, S. 324) sprach noch in allgemeiner Weise von einer staatlichen Aufsicht über das Gemeindevermögen, enthielt dann aber keine speziellen Regelungen zur Finanzaufsicht.
99 Grzywatz, Stadt (wie Anm. 14), S. 147.
100 Gesetz über die Einrichtung des Abgabenwesens vom 30. Mai 1820 (PrGS S. 134).
101 §§ 117 ff. (Genehmigung von Vermögensdispositionen), § 122 (Genehmigung steuerlicher Maßnahmen) Revidierte Städte-Ordnung für die Preußische Monarchie vom 17. März 1831 (PrGS S. 10).
102 Hugo Rohde/Willy Beuck: Die Gemeindeabgaben in Preußen, Bd. 1, Berlin 1917, S. 24. § 8 i. V. m. § 4 Abs. 3 Kommunalabgabengesetz vom 14. Juli 1893 (PrGS S. 152) (Gebühren von Einrichtungen mit Benutzungspflicht oder solchen, auf deren Benutzung die Einwohner angewiesen sind), § 8 i. V. m. § 6 a. a. O. (Gebühren für Messen und Märkte), § 9 Abs. 3 a. a. O. (Beiträge für gemeindliche Einrichtungen im öffentlichen Interesse).
103 § 151 I Ziffer 3 (für alle Gemeinden), § 151 II Ziffer 3 und 4 (für Gemeinden unter 3000 Einwohnern) Gesetz über die Verfassung und Verwaltung der Gemeinden vom 31. Dezember 1831 (RegBl. 1832, S. 81), abgedr. bei Engeli/Haus, (wie Anm. 11); § 3 lit. g Verordnung vom 17. Juli 1833, abgedr. in: A. Christ: Das badische Gemeindegesetz, Karlsruhe 1844, S. 349 ff.
104 Brunckhorst, Kommunalisierung (wie Anm. 40), S. 59, S. 62.
105 Schott, Vernetzung (wie Anm. 8), S. 677.

Gestaltungsspielräume der Staatsverwaltung rührten vor allem aus der Unklarheit der Aufsichtsmaßstäbe. Diese blieben in den entsprechenden gesetzlichen Bestimmungen unklar. Fest stand die Kompetenz zur Rechtsaufsicht, inwieweit sich die Aufsichtsbehörde jedoch auf Maßgaben fachlich-ökonomischer Art oder auf eher allgemeine Gemeinwohlbelange stützen konnte, blieb bis weit in die erste Hälfte des 20. Jahrhunderts umstritten.[106] Angesichts fehlender gesetzlicher Festlegungen in den Aufsichtsbestimmungen[107] lag hier das Einfallstor staatlicher Ingerenzen, die nicht selten die Grenzen zur fachlichen Anleitung oder zur politischen Einflussnahme[108] überschritten haben dürften.

6. Fazit

Ein Recht kommunaler Planung entwickelte sich sukzessive aus Elementen kommunaler Autonomie, polizeirechtlichen Bestimmungen und dem auch für Kommunen geltenden Privatrecht. Der Gestaltungsspielraum der Kommunen hing dabei in starkem Maße davon ab, inwieweit ihnen Aufgaben der Polizei überwiesen worden und in welchem Maße sie bei der Wahrnehmung dieser Aufgaben in staatliche Weisungszüge eingegliedert waren. Denn planungsrechtliche Materie war in weitem Ausmaß polizeirechtliche Materie. Dies galt unter der Geltung des alten weiten Polizeibegriffs, aber auch nach dessen Engführung auf Aufgaben der Gefahrenabwehr; dieses engere Polizeiverständnis ließ immerhin noch polizeiliche Zuständigkeiten zum Beispiel für Straßensicherheit, Feuersicherheit, sanitäre Verhältnisse und in begrenztem Maße auch für sozialen Ausgleich übrig.

---

106 Zum Aufsichtsrecht über die Kommunen und den unklaren Aufsichtsmaßstäben Hartwin Spenkuch, »Es wird zuviel regiert.« Die preußische Verwaltungsreform 1908–1918 zwischen Ausbau der Selbstverwaltung und Bewahrung bürokratischer Staatsmacht. In: Bärbel Holtz/Hartwin Spenkuch (Hrsg.): Preußens Weg in die politische Moderne. Verfassung – Verwaltung – politische Kultur zwischen Reform und Reformblockade, Berlin 2001, S. 321–356; Peter Collin: Die Organisation der binnenadministrativen Kommunikation in der preußischen Verwaltung des 19. Jahrhunderts. In: Peter Becker (Hrsg.): Sprachvollzug im Amt. Kommunikation und Verwaltung im Europa des 19. und 20. Jahrhunderts, Bielefeld 2011, S. 335–359, S. 343 f.
107 Siehe § 1 Städteordnung vom 19. November 1808 (PrGS 1806–1810, S. 324); § 151 Gesetz über die Verfassung und Verwaltung der Gemeinden vom 31. Dezember 1831 (RegBl. 1832, S. 81) (abgedr. bei Engeli/Haus, wie Anm. 11).
108 Zu den Maßstäben bei der Genehmigung kommunaler Abgaben Rohde/Beuck, Gemeindeabgaben (wie Anm. 102), S. 24 f.: Hätten die Gemeinden nur die Grenzen zu beachten, die das Kommunalabgabengesetz zieht, könnte nicht verhindert werden, dass diejenigen Klassen, die in der Gemeindevertretung dominieren, den anderen Bevölkerungsgruppen eine unverhältnismäßige Steuerbelastung auferlegen – hiergegen müsste die Staatsaufsicht Vorkehrungen schaffen.

Hier zeigen sich auch die entscheidenden Unterschiede zwischen der badischen und preußischen Rechtslage. Lag in Baden die Zuständigkeit für die Ortspolizei bei den Gemeinden, wenn auch unter staatlicher Aufsicht, so konnte in Preußen die Polizeigewalt zwar auch durch die Magistrate wahrgenommen werden, diese handelten jedoch nicht für die Gemeinde als Körperschaft, sondern waren weisungsabhängig in das staatliche Ämtergefüge eingebunden.[109] Insofern lässt sich davon sprechen, dass das Recht in Baden den Gemeinden einen weiteren planerischen Gestaltungsfreiraum ließ. Jedoch wird man auch bei Anerkennung dieses prinzipiellen Unterschieds konstatieren müssen, dass sich städtische Planung letztlich im Wege kommunal-staatlicher Mischverwaltung realisierte: durch staatliche Aufsichtsrechte sowohl in Bezug auf in die Planung hineinspielende polizeiliche Belange als auch im Hinblick auf die Generierung und Verwendung des Gemeindevermögens, durch den engen Zusammenhang von Baupolizeirecht und Bauplanungsrecht, durch – in Baden stärkere, in Preußen schwächere – Abhängigkeit der Städte von staatlichen Entscheidungen bei der Inanspruchnahme von Grund und Boden.

Die Rechtsentwicklung des letzten Drittels des 19. Jahrhunderts änderte an dieser Gemengelage prinzipiell nichts, sieht man von der Überweisung der Straßenplanungskompetenz an die Kommunen ab. Aber es wurde ein einheitlicher Rechtsrahmen für das planungsrelevante Gebühren- und Beitragsrecht geschaffen, der Unterschied zwischen gewerblichen und nichtgewerblichen Versorgungsinfrastrukturen wurde klarer herausgestellt, das neue enge Polizeiverständnis schuf die Voraussetzungen für die Trennung von Ordnungs- und Leistungsverwaltung und damit für die Befreiung der Planung aus dem obrigkeitlich-polizeilichen Korsett – mit der Kehrseite allerdings, dass der erweiterten kommunalen Planungshoheit noch immer nicht ausreichend hoheitliche Mittel zu ihrer Realisierung zur Verfügung standen.[110] Die Grundstrukturen eines neuen Rechtsrahmens, der Planung als neuen Aufgabentyp konturierte, waren jedoch schon erkennbar. Die ersten Schritte, um Kommunen zu handlungsfähigen Planungsträgern zu machen, waren getan.

---

109 Zu beachten ist freilich, dass Preußen auch in dieser Hinsicht kein einheitlicher Rechtsraum war. Im Rheinland, wo man wesentliche Grundsätze der französischen Municipalverfassung übernommen hatte, waren die Strukturen in vieler Hinsicht anders.

110 Preuß, Städtebau (wie Anm. 24), S. 349: »(...) müssen die preussischen Städte verwalten, ohne den polizeilichen Schatten jeder Verwaltung werfen zu können (...)«.

Traum oder Albtraum?

Planung für die gesunde Industriestadt – an Beispielen aus der Rheinprovinz

Jörg Vögele, Ulrich Koppitz

Die Jubiläums-Tagung des Südwestdeutschen Arbeitskreises für Stadtgeschichtsforschung hat eindrucksvolle Stadt-Träume vor Augen geführt, doch was in diesem Beitrag zunächst vorgestellt werden soll, könnte man eher als einen »Albtraum« bezeichnen, der bekanntlich nichts mit süddeutschen Landschaften zu tun hat, sondern mit Ängsten und Atemnot. Wenn ein Albtraum sich wiederholt, wird tra-

Abb. 1: Wupperufer in Elberfeld, ca. 1880.
Stadtarchiv Wuppertal M, IV-191 (Bildausschnitt).

ditionell als Gegenmittel empfohlen, sich tagsüber den Traumablauf vorzustellen und bewusst in eine angenehmere Richtung zu lenken, d. h. einen günstigen Ausgang zu planen.

Dieser Beitrag wird von einer derartigen »Albtraumstadt« ausgehend (1.) sich zunächst mit der Assanierung derselben im Spiegel der Debatten des Niederrheinischen Vereins für öffentliche Gesundheitspflege beschäftigen (2.) und zwei Komponenten herausgreifen, einerseits die Schwemmkanalisation (3.) und andererseits die Großkliniken (4.). Es folgen Überlegungen zum Gesundheitsverständnis und Forschungsansätze im Bereich der Historischen Epidemiologie (5.), zum Schluss (6.) wird ein Ausblick vom Albtraum zur traumhaften Industriestadt zur Diskussion gestellt. Klassische Fallbeispiele werden aus dem Rheinisch-Westfälischen Industriegebiet gewählt, wohingegen das Steinkohlerevier wie andere Bergbauregionen auch in vieler Hinsicht eine Sonderrolle darstellt, nicht zuletzt hinsichtlich der Möglichkeiten einer Siedlungsplanung oder Stadtverwaltung.[1]

1. Einblicke:
Zur Alb-Traum-Stadt der Frühindustrialisierung (Abb.)

Zum Einstieg veranschaulichen Auszüge zur »Lage der arbeitenden Klasse in England, nach eigner Anschauung und authentischen Quellen« von Friedrich Engels, veröffentlicht 1845, den »Albtraum«:[2]

»Weil Manchester der klassische Typus der modernen Industriestadt ist, und dann auch, weil ich es so genau wie meine eigne Vaterstadt [...] kenne, werden wir

---

1 Vgl. zum Ruhrgebiet z. B. Heinz Reif: Die verspätete Stadt: Industrialisierung, städtischer Raum und Politik in Oberhausen 1846–1929, Köln, 1992; Klaus Wisotzky: Vom Versuch, Ordnung in die Unordnung zu bringen. In: Klaus Wisotzky/Michael Zimmermann (hrsg.): Selbstverständlichkeiten. Zur Genese städtischer Infrastruktur in der Großstadt Essen,, Essen 1997, S. 115–140; zugespitzt: Lutz Niethammer: Umständliche Erläuterung der seelischen Störung eines Communalbaumeisters in Preußens größtem Industriedorf – oder: Die Unfähigkeit zur Stadtentwicklung, Frankfurt a. M. 1979; Martin Weyer-von Schoultz: Stadt und Gesundheit im Ruhrgebiet 1850–1929: Verstädterung und kommunale Gesundheitspolitik dargestellt am Beispiel der jungen Industriestadt Gelsenkirchen, Essen 1994. Friedrich Strehlow: Die Boden- und Wohnungsfrage des rheinisch-westfälischen Industriebezirkes. In: Zbl. allg. Gesundh. 31 (1912), S. 432–449 als Fazit der gleichnamigen Münsteraner Dissertation.

2 Friedrich Engels: Lage der arbeitenden Klasse in England, nach eigner Anschauung und authentischen Quellen, Leipzig 1845, hier S. 58–70, S. 74–80, auszugsweise ediert in: Vittorio Magnago Lampugnani (Hrsg.): Anthologie zum Städtebau, Berlin 2005, Bd. 1.2, S. 731–741, S. 842–845, hier passagenweise konzentriert. Zu Manchester vgl. u. a. Stephen Mosley: Chimney of the world: a history of smoke pollution in Victorian and Edwardian Manchester, Abingdon/New York 2008.

*uns hier etwas länger aufzuhalten haben [...]«*³ »*Ich erwähne noch eben, dass die Fabrikanlagen sich fast alle dem Lauf der drei Flüsse oder der verschiedenen Kanäle [...] anschließen und gehe dann zur Schilderung der Arbeiterbezirke selbst über. Da ist zuerst die Altstadt von Manchester [...] deren frühere Einwohner sich mit ihren Nachkommen in besser gebaute Bezirke gezogen, und die Häuser, die ihnen zu schlecht waren einer stark mit irischem Blut vermischten Arbeiterrace überlassen haben. Man ist hier wirklich einem fast unverhüllten Arbeiterviertel, denn selbst die Läden und Kneipen der Straße nehmen [/] sich nicht die Mühe, etwas reinlich auszusehen. Aber das ist all noch Nichts gegen die Gassen und Höfe, die dahinter liegen. [...] von der Gedrängtheit, mit der sie hier förmlich an einander gepackt sind, kann man sich keine Vorstellung machen [...] die Verwirrung ist in neuerer Zeit erst auf die Spitze getrieben worden, indem überall, wo die ganze Bauart der früheren Epoche noch ein Fleckchen Raum ließ, später nachgebaut und angeflickt wurde, bis endlich zwischen den Häusern kein Zoll breit Platz blieb, der sich noch hätte verbauen lassen. [...] Rechts und links führen eine Menge überbauter Zugänge von der Hauptstraße in die vielen Höfe ab, und wenn man hinein geht, so geräth man in einen Schmutz und eine ekelhafte Unsauberkeit, die ihres Gleichen nicht hat – namentlich in den Höfen, die nach dem Irk hinabführen und die unbedingt die scheußlichsten Wohnungen enthalten, welche mir bis jetzt vorgekommen sind. [...] unten am Flusse stehen mehrere Gerbereien, die die ganze Umgegend mit animalischem Verwesungsgeruch erfüllen. In die Höfe [...] steigt man meist auf engen, schmutzigen Treppen hinab, und gelangt nur über Haufen von Schutt und Unrath an die Häuser. [...] In der Tiefe fließt oder vielmehr stagniert der Irk, ein schmaler, pechschwarzer, stinkender Fluß, voll Unrath und Abfall, den er ans rechte flachere Ufer anspült;*

---

3   Engels, Klassen (wie Anm. 2), hier S. 736. Zur Konstruktion dieses Dystopia und dessen Rezeption anhand der »Wohnungsfrage« u. a. durch den »Central-Verein für das Wohl der arbeitenden Klassen in Preußen« vgl. Hans Jürgen Teuteberg: Historische Aspekte der Urbanisierung. In: Ders./Heinz Heineberg (Hrsg.): Urbanisierung im 19. und 20. Jahrhundert, Köln/Wien 1983, S. 2–34, hier S. 8 ff. Zur Einleitung der entsprechenden Abschnitte dieser empfehlenswerten Anthologie in westeuropäischer Gesamtperspektive: Eliana Perotti: Kritik der industrialisierten Stadt: Themen, Analysen, Interventionen. In: Anthologie zum Städtebau, Bd. 1.2, hg. von Vittorio Magnago Lampugnani, Berlin 2005, S. 687–702, Dies.: Politisierung des Städtebaudiskurses: Wohnungsfrage und Arbeiterstadt. In: ebenda, S. 809–821; vgl. auch Dies.: Vom »workhouse« zur »company town« - der britische Diskurs über Städtebau, Sozialpolitik und Arbeit im Zeitalter der Industrialisierung. In: Vittorio Magnago Lampugnani u. a. (Hrsg.): Stadt und Text: Zur Ideengeschichte des Städtebaus im Spiegel theoretischer Schriften seit dem 18. Jahrhundert, Berlin 2011, S. 46–65. Zum Forschungsstand vor allem zum 20. Jahrhundert und dem Hintergrund der Deindustrialisierung vgl. Martina Heßler/Clemens Zimmermann: Perspektiven historischer Industriestadtforschung: Neubetrachtungen eines etablierten Forschungsfeldes. In: AfS 51 (2011), S. 661–694. Das klassische Industriestadt-Image von Elberfeld-Barmen pflegen in Wuppertal das Museum für Frühindustrialisierung in Verbindung mit dem Engels-Haus.

bei trocknem Wetter bleibt an diesem Ufer eine lange Reihe der ekelhaftesten schwarzgrünen Schlammpfützen stehen, aus deren Tiefe fortwährend Blasen miasmatischer Gase aufsteigen [...].«[4]

»Der ganze Haufen menschenbewohnter Viehställe war auf zwei Seiten von Häusern und einer Fabrik, auf der dritten vom Fluß begränzt, und außer dem schmalen Ufersteig führte nur noch ein enger Thorweg hinaus – in ein anderes, fast eben so schlecht gebautes und gehaltenes Labyrinth von Wohnungen.«[5] [...]
»Wäre es möglich, dass dies tolle Treiben der Industrie noch einhundert Jahre so voranginge, so würde jeder der industriellen Bezirke Englands eine einzige große Fabrikstadt.«

Weitere umfangreiche Passagen ermöglichen, sich diese ebenso lebhaften wie ausführlichen Schilderungen der klassischen Industriestadt mit geradezu scheußlichen Lebens- bzw. Sterbeumständen aus den Sanitätspolizeiberichten zu Gemüte zu führen, die der Fabrikantensohn aus Unterbarmen, das heute zu Wuppertal gehört,[6] an englischen Beispielen in extenso veröffentlicht hat, um sie implizit mit Verhältnissen und Entwicklungen in seiner Heimat zu vergleichen.[7] Diese hatten seine »Briefe

---

4   Engels, Klassen (wie Anm. 2), hier S. 739 f., zuvor mit der städtebaulichen Beobachtung: *»Die Hauptstraßen (...) sind an beiden Seiten mit einer fast ununterbrochenen Reihe von Läden besetzt (...) sie sind hinreichend, um vor den Augen der reichen Herren und Damen mit starkem Magen und schwachen Nerven das Elend und den Schmutz zu verbergen, die das ergänzende Moment zu ihrem Reichthum und Luxus bilden. (...) Ich weiß sehr wohl, dass diese heuchlerische Bauart mehr oder weniger allen großen Städten gemein ist. (...). aber ich habe zugleich eine so systematische Absperrung der Arbeiterklasse von den Hauptstraßen, eine so zartfühlende Verhüllung alles dessen, was das Auge und die Nerven der Bourgeoisie beleidigen könnte, nirgends gefunden als in Manchester. Und doch ist gerade Manchester sonst weniger planmäßig oder nach Polizeivorschriften, und dagegen mehr durch den Zufall gebaut, als irgend eine andre Stadt, und wenn ich die eifrigen Betheuerungen der Mittelklasse, dass es den Arbeitern ganz vortrefflich gehe, dabei erwäge, so will es mich doch dünken, als seien die liberalen Fabrikanten, die »big Whigs« von Manchester nicht so ganz unschuldig an dieser schamhaften Bauart.«*
5   Engels, Klassen (wie Anm. 2), hier S. 741. Zur Frühindustrialisierung in Südwestdeutschland vgl. u. a. Erich Maschke/Jürgen Sydow (Hrsg.): Zur Geschichte der Industrialisierung in den südwestdeutschen Städten, Sigmaringen 1977.
6   Vgl. Werner Krötz: Die Industriestadt Wuppertal, Köln 1982, z.B. die Abbildungen, S. 46–51; ahistorisch nur zur Nachkriegszeit Otto Weise: Sozialgeographische Gliederung und innerstädtische Verflechtungen in Wuppertal, Neustadt a. d. Aisch 1973. Zur Stadtplanung bzw. den Alignements für Barmen und Elberfeld sind im Hauptstaatsarchiv Düsseldorf keine Akten überliefert, mit Schwerpunkt auf dem linksrheinischen in Preußen abweichenden Rechtsgebiet vgl. Hildegard Schröteler von Brandt: Rheinischer Städtebau: Die Stadtbaupläne in der Rheinprovinz von der napoleonischen Zeit bis zum Kaiserreich – das Fallbeispiel Mönchengladbach, Köln 1998, hier S. 206.
7   Ebenso verglich Fabri 1863 überbelegte Wohnungen und den Zustand der im Sinne eines sozialen Wohnungsbaus bereits 1829 erstellten »langen Häuser« zur Einquartierung 1848

aus dem Wuppertal« 1839 andeutungsweise ähnlich charakterisiert[8] bevor sie sich weitgehend der kritischen Darstellung pietistischer Lebensformen bzw. Doppelmoral widmeten – weniger als Warnung denn als Prophezeiung einer Revolution. Zusammenfassend sah Engels in der Industriestadt sämtliche bürgerlichen Werte bedroht: nicht nur Sauberkeit und Ästhetik, Gesundheit und Leben, sondern vor allem Sitte und Moral, Menschlichkeit und die Gesellschaft schlechthin.

2. Zur Städte-Assanierung: Wider den Albtraum im Verein

Vor der geschilderten albtraumhaften Folie muss dabei eine Literaturgattung relativiert werden, die nach dem Motto ›Wo viel Schatten ist, kann ein Licht besonders hell erstrahlen‹ eine allzu geradlinige Erfolgsgeschichte der modernen Hygiene und ihrer Institutionen zeichnen möchte und häufig ausgehend von festschriftartigen Selbstdarstellungen ziemlich anfällig ist für anachronistische Interpretationen.[9]

mit Beispielen aus englischen Sanitätsberichten, vgl. Friedrich Fabri: Die Wohnungsnoth der Arbeiter in Fabrikstädten und deren Abhülfe, mit besonderer Beziehung auf die Verhältnisse des Wupperthales, Elberfeld 1862, S. 26 f., vorgeschlagen wurden Genossenschaften nach Elsässischem Vorbild (Mulhouse). Übersichten konstatierten noch lange Wohnungsprobleme in den Wupperstädten, Eduard Lent: Die Verbesserung der Wohnungsverhältnisse der arbeitenden Bevölkerung des Regierungsbezirkes Düsseldorf. In: Zbl. allg. Gesundh. 7 (1888), S. 82–107, hier S. 93 f. Zu den »langen Häusern« u. a. Ernst Zinn: Die Baukunst in Elberfeld während der ersten Hälfte des 19. Jh., Düsseldorf 1968, S. 121 f.

8   Friedrich Engels: Briefe aus dem Wupperthal. In: Telegraph für Deutschland 49 (1839), ediert in: Karl Marx, Friedrich Engels, Gesamtausgabe: MEGA Abt. 1, Bd. 3: Werke, Artikel, Entwürfe bis August 1844, Berlin 1985, S. 32–51, hier S. 32. Vergleichsweise idyllisch wirken Abbildungen bei Herbert Pogt (Bearb.): Historische Ansichten aus dem Wuppertal des 18. und 19. Jahrhunderts, Wuppertal 1989. Die zunehmend spezialisierte Textilindustrie war erheblichen Konjunkturschwankungen unterworfen, wobei sogenannte Barmener Artikel wie Kordeln, Bänder oder Litzen noch lange im Verlagssystem bzw. Heimarbeit entstanden, was die Wohnverhältnisse zwar räumlich beeinträchtigte aber anscheinend dazu führte, dass ungern an Schlafgänger usw. untervermietet wurde. Hermann de Buhr/Wolfgang Heinrichs: Preis- und Lohnreihen im Wuppertal des 19. Jahrhunderts: Versuch einer graphischen Darstellung. In: Geschichte im Wuppertal 3 (1994), S. 60–77. Aus größeren Betrieben wurden für Preußen erste größere Streiks überliefert, z. B. der Färbergesellen 1855.

9   Vgl. insbes. Beate Witzler: Großstadt und Hygiene: kommunale Gesundheitspolitik in der Epoche der Urbanisierung, Stuttgart 1995; noch 2011 erwähnt Philipp Sarasin: Die moderne Stadt als hygienisches Projekt. In: Stadt und Text (wie Anm. 3), S. 99–112, hier S. 107 als Befürworter der sog. Sanitären Infrastruktur vor allem Mediziner neben Verwaltungsfachleuten und Naturwissenschaftlern, dabei gingen jahrzehntelang die Pionier-Anlagen von britischen Ingenieuren aus, die Bürgermeistern auf dem Kontinent ihre Dienste anboten, was mit Ausnahme von Berlin, wo die Aufsichtsbehörde der Residenzstadt ein britisches Versorgungsunternehmen gleichsam aufoktroyiert hatte, zumeist in städtische Regiebetriebe mündete,

Hygienediskurse waren im viktorianischen England wie beim deutschen Fortschritt und im Bürgertum beliebt, um sich vom Lebensstil in der alten Stadt sowie adeligen oder klerikalen Wertehierarchien zu distanzieren.[10] Als geeignete Quellengrundlage kommen die problemorientierten Publikationen der Zeitgenossen – insbesondere in Fachzeitschriften –- in Frage und natürlich die häufig kontroversen Aktenbestände sowie statistisches und Kartenmaterial.[11]

Die auch bereits von Friedrich Engels herangezogenen englischen »Sanitary Reports« unter Federführung von Edwin Chadwick bildeten ein Kernstück des »Sanitary Movement«, das negative Folgen der technischen Entwicklung zur industriellen Produktion vor allem mit technischen Mitteln, z. B. moderner Städtetechnik, abmildern wollte – gesellschaftliche Reformen erschienen bestenfalls als sekundäre Option.[12]

In Deutschland wurde die Industrialisierung auf den Britischen Inseln aufmerksam verfolgt, und Industriepioniere gerade der traditionell wirtschaftlich mit England verflochtenen Gewerberegionen importierten das Erfolgsmodell, seit dem Johann Gottfried Brügelmann aus Elberfeld im zunftfreien Ratingen-Cromford 1784 durch Industriespionage eine mechanische Spinnerei begründen konnte.[13] Dabei erschien es naheliegend, auch die britische Sanitärtechnik mit dampfbetriebenen zentralen Wasserwerken, Hochbehältern und häuslichen Installationen von Water-Closets bis hin zu Badezimmern sowie die Schwemmkanalisation mit zu importieren: »England, lange Zeit das Ideal für alle deutschen Hygieiniker, welche von den stagni-

---

vgl. Shahrooz Mohajeri: 100 Jahre Berliner Wasserversorgung und Abwasserentsorgung 1840–1940, Stuttgart 2005; vgl. Anne I. Hardy: Der Arzt, die Ingenieure und die Städteassanierung: Georg Varrentrapps Visionen zur Kanalisation, Trinkwasserversorgung und Bauhygiene in deutschen Städten (1860–1880). In: Technikgeschichte 72 (2005), S. 91–126; international auch Stéphane Frioux/Patrick FournierSophie Chauveau: Hygiène et santé in Europe de la fin du xviii siècle aux lendemains de la Première Guerre mondiale, Paris 2011; Eddie Houwaart: De hygienisten: artsen, staat en volksgezondheid in Nederland 1840–1890, Groningen 1991; zur Innovationsdiffusion vgl. Marjatta Hietala: Services and urbanization at the turn of the century. The diffusion of innovations, Helsinki 1987; John von Simson: Water Supply and Sewerage in Berlin, London and Paris: Developments in the 19th Century. In: Hans Jürgen Teuteberg/Heinz Heineberg (Hrsg.): Urbanisierung im 19. und 20. Jahrhundert, Köln/Wien 1983, S. 429–444.

10 Vgl. z. B. Carry van Lieshout: Water management in 18th century London. In: Timo Myllyntaus u. a. (Hrsg.): Encounters of Sea and Land, Turku 2011, S. 220.

11 Vgl. z. B. Wolfgang Woelk/Ulrich Koppitz/Alfons Labisch (Bearb.): Gesundheit in der Industriestadt. Medizin und Ärzte in Düsseldorf 1802–1933. Ein Findbuch zu den Quellen, Düsseldorf 1996.

12 Sarasin, Die moderne Stadt (wie Anm. 9).

13 Eckhard Bolenz: Johann Gottfried Brügelmann – ein rheinischer Unternehmer zu Beginn der Industrialisierung und seine bürgerliche Lebenswelt, Köln 1993; Wolfgang Hoth: Die Industrialisierung einer rheinischen Gewerbestadt – dargestellt am Beispiel Wuppertal, Köln 1975.

renden Verhältnissen der Heimath aus sehnsüchtig dahin blickten, wo so Vieles geschah [...]« heißt es im Nachruf auf den Barmener Arzt Friedrich Sander.[14] In der Sekundärliteratur erkennen britische Autoren erst mit dem Aufkommen der Bakteriologie in Deutschland ab den 1880er Jahren deutliche Unterschiede zwischen Strategien und Wertesystemen beiderseits des Kanals, wohingegen von deutscher Seite die besondere Rolle kommunaler Leistungsverwaltungen betont wird.[15] Für die Industriestädte im Rheinland erscheint eine aktive Rolle nachweisbar gegenüber den vor allem aus finanziellen Gründen zur Zurückhaltung mahnenden Aufsichtsbehörden einerseits und andererseits den englischen Ingenieuren bzw. Firmen, von denen sich in den 1860er-70er Jahren nur diejenigen durchsetzen, die wie William Lindley flexibel genug waren entgegen dem abschreckenden Monopol der Berliner »Water Company« ggf. auf Bau-Ausführung oder Lieferungsverträge durch die eigene Firma zu verzichten.[16] Die kommunalen Argumente Qualitätssicherung und Verteilungsgerechtigkeit erschienen ehrenwert und prestigeträchtig nicht zuletzt auch zur Veröffentlichung geeignet, weniger die Monopol- d. h. Finanz- und Machtfragen welche ebenfalls eher für Stadtwerke als für privatwirtschaftliche Lösungen und Abhängigkeiten sprachen. Obwohl noch lange ein Polizeiverständnis[17] vorherrschte und der Kampfbegriff »Munizipalsozialismus« erst um 1900 in die

---

14 Graf Friedrich Sander – eine biographische Skizze. In: Correspondenzblatt des Niederrheinischen Vereins für Öffentliche Gesundheitspflege 8 (1879), S. 1–5, hier S. 3; das Gründungsvorstandsmitglied u. a. des Niederrheinischen und des Deutschen Vereins für öff. Gesundheitspflege war 44-jährig kurz nach Berufung zum Klinikdirektor in Hamburg verstorben.

15 Ernest Peter Hennock: Fit and proper persons – ideal and reality in nineteenth century urban government, London 1973; Beiträge in: Hans H. Blotevogel: Kommunale Leistungsverwaltung und Stadtentwicklung vom Vormärz bis zur Weimarer Republik, Köln 1990.

16 Andere wie John Moore scheiterten, weil sie nach Berliner Muster einen privatwirtschaftlichen Versorgungsbetrieb durchsetzen und sich nicht auf technische Beratung beschränken wollten, vgl. Jörg Vögele/Ulrich Koppitz: Rohrleitungen, Ratsprotokolle und der Rückzug des Todes – zur »Assanierung« der Stadt Düsseldorf 1860–1910. In: Wilfried Feldenkirchen u. a. (Hrsg.): Geschichte – Unternehmen – Archive: Festschrift für Horst A. Wessel zum 65. Geburtstag, Essen 2008, S. 43–65.

17 Zur Einführung ins preußische Ordnungsdenken und eine erst allmähliche »Ent-Polizeilichung« im Rahmen eines Städtevergleichs Manchester und Wuppertal: Herbert Reinke: Die Polizei und die »Reinhaltung der Gegend«: Prostitution und Sittenpolizei im Wuppertal im 19. und frühen 20. Jahrhundert. In: Jürgen Reulecke/Adelheid zu Castell Rüdenhausen (Hrsg.): Stadt und Gesundheit. Zum Wandel von »Volksgesundheit« und kommunaler Gesundheitspolitik im 19. und frühen 20. Jahrhundert, Stuttgart 1991, S. 129–143, hier S. 129–132. Zu Analogien patriarchalischer und polizeilicher Wertsysteme in der Metropole Paris bzw. am Beispiel von Alexandre J.-B. Parent-Duchâtelet vgl. Susanne Frank: ›Schmutziges Wasser‹ und ›schmutzige Frauen‹: Zur Verbindung von Wasser- und Weiblichkeitsbildern in der Stadtentwicklung des 19. Jahrhunderts. In: Dies./Matthew Gandy (Hrsg.): Hydropolis. Wasser und die Stadt der Moderne Frankfurt a. M. u. a. 2006, S. 146–166.

kommunalpolitischen Debatten eingeführt wurde,[18] wurden entscheidende Weichen zum Denken und Handeln in Daseinsgrundfunktionen nach dem Bedürfnisprinzip bereits Jahrzehnte zuvor gestellt.

Ähnliches gilt für den Städtebau, für Deutschland ist als Pionier der Karlsruher Professor Reinhard Baumeister zu nennen, dessen Handbuch über Stadt-Erweiterungen 1876 erschien[19] und das wie die nachfolgende Literatur Regeln festschrieb im Sinne des heutigen Begriffs Best Practice oder früheren Consuetudines, etwa zur funktionalräumlichen Gliederung und zur Auslagerung industrieller Produktionsstätten. Während Erweiterungspläne mit der rapiden Entwicklung oft kaum Schritt halten konnten,[20] waren Baugenehmigungen und vor allem Erschließungsmaßnahmen durch Kommunalstraßen von einzelnen Stadtratsbeschlüssen abhängig, so dass eine aus heutiger Sicht fortschrittlicher erscheinende Möglichkeit der Zonenplanung in Preußen 1889 nur von 21 industriell geprägten Kommunen befürwortet wurde, wohingegen 51 Städte solche Ortsstatute für unnötig hielten.[21] Bezeichnenderweise wollte Reinhard Baumeister eine allzu deutliche soziale Segregation ausdrücklich vermeiden.[22] Dies geschah immerhin Jahrzehnte vor der Charta von Athen nach dem uralten Prinzip Hygiene durch Distanz.[23] Charakteristisch erscheint in diesem Handbuch die Hervorhebung des Wertes der »Gesundheit« zur Begründung von

---

18 Uwe Kühl (Hrsg.): Der Munizipalsozialismus in Europa, München 2001; zu Eingriffs- vs. Leistungsverwaltung im Überblick Wolfgang R. Krabbe: Die deutsche Stadt im 19. und 20. Jahrhundert, Göttingen 1989, z. B. S. 126.

19 Reinhard Baumeister: Stadt-Erweiterungen in technischer, baupolizeilicher und wirthschaftlicher Beziehung, Berlin 1876.

20 Horst Rademacher: Die Beeinflussung einer Stadtplanung durch die industrielle und gewerbliche Entwicklung: eine historisch-geographische Untersuchung der Planungen der Stadt Düsseldorf in den Jahren von 1854–1914, Frankfurt a. M. 1994; Brian Ladd: City planning and social reform in Cologne, Frankfurt and Düsseldorf, 1866–1914, Ann Arbor 1986.

21 Franz-Josef Brüggemeier: Umweltproblem und Zonenplanung in Deutschland. Der Aufstieg und die Herrschaft eines Konzepts 1800–1914. In: Christoph Bernhardt (Hrsg.): Environmental Problems in European Cities in the 19th and 20th Century, Münster u. a. 2001, S. 143–164, hier S. 152. Nach Wiener Vorbild wurden seit Mitte der 1880er u. a. in Köln Neubaubezirke mittels Bauordnungen differenziert, vgl. Joseph Stübben: Notwendigkeit und Art der Staffelung der Bauordnung. In: Zbl. allg. Gesundh. 32 (1913), S. 339–344, hier S. 341, zum Instrument der Bauordnungen u. a. Fabarius: Die Bedeutung der Baupolizeiordnung für das städtische Wohnungswesen. In: Zentralblatt für allgemeine Gesundheitspflege: Organ des Niederrheinischen Vereins für Öffentliche Gesundheitspflege 23 (1904), S. 137–159.

22 Baumeister, Stadt-Erweiterungen (wie Anm. 19); vgl. Jan-Peter Schulze: Der Städtebauer Reinhard Baumeister in Theorie und Praxis – Rostock und Mannheim, Rostock 2001, insbes. S. 65–118.

23 Vgl. u. a. Heinrich Johannes Schwippe: Prozesse sozialer Segregation und funktionaler Spezialisierung in Berlin und Hamburg in der Periode der Industrialisierung und Urbanisierung. In: Heinz Heineberg (Hrsg.): Innerstädtische Differenzierung und Prozesse im 19. und 20. Jahrhundert: geographische und historische Aspekte, Köln 1987, S. 195–224,

Maßnahmen, insbesondere Bauvorschriften hinsichtlich rückwärtiger Wohneinheiten. Doch bereits in den 1870er Jahren liefen die Gesundheitsdiskurse der venia verbi »Handbuch-Wissenschaft« Städtebau[24] den Entwicklungen fortschrittlicher Regionen eher hinterher oder dienten der nachträglichen Legitimation, und Gesundheitsargumente erschienen in Debatten vielfältig einsetzbar.

In der früheren Heimat von Friedrich Engels gründeten Teilnehmer der von dem Hygieneprofessor und bekannten Antikontagionisten Max Pettenkofer[25] veranstalteten Cholera-Konferenz 1869 den »Niederrheinischen Verein für Öffentliche Gesundheitspflege«,[26] Vorbild des nach der Reichsgründung gebildeten Schwester-Vereins auf nationaler Ebene – bzw. auch des abgespaltenen sogenannten Internatio-

    hier S. 196 f. Zum Distanzprinzip u. a. Ulrich Koppitz: Räumliche Organisation preußischer Städte im 19. Jahrhundert zwecks Funktionalität und Gesundheit. In: Jörg Vögele / Wolfgang Woelk (Hrsg.): Stadt, Krankheit und Tod. Städtische Gesundheit während der Epidemiologischen Transition, Berlin 2000, S. 259–274.
24 Vgl. die Periodisierung bei Harald Kegler: Stadtplanung – zur Genese einer wissenschaftlichen Disziplin. In: NTM – Zeitschrift für Geschichte der Wissenschaften, Technik und Medizin 27 (1990), S. 65–73, hier S. 69 f. Vor Gründung der seit 1904 von Theodor Goecke und Camillo Sitte herausgegebenen Fachzeitschrift »Der Städtebau: Zeitschrift der Deutschen Akademie für Städtebau, Reichs- und Landesplanung« finden sich Beiträge seit 1881 im »Centralblatt der Bauverwaltung« und vereinzelt seit 1867 in: »Deutsche Bauzeitung«, vgl. Jan-Peter Schulze: Der Städtebauer Reinhard Baumeister in Theorie und Praxis – Rostock und Mannheim, Rostock 2001, S. 58. Ähnliche Prioritäten setzte der Kölner Stadtbaurat, langjähriges Vorstandsmitglied des Niederrheinischen Vereins: Joseph Stübben: Der Städtebau, Darmstadt 1890, 2. erw. Aufl. Stuttgart 1907; vgl. Oliver Karnau: Hermann Josef Stübben: Städtebau 1876–1930, Braunschweig 1996; zur strategischen Entwicklung wilhelminischer Industrie-, Arbeiter und Villenvororte durch eine Brückenbau- und Kleinbahngesellschaft vgl. Oliver Karnau: Der Düsseldorfer Hafen, Düsseldorf 1990; zur Bedeutung Stübbens nach der Entfestigung Kölns vgl. Eberhard Illner: Stadtkern und Stadtteile: Das Beispiel Köln – von der Stadterweiterung 1881 bis zum Ersten Weltkrieg. In: Bernhard Kirchgässner / Heinz Schmitt (Hrsg.): Stadtkern und Stadtteile, Sigmaringen 1991, S. 69–88.
25 Zum liberalistischen Ansatz vgl. klassisch: Erwin H. Ackerknecht: Anticontagionism between 1821 and 1867. In: Bulletin for the History of Medicine 22 (1948), S. 562–593; diese traditionelle Frontstellung staatlicher Aufsichtsbehörden d. h. traditionell kontagionistisch argumentierender Sanitätspolizei gegenüber Liberalismus und städtischer Infrastruktur kulminierte bekanntlich 1892, vgl. Richard Evans: Death in Hamburg. Society and Politics in the Cholera Years 1830–1910, Oxford 1987; insgesamt Martin Weyer-von Schoultz: Max von Pettenkofer (1818–1901): Die Entstehung der modernen Hygiene aus den empirischen Studien menschlicher Lebensgrundlagen, Frankfurt a. M. 2006.
26 Alfons Labisch: Kommunale Gesundheitssicherung im rheinisch-westfälischen Industriegebiet (1869–1934). Ein Beitrag zur Soziogenese öffentlicher Gesundheitsleistungen. In: Hans Schadewaldt / Karl-Heinz Leven (Hrsg.): XXX. Internationaler Kongreß für Geschichte der Medizin, Düsseldorf 31.8.–5.9.1986, Actes/Proceedings, Düsseldorf 1988, S. 1077–1094, auch in: Alfons Labisch: Geschichte, Sozialgeschichte, historische Soziologie der Medizin: interdisziplinäre Beiträge, Kassel 1990.

nalen Vereins zur Reinhaltung der Flüsse, des Bodens und der Luft[27] –, dem nicht nur Mediziner, Ingenieure und Architekten sondern vor allem auch die Verantwortlichen aus Staats- und Kommunalverwaltungen angehörten.[28] Die Jahresversammlungen wurden mit Diskussionsvorträgen eigener und auswärtiger Referenten und Exkursionen abwechselnd in einer der Mitgliedsstädte organisiert. Im Correspondenzblatt, später Zentralblatt,[29] dieses Vereins wurden Fachdiskussionen kontrovers geführt und gesamtstaatliche oder auswärtige Entwicklungen kritisch diskutiert,[30] regionale Maßnahmen allerdings meist nach ihrer Durchführung kommentiert[31] und in erheblichem Umfang statistisches Material veröffentlicht,[32] wobei zum Beispiel

27 Juan Rodriguez-Lorez: Stadthygiene und Städtebau: Am Beispiel der Debatten im Deutschen Verein für öffentliche Gesundheitspflege 1869–1911. In: Stadt und Gesundheit (wie Anm. 17), S. 63–76 – daran anknüpfend dokumentiert der vorliegende Beitrag ausführlich zeitgenössische Diskussionen zum locus classicus im Wuppertal. Vgl. zur konfessionellen Vereinslandschaft Heinz Beyer: »Arbeit steht auf uns'rer Fahne und das Evangelium« – sozialer Protestantismus und bürgerlicher Antisozialismus im Wuppertal 1880–1914, Reinbek 1985 (auch Eberhard Illner: Bürgerliche Organisierung in Elberfeld 1775–1850, Neustadt a. d. Aisch 1982). Seit der Reichsgründung befasste sich der Verein für Socialpolitik mit industriellen und zunehmend landwirtschaftlichen Arbeiterproblemen in wissenschaftlicher Perspektive, vgl. z. B. G. Embden, Gustav Cohn, Wilhelm Stieda: Das Verfahren bei Enquêten über sociale Verhältnisse – drei Gutachten, Leipzig 1877.
28 Vgl. Akten zum Verein u. a. im Stadtarchiv Düsseldorf (StAD) 0-1-3-1125 bis 1128, Laufzeit 1879–1921.
29 Mit dem programmatischen Wechsel des Titels von: Correspondenzblatt des Niederrheinischen Vereins für Öffentliche Gesundheitspflege 1–10, 1871/72–1881, zu: Zentralblatt für allgemeine Gesundheitspflege: Organ des Niederrheinischen Vereins für Öffentliche Gesundheitspflege 1–34, 1882–1916 entwickelte sich dies Periodikum von einem regionalen Diskussionsforum zum Referate-Organ. Weiterhin regelmäßige regionale Programmpunkte waren z. B. die Berichte des Barmener Arztes Theodor Hoffa zur dortigen institutionellen Säuglings- und Kleinkinderfürsorge.
30 Vgl. z. B. Joseph Stübben: Zum Entwurf des preussischen Wohnungsgesetzes. In: Zbl. allg. Gesundh. 32 (1913), S. 91–93; Küster: Die Umlegung von Grundstücken zur Erschliessung von Baugelände und zur Bildung geeigneter Baustellen in der Rheinprovinz. In: Zbl. allg. Gesundh. 23 (1904), S. 382–385 im Rahmen von Pröbsting: Sechste Generalversammlung des Rheinischen Vereins zur Förderung des Arbeiterwohnungswesens. In: Zbl. allg. Gesundh. 23 (1904), S. 381–388.
31 Ausnahme bildet z. B. der laufende Verhandlungen in Aachen und Köln direkt vergleichende Beitrag des Aachener Stadtbaurats: Al. Bohrer: Die Gesundheitspflege in zwei neueren Bauordnungen. In: Zbl. allg. Gesundh. 33 (1914/15), S. 160–171, ders., Die neue Cölner Bauordnung, ebenda, S. 299–312, und die auf sukzessive Entfestigungsmaßnahmen und Stübbens Kölner Zonenbauordnung von 1896 recurrierende Replik des Kölner Stadtbauinspektors Alfred Stoos: Die neue Cölner Bauordnung, ebenda, S. 338–343.
32 Beginnend mit Hirschfeld: Allgemeine Statistik der Geburten und Sterbefälle in den zum Niederrheinischen Vereine für öffentliche Gesundheitspflege gehörigen Städten für die Jahre 1867, 1868, 1869 und 1870. In: Corr. Bl. d. Niederrhein. Vereins f. öff. Gesundheitspfl. 1 (1871/72), S. 4–17, 29–45, nachfolgend aus 26 Mitgliedsgemeinden; im Zentralblatt wur-

Volkszählungsdaten in eindringlichen Ranglisten der Städte angeordnet und damit dem regionalen Wettbewerb assoziiert.[33] Der Verein führte eine eigene Mortalitätsstatistik der Mitgliedsstädte ein mit ausführlich dokumentierten Pilotstudien in Barmen und Langenberg.[34] Akribische stadtteil- bzw. straßenspezifische Analysen versuchten den Gang der Cholera-Epidemien und die jeweiligen Todesfälle in der Stadt Barmen in Abhängigkeit von regionalen Seuchenzügen, Grundwasser und Boden, Bevölkerungsstruktur, Sozial- und Wohnverhältnissen zu interpretieren.[35]

den regelmäßig demographische, epidemiologische und Krankenhausdaten eines Samples von über 50 Mitgliedsstädten veröffentlicht sowie Krankenstatistiken von Eisenbahngesellschaften und Knappschaften, vgl. insbes. H. Klostermann: Topographische und statistische Skizze des Märkischen Knappschafts-Vereins Bochum. In: Corr. Bl. d. Niederrhein. Vereins f. öff. Gesundheitspfl. 6 (1877), S. 181–205, 7 (1878) 1–15, sowie einer Chemiefabrik außerhalb des Vereinsgebiets, vgl. z. B. Grandhomme: Jahres-Bericht pro 1877 über die Arbeiter-Erkrankungen auf den Fabriken der Herren Meister, Lucius & Brüning in Höchst a. M.. In: Corr. Bl. d. Niederrhein. Vereins f. öff. Gesundheitspfl. 7 (1878), S. 108–111. Daneben finden sich intensive Spezialdokumentationen und -analysen auf Gemeinde-, leider nicht Stadtteil-Ebene, z. B. Ferdinand Schellmann: Die Tuberkulose in der Rheinprovinz in den Jahren 1900–1906. In: Zbl. allg. Gesundh. 28 (1909), S. 171–191.

33 Resultat der Volkszählung vom 1. December 1871 in den zum Vereine gehörenden Städten resp. Gemeinden. In: Corr. Bl. d. Niederrhein. Vereins f. öff. Gesundheitspfl. 1 (1871/72), S. 49–51, die nach Köln größten Städte Barmen und Elberfeld nahmen in Tabelle II folgende Rangplätze von 46 ein: nach Bevölkerungswachstum (Barmen Rang 9 von 46, Elberfeld 22), Wohndichte (Barmen 4, Elberfeld 8), Bebauungsdichte (Barmen 23, Elberfeld 20), Bevölkerungsdichte (Barmen 13, Elberfeld 19 – bezogen auf Gesamtgemeindefläche incl. Hanglagen usw.).

34 Der Erhebungsbogen berücksichtigt neben Todesursachen nach internationaler Klassifikation (Wien 1857) u. a. familiäre (Familienstand, Unehelichkeit, Kinderzahl), wirtschaftliche (»Stand und Beruf (bei Kindern des Vaters)«, Steuerstufe, Armenstatus,) und räumliche Faktoren (Postanschrift, Belegungsziffer, Zimmerzahl, Trennung Wohn-/Schlafräume), vgl.: Mortalitäts-Statistik des Niederrheinischen Vereins für Öffentliche Gesundheitspflege. In: Corr. Bl. d. Niederrhein. Vereins f. öff. Gesundheitspfl. 1 (1872), S. 69–71; Mortalitäts-Statistik der Stadt Barmen für die Zeit vom 1. April 1870 bis 31. März 1871. In: Corr. Bl. d. Niederrhein. Vereins f. öff. Gesundheitspfl. 1 (1872), S. 71–83, Tab. IV Vertheilung der Sterbefälle nach einzelnen Altersclassen auf die einzelnen Monate, Tab. V Meteorologische Beobachtungen in Barmen, Tab. VI. Durchschnittspreise der wichtigsten Lebensmittel für Menschen und Thiere in Barmen. Vgl. Mortalitäts-Statistik der Gemeinde Langenberg für die Zeit vom 1. Februar 1870 bis 31. December 1871. In: Corr. Bl. d. Niederrhein. Vereins f. öff. Gesundheitspfl. 1 (1872), S. 93–98; fortgesetzt für 1874 in Corr. Bl. d. Niederrhein. Vereins f. öff. Gesundheitspfl. 4 (1875), S. 102–106, im Anschluss Solingen S. 107–111, vgl. Siegfried Quandt: Sozialgeschichte der Stadt Langenberg und der Landgemeinde Hardenberg-Neviges unter besonderer Berücksichtigung der Periode 1850–1914. Neustadt a. d. Aisch 1971.

35 Friedrich Sander: Untersuchungen über die Cholera in ihren Beziehungen zu Boden und Grundwasser, zu socialen und Bevölkerungs-Verhältnissen, sowie zu den Aufgaben der öffentlichen Gesundheitspflege. In: Corr. Bl. d. Niederrhein. Vereins f. öff. Gesundheitspfl. 1 (1872),

Trotz negativer Korrelation von Einkommen und Cholerasterblichkeit betraf die Seuche wie in den Vorjahren vorwiegend die Seitentäler (vgl. Tabelle 1). Bekannt war bereits die mangelhafte Grundwasser-Filterwirkung des am rechten Wupperufer anstehenden zerklüfteten Kalksteins, so dass auch hierzu flächendeckende Pilotstudien zu Barmen veröffentlicht wurden.[36]

Tabelle 1: Cholerasterblichkeit in Barmen 1867 in Prozent (Gesamtzahl in Klammern)

Sterblichkeit % (N)	Talsohle	linker Abhang	rechter Abhang	Seitentäler
Steuerklasse 1	1,71 (16.525)	1,77 (8.634)	2,08 (16.517)	3,48 (8.813)
Steuerklasse 2	0,76 (4.103)	0,61 (1.307)	0,96 (1.959)	1,77 (740)
Steuerklasse 3	0,83 (1.433)	0,35 (282)	0,66 (452)	1,65 (121)
Einkommenssteuer	0,34 (1.156)	0,00 (149)	0,00 (213)	4,54 (44)
Häuser mit Cholerafällen 1867	12,2 (1.566)	14,1 (580)	20,8 (1.003)	41,0 (421)
Häuser mit über 3 Cholerafällen 1867	3,8 (s. o.)	6,0 (s. o.)	7,2 (s. o.)	19,9 (s. o.)
Häuser mit Cholerafällen in 2 oder mehr von 4 Epidemien	1,2 (s. o.)	0,8 (s. o.)	3,2 (s. o.)	8,7 (s. o.)

S. 84–92, S. 103–112, hier S. 108–110 hinsichtlich örtlicher, S. 110–112 sozialer Verhältnisse. Von den 18 Straßen der Seitentäler blieb nur eine Häuserzeile verschont, während in den anderen Stadtteilen 12–40 % der Straßen während vier Epidemien als cholerafrei galten. Akribische epidemiologisch-kartographische Studien gerade zur Cholera z. B. von John Snow in London oder Max Pettenkofer in München spielten in der Tradition medizinischer Topographien Mitte des 19. Jahrhunderts methodisch eine Hauptrolle.

36 C. Bulk: Antwort auf die Abhandlung des Herrn Dr. med. Adolf Vogt: Ueber den Einfluss des Barmer Trinkwassers auf die dortige Ruhr-Epidemie im Herbste 1875. In: Corr. Bl. d. Niederrhein. Vereins f. öff. Gesundheitspfl. 5 (1876), S. 107–108 gegen Bodenlufttheorien; bzw. Ders: Beziehungen zwischen Ruhrkrankheit und Beschaffenheit des Genusswassers während der Epidemie im Herbste 1875 zu Barmen. In: Corr. Bl. d. Niederrhein. Vereins f. öff. Gesundheitspfl. 5 (1876), S. 45–46 unter Hinweis auf flächendeckende Brunnen-Analysen seit 1873. Später wurden 500 der 2.750 Brunnen analysiert und die Ergebnisse mit Straßennamen veröffentlicht, C. Bulk: Ueber die Beschaffenheit der Brunnenwässer in der Stadt Barmen im Sommer 1879. In: Corr. Bl. d. Niederrhein. Vereins f. öff. Gesundheitspfl. 9 (1880), S. 10–27; auf dem linken Wupperufer steht Grauwacke an, in der Talsohle Lehmschichten.

Eine Berücksichtigung der Sozialen Frage bzw. von Strukturproblemen der Industrialisierung aber auch der Urbanisierung und der Moderne erscheint ebenso charakteristisch[37] wie international vergleichende Perspektiven insbesondere auf England und Frankreich.[38]

37 Auch dem Selbstverständnis nach führend in den Bereichen Industrialisierung, Urbanisierung und Modernisierung – vgl. den programmatischen Beitrag gegen Stadtkritik von Finkelnburg: Ueber den hygienischen Gegensatz von Stadt und Land. In: Zbl. allg. Gesundh. 1 (1882), S. 4–15, 43–54 – wurden deren mutmaßliche Nebenwirkungen für verschiedene Bevölkerungsgruppen heftig diskutiert, nicht nur Morbidität, Mortalität und Anthropometrie, sondern besonders emotional auch Geburtenrückgang, vgl. u. a. Otto Most: Die Geburtenabnahme in Deutschland mit besonderer Rücksicht der niederrheinischen Städte. In: Zbl. allg. Gesundh. 30 (1911), S. 475–487, Diskussion S. 487–497; Schmidt: Die glücklichste Nation auf Erden [sc. Frankreich]. In: Zbl. allg. Gesundh. 9 (1890), S. 131 f.: Im Gegensatz zu militärischen Argumenten erscheinen eugenische Diskurse selten, zunächst die ausführliche Rezension zu Alfred Ploetz von Carl W. Pelman: Rassenverbesserung und natürliche Auslese. In: Zbl. allg. Gesundh. 15 (1896), S. 190–204. Vgl. andererseits z. B. Blum: Die Verunreinigung der Luft durch Staub in den Gewerbebetrieben der Textilindustrie und die Mittel zur Verhütung der Staubgefahr. In: Zbl. allg. Gesundh. 17 (1898), S. 111–130. Durch betont indirekte Rede distanzierte man sich allerdings von Analogien des »herbstelns« von städtischen Bäumen zur Gesundheit von Stadt- und Landbevölkerung eines Gartenstadtbefürworters beim I. allg. Wohnungskongress in Frankfurt, vgl. Franz Oppenheimer: Wohnungsfrage und Volkskrankheiten. In: Zbl. allg. Gesundh. 24 (1905), S. 160–163, und kommentierte abschließend »würde der Eindruck der geistvollen Ausführungen (...) noch wirkungsvoller und unbestrittener gewesen sein, wenn er (...) den stark kommunistisch gefärbten ökonomisch-politischen Betrachtungen weniger Raum gewährt hätte«.
38 Vgl. z. B. W. Stieda: Die Lage der arbeitenden Classen in Frankreich. In: Corr. Bl. d. Niederrhein. Vereins f. öff. Gesundheitspfl. 5 (1876), S. 108–113; Pröbsting: Ein Franzose über das Arbeiterwohnungswesen in Deutschland [sc. Emil Cacheux]. In: Zbl. allg. Gesundh. 23 (1904), S. 297–306; Wolffberg: Die Armen-Wohnungen in London. In: Zbl. allg. Gesundh. 4 (1885), S. 239–242; Finkelnburg: Ueber die Pariser und Londoner Arbeiterwohnungen. In: Zbl. allg. Gesundh. 4 (1885), S. 436–438; C. Aird: Ein Rückblick auf die Kanalisation von London. In: Zbl. allg. Gesundh. 6 (1887), S. 31–37, S. 57–77; Ders.: Zur Frage der Rieselanlagen. In: Zbl. allg. Gesundh. 5 (1886), S. 139–151, S. 201–225; Henry Robinson: Die Nutzbarmachung von Canalwasser. In: Zbl. allg. Gesundh. 4 (1885), S. 148–154; C. Steuernagel: Die biologische Reinigung der Kanalwässer: Nach einem Berichte von M. F. Launay, Oberingenieur der Stadt Paris über eine Studienreise nach England, Zbl. allg. Gesundh. 20 (1901), S. 270–274; H. Berger: Kanalisation von Paris. In: Zbl. allg. Gesundh. 10 (1891), S. 78–92, S. 135–149; Joseph Stübben: Die Lösung der Wasserversorgungs-, Entwässerungs- und Reinigungsfrage in Paris. In: Zbl. allg. Gesundh. 14 (1895), S. 264–268; Karl M. Finkelnburg: Pasteur und seine Verdienste um die Gesundheitslehre. In: Zbl. allg. Gesundh. 14 (1895), S. 361–365, bedauert mangelnde Rezeption in Deutschland »weil ein leider auch auf das wissenschaftliche Gebiet übertragener patriotischer Kampfeseifer von hüben und drüben das sachliche Urtheil trübte«, ebenda, S. 364.

Städtebauliche und planerische Themen nahmen einen hohen Stellenwert ein,[39] so dass zwischen die Rubriken Originalarbeiten und Kleinere Mitteilungen eigens eine »Bauhygienische Rundschau« eingefügt wurde.[40]

Zur Positionierung im Rheinischen Bürgertum erklärte der Barmener Oberbürgermeister Voigt als Gastgeber der Jahresversammlung 1908 mit einigen Spitzen gegen die Zentral- und Bezirksregierung unter anderem:

»So ist es natürlich, dass wir städtischen und anderen Gemeindevertreter das lebhafte Bestreben haben, in recht nahe Fühlung mit Ihrem Vereine zu kommen [...] denn auch bei allem aufrichtigen Bestreben der beteiligten Staatsbehörden, das natürlich nicht in Zweifel gezogen werden soll, wird es für die Staatsbehörden doch an der leichteren Beweglichkeit fehlen, welche die Gemeindebehörden haben und mit der sie den Wünschen in hygienischer Beziehung immer nachzufolgen bestrebt sind und im grossen Umfange entsprechen haben. So wollen wir auch uns in Zukunft lieber der anregenden und aufsichtlichen Tätigkeit des Niederrheinischen Vereins für öffentliche Gesundheitspflege anvertrauen und wir wollen auch heute einige neueren hygienischen Einrichtungen von Barmen Ihrer wohlwollenden und nachsichtigen Kritik unterbreiten und uns diese Kritik zunutze machen.«[41]

---

39 1895 wandte sich die Generalversammlung des Vereins nach Vortrag von Joseph Stübben mit einer Resolution an Staat und Stadt, die Umlegung von Grundstücken und die Abstufung der Bauordnung zu regeln, Zbl. allg. Gesundh. 14 (1895), S. 416–419. Vgl. ferner z. B. W. Franz: Die Aufgaben der Gemeinden in der Wohnungsfrage; mit Coreferat Brandts, Zbl. allg. Gesundh. 20 (1901), S. 1–28; Joseph Stübben: Rheinische Arbeiterwohnungen. In: Zbl. allg. Gesundh. 20 (1901), S. 79–90; Ders.: Stadtbauplan und Stadtbauordnung in besonderer Rücksicht auf die Ermöglichung guter und billiger kleiner Wohnungen. In: Zbl. allg. Gesundh. 18 (1899), S. 85–98; Ders.: Ueber die hygienischen Anforderungen an die Baupolizei in: Zbl. allg. Gesundh. 3 (1884), S. 74–96 incl. intensiver Diskussion verweist eingangs auf den Barmener Amtskollegen Hermann Schülke: Gesunde Wohnungen, Berlin 1880.

40 Seit dem Zbl. allg. Gesundh. 17 (1898), zunächst gesondert unter: Berichte aus dem Vereinsgebiete des Niederrheinischen Vereins für öffentliche Gesundheitspflege, Zbl. allg. Gesundh. 18 (1899), S. 318–320 zur Stadt Elberfeld im Überblick bzw. den Themen Wasserversorgung, Kanalisation, Talsperren, Müllabfuhr und -verbrennung, städt. Landhausbezirke und Waldungen. Zusätzlich zur »bauhygienischen Rundschau« finden sich zum Städtebau zahlreiche Rezensionen bzw. Ankündigungen im Literaturbericht.

41 Ausführliche Begrüßungsrede Voigts S. 456–458 in: Siegert: Bericht über die Hauptversammlung des Niederrheinischen Vereins für Öffentliche Gesundheitspflege am 28. Mai 1908 zu Barmen im Gesellschaftshause der Concordia. In: Zbl. allg. Gesundh. 27 (1908), S. 455–493. Zu den Aufsichtsbehörden vgl. Peter Hüttenberger: Umweltschutz vor dem Ersten Weltkrieg: Ein sozialer und bürokratischer Konflikt. In: Hein Hoebink (Hrsg.): Staat und Wirtschaft an Rhein und Ruhr, 1816–1991: 175 Jahre Regierungsbezirk Düsseldorf; Essen 1992, S. 263–266; zum Diskursverhalten bzw. ›Klüngel‹ in der pr. Rheinprovinz vgl. Thomas Klein: Bürgermeisterkonferenzen im wilhelminischen Deutschland. In: Bernhard Kirchgässner/Hans-Peter Becht (Hrsg.): Vom Städtebund zum Zweckverband, Sigmaringen 1994, S. 83–125, hier S. 97–105.

Der bürgerliche Verein sollte ein Forum bieten, um Probleme der Industrialisierung, Modernisierung und Urbanisierung mit angemessenen d. h. gleichem Denkstil verpflichteten Techniken zu beherrschen. Den »Kinderkrankheiten« der Industrialisierungsprozesse[42] wollte man angesichts gesellschaftlicher Kritik mit möglichst wenigen gezielten Regulierungen begegnen, um die Prozesse insgesamt zu intensivieren, wie seit der Initiative des Rheinischen Provinziallandtags bzw. des wuppertaler Abgeordneten Schuchard zu Kinderarbeit und Fabrikschulen als Reaktion auf gesundheitliche Rekrutierungsprobleme in den 1830er Jahren.[43]

Nach einer Phase bevorzugt ehrenamtlicher Aktivitäten, wie sie das bekannte »Elberfelder System« der Armenpflege ebenso kennzeichneten wie die hier von der Inneren Mission einerseits, Adolf Kolping u. a. andererseits begründeten Gesellenvereine oder die Barmer Baugesellschaft,[44] wurden im Kaiserreich zunehmend die Kommunalverwaltungen aktiv.[45]

Aus den Periodika dieses Vereins lassen sich immerhin einige Diskussionen um den Maßnahmenkatalog der Städte-Assanierung und seine vielfältigen Möglichkeiten nachvollziehen,[46] der in späteren Veröffentlichungen wie den Festgaben zu Jahrestagungen der Gesellschaft von Naturforschern und Ärzten sowie den vom Charlottenburger Prof. Theodor Weyl herausgegebenen Hygiene-Handbüchern oder seiner »Assanierung der Städte in Einzeldarstellungen« zunehmend kanonisiert erscheint.[47]

Vor allem in Industriegebieten führten heftige Konflikte zur Gründung von Zwangsgenossenschaften und Zweckverbänden, deren Institutionen erstaunlich

---

42 Den Begriff »Kinderkrankheiten« der Industrialisierung verwendet Jürgen Reulecke: Eine alte Textilregion im Wandel: das Wuppertal um 1900. In: Heinz Heineberg (Hrsg.): Innerstädtische Differenzierung und Prozesse im 19. und 20. Jahrhundert: geographische und historische Aspekte, Köln, 1987, S. 353–367, hier S. 362 assoziiert trefflich den skandalisierten und von den Gewerbeordnungen bevorzugt aufgegriffenen Kinder- bzw. Jugendschutz.
43 Vgl. u. a. Alfons Labisch: Die Montanindustrie in der Gewerbeaufsicht des Regierungsbezirks Düsseldorf: Ein lokalhistorischer Beitrag zur Frage, warum im 19. Jahrhundert in Preußen bzw. in Deutschland zwar eine Gewerbeaufsicht, aber kein Gewerbemedizinaldienst entstand. In: Jos Massard (Hrsg.): L'homme et la terre, Echternach 1996, S. 41–72.
44 Vgl. u. a. Bericht der Barmer Bau-Gesellschaft für Arbeiter-Wohnungen. In: Corr. Bl. d. Niederrhein. Vereins f. öff. Gesundheitspfl. 2 (1873), S. 5.
45 Reulecke, Eine alte Textilregion (wie Anm. 42), hier S. 362–364.
46 Zur Offenheit und Komplexität der retrospektiv oft allzu simpel wirkenden Entwicklungen vgl. zu England: Christopher Hamlin: Muddling in Bumbledom: On the Enormity of Large Sanitary Improvements in Four British Towns, 1855–1885. In: Victorian Studies 32 (1988), S. 55–83.
47 Vgl. z. B. Theodor Weyl (Hrsg.): Die Assanierung von Düsseldorf, Leipzig 1908, mitfinanziert durch die Stadtkasse; nach Vorbild der Festschriften für den Wanderkongress der Gesellschaft Deutscher Naturforscher und Ärzte u. a. auch: Eduard Lent (Hrsg.): Köln in hygienischer Beziehung: Festschrift für die Teilnehmer an der Versammlung des Deutschen Vereins für Öffentliche Gesundheitspflege zur Feier des XXV-jährigen Bestehens

rasch eine erhebliche Definitionsmacht gewinnen konnten.⁴⁸ Erst im späten 20. Jahrhundert ermöglichten Paradigmenwechsel und Strukturwandel grundlegende Diskussionen über die pfadabhängigen System-Entwicklungen in der Hochindustrialisierung etwa 1890–1960. Im Folgenden werden zwei zentrale Elemente der Planung für eine gesunde Industriestadt zur historischen Analyse von Anspruch und Wirklichkeit herausgegriffen: Kanalisation und Krankenhaus.⁴⁹

3. Innere Ordnung und Kanalisation

Dem Kapitel Schwemmkanalisation wäre einleitend vorauszuschicken, dass für heutige Historiker gewisse Gefahren des Anachronismus bestehen durch jahrzehntelange kulturelle bzw. zivilisatorische Prägung.⁵⁰ In den 1970er Jahren wurde auf der Suche nach Vorläufern und Pfadabhängigkeiten in den USA eine Art retrospektive Technikfolgenabschätzung entwickelt,⁵¹ gleichsam »In Search for the Ultimate Sink« zur Kanalisation mitsamt ihren Konzepten und Mentalitäten nach dem Motto »Tout à l'égout«. Diese liefen traditionellen Praktiken ebenso zuwider wie zeitgenössischen Vorstellungen zu Ressourcen-Kreisläufen, so dass französische Chemiker oder Justus von Liebig im 19. Jahrhundert an der Englischen Sanitärtechnik grundsätzliche Kritik übten.⁵²

des Vereins, Köln 1898; Joseph Stübben: Die Canalisation und Wasserversorgung auf der Internationalen Ausstellung für Gesundheitspflege und Rettungswesen in Brüssel im Jahre 1876. In: Corr. Bl. d. Niederrhein. Vereins f. öff. Gesundheitspfl. 6 (1877), S. 89–103, bei der nicht nur Städte, sondern auch Firmen wie Holzmann & Gordon oder Liernur Abwassersysteme veranschaulichten; Joseph Stübben: Die Entwässerung und Reinigung der Städte auf der Gewerbe-Ausstellung in Düsseldorf. In: Corr. Bl. d. Niederrhein. Vereins f. öff. Gesundheitspfl. 10 (1881), S. 77–87.

48 Vgl. beispielhaft zum Ruhrverband Beate Olmer: Wasser – historisch: Zur Bedeutung und Belastung des Umweltmediums im Ruhrgebiet 1870–1930, Frankfurt a. M. 1998 sowie das Schwarzbuch Thomas Kluge, Engelbert Schramm: Wassernöte. Zur Geschichte des Trinkwassers, 2. Aufl., Köln 1988.

49 Bibliographie des Instituts für Geschichte der Medizin in Düsseldorf auch zum Themenkreis »Stadt und Gesundheit« vgl. Jörg Vögele (Hrsg.): Das Institut für Geschichte der Medizin in Düsseldorf 1991–2011: Retrospektiven – Perspektiven, Düsseldorf 2013.

50 Vgl. z. B. jüngst zur Antikenrezeption hinsichtlich sogenannter sanitärer Infrastruktur: Cornelis van Tilburg: Een heilzame Vergissing: het Urine- en Fecalienprobleem van Grieken tot Gouwenaars. In: Studium – Revue d'histoire des Sciences et des Universités 5 (2012), S. 34–52.

51 Joel A. Tarr: The Search for the Ultimate Sink: Urban Pollution in Historical Perspective, Akron/Ohio 1996; Ders./G. Dupuy (Hrsg.): Technology and the Rise of the Networked City in Europe and America, Philadelphia 1988.

52 Sabine Barles: L'invention des déchets urbains: France 1790–1970, Seyssel 2005, S. 34–131; Engelbert Schramm: Im Namen des Kreislaufs – Ideengeschichte der Modelle vom ökologischen Kreislauf, Frankfurt a. M. 1997.

Häufig findet man in der Sekundärliteratur seit etwa 1900 graphische Darstellungen, die Ausbreitung und Wachstum sogenannter sanitärer Infrastruktur mit sinkenden Sterblichkeitsdaten korrelieren, doch Historiker unterliegen einem ökologischen Trugschluss, wenn keine Vergleichsbasis im Sinne einer Kontrollgruppe gewählt wird, etwa der gesamtstaatliche Durchschnitt oder Landgemeinden, wo Infrastrukturmaßnahmen im 19. Jahrhundert ausblieben und dennoch zum Beispiel die spezifische Sterblichkeit an Abdominaltyphus in der gleichen Größenordnung abnahm wie in Städten.[53] Vor allem am Fallbeispiel Berlin und seiner Bezirke wurden abnehmende Sterblichkeitsraten gern aufgrund komplementär ansteigender Kennziffern des Ausbaus von Wasserversorgung und Schwemmkanalisation als Erfolg Letzterer interpretiert, charakteristische Unterschiede zwischen wohlhabenden und minderbemittelten Bezirken verringerten sich jedoch jahrzehntelang nicht trotz ubiquitärer Infrastruktur.[54] Erwartbare Auswirkungen sanitärer Infrastruktur erschienen schon zeitgenössischen Wissenschaftlern zudem von zahlreichen lokalen Einflussfaktoren abhängig.[55]

Systematische Kanalisationsanlagen sind in Deutschland in der Regel ein bis zwei Jahrzehnte später als die zentrale Wasserversorgung nach englischem Vorbild eingeführt worden. Letztere lassen übrigens in ihrer Quellenwahl häufig vor-bakteriologische bzw. anderweitige Vorstellungen erkennen in der Bevorzugung von Quantität statt Qualität oder weichem Wasch- bzw. Kesselspeisewasser statt hartem Trinkwasser, deutlich bei der hauptstädtischen Rinnsteinspülung.[56] Führend waren wie bei Wasserwerken die Groß- und Industriestädte, nicht nur wegen des erheblichen Kapitalbedarfs sondern auch der Multifunktionalität, zusammengefasst der Erschließung von Bauland. Fraglich ist ob dabei gesundheitliche, wirtschaftliche, verkehrstechnische oder städtebauliche Motive ausschlaggebend waren, zahlreiche Befunde wie Allokationsfragen (s. u.) sowie vor allem die Minimallösungen bei der Abwasserklärung relativieren die Gesundheitsmotive. Noch zur Jahrestagung des Niederrheinischen Vereins für öffentliche Gesundheitspflege, der bereits 1868 mit seiner Petition die »Aufbewahrung und Fortschaffung der menschlichen Auswurf-

---

53 Vgl. Jörg Vögele / Ulrich Koppitz: Sanitäre Reformen und der epidemiologische Übergang in Deutschland (1840–1920). In: Susanne Frank / Matthew Gandy (Hrsg.): Hydropolis. Wasser und die Stadt der Moderne, Frankfurt a. M. u. a. 2006, S. 75–93.

54 Reinhard Spree: Soziale Ungleichheit vor Krankheit und Tod. Zur Sozialgeschichte des Gesundheitsbereichs im Deutschen Kaiserreich, Göttingen 1981, S. 123–128, insbes. S. 126 zur Tabelle 23, S. 189. Zur Korrelation Wohlstands- und Sterblichkeitsfaktoren auf Stadtteilebene s. u.

55 P. Baron: Der Einfluss von Wasserleitungen und Tiefcanalisationen auf die Typhusfrequenz in deutschen Städten. In: Zbl. allg. Gesundh. 5 (1886), S. 334–360, schließt Korrelationen mit zentraler Wasserversorgung aus S. 344 und diskutiert Störfaktoren zur Kanalisation S. 352.

56 Erich Koch: Die städtische Wasserleitung und Abwässerbeseitigung volkswirtschaftlich sowie finanzpolitisch beleuchtet, Jena 1911; Hermann Salomon: Die städtische Abwässerbeseitigung in Deutschland, 3 Bde., Jena 1906–1911.

stoffe« zur Kommunalangelegenheit zu erklären eine Vorreiterrolle übernommen hatte,[57] im Ausstellungsjahr 1912 kommentierte der Bonner Hygiene-Professor Kruse die jahrzehntelangen Debatten:[58]

»Ganz besonders wichtig ist hier, dass der Herr Vortragende sich auf den Standpunkt des gesunden Menschenverstandes gestellt hat. Sie werden sagen, das ist kein besonderes Lob. Aber gerade bei der Behandlung der Abwässerfrage ist das merkwürdigerweise doch ein besonderes Verdienst. Denn nirgend herrschen Theorien und Schlagworte mehr als auf diesem Gebiete.«[59]

Zunächst können die raum-zeitlichen Verteilungsmuster der dem Anspruch nach ubiquitären Ver- und Entsorgungsleitungen interpretiert werden. Kanalisationsnetze sind baumartige Gebilde, die von der Mündung her in Haupt- und Nebenstrecken wachsen, deren Querschnitt oder Fließrichtung nur mit großem Aufwand im Gesamtsystem zu verändern wären. Ähnlich wie natürliche Gewässer, deren Standortvorteil die Infrastruktur zu vervielfältigen strebt, können diese Strukturen die Flächennutzungsmöglichkeiten prägen. Da aus rein technischen Gründen ein ebenso planmäßiges wie gleichmäßiges Wachstum angenommen werden darf, können Unterschiede

---

57 Petition, den Erlass eines Gesetzes über die Aufbewahrung und Fortschaffung der menschlichen Auswurfstoffe betreffend. In: Corr. Bl. d. Niederrhein. Vereins f. öff. Gesundheitspfl. 1 (1871), S. 18–20. Wie der Mediziner Georg Varrentrapp in Frankfurt war Eduard Lent in Köln Verfechter der Schwemmkanalisation und Sekretär des Niederrheinischen Vereins, vgl. Eduard Lent u. a.: Zur Frage der Flussverunreinigung in Deutschland. In: Corr. Bl. d. Niederrhein. Vereins f. öff. Gesundheitspfl. 6 (1877), S. 105–140, S. 218–227, darin S. 218–221 Gastreferat Prof. Reinhard Baumeister. Zur Haltung der Aufsichtsbehörden: Hermann Eulenberg: Gutachten der Königlichen Wissenschaftlichen Deputation für das Medicinalwesen in Preußen über die Canalisation der Städte, Berlin 1883. Mögliche Präzedenzfälle für Schwemmkanalisationen wurden im Corr. Bl. d. Niederrhein. Vereins f. öff. Gesundheitspfl. umfassend publiziert und kommentiert, vgl. Eduard Lent: Der Abfluss der Cloakenwässer der Stadt Neisse. In: Corr. Bl. d. Niederrhein. Vereins f. öff. Gesundheitspfl. 10 (1881), S. 113–121, S. 127.
58 Zusammenfassend John von Simson: Die Flußverunreinigungsfrage im neunzehnten Jahrhundert. In: Vierteljahrschrift für Sozial- und Wirtschaftsgeschichte 65 (1978), S. 370–390.
59 Aussprache im Anschluss an den Vortrag des Stadtbaurats Piehl: Entwässerung von Arbeiterkolonien, Gartenstädten und Landhausbezirken. In: Zbl. allg. Gesundh. 32 (1913), S. 19–42, S. 43–50, hier S. 43. Vortrag und Diskussion im Rahmen von: Pröbsting: Bericht über die ordentliche öffentliche 43. Hauptversammlung des NVÖG am Sonnabend den 26. Oktober 1912 in Düsseldorf. In: Zbl. allg. Gesundh. 32 (1913), S. 14–60, vgl. ebenda, S. 50–59, Geusen: Städtebau und öffentliche Gesundheitspflege. Zum Anlass vgl. u. a.: Werner Hegemann: Der Städtebau nach den Ergebnissen der Allgemeinen Städtebau-Ausstellung in Berlin. Nebst einem Anhang: Die Internationale Städtebau-Ausstellung in Düsseldorf, 2 Bde, Berlin 1911–1913; Sonder-Katalog für die Gruppe Städtebau der Städteausstellung zu Düsseldorf 1912, Düsseldorf 1912; Führer durch die Internationale Städtebau-Ausstellung, Düsseldorf 1910.

vom Plansoll in Jahren bzw. Metern gemessen und interpretiert werden. Stichproben zur Stadt Düsseldorf ergaben mehrere Jahrzehnte Differenz, wobei einerseits eine Bevorzugung von Gewerbe- und Industrie- bzw. Stadterweiterungs- und Neubaugebieten festzustellen ist, andererseits eine Benachteiligung insbesondere der Altstadt oder anderer Bezirke mit tendenziell ungesunden Verhältnissen.[60] Die Entscheidungen dazu lagen bei Stadtverwaltung und -verordnetenversammlung, die über Offenlegung von Verkehrsflächen und damit verbundenen Baumaßnahmen beschlossen und sich anscheinend nicht zuletzt von der Wirtschaftskraft und den Anschlussgebühren lenken ließen. In den Ratsprotokollen Düsseldorfs lassen sich medizinische bzw. und hygienische Bezüge bei kaum drei Prozent der Tagesordnungspunkte feststellen – gegenüber ca. zehn Prozent Schulthemen – gegenüber der Wasserversorgung, deren Leitungsnetz etc. dem Regiebetrieb Stadtwerke oblag, erforderte die Entsorgung bzw. der Kanalbau zahlreiche Einzelbeschlüsse zur sukzessiven Umsetzung des Masterplans.[61]

Wegen des Widerstands der Hauseigentümer in der Stadtverordnetenversammlung war zum Teil auf Anschlusszwang verzichtet worden und die Zahl der »angeschlossenen Einwohner« – wie »Einwohnergleichwerte« ein siedlungswasserwirtschaftliches Konstrukt – konnte erstaunlich lange stagnieren, eine effektive Nachfrage erwuchs von Seiten der sogenannten Baulustigen bzw. Investoren, so dass die wachsenden Erschließungskosten teilweise das Anzugsgeld ersetzten. Dabei fielen zahlreiche Beschränkungen der gewerblichen Abwassereinleitung in Fließgewässer bei Einleitung in die öffentliche Kanalisation fort, und betriebliche Kleinkläranlagen verschwanden.

Die Abwasserproblematik war in Barmen und Elberfeld zentral, wo von Bleichwiesen an der Wupper ausgehend die zunehmend sich spezialisierende und modernisierende Textilindustrie Maschinenbau und Chemie nach sich zog und nicht nur Bleicher gegen Färber oder andere Ober- und Unterlieger stritten, sondern zunehmend auch Brunnen verfärbt und unbrauchbar wurden,[62] und neben Verklappungsaktionen in Flüssen und Meer eine Art Wiederaufbereitungsanlage zur Säurerück-

---

60 Königsallee vs. Zitadellstraße in der Karlstadt, vgl. Ulrich Koppitz: Geographische Entwicklungsmuster von Netzwerken der Ver- und Entsorgung. In: Heiner Fangerau/Thorsten Halling (Hrsg.): Netzwerke: Allgemeine Theorie oder Universalmetapher in den Wissenschaften? Ein transdisziplinärer Überblick, Bielefeld 2009, S. 111–130; vgl. auch das Kapitel »Der Schlußstein der Schwemmkanalisation: Die untere Altstadt« in: Thomas Bauer (Hrsg.): Im Bauch der Stadt: Kanalisation und Hygiene in Frankfurt am Main 16.–19. Jahrhundert, Frankfurt a. M. 1998, S. 414–427.

61 Vögele/Koppitz, Rohrleitungen(wie Anm. 16); bei den Tagesordnungspunkten der Stadtverordnetenversammlung zur Assanierung sind diese überaus zahlreichen Offenlegungs- und Erschließungsvorlagen nicht aufgeführt worden, Woelk u. a., Gesundheit (wie Anm. 11), S. 362 f.

62 Tim Arnold: »Wir sind mit Wupperwasser getauft ...«: Beiträge zur Umweltgeschichte des Wuppertals, Wuppertal 1987.

gewinnung mit erheblichen Störfällen bis zur Stilllegung im abgelegenen Ort Haan betrieben wurde.[63]

Im Organ des Niederrheinischen sowie des Deutschen Vereins für öffentliche Gesundheitspflege wurden Studien zur Ermittlung der tunlichst auszunutzenden »Selbstreinigungskraft der Flüsse« publiziert, wobei meist der Rhein im Fokus stand.[64] Dagegen kam der Zustand der Wupper eher selten zur Sprache:

»Immerhin giebt es in unseren durch Dichtigkeit und Betriebsamkeit der Bevölkerung ausgezeichneten Rheinlanden gar manche nicht unbedeutende Bäche und Flüsse, die auf lange Entfernungen den Charakter von Abwässerkanälen bewahren. Dahin gehört z. B. die Wupper, die noch an ihrer Mündung, d. h. etwa 45 Kilometer unterhalb der Städte Elberfeld und Barmen, die sie hauptsächlich verunreinigen, ein recht unappetitliches Aussehen hat.«[65]

Dies ist vor dem Hintergrund zu sehen, dass im Kaiserreich aufgrund Erfahrungen in England Einleitungsverbote für unbehandelte Abwässer galten, so dass öffentliche Kanalisationssysteme grundsätzlich nur mit Klärvorrichtungen, wie

---

63 Ausführlich Ralf Henneking: Chemische Industrie und Umwelt: Konflikte um Umweltbelastungen durch die chemische Industrie am Beispiel der schwerchemischen, Farben- und Düngemittelindustrie der Rheinprovinz, ca. 1800–1914, Stuttgart 1994, insbes. S. 244–283.

64 Eingaben an den Reichskanzler forderten 1878 und 1892 systematische Analysen und Regeln: Zur Aufnahmefähigkeit des Rheins im euphemistischen Überblick Peter Krautwig, 50 Jahre hygienischer Entwicklung, mit besonderer Berücksichtigung der Cölner Verhältnisse. In: Zbl. allg. Gesundh. 30 (1911), S. 32–47, hier S. 42 f.; Kruse: Ueber Verunreinigung und Selbstreinigung der Flüsse, Zbl. allg. Gesundh. 18 (1899), S. 26 ff. zu systematischen Rheinuntersuchungen; H. Schenck: Ueber die Bedeutung der Rheinvegetation für die Selbstreinigung des Rheines. In: Zbl. allg. Gesundh. 13 (1893), S. 365–386, S. 443–455. Zur Einschätzung von Kanalwasser und -gasen u. a. Geis, Massnahmen zur Verhütung von Überschwemmungen bei Stadtkanalisationen. In: Zbl. allg. Gesundh. 28 (1909), S. 430–433, Rückert: Die Abortseinrichtungen, besonders vom gesundheitlichen Standpunkte. In: Zbl. allg. Gesundh. 16 (1897), S. 231–253; A. Unna: Die Ausführung der Hausentwässerung mit Rücksicht auf die hygienische Bedeutung der Kanalgase. In: Zbl. allg. Gesundh. 14 (1895), S. 365–388. A. Stutzer, O. Knublauch: Untersuchungen über den Bakteriengehalt des Rheinwassers oberhalb und unterhalb der Stadt Köln. In: Zbl. allg. Gesundh. 13 (1894), S. 123–133, 165–179; Steuernagel: Die Cölner Kläranlage. In: Zbl. allg. Gesundh. 24 (1905), S. 1–7; Bärenfänger: Ist ein Einfluss des Rheins auf die Brunnen der Wasserwerke der Stadt Cöln zu konstatieren? in: Zbl. allg. Gesundh. 24 (1905), S. 94–100. Im Überblick: Mark Cioc: The Rhine – an Eco-Biography, 1815–2000, Seattle 2002, hier Kapitel 5.

65 W. Kruse: Ueber Verunreinigung und Selbstreinigung der Flüsse, Zbl. allg. Gesundh. 18 (1899), S. 16–48, hier S. 16. Ebenda gleichsam einleitend zuvor eine selten veröffentlichte Bemerkung: »Der schlimmste Fall ist der, dass ein Wasserlauf mit so grossen Mengen Abwässern überladen wird, dass er einem offenen Kanale gleicht. Jeder, der Augen und Nase offen hält, kennt »schwarze Gräben« dieser Art aus der näheren oder ferneren Umgebung seines Wohnsitzes.«

z. B. die Berliner Rieselfelder,[66] genehmigt werden konnten. Das Engagement der Gesundheitsfürsorge reichte allerdings meist nur bis zur Gemeindegrenze, wo die Kanalisationen regelmäßig münden sollten. Erst nach jahrzehntelangen Verhandlungen konnten sich Barmen und das wupperabwärts direkt anschließende Elberfeld, dessen Lindleyscher Kanalisationsplan von 1882 durch Ankauf des Gutes Buchenhofen 1890 eine Kläranlage ermöglichte, 1898 zu einem Kanalisationsverband zusammenfinden, der gemeinsame Hauptsammler parallel zur Wupper bis unterhalb beider Städte ausführte.[67]

Direkteinleiter blieben mit Rücksicht auf die Bausubstanz der Kanäle nur die Betriebe der Chemischen Industrie, welche dieses Privileg mit technischem Sachverstand auch gegen Gutachten staatlicher Institutionen verteidigten.[68] Obwohl der Elberfelder Stadtbauinspektor Voss sich eingehend über aktuelle Klärtechnik informiert und besonders die biologischen Anlagen bezeichnenderweise der Stadt Manchester hervorgehoben hatte,[69] entstand erst 1906 eine kleine mechanische Kläranlage, deren Ausbau mit einer biologischen Reinigungsstufe durch sogenannte Emscherbrunnen so zögerlich erfolgte, dass der Regierungspräsident zum Ortstermin 1913 feststellen musste:

»Die Versuche der beiden Städte, ihre mit einem Kostenaufwand von rund 30 Millionen Mark ausgebauten Kanalisations- und Kläranlagen möglichst voll-

---

66 Zur bereits umfangreichen Palette klärtechnischer Möglichkeiten: Josef Brix: Ueber die Klärung städtischer Abwässer. In: Zbl. allg. Gesundh. 17 (1898), S. 1–24, i. Vgl. zu Dünkelberg, Die Canalisation der Städte im Anschluss an die Bewässerung der Felder, Corr. Bl. d. Niederrhein. Vereins f. öff. Gesundheitspfl. 2 (1873), S. 1–5.

67 Abb. Kanalbau in Elberfeld in: Günter Aust u. a.: Das Wuppertal im 19. Jahrhundert: Dokumentation einer Ausstellung, Wuppertal 1977, S. 35–361.

68 Vgl. Carl Duisberg: Wasserversorgung und Abwasserbeseitigung. In: Die Chemische Industrie 1912, S. 721 ff., wieder abgedruckt in: Ders.: Abhandlungen, Vorträge und Reden aus den Jahren 1882–1921, Berlin/Leipzig 1923, S. 553–557, hier S. 554 f., zur preußischen »Kgl. Versuchs- und Prüfungsanstalt für Wasserversorgung und Abwasserbeseitigung«, später Institut für »Wasser-, Boden und Lufthygiene: WaBoLu« vgl. Engelbert Schramm: Kommunaler Umweltschutz in Preußen (1900–1933): Verengung auf Vollzug durch wissenschaftliche Beratung?. In: Stadt und Gesundheit (wie Anm. 17), S. 77–89; Jürgen Büschenfeld: Flüsse und Kloaken. Umweltfragen im Zeitalter der Industrialisierung, 1870–1918, Stuttgart 1997; internationale Reputation u. a. Gutachten für Abwassersystem Istanbul, vgl. Noyan Dinckal: Istanbul und das Wasser: Zur Geschichte der Wasserversorgung und Abwasserentsorgung von der Mitte des 19. Jahrhunderts bis 1966, München 2004, S. 175–187.

69 Voss: Uebersicht über die verschiedenen Arten der Reinigung städtischer Abwässer. In: Zbl. allg. Gesundh. 20 (1901), S. 399–408, hebt S. 407 hervor, dass Fabrikabwässer in Manchester die biologischen Abbauprozesse nicht unterbrechen. Bereits 1887 hatte die erste in Elberfeld anberaumte Generalversammlung des Niederrheinischen Vereins Koreferate zu diesem thematischen Schwerpunkt gewählt, vgl.: Joseph König: Marx, Die Reinigung städtischer Kanalwässer. In: CBl. AG (6) 1887, S. 351–382.

kommen auszugestalten und so die mit Recht beklagten schweren Mißstände zu beseitigen, sind bisher erfolglos geblieben [...].«[70]

Ein Ausweg zur Überwindung des städtischen Egoismus wurde auch hier in der Gründung eines Zweckverbands und in überregionalen Planungen gesucht,[71] unterbrochen durch den Ersten Weltkrieg konnte erst nach der rheinischen Kommunalreform von 1929 mit Zusammenlegung der Stadt »Wuppertal« der Wupper-Talsperrenverband gegründet werden.

4. Innere Ordnung und Kliniken

Freilich gab es seit dem Mittelalter aufwändige Hospitalbauten mit repräsentativen Fassaden in wohlhabenden Städten einerseits, abgeschiedene Pest- oder Leprosenhäuser andererseits,[72] doch für die Zeit der Hochindustrialisierung kann postuliert werden, dass die im Zuge von Stadterweiterungen und Flächennutzungsplanungen entstandene Krankenhäuser der Groß- und der Industriestädte,[73] in welcher Trägerschaft auch immer, zum Teil weit über die üblichen Baublöcke hinausgehend als eigene Stadtviertel anzusprechen sind im Sinn einer Planung für die gesunde Industriestadt.[74] Industriestädtisch relevant war zunächst das für Krankenhäuser

---

70 Hauptstaatsarchiv Düsseldorf [HStAD], RD 36216, Aktenvermerk über die Bereisung der Wupper von Leyersmühle bei Wipperfürth bis zur Wuppermündung (24.–26. November 1913), S. 6, unter Punkt II.: Besprechung auf dem Rathause in Barmen am 24.11.1913, ebenda, S. 4–6 mit Zusammenfassung der Vorgeschichte; die Schlussbesprechung am 26.11. fand bezeichnender Weise in Wiesdorf statt, zu jener Gemeinde s. u. Kap. 6.

71 Zur Entwicklung der Rechtslage im rechtsrheinischen Preußen der nach dem Vorbild von Deichverbänden gebildeten Körperschaften vgl. Ulrike Gilhaus: ›Schmerzenskinder der Industrie‹. Umweltverschmutzung, Umweltpolitik und sozialer Protest im Industriezeitalter in Westfalen 1845–1914, Paderborn 1996, S. 220–275.

72 Vgl. neuerdings im Überblick den Sammelband Gunnar Stollberg/Christina Vanja/Ernst Kraas (Hrsg.): Krankenhausgeschichte heute: Was heißt und zu welchem Ende studiert man Hospital- und Krankenhausgeschichte? Berlin 2011; sowie das vom Südwestdeutschen Arbeitskreis für Stadtgeschichte ausgezeichnete Werk Benjamin Laqua: Bruderschaften und Hospitäler während des hohen Mittelalters – Kölner Befunde in westeuropäischvergleichender Perspektive, Stuttgart 2011 und nun Arno Görgen/Thorsten Halling (Hrsg.): Verortungen des Krankenhauses, Stuttgart 2014.

73 Vgl. Alfons Labisch/Reinhard Spree (Hrsg.): Krankenhaus-Report 19. Jahrhundert: Krankenhausträger, Krankenhausfinanzierung, Krankenhauspatienten, Frankfurt a. M. 2001.

74 Vgl. z. B. im Kontext der Urbanisierung in Essen: Martin Weyer-von Schoultz: Das Gesundheitswesen der Stadt Essen im 19. Jahrhundert. In: Selbstverständlichkeiten (wie Anm. 1), S. 182–215; zur Trägerschaft und gemeindlichen Grundvorsorgepflicht Martin Weyer-von Schoultz: Das Krankenhaus als kommunale Dienstleistung: Das Beispiel Düsseldorf im 19. Jahrhundert. In: Sonia Horn/Susanne C. Pils (Hrsg.): Sozialgeschichte der Medizin. Stadtgeschichte und Medizingeschichte, München/Wien 1998, S. 142–147.

vorgesehene Patientengut, heilbare Kranke ohne Angehörige,[75] und erst mit den Fortschritten der Chirurgie im ausgehenden 19. Jh. wurde stationäre Behandlung notwendig für Maximalmedizin. Vorbild sind zwar staatliche bzw. Universitätskliniken wie das Wiener Allgemeine Krankenhaus, doch der raumgreifende Pavillonstil[76] im Sinne der Antisepsis führte auch bei Neuanlagen in Industriestädten zu persistierenden Flächennutzungen, die gerne mit anderen Städtischen Anlagen wie Friedhöfen, Heimen, Schulen, Sportanlagen, ggf. Wasserwerken, zu Grüngürteln verknüpft wurden und zum Beispiel in Düsseldorf eine Art »cordon sanitaire« bilden konnten. Der Barmener Arzt Friedrich Sander postulierte 1875 im Correspondenzblatt des Niederrheinischen Vereins für öffentliche Gesundheitspflege:

»Das Grundstück muss so gross sein, dass die für Kranke bestimmten Gebäude in solcher Entfernung von der Gränze bleiben können, um nicht durch bestehende oder zukünftige Fabriken und andere Quellen von Luftverunreinigungen und von Lärm in der Nachbarschaft beblästigt zu werden, und andererseits auch jede Möglichkeit einer Gefahr von Ansteckung für benachbarte Häuser auszuschließen. Ausserdem muss Raum für Garten-Anlagen zum Gebrauche der Reconvalescenten und ferner für etwaige künftige Vergrösserungen frei bleiben. [...] Das Grundstück des städtischen Krankenhauses im Friedrichshain zu Berlin ist 9,7 Hectare gross, auf den Kranken kommen also 160 ☐-Meter. Es leuchtet ein, das derartige Plätze inmitten der Städte heutzutage nicht mehr zu haben, oder zu theuer sind; man muss also an die Gränzen gehen, doch nicht so weit, dass der Transport der Kranken gar zu lange dauert.«[77]

Für das flächige Pavillonprinzip führte Sander dieselben hygienischen Distanz-Prinzipien an wie im Städtebau, um sowohl Funktionsgebäude streng zu separieren als auch Nosokomialinfektionen zu vermeiden und Neubaumaßnahmen zu erleichtern.

Während die Trägerschaft sich regelmäßig als Zuschussbetrieb erwies, ging das Einzugsgebiet bzw. die Reichweite häufig weit über die Stadtgrenzen hinaus, und dies war durchaus beabsichtigt um an Prestige gegenüber anderen Städten und damit

---

75 Vgl. z. B. Jörg Vögele/Wolfgang Woelk/Bärbel Schürmann: Städtisches Armenwesen, Krankenkassen und Krankenhauspatienten während des späten 19. und frühen 20. Jahrhunderts in Düsseldorf. In: Alfons Labisch/Reinhard Spree (Hrsg.): Krankenhaus-Report 19. Jahrhundert, Frankfurt a. M. 2001, S. 405–426.
76 Vgl. schwerpunktmäßig die Arbeiten von Axel H. Murken, z. B. Axel Hinrich Murken: Vom Hospital zum Krankenhaus – von Paris nach Berlin: Meilensteine der Krankenhausgeschichte (1788–1988). In: Historia Hospitalium 27 (2011), S. 149–180; Ders.: Das kommunale und konfessionelle Krankenhaus in Deutschland von der Biedermeierzeit bis zur Weimarer Republik. In: Kommunale Leistungsverwaltung und Stadtentwicklung (wie Anm. 15), S. 81–116.
77 Beim internationalen Hygienekongress in Brüssel 1876 preisgekrönter Aufsatz: Friedrich Sander: Ueber Geschichte, Statistik, Bau und Einrichtung der Krankenhäuser. In: Correspondenz-Blatt des Niederrhein. Vereins f. öff. Gesundheitspfl. 3 (1875), S. 1–31, hier S. 18; ab S. 28 zu Barmen.

an Zentralität zu gewinnen.⁷⁸ In Elberfeld bilden die 1863 eröffneten Krankenanstalten an der Arrenbergerstraße mit ihren Grünanlagen eine Unterbrechung eines sukzessive eng bebauten Stadtviertels.⁷⁹ Einerseits wurden die Kostenspirale der ›Krankenpaläste‹ und kommunalpolitische Implikationen heftig diskutiert,⁸⁰ andererseits mit großem Interesse Anwendungsmöglichkeiten technischer Neuigkeiten im großen Stil.⁸¹

5. »Gesundheit« in Maßen und Zahlen

Der Gesundheitsbegriff entwickelte sich in der Moderne als säkulares Heilsversprechen und Wert an sich, dabei oft verquickt mit anderen Kategorien wie Funktionalität, Ästhetik und Ideen von Natur und Kultur, in verschiedenen Diskursen wurde und wird »Gesundheit« gern benutzt gleichsam bis hin zum Etikettenschwindel, so dass zum Beispiel in Verwaltungsberichten immer weitere Rubriken und städtischen Betriebe unter den Gesundheitsbegriff subsumiert wurden.⁸² Um historisch-kritisch Anspruch und Wirklichkeit zu vergleichen bzw. Soll und Haben und den Gesundheitsbegriff zu operationalisieren bieten sich drei unterschiedliche Kategorien mit jeweiligen Verfahrensweisen und Eigenarten an:

---

78 So spiegeln z. B. auch die städtischen Krankenanstalten von Elberfeld (520 Betten/150.000 Ew.) als Schwerpunkt der regionalen Krankenhauslandschaft im Vergleich zur Nachbarstadt Barmen (327 Betten/127.000 Ew.) die größere Zentralität, vgl. Albert Guttstatt (Hrsg.): Krankenhaus-Lexikon für das Deutsche Reich, Berlin 1900, S. 20, S. 138–139. Eher auf Migration chronisch Kranker aus dem Umland als spezifische Risiken denkt R. Finkelnburg: Zur Frage der städtischen Krebs-Sterblichkeit. In: Zbl. allg. Gesundh. 14 (1895), S. 130–133.

79 Vgl. 125 Jahre Ferdinand Sauerbruch Klinikum Wuppertal-Elberfeld, Wuppertal o. J. [1988], zur baulichen Entwicklung S. 44–46, vgl. S. 45 Lageplan des Klinikums 1914 und 1988 sowie Abb. S. 59, S. 143–145.

80 Z.B. bei der 35. Versammlung des NV in Elberfeld 1910 im Anschluss an das Referat von J. Grober: Die Errichtung einfacher Krankenanstalten für Leicht- und Chronisch-Kranke, Zbl. allg. Gesundh. 30 (1911), S. 48–50, Diskussion S. 50–54. Für Sparsamkeit aber Stadtnähe auch bei Nervenkliniken plädierte der Düsseldorfer Direktor: Pelman: Allgemeine Ideen über die Errichtung von Irrenanstalten. In: Corr. Bl. d. Niederrhein. Vereins f. öff. Gesundheitspfl. 7 (1878), S. 118–126.

81 Z.B. hinsichtlich Klimaanlagen nach dem Vortrag des mit dem Neubau einer 950-Betten-Klinik beauftragten Barmener Ingenieurs Barth: Die Systemfrage bei der Heizung größerer Krankenhäuser und dergl. mit besonderer Berücksichtigung der Fernwarmwasserheizung. In: Zbl. allg. Gesundh. 27 (1908), S. 463–478, S. 471 zur gleichsam organischen funktionalräumlichen Anordnung der Klinikgebäude; Diskussion S. 478–481.

82 Vgl. im Überblick Alfons Labisch/Jörg Vögele: Stadt und Gesundheit. Anmerkungen zur neueren sozial- und medizinhistorischen Diskussion in Deutschland. In: AfS 37 (1997), S. 396–424; Alfons Labisch: Homo hygienicus Gesundheit und Medizin in der Neuzeit, Frankfurt a. M. u. a. 1992.

1. Anthropometrie bzw. Indikatoren der Körpermaße,
2. Morbidität bzw. Indikatoren wie Krankentage,
3. Mortalität bzw. Indikatoren wie Lebenserwartung.

Im 19. und 20. Jahrhundert wurden zeitgenössische Tauglichkeitsstatistiken heftig diskutiert hinsichtlich Land-Stadt-Gefälle und antiurbanem Degenerationsdiskurs,[83] wobei der Rheinische Provinziallandtag der Kritik von Militär und Konservativen in den 1830er Jahren durch Entwicklung erster Arbeits- bzw. Jugendschutzbestimmungen begegnete. Dabei können Unterschiede in Größenordnungen von fünf bis 15 Prozent auch mit Voreingenommenheiten der Gutachter bzw. jeweiliger Motivation von Wehrpflichtigen angesichts unterschiedlicher Verdienstausfälle usw. erklärt werden.

Aus denselben Gründen erscheint die Unsicherheit bei Morbiditätserfassungen noch größer, obwohl über die Gewerbehygiene und Krankenkassenstatistik hinaus häufig davon gebraucht gemacht wurde und wird. In seiner populärwissenschaftlichen »Gesundheitsökonomie« stellte der ersten deutsche Hygiene-Professor Max Pettenkofer Krankentage als Zinsen eines imaginären Kapitals dar, das in Präventionsmaßnahmen zu investieren sei.[84]

Bei zahlreichen Problemen dieser beiden Ansätze bietet sich als unstrittiger Indikator für mangelnde Gesundheit die Sterblichkeit an mit weiteren methodischen Vorteilen der Vergleichbarkeit von vitalstatistischen Daten über alle Epochen oder Länder hinweg. Bekanntlich wird dieser Indikator noch heute allgemein verwandt.

Der Regierungs-Medizinal-Rat Eduard Beyer befasste sich in den 1870er Jahren in seinen Veröffentlichungen zur »Fabrik-Industrie im Regierungsbezirk Düsseldorf in Gesundheitlicher Beziehung« ausführlich mit arbeits- und umwelthygienischen Themen, doch im Gegensatz zum traditionellen Schleifergewerbe (Solingen) mit einem verdoppelten Sterberisiko im mittleren Lebensalter erscheinen zeitgenössische

---

83 Z.B. noch Peter Krautwig: Hygienische Beziehungen zwischen Stadt und Land. In: Zbl. allg. Gesundh. 33 (1914), S. 254–282, hier S. 261–263 Tauglichkeitsquoten der landwirtschaftlich beschäftigten Landbevölkerung 1902–12 um 60 % gegenüber gewerblich beschäftigter Stadtbevölkerung um 50 %; die in der Rheinprovinz bzw. den Industriegebieten in den 1880ern überdurchschnittliche Tuberkulosesterblichkeit sank kontinuierlich und glich ab etwa 1900 dem allgemeinen Niveau, ebenda, S. 270; vgl. auch Kruse: Ueber den Einfluss des städtischen Lebens auf die Volksgesundheit. In: Zbl. allg. Gesundh. 17 (1898), S. 312–345, S. 377–420, insbes. S. 405–419.

84 Max Pettenkofer: Ueber den Werth der Gesundheit für eine Stadt, Braunschweig 1876, auch dessen Plenarvortrag mit Berechnungen wiedergegeben von Finkelnburg: Bericht über den sechsten internationalen Kongress für Hygiene und Demographie zu Wien. In: Zbl. allg. Gesundh. 6 (1887), S. 425–446, hier S. 427–430. Auch der betriebswirtschaftlich kalkulierende Artikel von Höpfner: Bericht über die Frage der Einführung der Müllverbrennung in Elberfeld. In: Zbl. allg. Gesundh. 15 (1896), S. 205–222 endet mit einer Gleichsetzung der Zinsen für städtische Investitionen in Infrastruktur mit der gesunkenen Sterblichkeit.

Mortalitätsdaten industrieller Großunternehmen vergleichsweise gering und weisen hauptsächlich Unfälle oder Tuberkulose aus,[85] eventuell wären diese Zahlen höher wenn Gebietskörperschaften statt Belegschaften die statistische Basis bilden würden, gleiches gilt für die Militärepidemiologie.[86]

Traditionell galten Städte allgemein als ungesund,[87] und typischerweise stieg die häufig dokumentierte Übersterblichkeit in Städten während der Urbanisierung noch an, in Preußen in den 1860–1890er Jahren, doch verschwand der Unterschied um 1900 und kehrte sich sogar um. Gleichwohl ist beim Vergleich von Sterblichkeitsdaten auch die jeweilige Altersstruktur zu berücksichtigen, und bekanntlich war das jährliche Wachstum in Städten wie Elberfeld etwa zu gleichen Teilen auf Zuwanderung, vorwiegend junger Menschen, und auf Geburtenüberschuss zurückzuführen, wobei erhebliche Fluktuationen durch Nahwanderung zum Teil ohne Ummeldungen mögliche Fehlergrenzen erweitern. Hier können Zählbezirke die größer als die Industrie-Areale sind, wie preußische Regierungsbezirke einen Überblick vermitteln.

Im Vergleich zu Preußen schnitten die beiden stark industrialisierten Regierungsbezirke Düsseldorf (mit Elberfeld, aber auch Duisburg) und Arnsberg (Montanindustrie, Ruhrgebiet) insbesondere bei den Säuglingen gut ab, nicht nur die Geburtenziffern waren durchgehend hoch, sondern auch die rohen Sterbeziffern lagen dabei mit Einschränkung für die Jahrzehnte 1860 bis 1880 vergleichsweise günstig.

---

85 Eduard Beyer: Die Fabrik-Industrie des Regierungsbezirkes Düsseldorf vom Standpunkt der Gesundheitspflege, Oberhausen a. d. R. 1876, zu Beyer vgl. Labisch, Montanindustrie (wie Anm. 41). Vgl. auch den vom Regierungsmedizinalrat Beyer und seinen Nachfolgern Albert Weiss und Julius Michelsen zur Veröffentlichung bearbeiteten: Bericht über das öffentliche Gesundheits-Wesen des Regierungs-Bezirks, Oberhausen 1874, Düsseldorf 1882–1897. Langzeitanalyse A. Oldendorff: Die Mortalitäts- und Morbiditäts-Verhältnisse der Metallschleifer in Solingen und Umgegend. In: Zbl. allg. Gesundh. 1 (1882), S. 238–261.

86 Vgl. Leo Kocks: Ueber die Sterblichkeit an Tuberculose in der Rheinprovinz bezüglich ihrer Abhängigkeit von industrieller Beschäftigung. In: Zbl. allg. Gesundh. 9 (1890), S. 257–272; Meisner: Ursachen der häufigen chronischen Lungenleiden in den Heeren und Mittel zur Vermeidung derselben. In: Corr. Bl. d. Niederrhein. Vereins f. öff. Gesundheitspfl. 7 (1878), S. 41–51, S. 81–107, wobei die Tuberkulosefälle im 7. Armee-Corps (Rheinprovinz) mit 6,8 gegenüber durchschnittlich 3 Promille hervorstechen, die Tuberkulose-Sterblichkeit blieb indes durchschnittlich beim Militär, weit überdurchschnittlich in der Zivilbevölkerung der Industriestädte incl. Elberfeld mit 6–8 Promille, ebenda, S. 51, S. 104 Tab. 4b.

87 Johanna Bleker: Die Stadt als Krankheitsfaktor. Eine Analyse ärztlicher Auffassungen im 19. Jahrhundert. In: Medizinhistorisches Journal 18 (1983), S. 118–136.

Tabelle 2: Natürliche Bevölkerungsbewegung, Unterschiede
der Regierungsbezirke Arnsberg und Düsseldorf zum Gesamtstaat Preußen,
Mittelwerte der Dekaden 1820–1910[88]

	Geburten Arnsberg (%)	Geburten Düsseldorf (%)	Sterbefälle Arnsberg (%)	Sterbefälle Düsseldorf (%)
1821–1830	–6,0	–9,5	–6,7	–7,5
1831–1840	0,0	0,3	–6,6	–5,6
1841–1850	1,4	3,9	–3,4	–3,8
1851–1860	5,6	3,9	+2,0	–2,7
1861–1870	12,1	6,5	+4,1	–0,4
1871–1880	17,6	10,7	+7,0	+4,0
1881–1890	15,5	9,2	–3,6	–2,8
1891–1900	19,1	8,8	–5,4	–5,4
1901–1910	26,1	12,1	–2,7	–7,0
1911–1913	23,1	8,2	–3,8	–9,4

Allerdings bringt die Wahl der Mortalität als Indikator eine Fokussierung auf die bis in die Zeit zwischen den Weltkriegen überwiegende Säuglingssterblichkeit mit sich, deren Determinanten von denen anderer Bevölkerungsgruppen häufig unabhängig erscheinen. Eine hohe Säuglings- und Kindersterblichkeit -- oftmals erreichte nur die Hälfte eines Geburtsjahrganges das Erwachsenenalter – verkompliziert demographische Berechnungen auch dadurch, dass Mortalität keine direkte Funktion des Lebensalters war wie heute und die Lebenserwartung im Kleinkindalter zunächst noch anstieg anstatt konstant abzunehmen. Nach dem gesundheitsökonomischen Ansatz als Maß verlorene gesunde Lebensjahre einzusetzen ist dies sicherlich richtig, doch lässt günstige Säuglingssterblichkeiten nicht automatisch auf einen guten Gesundheitszustand der Gesamtbevölkerung schließen wie zum Beispiel im Ersten Weltkrieg.

In den westdeutschen Industriestädte Elberfeld und Barmen war die Säuglingssterblichkeit im Vergleich zu vergleichbaren Städten und im nationalen Durchschnitt regelmäßig erstaunlich gering,[89] und hinsichtlich seit den 1880er Jahren abnehmen-

---

88 Vgl. Thorsten Halling/Ulrich Koppitz/Jörg Vögele: Hygiene – ein Zugang zur Industrialisierungs- und Urbanisierungsgeschichte des Ruhrgebiets. In: Industriedenkmalpflege und Geschichtskultur 2004, S. 15–21.
89 Wie meist unabhängig von institutionellen Entwicklungen, vgl. Walter Abelsdorff: Die Säuglingssterblichkeit in einigen deutschen Großstädten in den Jahren 1903–1910 mit Rücksicht auf die Errichtung der Säuglingsfürsorgestellen. In: Zeitschrift für Säuglingsfürsorge 5(1912), S. 427–432.

den Geburtenraten fungierte diese westdeutsche Textilindustrieregion als Vorreiter.[90] Das überaus rapide Bevölkerungswachstum wurde vor allem durch Wanderungsgewinne Arbeitssuchender mittleren Alters geprägt.[91]

Die nebenamtlichen Städtestatistiker haben schon in den 1870er Jahren nicht nur detaillierte Sterbetafeln vorgelegt, sondern bereits der niederrheinische Verein für Öffentliche Gesundheitspflege hat hier Pionierarbeiten geleistet und gelegentlich Sozialindikatoren wie Steuerklasse oder Wohndichte damit verbunden.[92] Doch Veröffentlichungen stadtteilbezogener Statistiken finden sich erst mit Ausbau der städtischen statistischen Ämter das heißt im frühen 20. Jahrhundert.[93] Die Ergebnisse entsprachen fast regelmäßig der erwarteten eindeutigen Korrelation von Ressourcen und Lebensdauer. Negative Korrelationen ergaben dementsprechend charakteristische Sterblichkeitsraten (neben der Rohen Sterbeziffer insbesondere Tuberkulose-, Typhus- und Säuglingssterblichkeit) bezogen auf Wohlstands-Indikatoren (neben Steuerklasse oder Mietspiegel bzw. Wohndichte zum Beispiel Dienstboten, Bad/WC).[94] Dies drückt sich beim Vergleich von Stadtvierteln auch kartographisch

---

90 Die allgemeine Fruchtbarkeitsziffer in Barmen ging 1890 bis 1910 um mehr als die Hälfte zurück, d. h. aus einer typischen Reaktion auf die Gründerkrise verstetigte sich ein vieldiskutierter Trend, vgl. Wolfgang Köllmann: Sozialgeschichte der Stadt Barmen im 19. Jahrhundert, Tübingen 1960, S. 74–77.

91 Vgl. zu Barmen ausführlich Wolfgang Köllmann: Bevölkerung in der industriellen Revolution: Studien zur Bevölkerungsgeschichte Deutschlands, Göttingen 1974, S. 186–207; im Überblick Hartmut Sander: Bevölkerungsexplosion im 19. Jahrhundert. In: Horst Jordan/Heinz Wolff (Hrsg.): Wachsen und Werden der Wuppertaler Wirtschaft – von der Garnnahrung 1527 zur modernen Industrie, Wuppertal 1977, S. 110–120. Gegenüber der auffälligen Migration lässt die Perspektive auf den Produktionsfaktor Arbeit die heiklen Themen Morbidität und Mortalität erstaunlich kurz kommen, vgl. noch Heßler/Zimmermann, Perspektiven (wie Anm. 3), hier S. 680–683. Zur Menschenökonomie bzw. Relation von Bevölkerung und Wirtschaft hinsichtlich Mittel und Zweck vgl. u. a. Jörg Vögele/Wolfgang Woelk: Der »Wert des Menschen« in den Bevölkerungswissenschaften vom ausgehenden 19. Jahrhundert bis zum Ende der Weimarer Republik. In: Rainer Mackensen (Hrsg.): Bevölkerungslehre und Bevölkerungspolitik vor 1933, Opladen 2002, S. 121–133.

92 Mortalitäts-Statistik des Niederrheinischen Vereins für Öffentliche Gesundheitspflege. In: Corr. Bl. d. Niederrhein. Vereins f. öff. Gesundheitspfl. 1 (1872), S. 69–71.

93 Im Überblick Heinz Heineberg: Innerstädtische Differenzierung und Prozesse im 19. und 20. Jahrhundert: Zum Thema und Inhalt dieses Bandes. In: Heinz Heineberg (Hrsg.): Innerstädtische Differenzierung und Prozesse im 19. und 20. Jahrhundert: geographische und historische Aspekte, Köln 1987, S. 1–17; Ausnahmen bildeten z. B. Berlin und Hamburg.

94 Für Hamburg 1885–88 zusammengestellt und berechnet Tab. 3.4 in Jörg Vögele: Sozialgeschichte städtischer Gesundheitsverhältnisse während der Urbanisierung, Berlin 2001, S. 204. Vgl. zu extremen Verhältnissen auch in dieser Hafenstadt und zu politischen Implikationen: Dirk Schubert: Stadthygiene und »Stadtgesundung« in Hamburg nach der Choleraepidemie 1892 – die Sanierung der Südlichen Neustadt. In: Dittmar Machule u. a. (Hrsg.): Macht Stadt krank? Vom Umgang mit Gesundheit und Krankheit, Hamburg 1996, sowie den Klassiker Evans, Death (wie Anm. 25).

aus, bei solchen Darstellungen stellt sich die Altstadt häufig noch ungünstiger dar als die Arbeiterviertel und Industriegebiete.[95] Die auffälligsten sozialen Unterschiede hinsichtlich der Kindersterblichkeit ergaben sich in der Stadt Düsseldorf in den Kategorien Familienstand bzw. Legitimität Beruf.[96]

Während die innerstädtische Differenzierung statistisch eher nach der Wohnsituation als nach Stadtbezirken interpretiert wurden, erstellte auch das Gründungsmitglied Dr. Eduard Sander eine akribische medizinische Topographie der Choleraverbreitung in Barmen.[97]

Besondere Grunderwerbs-, Abriss- und Baumaßnahmen führte die Stadtverwaltung Elberfeld zur Sanierung des tiefgelegenen Straßenzugs »Island« durch.[98] Allerdings liegen zum Beispiel in Düsseldorf die mit Abstand ungünstigsten Sterblichkeitsdaten für das eben in diesem Beitrag gleichsam als Gesundheitszone ausgewiesene Krankenhausviertel vorliege, weil dort auch das städtische Alten- und Pflegeheim lag.[99]

Sozialhygieniker haben um 1910 in der Rheinprovinz betont industriell oder ländlich geprägte Stadt- und Landkreise hinsichtlich gesundheitlicher Risiken miteinander verglichen.[100] In ähnlicher Weise können aggregierte Vitalstatistiken profilierter Gebietskörperschaften aufbereitet werden hinsichtlich der Problemstellung,

---

95 Zit. nach Jörg Vögele: Sozialgeschichte städtischer Gesundheitsverhältnisse während der Urbanisierung, Berlin 2001, Karten 3.2 ff., vgl. Oskar Langer: Die Kindersterblichkeit der Jahre 1902–04 in Düsseldorf in den Stadtbezirken und sozialen Bevölkerungsgruppen, Borna-Leipzig 1907, hier S. 25–30.

96 Langer, Kindersterblichkeit (wie Anm. 95), hier S. 70, S. 74–76, S. 83–86: Im Gegensatz zu Fabrikarbeitern sowie Tagelöhnern korrelierten die Mortalitätsverhältnisse bei sonstigen Arbeiterkindern deutlich negativ mit Wohlstandsfaktoren des jeweiligen Stadtviertels, letztere korrelierten wiederum deutlich mit der Kindersterblichkeit bei Selbstständigen und Angestellten.

97 Sander, Untersuchungen (wie Anm. 35); zum Einfluss Lokalistischer Theorien vgl. den Rezensionsessay von Mastbaum: Max von Pettenkofer: Ueber die Cholera von 1892 in Hamburg und über Schutzmassregeln. In: Zbl. allg. Gesundh. 12 (1893), S. 345–352.

98 Vgl. das Referat des Elberfelder Stadtbaurats Voss: Die hygienische Verbesserung alter Stadtteile. In: Zbl. allg. Gesundh. 30 (1911), S. 54–57; Ders, Verbesserung des Stadtteils »Island« in Elberfeld. In: Zbl. allg. Gesundh. 23 (1903), S. 179–181.

99 Albrecht-Alexander Geister: Das fürsorgliche Düsseldorf, Düsseldorf 1992.

100 Vgl. anhand charakteristischer linksrheinischer Gemeinden Analysen einer ehemaligen Badischen Gewerbeinspektorin: Marie Baum: Sterblichkeit und Lebensbedingungen der Säuglinge im Kreise Neuß. In: Zeitschrift für soziale Medizin, Säuglingsfürsorge und Krankenhauswesen 4 (1909), S. 1–46, der Fragebogen war von Kriege und Seutemann 1905 für Barmen entwickelt worden; Dies.: Sterblichkeit und Lebensbedingungen der Säuglinge in den Stadtkreisen M.-Gladbach und Rheydt und in dem Landkreise M.-Gladbach. In: Zs. f. soziale Medizin, Säuglingsfürsorge und Krankenhauswesen 5 (1910), S. 65–126; Dies.: Lebensbedingungen und Sterblichkeit der Säuglinge in den Kreisen Mörs und Geldern. In: Zeitschrift für Säuglingsfürsorge 4 (1911), S. 281–293, S. 309–323, S. 339–351, S. 376–382.

ob und welche Minderung der Lebenserwartung durch verschiedene Industriezweige plausibel erscheint. Eine systematische Dokumentation differenziert nach Wirtschaftsstruktur agrarisch und industriell bzw. Textil- oder Metallindustrie für den Zeitraum 1878–1905 legten Bürgers und Hutt 1912 im Zentralblatt für allgemeine Gesundheitspflege vor, demnach profitierten die durch Textil- bzw. Metallindustrie geprägten Stadtkreise überproportional von der steigenden Lebenserwartung in den Altersklassen unter fünf und über 40 Jahren.[101] Besonders günstige Sterblichkeitsverhältnisse von Frauen und Männern sämtlicher Altersgruppen wurden dabei in den traditionellen Textilstädten Elberfeld und Barmen festgestellt: »Trotz der weitverbreiteten gewerblichen Frauenarbeit nehmen die Frauen in den Textilstädten im Vergleich zu den anderen Städten eine fast ebenso günstige Stellung ein wie die Männer. Von einer Schädigung ist keinen Falls etwas zu spüren. [...] Soviel kann man aber behaupten, dass der Weberberuf in den Grossbetrieben Rheinland-Westfalens nicht zu den gesundheitsschädlichen gehören kann. Auch sind die Löhne der Weber ziemlich hoch [...].«[102]

Während die Zeitgenossen aus Mangel an Rechenkapazitäten häufig noch mit Rohen Sterberaten arbeiten mussten, obwohl die amtliche Statistik in der zweiten Hälfte des 19. Jahrhundert zunehmend detailliertere Volkszählungsdaten lieferte, sind mittlerweile zur Berücksichtigung der Alters- bzw. Bevölkerungsstruktur standardisierte Sterbeziffern bzw. weiter auf die Fragestellung eingehende statistische Aufbereitungen erforderlich.[103]

Gegenüber den Rohdaten der Stadt Barmen und der industrialisierten Regierungsbezirke Düsseldorf und Arnsberg erscheint die standardisiert berechnete Lebenserwartung, welche die Strukturunterschiede der Bevölkerung nivelliert, in den erwachsenen Altersgruppen deutlich unter dem preußischen Durchschnitt (siehe Tabellen 3a–b). Die allgemein festzustellende Übersterblichkeit der männlichen Bevölkerung aller Altersgruppen fiel im Cholerajahr 1867 in Barmen kaum ins Ge-

---

101 Vorarbeiten – vgl. W. Kruse: Ueber den Einfluss des städtischen Lebens auf die Volksgesundheit. In: Zbl. allg. Gesundh. 17 (1898), S. 312–345, S. 377–420, insbes. S. 382 ff.; sowie Kruse und Laspeyres im Zbl. allg. Gesundh. 22 (1903) – weiterführend: Joseph Bürgers/Hutt: Die Sterblichkeit in sämtlichen Stadt- und Landkreisen Rheinland-Westfalens nach Alter und Geschlecht und einigen Todesursachen getrennt dargestellt. In: Zbl. allg. Gesundh. 31 (1912), S. 38–54, S. 111–174, S. 202–216, zum Sterblichkeitsrückgang S. 46–54 wurden Stadt- und Landkreise, agrarisch, textil oder metallindustriell geprägte Wirtschaftsstrukturen in sieben Gruppen ausdifferenziert; insbes. Graphiken S. 51–53; methodisch zu Beruf und Sterblichkeit ebenda, S. 111 ff.

102 Bürgers/Hutt, Sterblichkeit (wie Anm. 101), hier S. 137, im Vergleich zur Hausindustrie war das Lohnniveau höher.

103 Die Altersklassen- und todesursachenspezifische Sterberaten der Volkszählungen vermitteln bereits ein differenziertes Bild. So relativierten Fachleute um 1910 die günstige Entwicklung großstädtischer Rohsterbeziffern hinsichtlich migrationsbedingt günstigerer Bevölkerungsstrukturen, vgl. z. B. Peter Krautwig: Hygienische Beziehungen zwischen Stadt und Land. In: Zbl. allg. Gesundh. 33 (1914/15), S. 254–282, hier S. 263–264.

wicht, dort wiesen Frauen im gebärfähigen Alter sogar die geringste Lebenserwartung auf, die damit in Barmen um fast zehn Jahre niedriger lag als in der Umgebung. Bereits zehn Jahre später hatten sich 1877 die Verhältnisse in Barmen normalisiert, die Geschlechtsunterschiede der Lebenserwartung sowie deren Mittelwert näherten sich dem Niveau im Regierungsbezirk Düsseldorf, der hinsichtlich der Säuglingssterblichkeit deutlich günstigere Werte aufwies als der Gesamtstaat Preußen und bei geringem Vorteil bei den Kleinkindern und über 60-jährigen in allen anderen Altersgruppen unterdurchschnittlich abschloss, vor allem im Erwerbsalter. Demgegenüber erschien die Lebenserwartung im Montanbezirk Arnsberg mit Ausnahme des Säuglingsalters 1877 durchgehend um 2–3 Jahre bzw. 6–7 Prozent der erwartbaren Lebenszeit vermindert, hier manifestiert sich das überhöhte Sterberisiko der Berg- und Hüttenarbeiter.[104] Bis zum Jahr 1905 wurden diese Nachteile in beiden Industrieregionen ausgeglichen, wobei die Lebenserwartung im Regierungsbezirk Düsseldorf für alle Altersgruppen durchweg deutlich überdurchschnittlich geworden war.

Tabelle 3a: Lebenserwartung in Barmen und im Regierungs-Bezirk Düsseldorf 1867 und 1877[105]

Alter	1867 Lebenserwartung: weitere Jahre			Lebenserwartung 1867		Lebenserwartung 1877	
	Reg.-bez. Ddf: Frauen	Reg.-bez. Ddf: Männer	Reg.-bez. Ddf: ges.	Barmen: Frauen	Barmen: Männer	Barmen: Frauen	Barmen: Männer
0–1	33,32	30,28	31,73	24,98	23,33	44,20	37,42
1–5	40,27	37,95	39,05	29,36	28,82	52,44	44,72
6–15	43,42	40,91	42,11	32,96	32,76	54,58	47,44
16–30	37,86	34,93	36,32	28,80	29,01	47,21	40,25
31–40	28,95	25,72	26,97	19,59	19,94	36,69	29,98
41–60	23,12	20,12	21,55	16,75	15,64	30,18	24,13
>60	12,28	11,06	11,69	8,62	7,87	15,68	14,99

---

104 Bruno Heymann/Karl Freudenberg: Morbidität und Mortalität der Bergleute im Ruhrgebiet, Essen 1925; Helmuth Trischler: Arbeitsunfälle und Berufskrankheiten im Bergbau 1851–1945. Bergbehördliche Sozialpolitik im Spannungsfeld von Sicherheit und Produktionsinteressen. In: AfS 28 (1988), S. 111–151. Allgemein dazu Spree, Soziale Ungleichheit (wie Anm. 54).
105 Quellen: Preußische Statistik 50 (1879), S. 174f.; 199 (1905), S. 36f.; 206 (1905), S. 148ff. Barmen wurde 1867 zusätzlich von der Cholera betroffen, s. o. Tabelle 1.

Tabelle 3b: Lebenserwartung in Preußen und den Regierungs-Bezirken Düsseldorf und Arnsberg 1877[106]

Alter	1877 Lebenserwartung (Frauen & Männer: weitere Jahre)			1877 Differenz zu Preußen in %:		1905 Differenz zu Preußen %:	
	Reg.-bez. Arnsberg	Reg.-bez. Düsseldorf	Preußen	Reg.-bez. Arnsberg	Reg.-bez. Düsseldorf	Reg.-bez. Arnsberg	Reg.-bez. Düsseldorf
0–1	38,21	40,33	37,94	+0,7	+6,3	+8,2	+7,2
1–5	43,57	46,90	46,80	−6,9	+0,2	+1,1	+2,8
6–15	48,12	50,49	50,96	−5,6	−0,9	+0,0	+2,3
16–30	41,61	43,19	44,30	−6,1	−2,5	−0,4	+2,1
31–40	31,00	32,63	33,10	−6,3	−1,4	−0,6	+2,4
41–60	24,57	26,08	26,20	−6,2	−0,5	−0,9	+2,1
>60	12,77	13,73	13,58	−6,0	+1,1	+1,1	+4,3

Von besonderem Interesse sind die Haupttodesursachen. In der Industrialisierung waren dies neben gastrointestinalen Störungen der Säuglinge die Erkrankungen der Atmungsorgane, insbesondere Tuberkulose ist hier als spezifische Krankheit hervorzuheben.

Eine Methode kombiniert Lebenserwartung und Todesursachen erneut am Beispiel des Regierungsbezirks Düsseldorf 1877: Sie zeigt, wie sich die Lebenserwartung verändern würde, wenn einzelne Todesursachen rechnerisch eliminiert werden (vgl. Tabelle 4). Auffällig ist hier die dominierende Rolle der Atemwegserkrankungen (einschließlich der Tuberkulose), deren Ausschalten bis ins 30. Lebensjahr fast zehn zusätzliche Jahre bedeutet hätten.

Eine differentielle Epidemiologie und Demographie der Tuberkulose nach Stadtvierteln steht noch aus. Zeitgenössisch wurden die Textilindustrie, insbesondere in Verbindung mit Heimarbeit und schwierigen Wohnverhältnissen als konstitutionshygienisches Hauptrisiko für Schwindsucht gesehen.

---

106 Quellen: Preußische Statistik 50 (1879), S. 174 f.; 199 (1905), S. 36 f.; 206 (1905), S. 148 ff.

Tabelle 4: Todesursachen im Regierungs-Bezirk Düsseldorf 1877:
Rechnerisch für jeweilige Altersgruppe verlorene Lebensjahre[107]

Altersgruppe (Lebensjahre)	0–1	1–5	5–15	15–30	30–40	40–60	> 60
Lebenserwartung	40,33	46,90	50,49	43,19	32,63	26,08	13,73
Todesursachen: möglicher Gewinn in Lebensjahren:							
Infektionskrankheiten (des Kindesalters)	2,71	2,65	0,79	0,05	0,01	0,00	0,01
Gastrointestinale Erkrankungen	8,28	2,84	0,44	0,12	0,09	0,07	0,03
Typhus	0,66	0,77	0,77	0,56	0,32	0,23	0,11
Atemwegserkrankungen	10,54	11,69	11,94	11,92	9,47	7,58	4,30
Degenerative	1,55	1,80	1,92	1,91	1,95	1,98	1,75
Nervenkrankheiten	1,98	2,07	1,68	1,46	1,42	1,40	1,24
Lebens-/Altersschwäche	4,17	4,96	5,79	6,12	6,87	7,71	11,39
Kindbettfieber	0,25	0,30	0,35	0,37	0,24	0,07	0,00
Gewaltsamer Tod	0,71	0,84	0,82	0,79	0,55	0,42	0,17
Andere Todesursachen	2,65	2,61	2,36	2,21	2,10	1,97	1,39

6. Ausblicke: Zur Traum-Stadt der Hochindustrialisierung

Abschließend soll ein knapper Ausblick auf die Problemlösungsstrategien für Elberfeld und Barmen neue Perspektiven vermitteln.[108] Im Lauf des 19. Jahrhundert. war Barmen rasch aus mehreren Siedlungskernen zusammengewachsen.[109]

107 Datenquelle: Preußische Statistik 50 (1879), S. 174 ff.
108 Erst in der Weimarer Republik wurden größere Projekte realisiert, vgl. Christoph Heuter: StadtSchöpfung: Siedlungen der 1920er Jahre in Wuppertal-Barmen, Wuppertal 1995. Die Werbeschriften der Reihe »Deutschlands Städtebau« beinhalten überwiegend tendenziöse Informationen, vgl. Heinrich Köhler (Hrsg.): Barmen, 3. Aufl. Berlin 1928; Roth: Die Stadterweiterung Elberfelds. In: Rudolf Koch (Hrsg.): Elberfeld, 3. Aufl. Berlin 1928, S. 20–24, und Rudolf Koch: Der Wohnungsbau Elberfelds. In: ebenda, S. 86–126. Jahrzehntelange Eingemeindungsplanungen führten erst 1929 zur Zusammenlegung von Wuppertal, vgl. u. a. Hein Hoebink: Mehr Raum – mehr Macht: Preußische Kommunalpolitik und Raumplanung im rheinisch-westfälischen Industriegebiet 1900–1933, Essen 1989.
109 Wolfgang Köllmann: Bevölkerung in der industriellen Revolution: Studien zur Bevölkerungsgeschichte Deutschlands, Göttingen 1974, S. 186 ff.

»Die Industriestadt Barmen ist infolge ihrer örtlichen Lage in dem engen Wuppertal, an das von beiden Seiten die Berge dicht herantreten, in ihrer Ausdehnung stark behindert. Da sich industrielle Anlagen bisher fast nur in der Talsohle angesiedelt haben, ist diese inzwischen so dicht bebaut [...]«, dass die Stadt Barmen sich seit 1908 komplementär zu dem vom Unternehmer Adolf Vorwerk mit der Bergbahn am Toelleturm angelegten Villenviertel um die Erschließung neuer Industrie- und Wohngebiete auch in aufgelockerter Bauweise bemühte.[110] Im Jahrzehnt vor dem Ersten Weltkrieg wurden immer weniger freie Wohnungen und eine gleichbleibend hohe Wohndichte registriert.[111] Bei Hausbesuchen der Allgemeinen Ortskrankenkasse 1904–1911 zur Bedarfsermittlung von Krankenhausaufenthalten wurde festgestellt, dass die »am Atmungsorgan Erkrankten, die Licht und Luft am dringendsten benötigten [...] an erster Stelle die Bewohner der Einfensterwohnungen waren [und] dass eine große Zahl [sc. 60–80 Prozent 1906–1912] von Kranken [...] mit anderen in einem Bett zusammen schlafen.«[112]

In Elberfeld wurde erst 1900 eine Stadterweiterung vom neuen Oberbürgermeister Funck einer städtebaulichen Revision durch den renommierten Kölner Städteplaner Joseph Stübben unterzogen.[113] Ein Regionalplaner der Stadtverwaltung Essen stellte 1912 fest: »Die sich scharf fixierenden Nachbarstädte Elberfeld und Barmen sind zurzeit nur in der Talsohle in drangvoll fürchterlicher Enge miteinander verbunden.«[114] Mit Stagnation und Problemen der Textilindustrie verbuchten Elberfeld und Barmen vor dem Ersten Weltkrieg sogar Wanderungsverluste, aber auch durch Betriebsverlagerungen.[115] Hierzu gehört ein Coup, der wie die neue Verkehrsinfrastruktur Schwebebahn in den 1890er Jahren geplant und zügig realisiert wurde: Die Radikallösung der Verlegung der Bayer-Werke aus dem engen konfliktbeladenen

---

110 Vgl. Heuter, StadtSchöpfung (wie Anm. 108), S. 15 f., S. 22–28; u. a. zum städt. und Grundstücksfonds und Doppelhausbau Heinrich Köhler: Das neue Wohnviertel Riescheidt-Hatzfeld in Barmen. In: Zbl. allg. Gesundh. 31 (1912), S. 24–29; zu solchen Planungsinstrumenten vgl. Hans Böhm: Bodenpolitik deutscher Städte vor dem Ersten Weltkrieg. In: Karl Heinrich Kaufhold (Hrsg.): Investitionen der Städte im 19. und 20. Jahrhundert, Köln u. a. 1997, S. 63–94.
111 Hermann Trennert: Das Barmer Kleinwohnungswesen, Frankfurt a. M. 1919, S. 43; Behausungsziffern auf Bezirksebene S. 36, auf Straßenebene S. 64 ff.
112 Trennert, Kleinwohnungswesen (wie Anm. 111), S. 44–49, Zitat S. 45.
113 Oliver Karnau: Kommunale Stadtplanung im Elberfelder Süden um 1900. In: Geschichte im Wuppertal 1 (1992), S. 46–57.
114 Robert Schmidt: Denkschrift betreffend Grundsätze zur Aufstellung eines General-Siedelungsplanes für den Regierungsbezirk Düsseldorf (rechtsrheinisch), Essen 1912, Neudruck Essen 2009, S. 64; fünfstöckige Mietskasernen wie in Berlin waren in der Rheinprovinz gelegentlich nur in Elberfeld anzutreffen, ebenda, S. 41.
115 Jürgen Reulecke: Die wirtschaftliche Entwicklung der Stadt Barmen von 1910 bis 1925, Neustadt a. d. Aisch 1973, S. 36 f.

Elberfeld ins heutige Leverkusen, wo die quasi-organische Planung[116] nach Maßgabe der Stoff- und Produktionswege des großzügigen Werksgeländes (Carl Duisberg) anstelle der älteren Chemiefabrik von Carl Leverkus, die v. a. wegen bestehender Konzessionen aufgekauft worden war, zu einer vielgerühmten Fabrikanlage führte. Vermieden werden sollten durch einen regelrechten Bebauungsplan vor allem Probleme am alten Standort:

»Prinzipiell sollte es vermieden werden, Kanäle quer durch Terrains durchzuführen, auf denen später einmal Gebäude errichtet werden sollen, damit jene lästigen, große Kosten verursachenden Verlegungen, wie sie in Elberfeld täglich nötig, in Leverkusen überhaupt nicht mehr notwendig werden [und] jener rege Pferde-, Wagen- und Karrenverkehr, wie wir solchen in Elberfeld gewohnt sind, in Leverkusen aufhören wird und muß«.[117]

Wie andere Produktionsfaktoren versuchte man auch den Faktor Arbeit gleichsam organisch zu organisieren durch Plansiedlungen für Facharbeiter getrennt von der sogenannten Beamtenkolonie; vor dem Ersten Weltkrieg konnte etwa ein Viertel der Arbeiter und über ein Drittel der Angestellten eine Werkswohnung nutzen.[118] Besonders engagierten sich die Bayer-Werke im quartären Bereich um ihre ›Company Town‹ mit Qualitäten einer City zu versehen, der »Konsumanstalt« folgte 1911 das ansehnliche »Bayer-Kaufhaus«, das Werk organisierte neben einer öffentlichen Bibliothek diverse wissenschaftliche Vortragsreihen, Spielplätze und Sportanlagen vermittelten konstitutionshygienischen Freizeitwert.[119]

Dennoch war selbst diese mustergültig geordnete urbane Industriestadt in ihren Gründerjahren bis zum Ersten Weltkrieg noch mit einem Grundproblem konfrontiert, das nicht nur den retrospektiven wissenschaftlichen Zugriff erschwert, nämlich einer erstaunlich hohen Fluktuation: Im Jahr 1907 etwa lag die Einwohnerzahl der

---

116 Carl Duisberg: Denkschrift über den Aufbau und die Organisation der Farbenfabriken zu Leverkusen, publiziert in: Ders., Abhandlungen (wie Anm. 68), S. 387–409.
117 Duisberg, Denkschrift (wie Anm. 116), S. 387 zur Adaption von Grundsätzen der Stadtplanung, Zitat S. 388; die Ver- und Entsorgung sollte durch Schienenfahrzeuge, Normal- und Schmalspur ggf. über Rampen in ebenerdigen Hallen stattfinden bzw. durch ein weitverzweigtes Kanalnetz, dies sollte zusammen mit großzügigem Raumangebot für verbesserten Arbeitsschutz sorgen, ebenda, S. 400 f.
118 Stefan Blaschke: Unternehmen und Gemeinde – das Bayerwerk im Raum Leverkusen 1891–1914, Köln 1999, S. 47.
119 Vgl. u. a. Jürgen Mittag: Taktierender Wirtschaftsführer, fürsorglicher Patriarch oder überzeugter Sozialpolitiker? Carl Duisberg und die Anfänge der Sozialpolitik und Mitbestimmung bei Bayer. In: Klaus Tenfelde u. a. (Hrsg.): Stimmt die Chemie? Mitbestimmung und Sozialpolitik in der Geschichte des Bayer-Konzerns, Essen 2007, S. 57–90, insbes. S. 74 f. Zur Entwicklung Leverkusens bis zum Ersten Weltkrieg div. Beiträge in einerseits: Erik Verg u. a. (Hrsg.): Meilensteine: 125 Jahre Bayer, 1863–1988, Köln 1988, S. 98–198; andererseits: Reinhold Braun u. a. (Hrsg.): 125 Jahre SPD in Leverkusen 1868/69–1994, Leverkusen 1994, S. 11–86.

Gemeinden Wiesdorf und Bürrig bei 15.540, von denen etwa 3.850 Arbeiter und 490 Angestellte in den Bayer-Werken beschäftigt waren. Doch sind für jenes Jahr nicht nur 5.500 Einstellungen, sondern auch rund 5.200 Entlassungen dokumentiert.[120] Das rapide Anwachsen vor allem zugewanderter Bevölkerung darf nicht über die Abwanderung hinwegtäuschen, so dass gesundheitliche Auswirkungen schwer fassbar erscheinen.

Die Freibadeanstalt aus schwimmenden Pontons im Fluss, wie sie in der damals biologisch toten Wupper unvorstellbar und seit 1875 abgeschafft war[121] und die nun im Rheinstrom möglich schien, wurde allerdings nach wenigen Jahren aufgrund mangelhafter Wasserqualität geschlossen[122] – zumindest in diesem Punkt waren die Planungen offensichtlich zu optimistisch gewesen.[123] Als Gegenstück zu den frühindustrialisierten Städten im Wuppertal könnte für die Hochindustrialisierung das aus der fast sprichwörtlichen »Gemeinde Wiesdorf« entwickelte Leverkusen geradezu als Traumstadt aufgefasst werden.[124]

120 Vgl. Blaschke, Unternehmen (wie Anm. 118), S. 44–45 und S. 57; auch 1912 kamen auf 3.273 Einstellungen 3.035 Entlassungen bei einer Einwohnerzahl von 21.050 von denen knapp 7.000 bei Bayer in Leverkusen beschäftigt waren; in Elberfeld war die Belegschaft mit einem Maximum von etwa 1.700 im Jahr 1905 leicht rückläufig.
121 Vgl. Winchenbach: Die Barmer Badeanstalt. In: Zbl. allg. Gesundh. 1 (1882), S. 379–390, allerdings erschien bei Dauerregen oder Hochwasser selbst das Brunnenwasser im Stadtzentrum zu getrübt, ebenda, S. 386; G. A. Schlechtendahl: Die Barmer Badeanstalt und ihr Betrieb in gesundheitlicher Beziehung. In: Zbl. allg. Gesundh. 16 (1897), S. 76–86.
122 Blaschke, Unternehmen und Gemeinde (wie Anm. 118).
123 Vgl. ausführlich Johann Paul: Die Rheinverschmutzung in Köln und Leverkusen im 19. und 20. Jahrhundert. In: Die Alte Stadt 18 (1991), S. 385–402.
124 Als bis heute einen industriestädtischen Stolz vertretendes Beispiel gilt Ludwigshafen was in Deutschland im 21. Jahrhundert angeblich untypisch sei, vgl. einleitend: Heßler/Zimmermann, Perspektiven (wie Anm. 3), hier S. 661 über: Wolfgang von Hippel: Ludwigshafen um 1900, 2 Bde., Ludwigshafen 2009.

Plätze des Liberalismus

Camillo Sittes »Städtebau« aus der Perspektive der Geschichte politischer Ideen

DIETRICH ERBEN

Für die Herausbildung des europäischen Bürgertums hatte sowohl das Nachdenken über Ästhetik, als auch das Denken und Handeln in den Kategorien der Ästhetik eine eminente Bedeutung.[1] Schon bald nach der Mitte des 19. Jahrhunderts konnte Wilhelm Heinrich Riehl feststellen, das Bürgertum sei »unstreitig in unseren Tagen im Besitze der überwiegenden materiellen und moralischen Macht.«[2] Es setzte sich als historische Klasse nicht allein unter der Voraussetzung ökonomischen Erfolgs und aufgrund der Tatsache, dass seine Mitglieder in der Rationalität der eigenen politischen Vorhaben übereinkommen konnten, durch. Ihnen gelang darüber hinaus auch die Verständigung über gemeinsame kultureller Gepflogenheiten. Sie umfassen den Museums-, Konzert- und Theaterbesuch ebenso wie die Veranstaltung von Salons und Lesezirkeln, die Errichtung einer Villa auf dem Land zusätzlich zum Haus in der Stadt, die Ferienreise oder auch nur deren lokales Surrogat, den Sonntagsspaziergang. Die Arbeitswelt und das »Privatleben«, das als Wort mit der Sache selbst neu aufkam, traten sichtbar auseinander. Der Sphäre des Privaten waren die »bürgerlichen« Kulturinstitutionen nicht nur als Standesattribute zugeordnet, sie schufen auch schichtspezifische emotionale Gestimmtheiten und moralische Verpflichtungen. Blumig gesagt: Einig war man sich somit nicht nur im Kopf, sondern auch im Herzen. Die neu entstehende Klasse versicherte sich durch ein aufwändiges Repertoire von Normen, Gepflogenheiten, Verhaltensweisen und Empfindungen der Gewissheit ihrer Identität. Wenn man unter sich über Angelegenheiten der Ästhetik redete, so umschloss dies am sinnfälligsten eine für die Etablierung des Bürgertums bedeutsame kollektive Identität. Aber damit definierte das Bürgertum sich über Kunst und Kultur nicht nur selbst, sondern es disziplinierte sich auch selbst und schwor sich auf einen Kodex ein, an den es sich selbst band. Die Ironie der Heraus-

---

1 Die folgenden Überlegungen nehmen zahlreiche Anregungen aus der gemeinsamen Lektüre von Grundlagenwerken zur Städtebautheorie im Rahmen eines Geisteswissenschaftlichen Kollegs der Studienstiftung des deutschen Volkes auf, das in den Jahren 2005–2007 stattfand und von Johannes Süßmann (Paderborn/Frankfurt am Main) und mir geleitet wurde.
2 Wilhelm Heinrich Riehl: Naturgeschichte des Volkes als Grundlage einer deutschen Socialpolitik, 4 Bde., Stuttgart 1851–1869, Bd. 2: Die bürgerliche Gesellschaft, 1854, S. 153.

bildung des Bürgertums aus dem Geist der Ästhetik besteht in der Ambivalenz dieses Vorgangs: Historische Selbstermächtigung geht einher mit ästhetisch begründeter Selbstunterwerfung. Seither wohnen der Ästhetik des »bürgerlichen Zeitalters« und erst recht der Moderne ein emanzipatorisches und ein disziplinierendes Element inne.[3]

Diese allgemeine Überlegung wird schlagartig nachvollziehbar in den ersten Zeilen von Camillo Sittes 1889 erstmals erschienenem »Der Städtebau nach seinen künstlerischen Grundsätzen«. Der erste Abschnitt der Einleitung lautet: »Zu unseren schönsten Träumen gehören angenehme Reiserinnerungen. Herrliche Städtebilder, Monumente, Plätze, schöne Fernsichten ziehen vor unserem geistigen Auge vorbei, und wir schwelgen noch einmal im Genusse alles des Erhabenen oder Anmuthigen, bei dem zu verweilen wir einst so glücklich waren.«[4] Dieser Beginn des Buches ist eigenartig, eigentlich ist er mit all seinem vermeintlich sentimentalen Überschwang für eine historisch argumentierende Stadtanalyse, die der »Städtebau« sein will, ganz ungeheuerlich. Doch die ersten Irritationen erledigen sich, wenn man die zitierte Anfangspassage unter den Vorzeichen der Adressierung des ganzen Buches an das liberale Bürgertum liest. Das Stichwort der »Reiseerinnerungen« ruft schon in der ersten Zeile den aus dieser Schicht stammenden, damals eben erst geborenen modernen Touristen auf den Plan, der sich als einigermaßen vermögender Bildungsbürger Urlaubermobilität leisten konnte.[5] Natürlich bezieht sich Sitte mit dem Wunsch zum »Genuss« auf den »Cicerone« von Jacob Burckhardt, der als »Anleitung zum Genuss der Kunstwerke Italiens« seit 1855 Goethes »Italienische Reise« als die kanonische Schrift des Italienreisenden abgelöst hatte.[6] Selbstverständlich ist der Imperativ zum »Verweilen« eine direkte Referenz auf Goethes »Faust«, nämlich auf die Selbstverpflichtung des Protagonisten, der sprichwörtlichen faustischen Unruhe für den Augenblick zu entsagen. Unverkennbar sind mit

---

3 Dahingehend die Grundthese von Terry Eagleton: Ästhetik. Die Geschichte ihrer Ideologie (engl. 1990), Weimar 1994, hier insbesondere das Kapitel IV: »Schiller und die Hegemonie« über Schillers Begriff der »ästhetischen Sitten«.

4 Camillo Sitte: Der Städtebau nach seinen künstlerischen Grundsätzen. Ein Beitrag zur Lösung moderner Fragen der Architektur und monumentalen Plastik unter besonderer Beziehung auf Wien, Wien 1889, S. 1. Zitiert wird im Folgenden die im Rahmen der Gesamtausgabe wieder publizierte Erstausgabe: Camillo Sitte Gesamtausgabe, hrsg. von Klaus Semsroth, Michael Mönninger und Christiane Crasemann Collins, 6 Bde., Wien/Köln/Weimar 2003–2014, Bd. 3. Herangezogen wurde auch die Ausgabe Wien 1972 mit dem Reprint der 3. Ausgabe 1901 und dem Faksimile des Originalmanuskripts. Der »Städtebau« wird im Folgenden zitiert mit Seitenangaben im Text, die Gesamtausgabe als CSG.

5 Als neuere Übersicht Rüdiger Hachtmann: Tourismus-Geschichte, Stuttgart 2010; speziell zum bürgerlichen Reisen auch der entsprechende Abschnitt bei Thomas Nipperdey: Deutsche Geschichte 1866–1918, Bd. I: Arbeitswelt und Bürgergeist, München 1990, S. 176–181.

6 Jacob Burckhardt: Der Cicerone. Eine Anleitung zum Genuss der Kunstwerke Italiens, Basel 1855; vgl. Christine Tauber: Jacob Burckhardts »Cicerone«. Eine Aufgabe zum Genießen, Tübingen 2000, bes. S. 124–127 zum »Genuss«-Begriff des Untertitels.

dem »Erhabenen« und »Anmuthigen« Kernbegriffe der Aufklärungsästhetik des 18. Jahrhunderts aufgerufen.[7] In seinem handschriftlichen Lebenslauf hat Sitte bekannt, er habe »die Lektüre der modernen deutschen Ästhetik von Kant an« durchgearbeitet.[8] Schließlich ist schon in der zweiten Zeile der Leitbegriff des »Stadtbildes« eingeführt, der nicht nur das hauptsächliche analytische Kriterium der »malerischen« Stadt ist, sondern in den zitierten Einleitungszeilen auch als Wahrnehmungsphänomen umschrieben wird. Alles in allem ist die scheinbar impressionistische Momentaufnahme ein eminent kalkuliertes Textentrée. Sitte spielt auf eine Fülle bürgerlicher Bildungsreferenzen an und appelliert zugleich an die bürgerliche ästhetische Erfahrung. Der Leser wird aber nicht nur auf seine individuelle ästhetische Urteilskompetenz verpflichtet, sondern ebenso auf eine konventionalisierte Wahrnehmung. Ganz im Sinne der eingangs angesprochenen historischen Doppelbödigkeit bürgerlicher Genese soll auch bei Camillo Sitte das Individuum aus seiner Haut nicht herauskommen. In dieser Haut steckt der idealtypische Standesvertreter der bürgerlichen Gesellschaft.

Mit dieser Lektüre des Textanfangs von Camillo Sittes »Städtebau« ist sowohl eine inhaltliche als auch eine methodische Ausgangsüberlegung beispielhaft ausgesprochen. Inhaltlich zielen die folgenden Überlegungen darauf ab, den »Städtebau« einer historischen Kritik aus der Sicht der Geschichte politischer Ideen zu unterziehen. Dabei wird von der Hypothese ausgegangen, dass Sittes Buch seine Voraussetzungen nicht nur unmittelbar in den kultur- und geistesgeschichtlichen Voraussetzungen hat und durch die politischen Realitäten der Gegenwart des späteren 19. Jahrhunderts geprägt wurde. Beides wurde in der Forschung mit produktivem Gewinn untersucht.[9] Das Werk hat darüber hinaus, wenngleich weitaus indirekter, eine eigene politische Programmatik, es wird inhaltlich von theoretisch und normativ gefassten Anschauungen über die Politik der Epoche bestimmt. Wenn bei der politischen Ideengeschichte Prinzipien, Institutionen- und Organisationsfor-

---

[7] Maßgeblich für den Beginn der ästhetischen Diskussion in Deutschland sind Immanuel Kant: Kritik der Urteilskraft (1790) mit dem Kapitel »Analytik des Erhabenen« und die Aufsätze von Friedrich Schiller: Vom Erhabenen (1793) und: Über Anmuth und Würde (1793).

[8] CSG (wie Anm. 4), Bd. 2, S. 37.

[9] Eine knappe Übersicht über den Forschungsstand mit Bibliografie gibt Christiane Crasemann Collins in der Neuausgabe des »Städtebaus« im Rahmen der CSG Bd. 3 (wie Anm. 4), S. 11–15. Genannt seien hier insbesondere die Studien von Karin Wilhelm und Michel Mönninger; u. a. Karin Wilhelm: Städtebautheorie als Kulturtheorie. Camillo Sittes »Städte-Bau nach seinen künstlerischen Grundsätzen«. In: Lutz Musner u. a. (Hrsg.): Cultural Turn. Zur Geschichte der Kulturwissenschaft, Wien 2001, S. 89–109; Karin Wilhelm/ Detlef Jessen-Klingenberg (Hrsg.): Formationen der Stadt. Camillo Sitte weitergelesen, Gütersloh u. a. 2006; Michael Mönninger: Vom Ornament zum Nationalkunstwerk. Zur Kunst- und Architekturtheorie Camillo Sittes, Braunschweig u. a. 1995 sowie dessen Kommentierungen in CSG.

men des menschlichen Zusammenlebens im Zentrum stehen[10], so ist dieses Ideenensemble notwendigerweise auch relevant für das Nachdenken über die Stadt in ihrer Eigenschaft als einer materialisierten Gesellschaftsformation. Ausgehend von dieser Grundannahme soll im Speziellen der Nachweis erbracht werden, dass die von Sitte entworfene Stadtkonzeption in entscheidender Weise auf den Leitideen des politischen, ökonomischen und kulturellen Liberalismus beruht. Bei Sittes »Städtebau« handelt es sich sowohl um ein Plädoyer für eine auf den Fundamenten des Historismus erneuerte Stadtästhetik, als auch um die Gründungsstatuten einer liberalen Stadtkonzeption auf der Grundlage politischer Ideengeschichte. Der Platz, der in seinem Status geradezu überdeutlich aus der gesamten Stadtmorphologie herausgehoben ist, lässt sich bei Sitte nicht nur als eine gestalterische Maßnahme, sondern auch als politische Metapher beschreiben. Sittes vom Historismus angeleitete Geschichtsinterpretation und die daraus gewonnenen Handlungsmaximen für den zeitgenössischen Städtebau sind auf deren gesellschaftstheoretische Voraussetzungen zu überprüfen. Ein solches Vorgehen ist eine methodische Konsequenz aus dem Sachverhalt, dass der politische Ideengehalt als eine inhaltliche Dimension von Sittes »Städtebau«-Buch nur in mehr oder minder impliziter Form zum Tragen kommt.

Der strikt historisch-formale Pragmatismus der inhaltlichen Mitteilung des Buches hatte für die Rezeption von Sittes »Städtebau« erhebliche Folgen. Das Buch wurde, kaum dass es erschienen war, als Projektionsfläche für konträre Städtebaukonzepte instrumentalisiert, indem es zwischen die Fronten von reformerischer Kritik und kulturkonservativer Vereinnahmung geriet. Während es sich selbst einer offen politischen Programmatik enthielt, ging es der Kritik auf beiden Seiten vor allem um Entwurfsprinzipien des Städtebaus und nicht um deren politische Begründungen. Im Anschluss an diese kontroverse Auseinandersetzung wurde das Buch dann in der wissenschaftlichen Auseinandersetzung, die durch die neuere Forschung insbesondere mit der Gesamtausgabe und einer Vielzahl von Einzelbeiträgen sowohl philologisch als auch interpretatorisch Bedeutendes geleistet hat, als »unpolitisches« Werk aus der Schusslinie gezogen.[11] Dabei wurde die apodiktische Argumentationslinie verfolgt, dass durch Sittes Verzicht auf eine explizite parteipolitische Stellungnahme geradezu zwangsläufig auch ein für die »Stadtbaukunst«

---

10 Zur Theorie politischer Ideengeschichte Iring Fetscher/Herfried Münkler (Hrsg.): Piepers Handbuch der politischen Ideen, 5 Bde., München 1985–1993; als Skizze auch Dietrich Erben: Politische Theorie. In: arch+ Winter 2015, Themenheft »Tausendundeine Theorie«, S. 120–123.

11 Dies gilt in geradezu eindrucksvoller Konsequenz für die neueren Studien: Gabriele Reiterer: Augen-Sinn. Zu Raum und Wahrnehmung in Camillo Sittes Städtebau, Salzburg/München 2003; Klaus Semsroth/Kari Jormakka/Bernhard Langer (Hrsg.): Kunst des Städtebaus. Neue Perspektiven auf Camillo Sitte, Wien 2005; Charles C. Bohl/Jean-François Lejeune (Hrsg.): Sitte, Hegemann and the Metropolis. Modern Civic Art and International Exchange, London/New York 2009; Sonja Hnilica: Metaphern für die Stadt. Zur Bedeu-

relevanter politischer Referenzrahmen zum Verschwinden gebracht worden sei.[12] Alle drei Positionen – der Ablehnung, Vereinnahmung und der formgeschichtliche Neutralisierung von Sittes »Städtebau« – haben den Zugang zum politischen Gehalt des Buches jedoch verstellt.

Das Thema des aus der gleichnamigen Tagung hervorgegangenen, vorliegenden Sammelbandes der »Stadtträume« lässt sich im Folgenden mit minimal alphabetischer Abweichung für die »Stadträume« konkretisieren. Dabei soll gar nicht der Versuch unternommen werden, den für die Jahrestagung der »Arbeitsgemeinschaft für Stadtforschung« ersonnenen rhetorisch effektvollen Jubiläumstitel auf ein methodisch korrektes und operationalisierbares Gardemaß zurechtzuschneiden. Mein definitorisches Bemühen lautet schlicht dahingehend, dass ich unter »Traum« nicht etwa im Sinne der modernen Psychologie eine Fantasieproduktion des Unbewussten verstehe, sondern strikt vorfreudianisch eine meistens hoffnungsvoll erwartete Weissagung der Zukunft, eine »erträumte« Zukunft. Der Platz des Liberalismus wäre demgemäß ein Ort, den es nur als Projektion einer erwünschten Zukunft gibt. Diese Zukunft wird im Folgenden über die Epoche von Camillo Sittes »Städtebau« hinaus bis in die Gegenwart skizziert. Daher wird im Folgenden zuerst die Idee des Platzes bei Sitte vorgestellt und diese dann auf die Kerngedanken des Liberalismus bezogen, dann soll die Ablösung der Idee des »liberalen« Platzes durch wohlfahrtsstaatliche Städtebaukonzepte knapp beschrieben werden, bevor ein Ausblick auf die neoliberalen Plätze in der Gegenwart gewagt wird

1. Stadt und Platz bei Camillo Sitte

Der Erfolg von Sittes Buch liegt unter anderem in seinem einigermaßen umfassenden Anspruch begründet, den der Haupttitel verlautbart und der Untertitel bekräftigt: »Ein Beitrag zur Lösung moderner Fragen der Architektur und monumentalen Plastik unter besonderer Beziehung auf Wien.« Diesem Programm entsprechend

tung von Denkmodellen in der Architekturtheorie, Bielefeld 2012 sowie auch zahlreiche Beiträge zu Interpretation und Rezeption in CSG (wie Anm. 4); Helene Bihlmaier: Camillo Sitte und die Städtebau-Manuale. Genese und Wirkung des künstlerischen Städtebaus. In: Vittorio Magnago Lampugnani u. a. (Hrsg.): Manuale zum Städtebau. Die Systematisierung des Wissens von der Stadt 1870–1950, Berlin 2017, S. 334–345.

12 I.d.S. exemplarisch Wolfgang Sonne: Politische Konnotationen des malerischen Städtebaus. In: Semsroth, Kunst des Städtebaus (wie Anm. 11), S. 63–89, hier S. 64–67 mit folgenden Thesen: Sitte »konzipierte seinen Städtebau als politisch neutrale Strategie.« »Sitte selbst verband mit seinem ästhetischen Ideal keine expliziten politischen Vorstellungen.« »So wenig Sitte politische Ansichten in sein ästhetisches Ideal hineinlegte, so sehr betrieb sein Umfeld die national-politische Aufladung des an der Kleinstadt orientierten malerischen Stadtideals.« Es ist offensichtlich, dass mit dieser Sicht auf Sitte auch ein zentrales Argument für das von Wolfgang Sonne mit initiierte Dortmunder Modell der »Stadtbaukunst« geliefert wird (vgl. unten, Anm. 52) versteht sich von selbst.

INHALT.

	Seite
Einleitung	1
I. Beziehung zwischen Bauten, Monumenten und Plätzen	12
II. Das Freihalten der Mitte	22
III. Die Geschlossenheit der Plätze	35
IV. Grösse und Form der Plätze	45
V. Unregelmässigkeiten alter Plätze	55
VI. Platzgruppen	62
VII. Platzanlagen im Norden Europas	69
VIII. Die Motivenarmuth und Nüchternheit moderner Stadtanlagen	88
IX. Moderne Systeme	97
X. Die Grenzen der Kunst bei modernen Stadtanlagen	112
XI. Verbessertes modernes System	121
XII. Beispiel einer Stadtregulirung nach künstlerischen Grundsätzen	154
Schluss	175

Abb. 1: Camillo Sitte: Der Städtebau nach seinen künstlerischen Grundsätzen, Wien 1889. Inhaltsverzeichnis.

ist die Disposition des Buches (Abb. 1).[13] Die Kapitel I–VII geben eine historische Begründung des Themas; Kapitel VIII–X dessen systematische Erläuterung; in den beiden letzten Kapiteln werden konkrete, beispielhafte Modelle für einen zeitgenössischen Städtebau vorgestellt. Die gesamte Titulatur des Buches macht zunächst klar, dass Sitte vorhat, die Stadt in ihrer Gesamtgestalt mit allen ihren morphologischen Elementen in den Blick zu nehmen. Ein Hauptanliegen des Buches ist es, die Urbanistik wieder für die Architekten und die Architektur zu reklamieren. Sitte

---

13 Aus Sicht der literaturwissenschaftlichen Rezeptionsforschung methodisch zur Relevanz der im Folgenden beschriebenen Elemente von Buchtitel, Inhaltsverzeichnis, Frontispiz Gérard Grenette: Paratexte. Das Buch vom Beiwerk des Buches (frz. 1987), Frankfurt am Main u. a. 1989.

konnte sich hier einerseits insbesondere auf die französische Architekturtheorie des 18. Jahrhunderts beziehen, in der im Rahmen der Diskussion über das *embellissement* der Stadt – etwa bei Marc-Antoine Laugier und Pierre Patte – städtebauliche Fragen selbstverständlich integriert waren.[14] Im Gegenzug wendet er sich gegen die zu seiner Zeit aktuelle Requirierung des Städtebaus durch die mit der Stadttechnik befassten Ingenieure und die Beamten in den Stadtverwaltungen: »Ein künstlerisch wirkungsvoller Stadtplan ist eben auch ein Kunstwerk und keine bloße Verwaltungsangelegenheit. Hier sitzt der Angelpunkt des Ganzen.« (S. 132) Der Baron Haussmann, der Verwaltungspräfekt von Paris, konnte, so Sitte, »in unserem mathematischen Jahrhundert« (S. 2) als Inkarnation dieser Verlagerung der stadtplanerischen Autorität und Kompetenz von den Architekten auf die Techniker gelten (u. a. S. 89 f.)

Man muss sich dieses kaum überbietbaren Anspruchs, den Städtebau als Terrain für die Architekten wieder zurück zu erobern, vergewissern, wenn man sich die Stadtkonzeption klarmacht, die Sitte vor Augen schwebte. Es wurde immer wieder konstatiert, dass Sitte unter der Stadt eigentlich den Platz verstand.[15] Dem Platz wird gegenüber Straße, Bomlock, Stadtgrün und Wasseranlagen als den weiteren morphologischen Hauptelementen der Stadtgestalt ein absoluter Vorrang eingeräumt. Sitte verweigerte sich schlicht dem Gedanken, Stadtelemente größerer Ordnung, als sich für ihn die Straße und vor allem der Platz darstellten, überhaupt künstlerisch zu behandeln und als Gestaltungsfragen zu erörtern. Letztlich ist nur der Platz relevant, und dies in erster Linie deshalb, da er für die Sinne erfahrbar ist: »Ein Straßennetz dient immer nur der Communication, niemals der Kunst, weil es niemals sinnlich aufgefasst, niemals überschaut werden kann, außer am Plan.« (S. 97). Im Hinblick auf größere Entitäten wetterte Sitte vor allem gegen das Rastersystem, gegen »das moderne Häuserkastensystem« (S. 4), »die geschraubte Regelmäßigkeit, zwecklose Symmetrie und Einförmigkeit moderner Anlagen« (S. 59), gegen das »moderne Baublocksystem als ungegliederter Bauwürfel« (S. 86), die »vorrastrirten Blocksysteme« (S. 110), gegen »das bekannte Baublockrastrum« (S. 136), gegen das »Rechtecksystem« (S. 97) an sich. Diesen Vorrang des Platzes macht bereits das Inhaltsverzeichnis (Abb. 1) mit der durchgängigen Nennung des Begriffes »Platz« in den Kapitelüberschriften klar. Durch das Frontispiz wird das Buch aufgemacht

---

14 Maßgebliche Quellenschriften sind: Marc-Antoine Laugier: Essai sur l'architecture, Paris 1753; Pierre Patte: Discours sur l'architecture, Paris 1754. Hierzu vgl. Michael Häberle: Pariser Architektur zwischen 1750 und 1800. Die Entstehung des Elementarismus, Tübingen 1995; Richard Cleary: The Place Royale and the Urban Design in the Ancien Regime, Cambridge 1999; zur Stadtbaukunst und zur Stadtverschönerung als Teil des Regierungshandelns von Obrigkeiten Johannes Süßmann: Vergemeinschaftung durch Bauen. Würzburgs Aufbruch unter den Fürstbischöfen aus dem Hause Schönborn, Berlin 2007.

15 Speziell zu diesem Aspekt Cornelia Jöchner: Das Innen des Außen. Der Platz als Raum-Entdeckung bei Camillo Sitte und Albert Erich Brinckmann. In: Alessandro Nova/Cornelia Jöchner (Hrsg.): Platz und Territorium. Urbane Struktur gestaltet politische Räume, München 2010, S. 45–62.

Abb. 2: Camillo Sitte: Der Städtebau nach seinen künstlerischen Grundsätzen, Wien 1889. Frontispiz: Fotographie vom Petersplatz in Rom.

mit einer fotografischen Ansicht des Petersplatzes (Abb. 2). Die erste Textillustration zeigt dann einen Grundriss der Forumsanlage von Pompeji (S. 3). Mit diesen beiden Polen – des antiken Forums und des barocken Platzes – ist auch eine Chronologie aufgespannt, die Sitte im historischen Teil des Buches hinsichtlich seiner Vorbilder nicht verlässt. Die Belegkette umfasst im systematischen Teil des Buches (Kap. I–VII) hauptsächlich Plätze des Mittelalters und der Renaissance und endet im Barock. Erst in den nachfolgenden Kapiteln bezieht sich Sitte auf Beispiele des modernen Städtebaus, bevor er das Buch mit eigenen Entwurfsvorschlägen für die Umgestaltung der neuen Ringstraßenplätze in Wien (Abb. 5) abschließt.

Zur eröffnenden Petersplatz-Illustration könnte Sitte noch von Heinrich Wölfflins »Renaissance und Barock« inspiriert worden sein. Auch hier ist eine Ansicht der Piazza dem Titelblatt vorangestellt, wobei sich der Blick bei Sittes Illustration vom Bild der Fassade auf eine größere Platzansicht geöffnet hat.[16] Ein Jahr vor dem »Städtebau«, im Jahr 1888, erschienen, erweist sich Wölfflins Habilitationsschrift

16 Heinrich Wölfflin: Renaissance und Barock. Untersuchung über Wesen und Entstehung des Barockstils in Italien (1888), 3. Aufl. München 1908; zuletzt zur kunsthistorischen Konzeption Wölfflins Evonne Levy: The Political Project of Wölfflin's Early Formalism, in: October 139, 2012, S. 39–58.

für Sitte als ein entscheidender Ausgangspunkt und eine maßgebliche Bestätigung für seine eigenen Theorien. Beide Bücher sind Grundlegungen des einsetzenden neobarocken Revivals. Dabei hatte Wölfflin den Begriff des »Malerischen« als ästhetische Hauptkategorie für den Barock reklamiert. Der Stilwandel von der Renaissance zum Barock sei ein »Übergang vom Strengen zum ›Freien und Malerischen‹, vom Geformten zum Formlosen.«[17] Das erste Kapitel steht unter der Überschrift »Der malerische Stil«. Wölfflin attestiert der Barockarchitektur einen »malerischen Charakter«: »Einer reichen Barockarchitektur lässt sich hingegen leichter eine malerische Wirkung abgewinnen: sie hat mehr Bewegung, die freieren Linien, das belebte Spiel von Licht und Schatten, das sie bietet, befriedigen umsomehr den malerischen Geschmack, je mehr sie gegen die höheren Gesetze der Baukunst verstossen.«[18] Barock wird definiert als Antiklassik. Für Wölfflin bedeutet malerisch zunächst so viel wie bildhaft, analog zum Gemälde kann auch ein Bauwerk als Bild der Fassade oder des Innenraums wahrgenommen werden. Weitaus wichtiger ist jedoch die Erzeugung des Malerischen aus der Bewegungsqualität, die sich rezeptionsästhetisch einstellt: »Der malerische Stil ist auf den Eindruck der Bewegung angelegt. Die Komposition nach Massen von Licht und Schatten ist das erste Moment dieser Wirkung; ich nenne als zweites die *Auflösung des Regelmäßigen.* (Freier Stil, malerische Unordnung.) Alle Regel ist tot, ohne Bewegung, unmalerisch. Unmalerisch ist die gerade Linie, die ebene Fläche. (...) um einen weiteren Bewegungsreiz zu gewinnen, wird das Ganze oder doch ein bedeutender Teil schief zum Betrachter orientiert.«[19]

Auch für Sitte stellt sich das »Malerische« als ein analytischer Kernbegriff zur Interpretation der Stadt dar – und das heißt für ihn: des Platzes.[20] Der Begriff des »Malerischen« wird an keiner Stelle in Sittes Buch tatsächlich definiert. Aus den zahlreichen Belegstellen und Nennungen wird aber die semantische Breite nachvollziehbar. Wie für Wölfflin, so ist auch für Sitte das »Malerische« nicht nur eine gestalterische Maßgabe, sondern auch eine rezeptionsästhetische Kategorie. Das ist mit dem ersten Auftauchen des Begriffs ausgesprochen, wenn Sitte über das Rathaus in Breslau mit dem Marktplatz feststellt (Abb. 3), das »Bild« des Gebäudeensembles führe »genugsam die vielfältigen malerischen Reize« vor (S. 16). Sitte zieht mehrfach Analogie zu den »Wirkungen der alten Meister« (S. 119 und passim) und spielt damit auf die Barockmalerei an. Im Jahr 1876 hatte Eugène Fromentins Buch »Les maîtres d'autrefois« als ein vom Impressionismus inspiriertes Manifest der Wiederentdeckung der holländischen und flämischen Barockmalerei Furore gemacht.[21] Sitte sieht die »Farbe auf der Palette der Alten« als eine verbindliche Anregung für die Stadtplanung: »Es müssten allerlei Krummziehungen, Strassenwinkel, Unregelmä-

---

17 Ebenda, S. 1.
18 Ebenda, S. 15.
19 Ebenda, S. 18 (kursiv im Original).
20 Hierzu instruktiv Akos Moravansky: Erzwungene Ungezwungenheiten. Camillo Sitte und das Paradox des Malerischen. In: Semsroth, Kunst des Städtebaus (wie Anm. 11), S. 47–62.
21 Eugène Fromentin: Les maîtres d'autrefois. Belgique, Hollande, Paris 1876.

Abb. 3: Camillo Sitte: Der Städtebau nach seinen künstlerischen Grundsätzen, Wien 1889. Illustration des Rathauses in Breslau.

ßigkeiten künstlich im Plane vorgesehen werden; also erzwungene Ungezwungenheiten; beabsichtigte Unabsichtlichkeiten.« (S. 119) Das »Malerische« ist für Sitte ein Gegenbegriff sowohl zum Geplanten als auch zu rein funktionalistischen Erwägungen, die er mit dem Begriff des »Praktischen« fasst. Das »Malerische« werde durch das »regelmäßige Parcellieren vom rein ökonomischen Standpunkte aus« ebenso zerstört wie durch das »Praktische« des »modernen Häuserblocks.« (S. 116)
Der Vorbehalt gegen das »Praktische« ist nicht unumstößlich. Immerhin sieht Sitte selbst sein Buch als Handreichung von »Material sammt theoretischen Ableitungen für den Praktiker« und als Beitrag zu einer »praktischen Ästhetik« (S. III).

Dabei bezieht er sich offenbar auf Gottfried Sempers epochales architekturtheoretisches Werk »Der Stil in den technischen und tektonischen Künsten«, der denselben Titelzusatz führt.²² Entsprechend dieser »praktischen« Zielsetzung seiner Schrift tilgt Sitte auch die Zuweisung primärer Funktionen an den Platz nicht völlig. Er bleibt hier jedoch vergleichsweise verhalten. Noch am deutlichsten erscheint diesbezüglich eine Projektion auf die vormoderne Vergangenheit: »Dagegen sei vorläufig rein theoretisch festgestellt, dass in Mittelalter und Renaissance noch eine lebhafte praktische Verwertung der Stadtplätze für öffentliches Leben bestand und im Zusammenhange damit auch eine Uebereinstimmung zwischen den Plätzen und den anliegenden öffentlichen Gebäuden, Während sie heute höchstens noch als Wagenstandplätze dienen und von einer künstlerischen Verbindung zwischen Platz und Gebäuden kaum mehr die Rede ist.« (S. 16) Die Illustration des Rathausplatzes von Breslau kann verdeutlichen, was mit dieser Aussage gemeint ist (Abb. 3). Der Blick geht von einem relativ hohen Standort aus über die Straße hinweg auf das reich mit Erkern bestückte Rathaus. Im Erdgeschoßbereich sind Warenstände eingebaut, die sich auch jenseits der Straße fortsetzen. Das »hochgradig Malerische« des Platzes beruht auch hier, wie Sitte in Bezug auf das Stadtbild von Amalfi ausführt, auf der Verschränkung von Platzfreifläche und Platzrandbebauung: »Gerade die Verwendung architektonischer Innenmotive (Stiegen, Hallen etc.) auch bei der Aussenarchitektur ist, Alles in Eins zusammengefasst, eine der wesentlichsten Ingredienzien des Reizes antiker und mittelalterlicher Anlagen. Das hochgradige Malerische z. B. von Amalfi beruht hauptsächlich auf einem oft geradezu grottesken Durcheinander von Innen- und Außenmotiven, so dass man zu gleicher Zeit im Innern eines Hauses oder auf der Strasse und an derselben Stelle noch zugleich ebenerdig oder auch in einem Obergeschoss sich befindet, je nach der Auffassung, die man der sonderbaren Baucombinationen zu geben beliebt.« (S. 116) Gemäß dieser Durchdringung von Innen und Außen konstituiert sich die öffentliche Sphäre in ihrer Gesamtheit sowohl aus der kommunalen Repräsentanz als Funktion des Rathauses als auch aus der dort angesiedelten Wirtschaftstätigkeit. In der gegenseitigen Bedingung von politischem und ökonomischem Sektor liegen die primären Gebrauchszwecke des städtischen Platzes.

22 Gottfried Semper: Der Stil in den technischen und tektonischen Künsten, oder Praktische Ästhetik. Ein Handbuch für Techniker, Künstler und Kunstfreunde, 2 Bde., München 1860–1863. Zum Begriff des »Praktischen« auch Dietrich Erben: Architekturtheorie. Eine Geschichte von der Antike bis zur Gegenwart, München 2017, S. 52–54, 70. Die Auseinandersetzung Sittes mit Semper wird teils indirekt und teils offen an mehreren Stellen im »Städtebau« greifbar, etwa im Hinblick auf den »Conflict zwischen ihren idealen Zielen (d. h. der Kunst D. E.) und den beschränkenden Bedingungen des Materials, in welchem das Kunstwerk zur Erscheinung gebracht werden soll« (S. 118) und in der Kritik von Sempers Planungen für das Wiener Kaiserforum. Zu letzterem Andreas Nierhaus: Das Wiener Kaiserforum. Ein Platz und seine Bilder. In: Nova/Jöchner (Hrsg.), Platz und Territorium (wie Anm. 15), S. 249–266.

Eine dritte Funktion liegt im kulturellen Sinn, den Sitte dem Platz zuweist. Hier erscheint es zunächst als signifikant, dass Sitte den Platz mit modernen Raumtypen analog setzt. So verfällt er auf den Gedanken, dass die Wirkung des antiken Forums »Nach modernen Begriffen noch am ehesten die eines großen Concertsaales mit Galerie« gewesen sein müsse (S. 8); das Forum Romanum habe »die Geschlossenheit des Raums nach Art eines Festsaales«, es sei gleichsam »ein großartiges hypäthrales Interieur« (S. 10). Geradezu ubiquitär zieht sich der Vergleich zwischen Platz und Theater durch das gesamte Buch. Die Freifläche fungiert als Bühne, von der aus die Fassaden der Platzrandbebauung »wie auf einem Bühnenbild zur vollen Wirkung kommen« sollen. (S. 63) Die perspektivischen Wirkungen der Malerei und des Bühnenbildes gelten Sitte als vorbildhaft für die architektonische Platzausstattung: »Nicht genug, dass die Herstellung effectvoller Bühnenbilder für die Theater als eigene Kunst gepflegt wurde, auch der Architekt sollte seine Gebäude, Colonnaden, Monumente, Brunnen, Obelisken und Anderes nach gleichen Regeln zur Aufstellung bringen.« (S. 81) In den griechischen Tempelbezirken vereinten sich Architektur, Plastik und Malerei »zu einem Gesammtwerke der bildenden Künste von einer Erhabenheit und Herrlichkeit, wie eine mächtige Tragödie oder eine große Symphonie.« (S. 10 f.) Hinter solchen für sich genommen durchaus anachronistischen Referenzen steckt mehr als eine Forderung, dem Platz eine festlich-opulente Atmosphäre angedeihen zu lassen. Sittes Vergleiche zielen auf die prinzipielle funktionale Ähnlichkeit zwischen dem Platz und den Raumtypologien in den ausgesprochen bürgerlichen Bildungsinstitutionen seiner Zeit.

Damit deutet sich eine kulturpolitische Funktion des Platzes an, die sich für Sitte vor allem durch die Aufstellung von öffentlichen Denkmälern einlöst. Im »Städtebau«-Buch gewinnt die Denkmaldebatte innerhalb der für sich genommen schon überproportionalen Platzdiskussion wiederum einen vordringlichen, inhaltlich redundanten, für den Leser penetrant erscheinenden Stellenwert. Vor allem auf die Platzierung von Denkmälern verschwendet Sitte unverhältnismäßig viele Überlegungen, wobei er bekanntlich für die Aufstellung von Denkmälern an den Rändern des Platzes plädiert. Wie bereits in den ersten beiden Kapiteln des Buches ausgeführt, geht diese Forderung nach einer Randaufstellung von Standbildern und Brunnen einher mit der Forderung nach einer geschlossenen Randbebauung von Plätzen und nach deren asymmetrischen Grundrissen. Die Probe aufs Exempel wird mit einem ausgefeilten Alternativentwurf für den Umgebungsbereich der Wiener Votivkirche im letzten Teil des »Städtebaus« gemacht (Abb. 4). Der im Rahmen der Ringstraßenbebauung in den Jahren von 1856 bis 1879 nach den Plänen des Architekten Heinrich von Ferstel errichtete neugotische Kirchenbau wird aus seiner denkmalhaften Insellage in einen geradezu intimen Kontext reintegriert. Dabei ließ sich Sitte von der Idee leiten, den Umgebungsraum in Separatplätze einzuteilen und die neugotische Kirche selbst in die Platzrandbebauung einzufassen. Die geschlossenen Platzwände, die exzentrische Postierung von Denkmälern und die Vermeidung von Axialsymmetrie erweisen sich als die drei gleichwertigen Bestandteile einer ästhetischen Trias des Platzes.

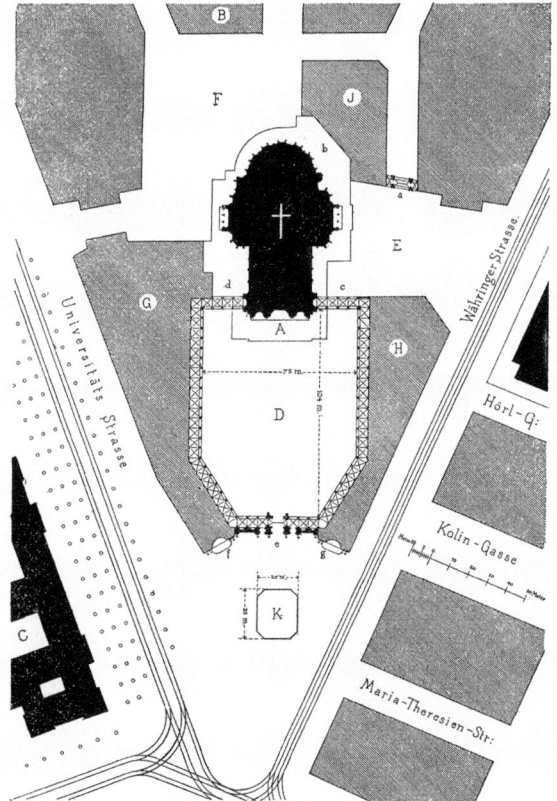

Abb. 4: Camillo Sitte: Der Städtebau nach seinen künstlerischen Grundsätzen, Wien 1889. Entwurf der Neuplanung für die Umgebung der Votivkirche in Wien.

Der Idealtypus des Platzes gemäß Sitte ist – so lässt sich schlagwortartig zusammenfassen – durch wenigstens vier Argumente bestimmt: 1. Plätze sind nicht geplant, sie folgen nicht den Vorgaben eines Entwurfs, sondern werden gleichsam durch die anonymen Agenten der Geschichte selbst – Sitte spricht an einer Stelle beiläufig von den Bedingtheiten von »Klima, Volksleben, Wohnung und Bauweise« (S. 69) – als sichtbare Oberfläche der Historie hervorgebracht. Der exemplarische Rang der Athener Akropolis besteht darin, dass sie »nicht mehr blos ein Theil einer

Stadtanlage im gewöhnlichen Sinne, sondern ein zum reinen Kunstwerk herangereiftes Werk von Jahrhunderten sei.« (S. 11). Das »Zusammenhalten des Bildes« von Plätzen lässt sich weder durch Planungsvorgaben herstellen noch entsteht es durch Zufall, sondern durch »allmähliche geschichtliche Entwicklung.« (S. 55)[23] 2. Aufgrund dieses geschichtlichen Traditionsmoments ist der Platz zugleich ein Garant für die Wahrung der bestehenden Besitzverhältnisse in der Stadt. Das »Malerische« des Platzes fungiert nicht nur als Gegenentwurf zur geplanten, »praktischen« Parzelle, sondern ist als Interpretation historischer Städte zugleich ein zeitgenössisch relevantes Planungsinstrument zur Vermeidung von Bodenreform und Enteignungen. 3. Der Platz wird durch die von Sitte geradezu als unverzichtbar erachtete Aufstellung von Denkmälern zu einem Anschauungsort von Vergangenheit und Geschichtsbildung. In dieser kulturellen Funktion liegt neben der genuin politischen und ökonomischen Funktion eine seiner primären Funktionen. 4. Die Forderung nach dem Malerischen verbürgt schließlich als rezeptionsästhetische Kategorie die Freiheit der individuellen Betrachtung: »Künstlerisch wichtig ist nur dasjenige, was überschaut, was gesehen werden kann; also die einzelne Straße, der einzelne Platz.« (S. 97)

2. Sitte und der Liberalismus

Der Liberalismus war in der Habsburgermonarchie seit den 1860er Jahren auf breiter Front zum Zuge gekommen.[24] Seit diesem Jahrzehnt gehörte liberal zu sein zur »politischen Durchschnittsbildung der verschiedenen Mittelschichten und eines

---

23   I.d.S. zur Florentiner Piazza della Signoria: »Diese Signoria ist, architektonisch genommen, überhaupt der merkwürdigste Platz der Welt. Alle Motive des alten Städtebaus in Bezug auf Form, Grösse, Nebenplatz, Strassenmündung, Brunnen- und Monumentaufstellung sind hier vereint, aber jedes derselben bis zu einem gewissen Grad verhüllt, so dass es gesucht sein will und man nur die Wirkung verspürt, ohne die Ursache zu merken. Dennoch ist eine Fülle künstlerischen Geistes hier verbraucht, wie sonst nirgends wieder. Generationen von Künstlern ersten Ranges haben durch Jahrhunderte der an sich ungünstigen spröden Situation dieses Meisterwerk des Städtebaus abgerungen. Deshalb aber kann man sich daran auch nicht sattsehen, und die Verhüllung des Kunstapparates, womit das Alles zu Stande kam, trägt gewiss nicht wenig dazu bei.« (S. 64 f.)
24   Immer noch grundlegend hierzu die Studie von Carl E. Schorske: Wien. Geist und Gesellschaft im Fin de Siècle (engl. 1980), Frankfurt am Main 1982; eine konzise Skizze der historischen Entwicklungen des Liberalismus in der Habsburgermonarchie mit Forschungsdiskussion und umfassender Literatur bietet der Beitrag von Ernst Hanisch und Peter Urbanitsch: Die Prägung der politischen Öffentlichkeit durch die politischen Strömungen. In: Die Habsburgermonarchie 1848–1918, Bd. VIII: Politische Öffentlichkeit und Zivilgesellschaft, 1. Teilband: Vereine, Parteien und Interessenverbände als Träger der politischen Partizipation, Wien 2006, S. 15–111.

Teils des Adels.«[25] Das liberale Kabinett verabschiedete 1867 die sogenannten Dezembergesetze und verankerte damit die bürgerlichen Grundrechte. Nach 1870, und verstärkt durch die ökonomische Krise von 1873, erfuhr das gesamte liberale Lager eine partielle Schwächung durch die Richtungskämpfe zwischen nationalen und traditionell »freisinnigen« Parteigängern. Auf der Ebene des Reichsrates kam es 1879 zum Ende der liberalen Vorherrschaft. Trotz dieser wechselvollen realpolitischen Konjunkturen blieb die liberale Vision für die Entwicklungsfortschritte der »bürgerlichen Gesellschaft« insbesondere in Wien prägend.

Camillo Sittes »Städtebau« ist als Dokument dieser liberalen Vision zu verstehen. Das Buch ist aus der Sicht des liberalen Bürgertums entworfen und es ist für das Bürgertum gedacht.[26] Die Mitglieder dieser Schicht sind der entscheidende Akteur in der von Sitte historisch aufgefundenen und von ihm konzipierten Stadt. An das Bürgertum ist das Buch selbst adressiert. Es ist entstanden, als der Liberalismus seine Meinungsführerschaft in der politischen Öffentlichkeit bereits eingebüßt hatte und die Wirkmächtigkeit der dem Buch zugrundeliegende Ideen bereits ins Wanken geraten waren. So ist man versucht, sich für Sittes Buch die Gattungsbezeichnung des »retroaktiven Manifests«[27] auszuborgen, das für eine liberale Stadtkonzeption plädiert und dabei die Ideenlehre des Liberalismus in der Rückschau sowohl idealisiert als auch in ihrer Verbindlichkeit festschreibt.

Sittes persönliche Zugehörigkeit zum Milieu des liberalen österreichischen Bildungsbürgertums erschließt sich aus zahlreichen Sachverhalten. Bereits die familiäre Herkunft dürfte auf diese Schicht zurückverweisen, der Vater war Kirchenbauer und Kunstrestaurator. Einer der prominenten Exponenten des liberalen Bürgertums war einer der akademischen Lehrer von Sitte, nämlich der 1852 an die Wiener Universität berufene Kunsthistoriker Rudolph Eitelberger von Edelberg. Auf Eitelbergers Betreiben hin wurde 1864 das »Österreichische Museum für Kunst und Gewerbe« eingerichtet. Das Museum folgte dem liberalen Gründungsgedanken der Gewerbeförderung und der Gewerbekonkurrenz, die durch die museale Geschmacksbildung breiter Hersteller- und Käuferschichten bewerkstelligt werden sollte. Sitte würdigte diese institutionellen Absichten später in seinem Nachruf auf Eitelberger.[28] Diesen

---

25 So Hanisch/Urbanitsch, Prägung der politischen Öffentlichkeit (wie Anm. 24), S. 42.
26 In Bezug auf die reiche Literatur zum schillernden Begriff des Bürgertums mag es an dieser Stelle genügen auf die einschlägigen Kapitel in den Handbüchern von Thomas Nipperdey, Deutsche Geschichte (wie Anm. 5) und Hans Ulrich Wehler: Deutsche Gesellschaftsgeschichte, 5 Bde., München Bd. 2: Von der Reformära bis zur industriellen und politischen »Deutschen Doppelrevolution« 1815–1845/49, München 1987; Bd. 3: Von der »Deutschen Doppelrevolution« bis zum Beginn des Ersten Weltkriegs 1849–1914, München 1989 hinzuweisen.
27 Rem Koolhaas: Delirious New York. A retroactive manifesto of Manhattan, New York 1978.
28 Camillo Sitte: Rudolf von Eitelberger (1885). In: CSG Bd. 5, S. 314–320.

Ideen entsprechend äußert sich Sitte gelegentlich auch nüchtern zur Abschaffung des Zunftwesens. Zünfte seien den neuen Produktionsformen unangemessen und daher nach der Einführung der Zunftfreiheit auch nicht mehr wieder zu beleben; zeitgemäß sei im Gegenteil eine grundsätzlich auf Fortschritt eingestellte Position und Befürwortung der Industrieproduktionsweise.[29]

Camillo Sitte publizierte ab 1869 Aufsätze im »Neuen Wiener Tagblatt«, dem führenden Organ der Deutsch-Liberalen Partei.[30] Auch in der Tagespublizistik wie im übrigen Wortlaut hat er sich einigermaßen konsequent offen parteipolitischer Äußerungen enthalten. Offensichtlich findet sich nur eine einzige dezidiert politisch-programmatische Äußerung in den gesamten Schriften und sie bezieht sich bemerkenswerter Weise auf die Stadtplanung. So kritisiert Sitte die Anlage separater, von anderen Stadtteilen getrennter »Arbeiterviertel, da sie überhaupt die üppigsten Seuchenheerde für socialdemokratische Umtriebe abgeben.«[31] Herzstück des liberalen Programms bleibt die Immunität des Privateigentums gegenüber dem staatlichen Zugriff. Diesem Problem widmet sich Sitte 1904 in einem Aufsatz mit dem Titel »Enteignungsgesetz und Lageplan«. Er stellt dort die rechtliche Verbindlichkeit der historischen Parzellierung heraus und begründet sie unter anderem aus dem historisch-traditionalen Verständnis von Stadt. Sitte plädiert für einen »naturgemäßen Lageplan«, der »von vornherein schon alle Beteiligten zufrieden stellt oder jedem wenigstens seine Selbstbestimmung über sein Eigentum lässt.«[32] Das Argument wendet er auch ästhetisch an, wenn er eine urbane Irregularität befürwortet, was ihn etwa dazu bewegt, die Anlage von Straßenschneisen und die Nivellierung der natürlichen Topographie und des Bodenreliefs innerhalb der Stadt abzulehnen. Jenseits der hier angedeuteten biographischen Kontexte und der Verknüpfungen zu anderen Texten von Sitte selbst kann man die inhaltlichen Bezüge zwischen den liberalen Ideen und der im »Städtebau« vorgetragenen Städtebaukonzeption auch auf einer allgemeinen ideengeschichtlichen Ebene nachvollziehen.[33] Die historischen Voraussetzungen und die Bedingungen für den späteren Erfolg des Liberalismus liegen

---

29 Camillo. Sitte: Zur Geschichte der Gmundner Majolica-Fabrikation (1887). In: CSG Bd. 1, S. 564–573, hier bes. S. 569 f.
30 Zur Zeitung vgl. den Beitrag von Wilfried Posch: Camillo Sittes städtebauliche Schriften. In: CSG Bd. 2 (wie Anm. 4), S. 11–79, hier S. 12–22 und Petronilla Ehrenpreis: Die »reichsweite« Presse in der Habsburgermonarchie. In: Die Habsburgermonarchie 1848–1918 (wie Anm. 25), S. 1715–1818, hier S. 1753–1766.
31 Camillo Sitte: Erklärungen zu dem Lageplan für Reichenberg (1901), zit. nach CSG Bd. 2 (wie Anm. 4), S. 86.
32 Camillo Sitte: Enteignungsgesetz und Lageplan. In: CSG, Bd. 2 (wie Anm. 4), S. 591–613, Zitat S. 611.
33 Zur folgenden Zusammenfassung der Grundgedanken vgl. die Aufsatzbände: Dieter Langewiesche (Hrsg.): Liberalismus im 19. Jahrhundert. Deutschland im europäischen Vergleich (Kritische Studien zur Geschichtswissenschaft Bd. 79), Göttingen 1988; Ders.: Liberalismus in Europa, Göttingen 2003.

in den Idealen der Aufklärung des 18. Jahrhunderts, den Ideen von humanitärem Fortschritt, individueller Emanzipation und bürgerlicher Partizipation. Gleichzeitig ging der Liberalismus auf Distanz zu den Massenbewegungen der sich etablierenden Industriegesellschaft. Die neue liberale Grundfrage lautete nach den Revolutionen von 1830 und 1846 nicht mehr, wie das Individuum von den traditionalen Ordnungen der Standesgesellschaft entbunden werden kann, sondern wie es im Zeitalter der Fabriken und der Bürokratie erhalten werden kann. Von hieraus erklärt sich – wie zu Beginn dieses Aufsatzes ausgeführt – die kulturelle Selbstdefinition des liberalen Bürgertums. Wenn die kulturelle anstelle der sozialen Frage Betonung fand, so ging das mit einer historischen Rückorientierung des Bürgertums auf das Erbe vergangener Bürgerlichkeit einher. Dies geschah unter anderem unter den Vorzeichen des Neuhumanismus und der historistischen Entdeckung der »altdeutschen« Renaissance.

Innerhalb dieser allgemeinen Vorannahmen soll eingehender auf eine der maßgeblichen Gründungsschriften des Liberalismus, »Die Politik« von Friedrich Christoph Dahlmann Bezug genommen werden. Dahlmann wurde 1837 zu einer internationalen Berühmtheit, als er sich mit seiner von ihm verfassten, von den »Göttinger Sieben« unterzeichneten »Protestation« gegen die Aufhebung der Verfassung im Königreich Hannover wandte. Später war er, wie etwa auch Rudolph Eitelberger in Wien, einer der Aktivisten bei der 1848er Revolution. Danach wurde er in das Paulskirchenparlament gewählt und war dort federführend an der Ausarbeitung des Verfassungsentwurfs beteiligt. »Die Politik, auf den Grund und das Maaß der gegebenen Umstände zurückgeführt« erschien erstmals 1835, in einer zweiten aktualisierten Auflage 1847 (Abb. 5).[34] Sie kann als ein Pionierwerk einer historisch begründeten Lehre von der Politik gelten, die auch den österreichischen Liberalismus maßgeblich beeinflusste. Bei Dahlmann werden die Lehren für die praktische Politik aus der geschichtlichen Argumentation entfaltet und abgeleitet. Drei Grundannahmen erscheinen dabei als entscheidend und sie sind bereits im Buchtitel angedeutet.

1. Politik wird empirisch hergeleitet, sie wird zurückgeführt »auf den Grund und das Maaß der gegebenen Zustände«, auf die vorfindbare Wirklichkeit. Die Eruierung des »Grundes«, das heißt die historische Analyse aktueller Gegebenheiten, und die Verwissenschaftlichung historischer Begründungen wenden sich explizit gegen eine naturalistische Genese des Staates. Der Staat ist bei Dahlmann kein Naturprodukt, sondern ein Erzeugnis historisch-gesellschaftlicher Übereinkünfte. »Was man in der Beschreibung ungebildeter Völker Naturstand nennt, ist nur ein minus

---

[34] Friedrich Christoph Dahlmann: Die Politik, auf den Grund und das Maaß der gegebenen Umstände zurückgeführt, Erstausgabe 1835, zweite, aktualisierten Aufl. 1847. Neuausgabe hrsg. von Wilhelm Bleek: Frankfurt am Main 1997, danach im Folgenden zitiert mit Seitenangaben in Klammer im Text. Zu Dahlmann zuletzt Wilhelm Bleek: Friedrich Christoph Dahlmann. Eine Biografie, München 2010.

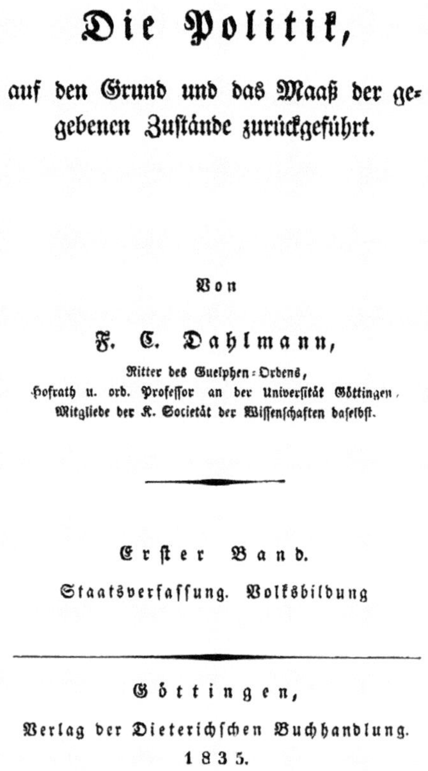

Die Politik,

auf den Grund und das Maaß der gegebenen Zustände zurückgeführt.

Von

F. C. Dahlmann,

Ritter des Guelphen-Ordens,
Hofrath u. ord. Professor an der Universität Göttingen,
Mitgliede der K. Societät der Wissenschaften daselbst.

Erster Band.
Staatsverfassung. Volksbildung

Göttingen,
Verlag der Dieterichschen Buchhandlung.
1 8 3 5.

Abb. 5: Friedrich Christoph Dahlmann: Die Politik, auf den Grund und das Maaß der gegebenen Umstände zurückgeführt, Göttingen 1835. Titelblatt.

der Staatsthätigkeit.« (S. 11) Entsprechend ist das Buch als historisch-systematische Analyse angelegt, die ihren Ausgang von den Staatsverfassungen der Antike nimmt und bis zur Gegenwart fortschreitet.

2. Unter »Maß« versteht Dahlmann weniger abstrakte Größenverhältnisse, sondern eine Qualität der politischen Ordnung und eine Wertestruktur der Wirklichkeit. »Politisches Maß« findet seine Realisierung etwa in der »gemessenen Fortbildung« der Gesellschaft durch den Mittelstand und in einer gemischten Verfassung. In diesem Sinne bezeichnet Dahlmann auch die konstitutionelle Monarchie als die beste Staatsform, die »Mehrzahl des Volkes bedarf zu allen Zeiten dieser verständlichsten und gemüthvollsten aller Regierungsweisen« (S. 88). Das Ideal der alteuropäischen Ständevertretung ist evolutionär weiterentwickelt zur parlamentarischen

Volksvertretung. Oft sei »aus der Ordnung die Freiheit, niemahls aber aus der Freiheit die Ordnung hervorgegangen.« (ebd.) Ziel der Politik muss es, zur Verhinderung von Revolutionen und zum Ausgleich von Klasseninteressen, sein, die Gesellschaftsentwicklung mäßigend zu steuern und zu korrigieren: »Der Politik bleibt die würdige Aufgabe, mit einem durch die Vergleichung der Zeitalter gestärkten Blicke die nothwendigen Neubildungen von den Neuerungen zu unterscheiden, welche unersättlich seys der Muthwille seys der Unmut erzwingt.« (S. 162) Dabei kommt dem »Mittelstand« als »Kern der Bevölkerung« eine entscheidende Rolle zu. Der Mittelstand habe »das Wissen der alten Geistlichkeit, das Vermögen des alten Adels zugleich mit seinen Waffen in sich aufgenommen. Ihn hat jede Regierung vornehmlich zu beachten, denn in ihm ruht gegenwärtig der Schwerpunkt des Staates, der ganze Körper folgt seiner Bewegung.« (S. 162) Der Mittelstand ist auch die »Mitte der Gesellschaft« (S. 305), hingegen neige »der Bildungs- und Vermögenslose Pöbel« (S. 163) zum Extremismus (S. 303).

3. Bildung – damit Schulwesen und Universität – hat einen Bestand des Wissens zu gewährleisten, das als solches auch Richtschnur des politischen Handelns ist. In der Kommune, der Städteordnung und in den Bildungsinstitutionen erkennt Dahlmann die wesentlichen Bestandteile der Verfassungsrealität und besonders einer Verwaltung im Dienst der Gesamtgesellschaft (S. 302 f.) Dahlmann beansprucht jedoch für die Bildung eine weit über die Berufserziehung hinausgehende Bedeutung, indem er ihr den Rang einer die Gesellschaft stabilisierenden Instanz zuweist. Bildung und Recht stehen in einem wechselseitigen Bedingungsverhältnis, denn »die Wirkung der Rechtsanstalten, welche der Staat aufstellt, beruht auf seinen Bildungsanstalten.« (S. 201) Bemerkenswerter Weise zeichnet sich bei Dahlmann ein nationalstaatliches Programm bestenfalls in Umrissen ab, indem er etwa feststellt, dass sich der »Geist der Nation« durch die öffentliche Meinung konstituiert. (S. 201 f.) Ansonsten gilt sein Interesse primär der komplizierten Bauart des »zusammengesetzten Staates« und des Vielvölkerstaates, wie dem Deutschen Bund oder der Habsburgermonarchie (S. 129–134).

Schon ein solch kursorischer Blick auf das liberale Ideenensemble macht den Nachdruck offensichtlich, mit dem sich Camillo Sitte in seinem »Städtebau« auf diese Ideen verpflichtete. Übereinkunft besteht im entschieden historischen, also nicht naturalistischen Staatsverständnis. Konsens besteht darüber hinaus in der Befürwortung einer temperierten Staatsverfassung und in einem evolutionären Geschichtsbild.[35] Daraus ist bei Sitte sowohl die für ihn selbstverständliche Wahrung

---

35 Aus dieser Perspektive ist es fraglich, wenn Michael Mönniger: Naturdenken und Kunstgeschichte. Camillo Sitte und die ästhetische Theorie im 19. Jahrhundert. In: Semsroth, Kunst des Städtebaus (wie Anm. 11), S. 27–45 für Sitte von einem ausschließlich biologistisch verstandenen Entwicklungsbegriff ausgeht und feststellt: »Sittes größte Leistung war sein konsequent naturaler Blick auf Kulturdinge und die Übertragung der für das 19. Jahrhundert charakteristischen Einheitsvorstellung von Natur und Geschichte auf alle

der Eigentumsrechte zu begründen, als auch die prioritäre Rolle der Geschichtsbildung. Camillo Sitte war mit diesem Bereich auch unmittelbar durch seine unterschiedlichen Amtsfunktionen im Schulwesen vertraut, von hier aus erklärt sich auch seine umfangreiche publizistische Tätigkeit im Bildungsbereich.[36] Dieser hohe Wert, der der Geschichtsbildung im Gedankengebäude des Liberalismus als Garant gesellschaftlicher Konsensbildung zugemessen wird, macht auch die vermeintlich überproportionale Rolle, die Sitte der Denkmaldebatte in seinem »Städtebau«-Buch zubilligt, verständlich. Der Platz ist für Sitte ein durch die kulturellen, ökonomischen und gesellschaftlichen Traditionen hervorgebrachtes und gestaltetes Forum, auf dem sich Gesellschaft realisiert und repräsentiert.

Das Verständnis des Platzes als ein typischer »Verweilort« oder »Ruheort« im Unterschied zur Straße ist aus dieser Perspektive auch keineswegs mit Beschaulichkeit gleichzusetzen. Sowohl der Platz als auch die Straße sind – so kann man sie im aktuell gängigen Fachjargon der Kulturwissenschaften titulieren – Orte sozialer Performanz, aber sie sind es in verschiedener Qualität. Im Unterschied zur tendenziell unübersichtlichen Dynamik des Verkehrsraumes der Straße zeichnet sich der Platz durch eine mehr oder minder klare räumliche Rahmung sozialer Interaktionen und durch deren partielle Stillstellung aus. Beides – Rahmung und Stillstellung – verleiht sozialen Interaktionen auf dem Platz ein höheres Maß an öffentlicher Transparenz als auf der Straße. In diesem Gehalt des Platzes als politische Metapher des Liberalismus liegt auch die entscheidende Begründung für die Sonderrolle, die Sitte dem Platz vor den anderen Elementen der Stadtmorphologie einräumt. Ästhetische Rahmung und Stillstellung des Sozialen sind freilich auch Maßnahmen der Eindämmung von historischer Dynamik. Gemäß Sittes Konzeption ist der Platz öffentlich, er wird aber durch die ihm zugeschriebenen, klar definierten politischen, ökonomischen und kulturellen Funktionen unter Kontrolle genommen. Es besteht kein Zweifel, dass in dieser Absicht zur Observanz eine restaurative Angst zum Tragen kommt, in der die Erinnerung an die Eroberung der Plätze durch die revolutionären Volksmassen in den Revolutionen von 1789, 1830 und 1848 abgewehrt wird.[37]

Bereiche des Lebens. Im Gefolge der Evolutionsbiologie übertrug Sitte diesen genetischen Blick erstmals auf die Stadt.« (S. 36)

36 Hierzu die Schriften zu Pädagogik und Schulwesen, CSG Bd. 4 (wie Anm. 4).

37 Zu Sittes negativen Erinnerungen an die Protestaktionen auf öffentlichen Plätzen im Zuge der Revolution von 1848 in Wien vgl. Karin Wilhelm: Ordnungsmuster der Stadt. Camillo Sitte und der moderne Städtebaudiskurs. In: Wilhelm, Formationen der Stadt (wie Anm. 9), S. 15–95, hier S. 19. Zur Bedeutung des Platzes in der französischen Revolution Richard A. Etlin: Symbolic Space. French Enlightenment Architecture and its Legacy, Chicago/London 1994; Hans Christian Harten: Transformation und Utopie des Raums in der französischen Revolution. Von der Zerstörung der Königsstatuen zur republikanischen Idealstadt, Braunschweig/Wiesbaden 1994; Jutta Held: Wohnungen und Volk. Vorrevolutionäre Wahrnehmung in Bildern des ausgehenden Ancien Regime, Köln 1990; speziell zum Aspekt

Wenn Sitte kategorisch gegen jedwede Rasterbebauung war, dann nicht nur aus formalen Gründen, weil sie orthogonal angelegt ist, sondern weil es sich um ein System mit deutlichen politischen Implikationen handelte. Er erkannte hier einen Dirigismus, der ihm als solcher suspekt war, und das hatte ideologische Gründe. So verbürgen Rasterpläne – wie sie etwa gerade für die englischen Kolonien und die USA seit dem 18. und frühen 19. Jahrhundert vorlagen[38] – nicht nur die tendenziell unendliche Erweiterung der Stadt, sondern sie stehen als ordnendes Schema auch für ein unhierarchisches, potentiell demokratisches Prinzip ein. Das Raster tilgt die geschichtlich gewachsenen Hierarchien, und jedem Bewohner werden – so der Idealfall – dieselben Ausgangschancen und dieselbe Lebensqualität zugeteilt. Die im Rasterplan ausgesprochene Emphase des geschichtslosen Neubeginns und die Idee der Chancengleichheit stehen im eklatanten Gegensatz zu dem aus der Tradition gespeisten Geschichtsbewusstsein sowie zur Chancengerechtigkeit, wie sie die Liberalen vertraten. Bei der rasterförmigen Umwandlung historischer Städte, die punktuell im Zuge der Haussmannisierung in Paris und später prominent in Chicago realisiert wurde, kam hinzu, dass solche planerischen Eingriffe Verkaufszwang und Enteignung unausweichlich machten, und damit dem liberalen Eigentumsschutz diametral entgegenliefen.

3. Die Straße als Paradigma des Sozialstaates

Nachdem Camillo Sittes »Städtebau« erstmals 1889 erschienen war, wurden bis 1922 fünf deutschsprachige Ausgaben neben zahlreichen Übersetzungen veröffentlicht. Dann klafft eine signifikante Lücke bis zur sechsten Auflage 1965.[39] Die Beiträge zum Städtebau der Moderne, allen voran die 1933 auf dem CIAM-Kongress konzipierte »Charta von Athen«, hatte dem Buch in diesen Jahrzehnten ganz offensichtlich den Rang abgelaufen. In den späteren Schriften zur Urbanistik, die teilweise auch als Antworten auf Camillo Sittes »Städtebau« entstanden, wird der Sonderstatus des Platzes schrittweise zurückgenommen. Dies geschieht unter den Vorzeichen eines stärker intentionalen und dirigistischen Politikverständnisses. Schon Camillo Sitte konstatiert in der bereits zitierten Äußerung die für ihn nicht zu überbrückende

---

des revolutionären Denkmalgebrauchs Dietrich Erben: Kopfgeburten – Betrachtung und Begehung beim Monumentaldenkmal. In: Johannes Myssok/Guido Reuter (Hrsg.): Der Sockel in der Skulptur des 19. und 20. Jahrhunderts, Köln u. a. 2013, S. 41–62.

38 Sitte spricht im Hinblick auf die Rasterplanung in Städten der USA vom »beliebigen Straßennetz«, und ergänzt: »nur dürfte keines desselben mit jener geradezu brutalen Rücksichtslosigkeit durchgeführt werden, wie dies in den Städten der neuen Welt dem genius loci entspricht und wie es leider vielfach auch bei uns in Mode gekommen ist.« (S. 98)

39 Hierzu die editorischen Angaben in der Edition des »Städtebaus« in CSG, Bd. 3 (wie Anm. 4), S. 15–17.

Differenz zwischen dem Platz als »Verweilort« und der »immer nur der Communication, niemals der Kunst« dienenden Straße (S. 97). Bekanntermaßen heißt es bei Otto Wagner in dem 1911 unter dem Titel »Die Großstadt« publizierten Vortrag vor dem New Yorker Urbanistik-Kongress ganz unverblümt gegen Sitte gerichtet: »Ebensowenig berechtigt und ebenso künstlerisch verwerflich sind absichtliche, unmotivierte Straßenkrümmungen, unregelmäßige Straßen- und Platzlösungen etc. um angeblich malerische Straßenbilder zu erzielen.«[40] Wagners ästhetische Zielsetzung für den Städtebau stellt sich als denkbar pragmatisch dar. Er fordert nichts weiter als eine »Stadtphysiognomie«, die bei der »künstlerisch indifferenten Allgemeinheit«, der »das Verständnis für die Kunst fehlt«, einen »günstigen Eindruck«[41] erzeugt. Für Wagner hat der moderne Bewohner der Großstadt mit seinen Lebensbedürfnissen eine klare Physiognomie. Neben der Gleichgültigkeit gegenüber der Kunst ist die Mentalität des modernen Großstadtmenschen gekennzeichnet durch das Verlangen nach Mobilität und Anonymität. Indem Wagner die Stadt ausschließlich vom Bewohner her denkt, stellt sich für ihn auch der Wohnungsbau im Blockraster als diejenige Bauaufgabe dar, der das Hauptaugenmerk zu gelten hat. Dadurch ist auch der Platz in die Relation zum Wohnungsbau, genauer gesagt zum Mietshaus, gestellt. Plätze dienen dementsprechend als begrünte und mit Wasserparterres ausgestattete Subzentren der jeweiligen Wohnquartiere, als »Luftzentren« (Abb. 6). Die Wendung zum Verständnis des Platzes als Ort der großstädtischen Erholung und physischen Regeneration erscheint hierfür besonders symptomatisch.

Diese Erosion der Idee des »liberalen« Platzes setzt sich in der Folgezeit fort. Während der klassische Liberalismus des 19. Jahrhunderts am Ende dieser Ära selbst in eine Modernisierungskrise geriet, von der er sich im Grunde bis heute nicht mehr erholt hat, änderten sich auch die Paramater des Stadtentwurfs. Spätestens mit der 1933 konzipierten »Charta von Athen« ist sie hinfällig. Dort werden nicht nur alle Gestaltungsprinzipien zugunsten der Stadt der Moderne revidiert. Widerrufen werden auch die Prinzipien des Liberalismus zugunsten der Maximen des Wohlfahrtsstaates. Im Zuge dieser Umwertungen wurde auch der Platz als Hauptelement der Stadtmorphologie durch das Modell einer dynamischen Vernetzung der städtischen Gestaltelemente zu Großstrukturen ersetzt. Das Paradigma der Stadt in der klassischen, autoritären Moderne ist nicht mehr der Platz, sondern die Straße.

Der Berliner Stadtbaurat Martin Wagner definierte 1929 den Großstadtplatz als »Verkehrsschleuse«, bei der die Abwicklung des Verkehrs das »Primäre und Wesentliche« sei, während »die formale Gestaltung von sekundärer Bedeutung

---

40 Otto Wagner: Die Großstadt. Eine Studie über diese, Wien 1911, S. 4; der Text ist weitgehend integriert in Ders.: Moderne Architektur (zuerst 1895), vierte Aufl. unter dem Titel: Die Baukunst unserer Zeit. Dem Baukunstjünger ein Führer auf diesem Kunstgebiete, Wien 1914 (Neudruck Wien 1979), hier S. 76–93.
41 Wagner, Die Großstadt (wie Anm. 40), S. 8.

Abb. 6: Otto Wagner: Die Großstadt. Eine Studie über diese, Wien 1911. Illustration eines Luftbildes von einem Vorort mit »Luftzentrum«.

ist.«[42] Spricht sich hier schon die Tilgung der Bausubstanz zugunsten des Passageren offen aus, so löst sich der Platz gleichzeitig im ganz wörtlichen Sinn in Luft auf. Der Architekt Ludwig Hilbersheimer dekretiert lapidar: »Platz ist der Luftraum

---

42 Wolfgang Pehnt: Platz-Angst und Bau-Flucht. Das gestörte Verhältnis zu Straße und Platz. In: Ders.: Der Anfang der Bescheidenheit. Kritische Aufsätze zur Architektur des 20. Jahrhunderts, München 1983, S. 9–17.

zwischen den Baukörpern.«⁴³ Diese Position wird in der »Charta von Athen« endgültig radikalisiert.

Ein größerer, diametraler Gegensatz als zwischen Camillo Sittes »Städtebau« von 1889 und der 1933 auf dem Athener CIAM-Kongress zur »Funktionellen Stadt« erarbeiteten, 1942 publizierten »Charta« ist nicht denkbar: Dem von einem einzelnen Autor verfassten, auf historischer Deutung beruhenden Plädoyer für eine Erneuerung der Stadtbaukunst aus dem Geist einer politischen Ästhetik ist nun das von einem Kollektiv erarbeitete, auf empirischen statistischen Daten basierende Gründungsmanifest für die Erneuerung der modernen Großstadt aus dem Geist des Funktionalismus an die Seite gestellt. Diese Trendwende ist gleichzeitig als Abkehr vom Liberalismus und als Hinwendung zum modernen Interventions- und Wohlfahrtsstaat zu verstehen, wie er in Frankreich mit dem »Etat-Providence«, in England mit dem »Welfare State« und in Deutschland mit dem »Sozialstaat« realisiert wurde. Die maßgeblichen Grundpfeiler dieser Modelle sind, über alle wichtigen Unterschiede hinweg, die durch die Verfassung garantierte demokratische Partizipation aller Gesellschaftsschichten sowie die mittels staatliche Regulierung angestrebte soziale Sicherung durch möglichst weitgehende Gleichverteilung und durch das Solidaritätsprinzip.⁴⁴

Die Rolle des Platzes ist innerhalb des berühmten Paradigmas der Funktionstrennung von Wohnen, Freizeit, Arbeit und Verkehr völlig auf diese Funktionsklassen bezogen. Der Platz ist kein Element der Stadtmorphologie aus eigenem Recht und keine selbständige Größe mehr.⁴⁵ Folgerichtig sprechen die Autoren der »Charta« auch nicht mehr von »places«, sondern von »surfaces libres« und von »réserves vertes«.⁴⁶ Darunter subsumieren sie Räume für menschliche Bewegungsaktivitäten – Spielplätze für die Kinder, Sportplätze für die Jugendlichen, Spazierflächen für die

---

43 Martin Wagner/Ludwig Hilbersheimer: Das Formproblem eines Weltplatzes. In: Das Neue Berlin 1929, Heft 1, S. 33–40.

44 Vgl. an neuerer Literatur Gerhard A. Ritter: Der Sozialstaat. Entstehung und Entwicklung im internationalen Vergleich, München 1992; François Ewald: Der Vorsorgestaat, Frankfurt am Main 1993; Abram de Swaan: Der sorgende Staat. Wohlfahrt, Gesundheit und Bildung in Europa und den USA der Neuzeit, Frankfurt am Main 1993; Sandrine Kott: L'Etat social allemand, représentations et pratique, Paris 1995; Werner Abelshauser (Hrsg.): Die Weimarer Republik als Wohlfahrtsstaat. Zum Verhältnis von Wirtschafts- und Sozialpolitik in der Industriegesellschaft, Stuttgart 1997.

45 Es sei daran erinnert, dass Le Corbusier Sittes »Städtebau« in der französischen Ausgabe von Camille Martin vorlag, der das Buch um das Kapitel über die Straße (»Des rues«) ergänzt und insgesamt den Tenor des Buches markant verändert hatte; vgl. Camillo Sitte: L'art de bâtir les villes. Notes et réflexions d'un architecte, traduites et complétées par Camille Martin, Genf/Paris 1902.

46 Le Corbusier: La Charte d'Athènes suivi de entretien avec les étudiants des écoles d'architecture (zuerst 1942), Paris 1971; im Folgenden zitiert mit Paragraphennummern in Klammern im Text.

Erwachsenen (§ 30–37). Es versteht sich von selbst, dass sich jede Art von denkmalhafter Ausstattung auf diesen Plätzen erledigt hat, nachdem bereits die historischen Denkmäler kein Bleiberecht *per se* haben (»Tout ce qui es passé n'a pas, par défintion, droit à la pérennité«). Die Verfasser, ganz dem seriell-typologischen Denken verpflichtet, schlagen nur die Erhaltung historischer Muster vor (»dans les cas où l'on se trouve devant des constructions répétées à de nombreux exemplaires, certaines seront conservées à titre documentaire, les autre abattues.« § 66). Die Substitution des Platzes durch die Freifläche, deren Erweiterungen die Verfasser der »Charta« mit allem Nachdruck fordern, erklärt sich aus der strikten Zuordnung dieser Freiflächen zum Stadtganzen und zum Ganzen der Gesellschaft. Hat im Stadtganzen der Wohnungsbau mit den primären Bedürfnissen der Bewohner nach Sonne, Luft und Raum Priorität (»le soleil, la verdure, l'espace sont les trois premiers matériaux de l'urbanisme.« § 12), so erscheinen die Freiflächen letztlich als Verlängerung der Wohnung in die Außenflächen hinein, in denen diese natürlichen Ressourcen ebenfalls bereitgestellt werden müssen. Und ist das Ganze der Stadt durch die andauernde Dynamik des mobilen Flusses von Menschen und Gütern gekennzeichnet, so kommt diese Mobilität auch auf den Freiflächen nicht zum Stillstand. Wenn man so will, ist diese sichtbare Mobilität nur der Widerschein der gesamtgesellschaftlichen Dynamik, denn ganz unverkennbar ist in der »Charta« das Denken in Oppositionen: expandierende Ökonomie versus statische natürliche Ressourcen von Sonne, Luft und Raum; Rechte des Kollektivs versus Rechte des Individuums; Dynamik der Politik und Beharrungskräfte der Verwaltung: »Si la politique est de nature essentiellement mobile, son fruit, le système administratif, possède une stabilité naturelle.« (§ 5)

Die Differenzen zwischen dem traditionellen Platz, wie ihn Sitte konzipiert hatte, und dem Platz der Moderne scheinen somit eklatant. Die politische Metaphorik ist auch bei dieser Neuformulierung des Platzes der Moderne ablesbar. Dies betrifft vor allem die Eigentumsfrage und die Adressierung dieser neuen Plätze. Das Verständnis des Platzes als Freifläche und die Forderung nach der Erweiterung dieser Freiflächen machen die Frage der Bodenreform zum Dreh- und Angelpunkt. Und so ist es folgerichtig, wenn sich die Autoren auf die Lizenz des Sozialstaates zur Veränderung der Besitzverhältnisse berufen. In öffentlichem Interesse sind Enteignungen legitim und notwendig: »Le sol doit être mobilisable quand il s'agit de l'intérêt général.« (§ 95) Der Platz des Sozialstaates ist darüber hinaus nicht mehr der Ort gesellschaftlicher Verabredung. Adressat des Platzes ist nicht mehr das Individuum, an das man sich mit der Emphase der Ästhetik wendet, sondern das kollektive Geschichtssubjekt, dessen »besoins fondamentaux« (§ 12) man sich verpflichtet fühlt und an das man mit dem gesellschaftlichen Ethos der »humanité« (§ 74) appelliert.

Dass man in der Nachkriegszeit diesen Weg weitergegangen ist, und dass dabei auch viel von diesem Ethos der Gründerjahre der Moderne verlorenging, bedarf kaum des Kommentars. Hingewiesen sei hier nur als eine Stimme unter vielen auf das in Fachkreisen weit verbreiteten »Handbuch moderner Architektur« von 1957. Dort schreibt Fritz Jaspert, ein früherer Mitarbeiter von Ernst May in Frankfurt, über den Platz: »Unserer Vorstellung von Platzanlagen entspricht nicht mehr der von

Abb. 7: Ernst-Reuter-Platz in Berlin. Errichtet 1956–1962. Städtebauliche Planung Bernhard Hermkes, Modellfoto. Fotothek des Lehrstuhls für Theorie und Geschichte von Architektur, Kunst und Design, TU München.

Gebäuden eingefasste Architekturplatz früherer Jahrhunderte, sondern eine Komposition von Gebäuden und Lufträumen, bei denen das eine oder andere Bauwerk eher die Aufgabe einer die Raumbildung andeutenden Komponente hat. (...) Der Platz hat heute mehrere Gesichter: Parkplatz, Omnibusbahnhof, Sportplatz usw., und muß dementsprechend gestaltet sein.«[47] Der Ernst-Reuter-Platz in Berlin (Abb. 7) wird von Jaspert folgendermaßen gefeiert: »Straßenführung und Richtung der Gebäudezeilen sind voneinander gelöst; der luftumspülte Platz ohne Symmetrie wird trotzdem durch den Blick auf das Hochhaus gegliedert.« Die Befreiung vom Zwang der Straßenführung wird ebenso freudig begrüßt wie Auflösung der Platzwände.[48] Dass bei der dann realisierten Klötzchenanordnung die lange für die entscheidenden Qualitäten eines Platzes gehaltenen Eigenschaften völlig unter die Räder gekommen sind – nämlich die soziale Rolle der Platzrandgebäude, die Erschließung der Platzmitte durch den Fußgänger, die Rolle der Platzfreifläche als Aufenthaltsort – all dies wird gar nicht mehr erwähnt, weil es als antiquierte Vorstellung auch gar nicht mehr der Rede wert ist.

47 Fritz Jaspert: Städtebau. In: Ders.: Handbuch moderner Architektur. Berlin 1975, S. 32–111, hier S. 52.
48 Ebenda, S. 55.

4. Der neoliberale Platz der Gegenwart

Es besteht kein Zweifel, dass heutzutage der Platz wieder in den Städten zurück ist. Aber sein heutiger Wiedergänger ist der neoliberale Platz und der hat viele Gesichter – man muss wohl eher sagen Grimassen oder Maskeraden. Ubiquitär ist die Zerstörung der öffentlichen Platzräume durch kommerzielle Nutzung.[49] In den Einkaufsstraßen wechseln sich Geschäfte mit Imbissbuden, Cafés und Restaurants ab, wobei die Tische dieser Gastronomie weit in die Straßen und Plätze vorgeschoben werden. Einen Platz ohne Gastronomieterrassen gibt es ohnedies nicht mehr. Es wäre ein Irrtum, zu glauben, dies leiste einen Beitrag zur Verschönerung, und man sollte das Angebot zum Aufenthalt im Freien auch nicht mit einer Maßnahme zu einer an sich durchaus charmanten Verlangsamung menschlicher Aktivitäten in der Stadt verwechseln. Denn die Außenbestuhlung des Stadtraumes ist fast immer mit dessen Außenbewirtschaftung verbunden und an ihr lässt sich am besten die gesellschaftliche Umfunktionierung des Stadtbewohners zum Touristen in seiner eigenen Stadt ablesen. Auch der Tourist ist ein Sozialtypus, der ganz den Gesetzen der Kommerzialisierung unterworfen ist. Da er sich temporär von seiner engeren Lebenswelt entfernt hat, besteht die Haupttätigkeit des Touristen im Geldausgeben. So ergeht es mittlerweile auch dem Stadtbewohner in seiner eigenen Stadt. Öffentliches Leben findet primär als Freizeitbeschäftigung, das heißt als Konsumieren in der Öffentlichkeit statt. Spätestens jetzt ist eine Grundidee der Liberalismus, nämlich des Strebens nach einem Minimalstaat, der seine Bürger nahezu unbemerkt regiert, selbst in die Spirale der Kommerzialisierung geraten, wenn es darum geht, dass der Staat die Bürger vor allem bei ihren Geschäften unbehelligt lässt. Im Neoliberalismus, dessen Siegeszug darauf beruht, dass seit den 1980er Jahren Regierungen aller Couleur zuerst die Liberalisierung des Arbeitsmarktes und dann die Deregulierung der Finanzmärkte betrieben haben, hat die Sorge um den Staat ganz der Sorge vor dem Staat Platz gemacht.[50]

---

49 Zur Kommerzialisierung des öffentlichen Stadtraums liegt mittlerweile eine umfangreiche Literatur seitens verschiedener Disziplinen vor, u. a.: Neil Brenner/Nik Theodore (Hrsg.): Spaces of Neoliberalism. Urban Restructuring in North America and Western Europe, Malden Mass. 2002; Sonke Gau/Katharina Schlieben (Hrsg.): Site-seeing: Disneyfizierung der Städte? Berlin 2003; Werner Sewing: Bildregie. Architektur zwischen Retrodesign und Eventkultur, Gütersloh u. a. 2003; Michael Müller/Franz Dröge (Hrsg.): Die ausgestellte Stadt. Zur Differenz von Ort und Raum, Gütersloh 2005; pointiert zur Kommerzialisierung des Platzes Joseph Imorde: Imitation als Entwurfsproblem. Der italienische Platz im Norden. In: Bruno Klein (Hrsg.): Konstruktionen urbaner Identität. Zitat und Rekonstruktion in Architektur und Städtebau der Gegenwart, Göttingen 2007, S. 99–108.
50 Die Kritik an »New Economy« und Neoliberalismus entwickelte sich parallel zur Implementierung der neuen politischen Rahmenbedingungen und hat sich nach der Finanzkrise seit 2008 verschärft. An ihr sind mittlerweile nicht nur die ökonomischen und politischen

Architektonisch und städtebaulich laufen Neoliberalismus und insbesondere die damit verbundene Kommerzialisierung der Stadt auf die Verbildlichung des Stadtraumes hinaus. Die Herstellung von stilistisch meist im Gewand eines Retro-Design entworfenen Ensembles mit einer entsprechenden Bildwirkung der Fassaden ist in der Architekturdiskussion der Gegenwart ein vordringliches Thema geworden.[51] Dieser neue Städtebau hat sich nun dezidiert wieder der »Stadtbaukunst« verschrieben. Und von dort ist der Weg zu neoliberaler Euphorie und zur »malerischen« Stadt nicht mehr weit. Hatte sich Sitte mit dem »Städtebau« gegen die Techniker und Ingenieure gewandt, so opponieren die Rhapsoden der neuen »Stadtbaukunst« gegen die Gesellschaftswissenschaften.[52] Sofern sie nicht der Einfachheit halber gleich sozialdemokratische Stadtverwaltungen in der Weimarer Republik als Quell allen Übels ausmachen.[53] Homogenisierte Stadtteile werden mit einem riesigen globalen Produktionsvolumen vor allem in den folgenden architektonischen Leitsektoren errichtet: in den Trabantensiedlungen der Großstädte in den expandierenden Schwellenländern Asiens, in den modernen Tourismusressorts weltweit, in den Outletvillages und den für den Kommerz zurecht gerüsteten Innenstadtbereichen europäischer Städte – wie die Neubebauung des Frankfurter Römerberges – und nicht zuletzt in den in riesiger Zahl entstehenden Gated Communities.[54]

Wissenschaften, sondern – mit der Darstellung des Fiktiven und Fiktionalen im ökonomischen Geschäft – auch die Sozial- und Geisteswissenschaften beteiligt; etwa Tony Judt: Ill Fares the Land. A treatise on our present discontents, London 2010; Dairdre Nansen McCloskey: The Rhetoric of Economics, Madison Wis. 1986; Barbara Czarniawska: Narrating the Organization. Dramas of institutional identity, Chicago/London 1997.

51 Neben der in Anm. 49 genannten Literatur dazu auch Joan Ramon Resina (Hrsg.): After-Images of the City, Ithaca/London 2003; Sigrid Brandt/Hans-Rudolf Meier (Hrsg.): Stadtbild und Denkmalpflege, Berlin 2008.
52 Hinzuweisen ist für Deutschland auf die Aktivitäten und Publikationen des an der Technischen Universität Dortmund angesiedelten »Deutschen Instituts für Stadtbaukunst«. Die Leitlinien sind Festgelegt in dem 2010 veröffentlichten Manifest »10 Grundsätze zur Stadtbaukunst heute« (online abrufbar).
53 I.d.S. einigermaßen unverblümt Hans Stimmann: Verdammt zu Unwirtlichkeit oder Nostalgie? Zur Modernität der Stadtbaukunst nach dem Jahrhundert der Stadtplanung. In: Merkur 64 (2010), S. 316–324.
54 Die Literatur zu diesen Bausektoren ist ebenso disparat wie, dem riesigen Investitionsvolumen entsprechend, uferlos; vgl. zu den »Themenstädten« in China Bianca Bosker: Original Copies. Architectural mimicry in China, Hawaii 2012; zu den Tourismusressorts bereits Wolfgang Pehnt: Das Schelmenstück von Portmeirion. In: Bauwelt 72, Heft 17 (1981), S. 694–697; zu den Outletvillages Marina Fumo (Hrsg.): Dal mercato ambulante all'outlet. Luoghi e architetture per il commercio, Bologna 2004; zu den Gated Communities zusammenfassend Dietrich Erben: Architektur des Frivolen – über Gated Communities. In: Ulrich Gehmann (Hrsg.), Virtuelle und ideale Welten, Karlsruhe 2012, S. 127–140.

Gerade in ihnen, den Gated Communities, demaskiert sich der Neoliberalismus selbst.[55] Es sind Stadtbezirke, in denen die Segretation der Reichen von den restlichen Gesellschaftsmitgliedern sichtbar exekutiert ist. Im Lauf der letzten drei Jahrzehnte sind weltweit zehntausende solcher als Sicherheitsdistrikte ausgebauten Wohnquartiere errichtet worden. Sie zeichnen sich durch Umzäunung oder Ummauerung aus, über die Schließanlagen an den Toren befehligen Wächter. Sie haben darüber zu entscheiden, wo für die Allgemeinheit das Recht auf Bewegungsfreiheit aufhört und für die vermögenden Einwohner das Recht auf Segregation und paramilitärisch gesicherten Besitz beginnt. Gated Communities sind das gebaute Eingeständnis, dass ein Ausgleich zwischen Arm und Reich, dass eine Integration unterschiedlicher Gesellschaftsschichten nicht mehr erwünscht ist.

Beispielhaft gilt all das schon für eine der ersten Gated Communities, die in Europa errichtet wurden und von dem damaligen Bauinvestor Silvio Berlusconi in Mailand finanziert wurden. »Milano 2« entstand 1970–1979 im Mailänder Vorort Segrate, bietet Raum für 10.000 Menschen und wird bis heute von einem Heer von Portiers und Sicherheitsleuten kontrolliert. Die Siedlung war bereits mit Kabelfernsehen ausgestattet, ein freier Kanal wurde von einem lokalen Nachrichtensender von Milano 2 genutzt. So wurde 1974 mit »TeleMilano« der Grundstein zu Berlusconis Medienimperium gelegt. Architektonisch ist »Milano 2« eine betuliche Reaktion auf die Moderne (Abb. 8). Die Architekten Ragazzi, Hoffer und Possa verzichteten auf Hochhäuser oder Scheibenbauten, sondern wählten ein großkalibriges Einzelhausformat und sie entschieden sich gegen die »weiße Moderne« für Ziegelbauten. Eine Zentralachse mit getrennten Verkehrswegen für Autos, Fußgänger und Radfahrer fungiert als Einkaufsstraße und Flaniermeile. Die Piazza liegt an einem kleinen künstlichen See. Der Werbeslogan für die Kreditgeber und die avisierten Mieter lautet »Una città dei numeri uno«. Der Stadtteil spiegelt mikropolitisch das weltweite Geschehen der Makropolitik, die auch in Italien mit der Desintegration des Staates insgesamt in den vergangenen drei Jahrzehnten nicht Halt machte. Hier wurde der Staatszerfall in der zwischen 1994 und 2011 währenden Ära Berlusconi verstärkt durch einen entfesselten Neoliberalismus. Unter der Faustformel des »fare da se« ist die Befreiung von Hindernissen für die Entfaltung des Individuums gemeint. Staatsabbau und Rechtsabbau sollen dies ebenso ermöglichen wie offener ökonomischer Wettbewerb. Es ist der Markt, der auch moralische Prinzipien wie Arbeitswilligkeit, Loyalität und Ehrlichkeit erzeugen soll. Demokratie beschränkt sich aus diesem Verständnis auf die Notwenigkeit regulärer Wahlen und insbesondere der Direktwahl. Die Vorstellung von Politik innerhalb von Berlusconis Parteibündnissen gründete sich auf der Kombination von negativem Freiheitsbegriff und personalisierter formaler Demokratie.

Neben der Mailänder »Città dei numeri uno« gibt es die künstlichen Idyllen des Neoliberalismus in der Ära Berlusconi auch eine Nummer kleiner und auch außer-

---

55 Zum Folgenden Erben, Architektur des Frivolen (wie Anm. 54), S. 134–137.

Abb. 8: Wohnblock in der Gated Community »Milano 2« in Mailand-Segrate. Errichtet 1970–1979. Architekten Ragazzi, Hoffer und Possa. Foto: Dietrich Erben.

halb der Gated Communities. Die »Città Nuova« im norditalienischen Alessandria wurde ab 1995 von Léon Krier und Gabriele Tagliaventi geplant und ab 1997 errichtet.[56] Es handelt sich um ein kleines Wohnquartier am Rande der Altstadt und der Erweiterungsbereiche des 19. Jahrhunderts. Die im Durchschnitt zwei- bis viergeschossigen Einzelgebäude sind in losem Gefüge zu einer Baugruppe verknüpft, wobei die Architekten an ihrem gestalterischen Willen, ein geschlossenes, ausgespro-

56 Léon Krier/Gabriele Tagliaventi: Città nuova. Quartiere residenziale e servizi, Alessandria. In: Massimo Fagioli (Aión 1) (Hrsg.): Tempo. Secolarizzazione dell'architettura, Florenz 2002, S. 40–65.

Abb. 9: Wohnbauten in der »Città Nuova« in Alessandria. Errichtet ab 1997. Architekten Léon Krier und Gabriele Tagliaventi. Foto: Dietrich Erben.

chen »malerisches« Ensemble entworfen zu haben, nicht den geringsten Zweifel aufkommen lassen wollten (Abb. 9–10). Alle Bauten sind aus den orthogonalen Koordinaten gerückt. Die zurückgestuften Dachaufbauten und die in unterschiedlichen Firstrichtungen gefügten Satteldächer kehren die Individualität des Entwurfs der einzelnen Bauabschnitte hervor. Formal haben sich die Architekten um die Rekonstruktion von Revolutions- und Neoklassizismus bemüht, aus diesem Fundus stammt das Repertoire der Erdgeschossarkaden und Giebel, der Dachaltane und der Bandrustizierung. All diese formalen Anachronismen geben der Architektur eine spielerisch-parodistische Note, die aber den Eindruck der retortenhaften Künstlichkeit dieses historistischen Fassadenzaubers nicht übertönt. Ein Platz, der den Namen

Abb. 10: Città Nuova« in Alessandria mit Bankgebäude im Zentrum der Platzrandbebauung. Foto: Dietrich Erben.

verdient, kommt im Inneren der Siedlung nicht zustande. Hier handelt es sich bestenfalls um mehr oder minder weit geöffnete Erschließungsräume. Der einzig größeren Freifläche im Inneren fehlt ein städtebaulicher Akzent, das freigestellte Bankgebäude wendet diesem Bereich in geradezu absurder Missachtung den Rücken zu. Als Piazza fungiert daher der offene Vorplatzbereich mit der Cassa di Risparmio und dem Café. Die Wohnanlage stellt sich hier mit einer ausgesprochenen Schaufassade selbst aus. Ein Turmhaus mit Thermenfenstern im rustizierten Erdgeschoß fungiert als rahmendes Repoussoir, ihm antwortet am anderen Ende ein schmales Arkadenhaus mit dem gleichen flachen Pyramidendach. Blickfang des Ganzen ist natürlich die Fassade der Sparkasse (Abb. 10). Das Geldinstitut ist der urbanistische Fokus, aber auch das Sinnzentrum des gesamten Ensembles. Es handelt sich um *architecture parlante*, die sich hier bemüht volltönend zu Gehör bringen will. Das Erdgeschoß erscheint als hohe, geschlossene, durchgängig rustizierte Sockelzone, was den Kenner an ein Bollwerk oder ein Münzgebäude wie die venezianische »Zecca« erinnern soll. Vorne ist der Bau aber aufgebrochen, und vor dem Eingang ist eine im statischen und tektonischen Zusammenhang des Baus schlechterdings überflüssige Säule postiert. Die Reminiszenzen an Tor- und Kirchenbauten projizieren auf die Fassade historische Würdeformeln. Die untersetzte Proportion, der polygonal gebrochene, konisch sich verjüngende Schaft und das dorisch nachgeahmte Kapitell mit der weit ausladenden Kämpferplatte sollen an die Frühzeit der klassischen Architektur gemahnen. Die Säule ist so etwas wie gebaute »Security«. Gleichzeitig ist sie eine Metapher für die beliebige Verfügbarkeit des Architekturrepertoires. Einheit der Gestaltung ist hier keine Kategorie mehr. Ein Zitat mag man dieses Capriccio eines übermütigen Architekten kaum nennen, sondern eher eine Frivolität. Am Ende ist dies jedoch keine Frivolität allein der postmodernen Form oder des Details, sondern sie betrifft das Ganze. Die Retortenidylle, in der sich die Bürger um ein Bankengebäude scharen, erscheint vielmehr als eine Mustersiedlung des Neoliberalismus, der sich Vergesellschaftung und Vergemeinschaftung in der Stadt nur noch als kulissenhafte, kommerzialisierte Ghettos vorstellen kann.

Blick zurück oder nach vorn?

Städtebauliche Vorbilder, Visionen und Konzepte des frühen 20. Jahrhunderts

REGINA STEPHAN

In der außerordentlich komplexen Geschichte des Städtebaus um 1900 überlagern sich soziale Fragen mit solchen der Gestaltung, des Verkehrs, der Energieversorgung und der Verbesserung der Infrastruktur. Am Ende des gut dreißig Jahre andauernden Prozesses waren dann die Lösungen entwickelt, die unsere Städte bis weit in die Mitte des 20. Jahrhunderts prägen sollten.

Dröselt man die einzelnen Themenkomplexe auf, ergeben sich mehrere Erzählstränge. Zusammengefügt entsteht am Ende das vielschichtige Bild des Städtebaus des frühen 20. Jahrhunderts zwischen Vision und Realität.

England

Bevor wir uns mit der Situation in Deutschland befassen können, muss der Blick nach England gerichtet werden. Dort waren die Lebensumstände der ärmeren Bevölkerungsgruppen aufgrund der Vorreiterrolle der englischen Industrie schon in der Mitte des 19. Jahrhunderts katastrophal, weshalb auch schon wesentlich früher als in Deutschland Überlegungen angestellt wurden, die Misere aktiv zu bekämpfen. Das Problem war, dass die Industriebetriebe in den Ballungszentren London, Birmingham, Liverpool und Manchester einen außerordentlich großen Bedarf an Arbeitern hatten, die in großen, eigens gebauten Arbeitersiedlungen untergebracht wurden. Der dort vorherrschende Haustypus »Back to Back«, errichtet in endloser Reihung, bot allerdings nur wenig Raum, kaum Komfort und keine Möglichkeit zur Querlüftung. Er war somit ein Hort der Krankheiten. Zudem hinkte der Ausbau der Infrastruktur der Industriestädte dem des rasch anwachsenden Heeres der Arbeiter hinterher. Gleichzeitig veröden die ländlichen Gebiete.

Eine erste Lösung dieses Konfliktes entwickelten Henry Lockwood und William Mawson im Auftrag des Textilproduzenten Titus Salt, der ab 1851 in der Nähe von Bradford in Yorkshire nicht nur eine große Fabrik, sondern auch die dazu gehörende Siedlung für die Arbeiter und ihre Familien errichten ließ. Mit dieser ersten Company Town namens Saltaire verfolgte Salt geradezu lebensreformerische Ziele, denn er ließ nicht nur preiswerte Reihenhäuser mit Garten errichten, sondern die

Abb. 1: Deutsche Gartenstadt-Gesellschaft (Hrsg.): Aus englischen Gartenstädten, Berlin 1910. Titelblatt.

Abb. 2: Empfangspforte im Gartendorf New Earswick.
Aus: Deutsche Gartenstadt-Gesellschaft (Hrsg.): Aus englischen Gartenstädten, Berlin 1910, S. 16.

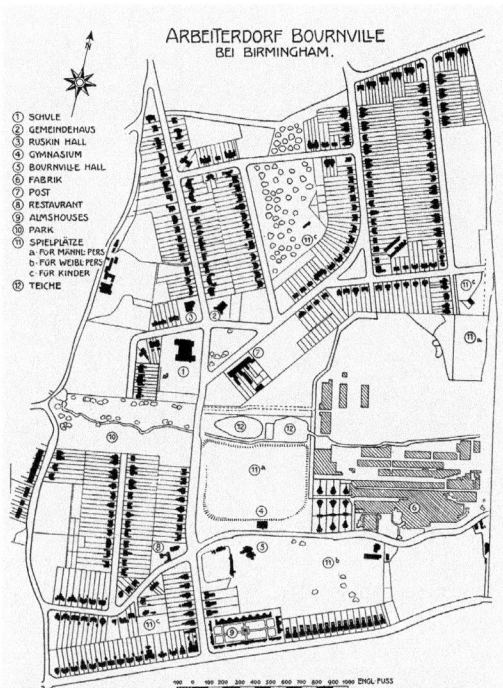

Abb. 3: Lageplan der Siedlung Bournville bei Birmingham.
Aus: Deutsche Gartenstadt-Gesellschaft (Hrsg.): Aus englischen Gartenstädten, Berlin 1910, S. 131.

Abb. 4: Almshouses in Bournville.
Aus: Deutsche Gartenstadt-Gesellschaft (Hrsg.): Aus englischen Gartenstädten, Berlin 1910, S. 137.

Stadt auch mit Schulen und Bibliotheken, aber ohne Pub, ausstatten. Städtebaulich bestand Saltaire aus zwei Teilen, der Fabrik auf der einen Seite der Eisenbahnlinie und der auf orthogonalem Grundraster errichteten Stadt auf der anderen Seite. Rücksichten auf topographische Gegebenheiten spielten anders als bei zwei weiteren, wenig jüngeren Company Towns keine Rolle. Bei Port Sunlight für William Lever und bei Bournville für die Brüder Richard und George Cadbury folgte die Stadtgestaltung den jeweiligen landschaftlichen Gegebenheiten.

Ziel der Gründer der sogenannten Company Towns war es, für die eigene Arbeiterschaft günstige Wohnmöglichkeiten zu schaffen, die die Gesundheit der Arbeiter und ihrer Familien verbessern, ihre Loyalität zum Betrieb steigern und somit die Produkte verbessern würden. Eine übergreifende städtebauliche Theorie lag ihnen jedoch nicht zu Grunde.

Ganz anders stellt sich die Lage bei William Morris' dar, dem englischen Designer und Produzenten hochwertiger, handwerklich hergestellter kunstgewerblicher Objekte, der eine ganz überwiegend theoretische Überlegung in seinem 1890 publizierten Buch »News from Nowhere« ausformulierte.[1] In diesem Buch beschrieb er eine postindustrielle Gesellschaft, die im 21. Jahrhundert in einer idealen Stadt zuhause ist. Bei der Schilderung der Stadtanlage und der Gestaltung der Häuser orientierte Morris sich kurioserweise an mittelalterlichen Formen. Das Leben der Menschen in Nowhere beschrieb er als Gegenbild zur kapitalistischen Gegenwart: Die Bewohner von Nowhere empfinden Arbeit als Glück, sie arbeiten freiwillig und organisieren sich in »Vereinigten Werkstätten«, wie es in der deutschen Übersetzung von 1900 heißt.[2] Geld und Kriminalität existieren nicht mehr. Das Morrissche Buch ist eine sozialromantische Utopie, denn einen Rückbau Londons in den Zustand des 14. Jahrhunderts konnte es ebenso wenig geben wie eine Gesellschaft ohne Privateigentum. Und doch ist Morris' Einfluss nicht zu unterschätzen, denn die von ihm propagierte, auf Studien alter Bauten beruhende Architektur des Arts and Crafts-Movements begründete einen weit über England hinausweisenden gestalterischen Neuansatz, der sich auch in den Bauten in Bournville oder Port Sunlight zeigt.[3]

Einen wirklichen städtebaulichen Neuansatz lieferte 1898 der Parlamentsstenograph Ebenezer Howard, der aus den von ihm zu protokollierenden Debatten im britischen Unterhaus um die großen Probleme mit dem Arbeiterwohnen wusste. Sein als Gegenentwurf zur unglücklichen Gegenwart in Großbritannien zu lesendes, unter dem Titel »Tomorrow, a peaceful Path to real reform« erschienenes Programm

---

1 William Morris: News from Nowhere or an epoch of rest, London 1892.
2 Hanno-Walter Kruft: Geschichte der Architekturtheorie: von der Antike bis zur Gegenwart, 3. durchges. und erg. Aufl. München 1991, S. 387–389.
3 Die Deutsche Gartenstadt-Gesellschaft reiste 1909 nach England, um die Stadt- und Siedlungsneugründungen zu studieren. Die Ergebnisse dieser Studienreise wurde publiziert in Deutsche Gartenstadt-Gesellschaft (Hrsg.): Aus englischen Gartenstädten, Berlin 1910.

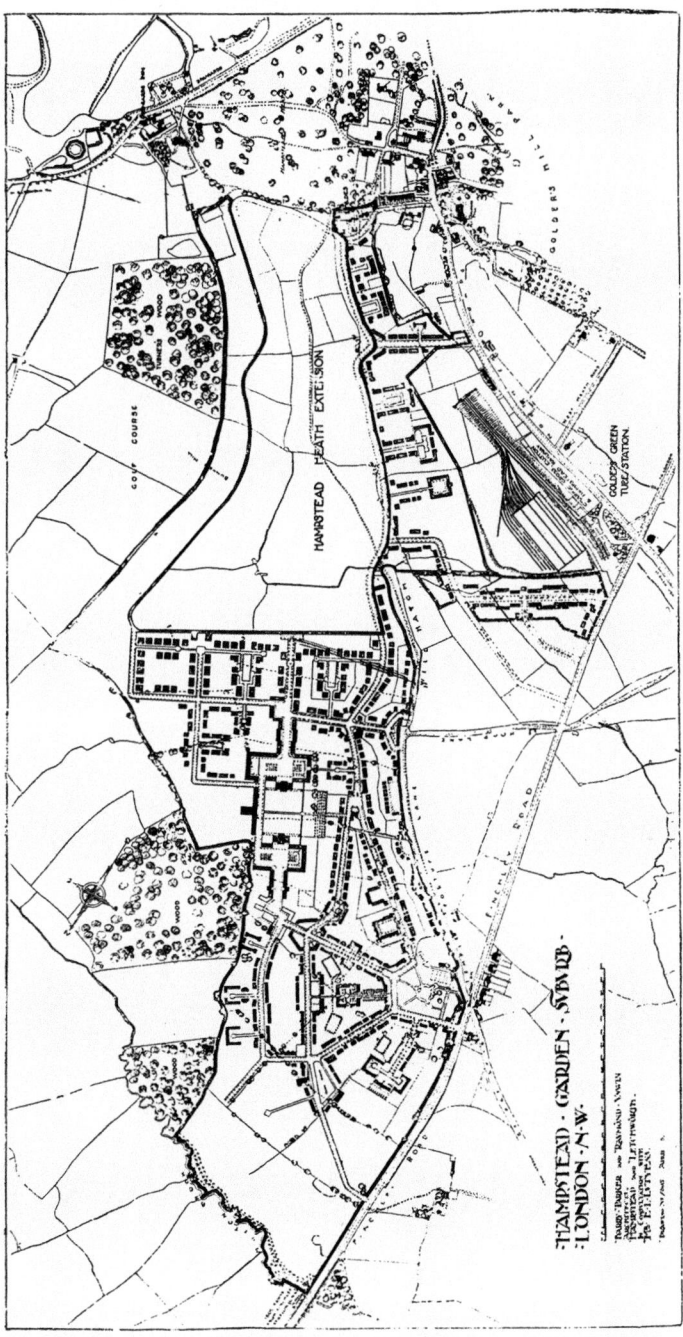

Abb. 5: Lageplan des Garden-Suburbs Hampstead bei London.
Aus: Deutsche Gartenstadt-Gesellschaft (Hrsg.): Aus englischen Gartenstädten, Berlin 1910, S. 170.

Abb. 6: Ansichten einer Straße in der Nähe des Garden Suburbs mit der bis dato üblichen Form des Arbeiterwohnens.
Aus: Deutsche Gartenstadt-Gesellschaft (Hrsg.): Aus englischen Gartenstädten, Berlin 1910, S. 171

Abb. 7: Kleinhäuser für Minderbemittelte in Hampstead.
Aus: Deutsche Gartenstadt-Gesellschaft (Hrsg.): Aus englischen Gartenstädten, Berlin 1910, S. 172.

wurde zum Ausgangspunkt der gerade auch in Deutschland stark rezipierten Bewegung der Gartenstadt.

Howards außerordentlich pragmatischer Ansatz für die Reform des Städtebaus stieß international auf großes Interesse. In Deutschland wurde bereits 1902 die Deutsche Gartenstadtgesellschaft gegründet, deren Ziel es war, für die Idee der Gartenstadt zu werben und die Gründung von Gartenstädten anzuregen.

Doch was schlug Howard vor? Zunächst analysierte er die widerstrebenden Magnete, die das Volk anziehen: Die Großstadt mit ihren großen Chancen für Arbeit und Verdienst, der aber schlechte Lebensbedingungen und hohe Mieten gegenüberstehen einerseits, das Land mit seinen großen Vorteilen bezüglich Luftqualität und Gesundheit, aber andererseits schlechten Aufstiegs- und Verdienstmöglichkeiten. Er entwickelte aus dieser Analyse seine Idee einer Land-Stadt, die die Vorteile von Stadt und Land verbinden und zugleich die zwei größten Probleme der Gegenwart – Landflucht und städtische Überbevölkerung – lösen sollte. Das Besondere an seinem Text ist sein außerordentlich pragmatischer Ansatz, der sich zum Beispiel darin zeigt, dass er den betriebswirtschaftlichen Fragen der Finanzierung einer Stadtneugründung und ihrer Organisation als Genossenschaft sehr viel Platz einräumt. Es ist daher nicht verwunderlich, dass seine Theorie Ausgangspunkt mehrerer Stadt- bzw. Siedlungsneugründungen wurde.

Das Londoner Büro Raymond Unwin und Barry Parker war eines der ersten städtebaulichen Büros überhaupt und entwarf zahlreiche, auf den Howardschen Ideen fundierende Siedlungen, darunter etwa die erste Gartenstadt überhaupt, Letchworth, oder den zu London gehörenden Hampstead Garden Suburb.

Wir haben somit zwei wesentliche städtebauliche Ideen, die in England entstanden und von Architekten und Stadtplanern auf dem Kontinent aufgegriffen wurden: die Company Town und die Gartenstadt.

Deutschland

In Deutschland entstanden etwa ab 1906 die Siedlung Hellerau bei Dresden, die als erste deutsche Gartenstadt gilt, sowie seit 1907 die weniger bekannte Stadt Marga (von Georg Heinisius von Mayenberg) in der Nähe von Senftenberg. Beides sind Städte, die die Gartenstadtidee Howards umzusetzen trachten.

Dagegen gehören Gminderdorf bei Reutlingen, seit 1903 nach Plänen von Theodor Fischer für den Reutlinger Textilfabrikanten Ulrich Gminder gebaut, und die Margarethenhöhe in Essen, gestiftet 1906 von Margarethe Krupp und geplant von Georg Metzendorf, zur Gruppe der Company Towns, sind also Städte bzw. Siedlungen, die von Unternehmern aus einem paternalistischen Ansatz heraus gegründet und finanziert wurden.

Vorbilder für die Gestaltung der neuen Stadt

Neben den sozialen und wirtschaftlichen Gründen für die Neuanlage von Städten oder Siedlungen spielte die Frage der städtebaulichen und architektonischen Gestaltung um 1900 eine große Rolle. Sie wurde heftig und sehr kontrovers diskutiert. Ich möchte im Folgenden einzelne Argumentationsstränge aus dieser Diskussion herausgreifen.

Auch auf dem Kontinent gab es die Forderung, von der Vergangenheit zu lernen. Bezüglich der Architektur forderte dies die Heimatschutzbewegung, bezüglich des Städtebaus ist es der Kern der Forderungen des Wiener Architekten und Hochschulprofessors Camillo Sitte. Von der Anlage der alten Städte zu lernen und diese für die Gegenwart zu erschließen war die Grundlage seiner Lehre am ersten Lehrstuhl für Städtebau an der Staatsgewerbeschule in Wien. Er publizierte 1889 das Buch »Der Städtebau nach seinen künstlerischen Grundsätzen«, in dem er aus der Erforschung der Vergangenheit europäischer Stadtanlagen Forderungen für den Städtebau der Gegenwart entwickelt, weg vom »modernen Häuserkastensystem«, hin zu einem Malerischen Städtebau.[4] Er ist somit ein Vorreiter jener Bewegung, die eine Rückbesinnung auf die autochtone, vor-historische Architektur der Zeit um 1800 forderte, wie der Titel des 1908 erschienenen vielgelesenen Buches von Paul Mebes lautete.[5]

Der von Sitte propagierte so genannte Malerische Städtebau nimmt Rücksicht auf die Topographie, er belässt die Flurgrenzen und -wege und macht sie zum Ausgangspunkt der städtebaulichen Anlage. Ziel ist es »ähnlich treffliche Wirkungen zu erzielen«, wie sie bei der Untersuchung »schöner alter Platz- und überhaupt Stadtanlagen auf die Ursachen der schönen Wirkung« herausgekommen sind.[6]

Gemeinsam ist allen drei vorgestellten städtebaulichen Ansätzen der Zeit um 1900 das Bemühen um ein Weiterentwickeln oder die Neuanlage von Städten auf der Grundlage der Studien historischer Städte. Idealerweise sollten sie sich in die Landschaft einfügen sowie Wohnraum und Arbeitsstätten in gesunder Umgebung bieten. Durch die Anlage der Stadt oder der Siedlung sollte ein Bild von Stadt erzeugt werden, das dem der tradierten, alten europäischen Stadt entsprechen und den Einwohnern das Gefühl von Vertrautheit, Zugehörigkeit und von Heimat vermitteln können sollte.

Um 1900 überwogen in Europa vor allem traditionelle Muster aufgreifende städtebauliche und architektonische Ansätze, verbunden durch die Idee einer Einheit von

---

4   Vittorio Magnago Lampugnani: Im Wien der Jahrhundertwende. In: Ders.: Die Stadt im 20. Jahrhundert. Visionen, Entwürfe, Gebautes, Berlin 2010, S. 95–125, v. a. S. 95–98.
5   Paul Mebes: Um 1800, 2 Bde., München 1908. Die Stadtanlage ist Thema des ersten Bandes mit dem Untertitel: Straßenbilder, öffentliche Gebäude und Wohnhäuser, Kirchen und Kapellen, Freitreppen, Haustüren, eiserne Gitter, Denkmäler.
6   Siehe hierzu Lampugnani, Stadt (wie Anm. 4), S. 97.

Wohnen und Arbeiten, kurzen Wegen, der Gestaltung mit regionalen Formen und Materialien, der Einpassung in die Landschaft. Doch es gab auch moderne Entwürfe.

Ein eigenständiger Zwitter aus Vergangenheit, Gegenwart und Zukunft ist der auf historischen Vorbildern beruhende Entwurf einer Cité industrielle von Tony Garnier aus den Jahren 1899–1904. Dass man den Entwurf nicht in einem Atemzug mit den vorgenannten nennen mag, liegt daran, dass Garniers Stadtentwurf ganz anders konzipiert und vor allem auch ganz anders architektonisch gestaltet ist. Bedingt durch Thema und Gestaltung nimmt man die Cité Industrielle zunächst als einen durch und durch vorbildlosen modernen Entwurf wahr. Doch konnte Jan Pieper nachweisen, dass diese Annahme falsch ist. Vielmehr ist der Entwurf »das Ergebnis einer intensiven Verarbeitung von Eindrücken und Einsichten«, »wie sie der Romaufenthalt (als Prix de Rome-Träger) bereithielt«.[7] Die von Garnier konzipierte Industriestadt ist demnach durch und durch rational organisiert. Sie enthält Wohnquartiere, Industrieviertel, dazwischen neben den Straßen auch parkartige Grünzüge. Es ist – anders als die der ländlichen Idylle huldigende Gartenstadt – eine exakt nach den Himmelsrichtungen ausgerichtete Großstadt mit zwei sich rechtwinklig kreuzenden Hauptstraßen, entsprechend dem Cardo und dem Decumanus des Römischen Städtebaus. Auch sonst orientierte sich Garnier an der Antike: Der Platz am Schnittpunkt der beiden Hauptstraßen entspricht dem Forum, dessen Ummauerung durch offene Wandelhallen der Stoa bzw. dem Porticus der Römer, ebenso entspricht das öffentliche Bad in Anlage und Lichtführung den antiken Thermen, die Atriumhäuser denjenigen der Römer. So erweist sich der Teil der Stadt mit Wohnungen und Geschäften als eine deutlich in der Tradition des römischen Städtebaus verankerte Vision. Und wie löst Garnier die vorbildlose Frage der Industrieanlagen? Sie liegen getrennt von den Wohn- und Geschäftsstraßen außerhalb. Garnier dachte an die Stromversorgung und plante ein Wasserkraftwerk oberhalb der aufgeschütteten Ebene, auf der die Stadt gebaut werden sollte, er plante Industriebetriebe und Schulquartiere, Bahnhof und Hafen. Seine Stadt enthält alles, was eine Stadt für 35.000 Einwohner benötigt. Erstmals werden Wohnen, Arbeiten und Erholen voneinander getrennt und damit einer späteren Entwicklung der CIAM vorgegriffen. Garniers Großstadtentwurf entstand 1899–1904 und damit nahezu zeitgleich zu dem sich explizit von der Großstadt abwendenden Konzept der Gartenstadt von Ebenezer Howards, die für 32.000 Einwohner geplant war. Beide komplementären Stadtkonzepte schöpfen aus der Kenntnis des europäischen Städtebaus, obgleich sie unterschiedliche Folgerungen aus dieser gemeinsamen Wurzel ziehen.

---

7   Jan Pieper: Tony Garnier. Das Romerlebnis und die Cité Industrielle. In: Joseph Imorde/Jan Pieper (Hrsg.): Die Grand Tour in Moderne und Nachmoderne, Tübingen 2008, S. 131–150, zit. n. S. 131.

Neuartige Konzepte

Gibt es also gar keine voraussetzungslose neue städtebauliche Vision um 1900? Doch es gibt sie, und zwar in Form der Linearen Stadt, deren erste Ausprägung von dem spanischen Industriellen Arturo Soria y Mata stammte, der 1883 in einem Aufsatz seine Vision einer Ciudad Lineal vorstellte: Eine einzige, 500 Meter lange Straße mit einem breiten Geländestreifen für Eisen- und Straßenbahnlinien in ihrer Mitte sollte »die hygienischen Bedingungen des Lebens auf dem Land mit jenen der großen Hauptstädte verbinden.«[8] Alle öffentlichen Einrichtungen sollten entlang dieses Rückgrads der Stadt entstehen, die er als durchgrünt darstellte.

Eine ähnliche, und doch zugleich ganz anders geartete Idee entwickelte wenig später der Amerikaner Edgar Chambless: die Roadtown. Auch sie ist eine lineare Stadt, die nun allerdings »nur« aus einem einzigen mehrgeschossigen, kilometerlangen Haus besteht. Edgar Chambless publizierte sie 1910 in seinem gleichnamigen Buch und in zahlreichen Zeitschriftenartikeln. Ausgangspunkt seiner Idee war die Weite des amerikanischen Kontinents und die Notwendigkeit, diesen zu erschließen, in Verbindung mit dem Bedarf an gesunden, preiswerten Wohnungen.[9] Im Sockel dieses Hauses verlaufen Eisenbahn, Telefonkabel etc., darüber liegen Läden und in den Obergeschossen Wohnungen, die alle einen schönen Ausblick in die Natur bieten, frische Luft und Sonne. Auf dem Dach der Linear City kann man sich aufhalten und spazieren gehen. Die Roadtown ist eine Art liegender Wolkenkratzer, mit dessen Hilfe wie bei Howard Stadt und Land miteinander verbunden und das Beste von beidem für die Menschen vereint werden soll. Zu Lebzeiten Chambless nicht realisiert, wurde die Idee sehr viel später, 1965, in dem Projekt Linear City von Peter Eisenman und Michael Graves wiederaufgegriffen, nun aber als Antwort auf die zunehmende Zersiedelung der amerikanischen Landschaft.

1914 brach der Erste Weltkrieg aus. Er war auch für die Architekten eine traumatische Erfahrung. Nicht allen gelang es, das Trauma kreativ zu überwinden: zu diesen zählen Erich Mendelsohn, dessen reicher Formenschatz sich in den Jahren 1915–1918 entwickelte, und Bruno Taut, der sich schon vor dem Krieg mit Fragen des Städtebaus und der Nutzung von Glas in der Architektur auseinandergesetzt hatte.

Stadtvisionen nach dem Ersten Weltkrieg

Taut verfasste während des Krieges zwei Bücher, die beide unmittelbar nach dem Krieg 1919/20 erschienen: »Die Stadtkrone« und »Alpine Architektur«.[10] Beiden ist eine gewisse Phantastik zu Eigen. In der Stadtkrone schildert er eine kreisförmige

---

8 Vittorio Magnago Lampugnani: Malerisch Wohnen im Grünen. In: ders., Stadt (wie Anm. 4), S. 11–41, Zit. S. 38.
9 Edgar Chambless: Roadtown, New York 1910.
10 Die Alpine Architektur Tauts bearbeitete zuletzt: Matthias Schirren: Bruno Taut. Alpine Architektur. Eine Utopie, München 2004.

Stadt für 300.000–500.000 Einwohner, die an den vier Himmelsrichtungen von Grünzügen durchstoßen ist. Im Zentrum der Stadt sieht er ein auf einem hohen Sockel stehendes, »ganz vom Zweck« gelöstes, »als reine Architektur über dem Ganzen« thronendes Kristallhaus vor.[11] Ein Drittel der veranschlagten Kosten für den Bau der neuen Stadt sollte der Realisierung des Kristallhauses vorbehalten sein. Im selben Jahr 1919 initiierte Taut die Gründung der Gläsernen Kette, einer Vereinigung von dreizehn Architekten, Künstlern und Kritikern, die sich zum brieflichen Gedankenaustausch über architektonische Ideen, Konzepte und Phantasien verabredeten.

Die unmittelbare Nachkriegszeit war eine außerordentlich aufgewühlte und zugleich ungeheuer kreative Phase der deutschen Architektur. Dies zeigt sich auch in Tauts Publikation »Die Auflösung der Städte oder die Erde eine gute Wohnung«, die 1920 erschien.[12] Taut schlägt hier nichts anderes vor, als die städtischen Ballungsräume aufzugeben und die freie Landschaft zu besiedeln. Kristalline Kultstätten und Volkshäuser sollten zu Gemeinschaftszentren werden, in denen die Menschen in Ermangelung eines öffentlichen Nahverkehrs mit den verschiedenen neuen motorisierten Fahrzeugen – Auto, Flugzeug, Motorboot – zusammenströmen könnten.

Realisierungen

Das Ende der Inflation 1923 bildete den Startschuss für ein außerordentliches Volumen an Siedlungsplanungen, das dazu dienen sollte, die drängende Wohnungsnot zu lindern. Diese folgten in Vielem den Ideen und Vorstellungen der Zeit vor dem Krieg. In der Rückschau erweisen sich die älteren theoretischen Überlegungen und Planungen geradezu als ein Vorspiel für das, was dann in der Weimarer Zeit realisiert werden konnte:

Die Gartenstadtidee Howards war grundlegend für die Planung und Realisierung der Siedlungsgürtel um die Großstädte wie Berlin und Frankfurt. Dies zeigte 2011 beispielhaft die Ernst May-Ausstellung im Deutschen Architekturmuseum in Frankfurt.[13]

Aber auch die Idee der Linear City wird bei den Planungen von Bandstädten wieder aufgegriffen: Ich möchte hier nur auf Ernst Mays Planungen für Magnitogorsk

---

11 Siehe hierzu Vittorio Magnago Lampugnani: »Auf dem Weg in die Moderne«. In: Ders., Stadt (wie Anm. 4), S. 250–277, von S. 269–275, zit. S. 272.
12 Bruno Taut: Die Auflösung der Städte oder Die Erde eine gute Wohnung oder Der Weg zur Alpinen Architektur, Hagen 1920.
13 Claudia Quiering u. a. (Hrsg.): Ernst May 1886–1970, München 2011. Hierin insbesondere: Christoph Mohr: Das Neue Frankfurt. Wohnungsbau und Großstadt 1925–1930, S. 50–67; wie weit der gestalterische Anspruch in den 1920er Jahren reichte verdeutlicht der Aufsatz von: Helen Barr/Ulrike May: »Neben dem Inhalt ist auch die Form von Bedeutung« – Vom Gestalten einer Stadt: Das Neue Frankfurt, in: ebenda, S. 91–98.

von 1931 und auf Le Corbusiers Plan Obus mit einer Art »geschwungenem Wohnviadukt« entlang der Küste bei Algier von 1933 verweisen.[14]

Schließlich inspirierte die Idee der Stadtkrone auch den Ausbau der Innenstädte: Man nehme das Beispiel des Umbaus des Berliner Potsdamer Platzes am Ende der zwanziger Jahre. Kann man sogar so weit gehen, die späteren NS-Planungen für die Umgestaltungen der Innenstädte oder den Bau von Parteibauten wie in Stuttgart für den Reichssender auf der Karlshöhe mit der Idee der Stadtkrone zu verbinden?

Auch Tauts Forderung einer Auflösung der Städte wurde umgesetzt, allerdings erst nach dem Zweiten Weltkrieg. Die starke Durchgrünung der im Zweiten Weltkrieg schwer beschädigten Städte und der Ersatz der ehemaligen engen Altstadtbereiche durch locker gesetzte Kammbebauungen ist ohne den theoretischen Überbau der städtebaulichen Visionäre nicht denkbar.

Es zeigt sich: Die städtebaulichen Vorstellungen, Ideen und Konzepte der zwanzig Jahre vor und nach 1900 waren grundlegend für die weitere städtebauliche Entwicklung in Deutschland bis weit die die zweite Hälfte des 20. Jahrhunderts.

Heute stehen wir an einem ähnlichen Punkt wie vor 100 Jahren: Viele Blicke wenden sich zurück, man denke an die derzeit grassierende Vorliebe für Rekonstruktionen, deren prominentestes Beispiel die »neue Altstadt« Frankfurts ist, die im Herbst 2018 eröffnet worden ist. Einige aber werfen ihre Blicke weit voraus in die Zukunft. Es bleibt also spannend.

---

14 Die Planungen Mays in der Sowjetunion wurden in der Ausstellung 2011 ausführlich präsentiert. Siehe hierzu Thomas Flierl: »Vielleicht die größte Aufgabe, die je einem Architekten gestellt wurde« – Ernst May in der Sowjetunion (1930–1933). In: Quiering u. a. (Hrsg.), Ernst May (wie Anm. 13), S. 157–196. Zum Plan Obus siehe Lampugnani, Stadt (wie Anm. 4), S. 400.

Eine desurbanistische »Gartenstadt«

Michail O. Barschtschs und Moisej Ja. Ginsburgs Entwurf für Selenyj Gorod (1929/30)[1]

Thomas Möbius

Eine der neuen sozialistischen Städte, die im Rahmen des ersten Fünfjahrplans in der Sowjetunion gebaut werden sollten, war Selenyj Gorod (Grüne Stadt), eine geplante Gartenstadt ca. dreißig Kilometer nordöstlich von Moskau. Im Unterschied zu den bekannteren Stadtneugründungen in der Zeit wie Magnitogorsk und Awtostroj war Selenyj Gorod nicht als Stadt für eines der neuen Industriezentren gedacht, sondern sollte ausschließlich dem Wohnen und der Erholung dienen. Den Anstoß zu dem Projekt gab der bekannte Journalist Michail J. Kolzow.[2] In einem Artikel in der *Prawda* vom 30. Januar 1929[3] rief er dazu auf, in der Nähe Moskaus einen Kur- und Erholungsort für das Moskauer Proletariat zu schaffen, einen *»proletarischen Gesundbrunnen«*.[4] Kolzow sprach zunächst von einer *»Muster-Arbeiter-Villensiedlung«*, er hatte dabei eine Datschensiedlung für Arbeiter vor Augen. Während sich, so Kolzow, privilegierte Gruppen wie gutverdienende Spezialisten und leitende Angestellte Wochenenddatschen rund um Moskau zulegten, hätten Arbeiter keine Möglichkeit, sich in gesunder Umgebung zu erholen. Kolzow verband die vorgeschlagene Wochenendsiedlung zur Erholung mit der Vorstellung eines *»Wald-«* und *»Luftkurortes«*, sie sollte ein *»riesiges proletarisches Sanatorium«* bilden: *»isoliert, von den schädlichen Ausdünstungen, dem Lärm, der Unreinlichkeit und den anderen Nachteilen der großen Stadt [...]. Hier sollen die hygienischsten und wirksamsten Formen der Erholung und Kräftewiederherstellung des Arbeiters verwirklicht, Muster-Kinderheime und teilweise Heilstätten (für Ermüdete und Leichtkranke) errichtet werden. Neue Methoden der kulturellen Zeitverwendung, Zerstreuung und intellektuellen Erziehung sollen hier angewendet werden.«*[5] Die Grüne Stadt werde, so

---

1 Der Aufsatz beruht in Teilen auf Thomas Möbius: Russische Sozialutopien von Peter I. bis Stalin, Berlin 2015, S. 524–533.
2 Michail J. Kolzow (1898–1940) war u. a. seit 1922 Redaktionsmitglied der Parteizeitung *Prawda*, vgl. zu ihm: Irina Antonowa und Jörn Merkert (Hrsg.): Berlin – Moskau 1900–1950, München 1995, S. 578.
3 Michail Kol'cov: Dača – tak dača! In: Pravda, 30.01.1929, S. 2.
4 Michael Kolzow: Die Grüne Stadt. In: W. O. K. S. 1 (1930) H. 8/10, S. 44–47, hier S. 44.
5 Ebenda, S. 45.

Kolzow, »*gleichsam eine kulturelle Ergänzung, eine sozialistische Korrektur des bereits bestehenden, langweiligen, stickigen, chaotisch-verbauten Moskaus*« sein.[6] »*Wenn der moskauer Arbeiter die ›grüne Stadt‹ zum ständigen Wohnaufenthalt oder nur für die Zeit seines Urlaubs oder schließlich als Week-end benutzt, so wird er in seinem Leben den lebendigen Beweis dafür haben, dass die alten Wände des kapitalistischen Moskaus wirklich nur ein Überbleibsel der Vergangenheit, einer Jahrhunderte langen Unterdrückung und Sklaverei sind.*«[7]

Kolzows Vorschlag wurde, wie in den Berichten und in der Literatur zu Selenyj Gorod hervorgehoben wird, unter breiter öffentlicher Beteiligung diskutiert und als Projekt beschlossen:[8] »*Die Idee und das Projekt der ›grünen Stadt‹ ist von dem moskauer Proletariat durch seine Partei- und Gewerkschaftsorganisationen, von den höchsten bis in die untersten Stellen, und durch die breite Masse der Fabrikarbeiter selbst auf die Tagesordnung gestellt worden. Das moskauer Komitee der Partei, die Gewerkschaften und der Sowjet, wie auch die Arbeiter an der Werkbank haben in vielen Resolutionen, Beschlüssen und realen Aufwendungen dem Projekt festen Boden gegeben und es bereits Leben gewinnen lassen.*«[9]

Ende 1929 wurde der Wettbewerb für den Generalplan zu Selenyj Gorod ausgeschrieben. An ihm beteiligten sich unter anderem. Michail O. Barschtsch (1904–1976) und Moisej Ja. Ginsburg (1892–1946). Barschtsch und Ginsburg gehörten zu den sogenannten Desurbanisten. Sie nutzten den Wettbewerb, der mit einer separaten »*Stadt der Erholung*« bei einer Großstadt eigentlich eine urbanistische Stadtauffassung implizierte, als Bühne, um ihren desurbanistischen Ansatz darzustellen.[10] Ihr Entwurf für Selenyj Gorod[11] geht dabei über die reine Stadtplanung hinaus. Er ist – in für den sowjetischen Städtebaudiskurs der 1920er und 1930er Jahre charakteristischer Weise – zugleich der utopische Entwurf einer neuen Lebensweise.[12] Barschtsch und Ginsburg beschreiben neben der Stadtstruktur, der Architektur und dem Verkehrswesen ebenso detailliert die vorgesehene Lebensweise: die, wie sie es in ihrem Entwurf nennen, »*Grundprinzipien der sozialistischen Organisation*« mit der

---

6 Ebenda, S. 44.
7 Ebenda, S. 45.
8 Vgl. Harald Bodenschatz/Christiane Post (Hrsg.): Städtebau im Schatten Stalins. Die internationale Suche nach der sozialistischen Stadt in der Sowjetunion 1929–1935, Berlin 2003, S. 78 f.
9 Kolzow, Die Grüne Stadt (wie Anm. 4), S. 47.
10 Vgl. Gerhard Fehl/Juan Rodríguez-Lores (Hrsg.): »Die Stadt wird in der Landschaft sein und die Landschaft in der Stadt«, Bandstadt und Bandstruktur als Leitbilder des modernen Städtebaus. Basel u. a. 1997, S. 117.
11 Michail O. Baršč/Moisej Ja. Ginzburg: Zelenyj gorod. Socialističeskaja rekonstrukcija Moskvy. In: Sovremennaja architektura 5 (1930) H. 1/2, S. 17–37 – im Folgenden zitiert mit *Zelenyj gorod*. Auszug auf dt. in Fehl/Rodríguez-Lores (Hrsg.), »Die Stadt wird in der Landschaft sein und die Landschaft in der Stadt« (wie Anm. 10), S. 118–133.
12 Vgl. zur utopischen Durchdringung des frühsowjetischen Städtebaudiskurses Möbius, Russische Sozialutopien (wie Anm. 1), S. 403–413 u. 513–542.

»*völligen Vergesellschaftung aller Wirtschafts-, Produktions- und Dienstleistungsprozesse eines Kollektivs, einschließlich Verpflegung, Kindererziehung, Lernen, Reinigen und Reparieren der Wäsche, das heißt alle Arten der Versorgung*« (Zelenyj gorod, S. 22), bis hin zur Gestaltung der Freizeit. Dem Stadtentwurf lag die Utopie einer sozialistischen Gesellschaft zugrunde, die sich wesentlich durch eine neue Lebensweise auszeichnet. Im Folgenden soll Barschtschs und Ginsburgs Entwurf für Selenyj Gorod im Blick auf diese utopische Dimension diskutiert werden.

1. Der Wettbewerb

Der Ausschreibung des Wettbewerbs Ende 1929 ging, wie erwähnt, eine breite öffentliche Debatte voraus. In ihrem Verlauf wurde das Projekt auf verschiedene Weise definiert: als sozialistische Gartenstadt, Waldstadt, Wochenendsiedlung, Schlafstadt, Ort der Erholung, Kurort, Sanatorium.[13] Mit den Bestimmungen verbanden sich unterschiedliche städtebauliche Erwartungen an die Grüne Stadt hinsichtlich ihrer Funktion: Sollte sie, so die diskutierte Frage, in erster Linie der zeitweiligen Erholung dienen, wohin man am Wochenende, in den Ferien oder zur Kur fuhr, oder sollte sie eine neue Vorortsiedlung für Moskau mit ständigen Wohnen werden und so zur Lösung der Wohnungskrise in Moskau beitragen? In der Debatte und ihren Positionen schlugen sich die Städtebaudiskussionen um die künftige »sozialistische Stadt« nieder. Das breite Assoziationsfeld für Selenyj Gorod und letztlich die Unentschiedenheit über ihre städtebauliche Bestimmung und Gestalt verdeutlichen, wie sehr die Diskussion um die sozialistische Stadt zu der Zeit noch im Fluss war. Das spiegelte sich auch in den Wettbewerbsbeiträgen.[14] In deren Radikalität zeigen sich die Euphorie und die Offenheit, die für die Städtebaudiskussion zu Beginn des ersten Fünfjahrplans (noch) existierten.

Der Bau von Selenyj Gorod sollte im Verbund von staatlichen und kommunalen Institutionen und den Gewerkschaften finanziert werden. Krankenkassen, Gewerkschaften und Wohlfahrtsorganisationen verpflichteten sich etwa, Sanatorien und Erholungsheime zu errichten. Die Moskauer Kommunalwirtschaft gründete für den Bau eine Aktiengesellschaft, das geplante Kapital von zehn Millionen Rubel sollte gemeinsam durch staatliche Behörden und Gewerkschaften aufgebracht werden.[15]

Als Ort wurde ein gering besiedeltes Waldgebiet ca. dreißig Kilometer nordöstlich von Moskau gewählt. Es lag an einer Eisenbahnlinie und einer größeren Straße, der Jaroslawer Chaussee. Für den Bau von Selenyj Gorod sollte die Bahnstrecke elektrifiziert und die Straße ausgebaut werden, man rechnete mit 40–45 Minuten Fahrtzeit

---

13 Vgl. Kolzow, Die Grüne Stadt (wie Anm. 4); Bodenschatz/Post (Hrsg.), Städtebau im Schatten Stalins (wie Anm. 8), S. 78 f.
14 Zu den einzelnen Wettbewerbsbeiträgen Bodenschatz/Post (Hrsg.), Städtebau im Schatten Stalins (wie Anm. 8), S. 81–84.
15 Vgl. ebenda, S. 80.

nach Moskau. Von den vorgesehenen 15.000 ha Fläche sollten 11.000 ha als Wald erhalten bleiben und die vorhandene Landwirtschaft sollte in einer »*Musterkollektivwirtschaft*« zusammengefasst werden, die Selenyj Gorod mit landwirtschaftlichen Produkten versorgt.[16]

Die Stadt war laut Wettbewerbsausschreibung für einhunderttausend »*Erholungsbedürftige*« geplant. Die Ausschreibung gab vor, sie nach Funktionen in mehrere Zonen (Rayons) aufzuteilen. Kolzow beschreibt in einem seiner Artikel zum Wettbewerb die vorgesehene Gliederung wie folgt:

> »*1) Zentrale – die Verwaltung der ›grünen Stadt‹, öffentliche Anstalten (Post, Telegraph, Telephon, Radio, Auto-Parkanlagen, Bahnhof etc.), Verkaufsstellen für Kleidung, Sportgeräte, Bücher, Lebensmittel etc., und technische Hilfseinrichtungen (Garagen, Aerodrom, Gemüsegärten, Bäckereien etc.).*
> *2) Kulturelle Aufklärung – wissenschaftliche Anstalten, Versuchsstationen, Tiergarten, botanischer Garten, Bibliotheken, Museen, Theater, Kino, Konzertsäle, Vortragsräume etc.*
> *3) Sport – Stadion, Velodrom etc.*
> *4) Wohnungen – Hotels, Gemeinschaftshäuser, Camps, Zeltlager etc.*
> *5) Ärztliche Prophylaxe – Erholungsheime, medizinische Arbeitskolonien, besondere Sanatorien, Schlammbäder (im Süden der ›grünen Stadt‹ liegen sehr hochwertige Schlammquellen).*
> *6) Kinderstadt – Waldschulen, Kindergärten, Kinder-Erholungsheime und Sanatorien.*
> *7) Baugenossenschaft – Errichtung von Wohnhäusern, in erster Linie für die Arbeiterbelegschaften der umliegenden Fabriken und Werke.*«[17]

Als ein »*Hauptmoment*« für die neue Stadt galt die Kollektivierung der Lebensweise mit »*Gemeinschaftswohnung*« und gemeinschaftlicher Versorgung (Zentralküche und Speisehäuser); ebenso verweist die vorgesehene »*Kinderstadt*«[18] auf die Aufhebung der traditionellen Familie: »*Hier soll im maximalsten Maße bei dem jetzigen Stadium der Entwicklung unseres kollektiven Lebens der stärkste Bruch mit den alten kleinbürgerlich-individualistischen Einstellungen in bezug auf Wohnung und Ernährung zur Anwendung gelangen, die ganzen Probleme der Wechselbeziehungen zwischen Erwachsenen und Kindern, des Familienlebens in neuer Form gelöst werden.*«[19]

Den Wettbewerb für Selenyj Gorod gewann Nikolaj A. Ladowski (1881–1941). Doch sein Entwurf wurde am Ende auch nicht realisiert. Das Projekt Selenyj Gorod

---

16 Kolzow, Die Grüne Stadt (wie Anm. 4), S. 46.
17 Ebenda.
18 Zur Kinderstadt-Idee im frühsowjetischen Stadtdiskurs Thomas Möbius: Von der Stadtkindheit zur Kinderstadt. Die frühsowjetischen Utopien separater Kinderstädte. In: Berliner Debatte Initial 25 (2014) H. 3, S. 79–87.
19 Kolzow, Die Grüne Stadt (wie Anm. 4), S. 46f.

wurde nach den Erschließungsarbeiten und dem Bau einiger Modellbauten Ende 1930, Anfang 1931 eingestellt.[20]

2. Barschtschs und Ginsburgs Entwurf: Selenyj Gorod als Schritt zur desurbanistischen Umgestaltung Moskaus

Die anderen Wettbewerbsteilnehmer hielten sich in ihren Entwürfen an das Wettbewerbsprogramm und konzipierten einen Kur- und Erholungsort. Barschtsch und Ginsburg dagegen fassten die Aufgabenstellung weiter. Sie behandelten Selenyj Gorod als Teil der sozialistischen Umgestaltung Moskaus im Sinne des Desurbanismus. Statt einer separaten Erholungsstadt im Grünen sah ihr Entwurf vor, ganz Moskau zu einer grünen Stadt nach den von ihnen mitentwickelten Prinzipien einer Bandstadt umzubauen. Selenyj Gorod sollte der erste Schritt zu deren Verwirklichung sein und so exemplarisch zeigen, dass ein entsprechender Umbau Moskaus realisierbar sei.

Barschtsch und Ginsburg stellten an den Beginn die Forderung, dass die sozialistische Stadtplanung als »Prophylaxe« wirken müsse und nicht als »Medizin«, die nachträglich die Folgen der ungesunden Lebensbedingungen der Großstadt mit Datschensiedlungen im Grünen zu kurieren sucht: »*Wenn ein Mensch krank ist – erhält er eine Arznei. Doch sicherer und billiger ist – die Krankheit zu vermeiden. [...] Geht es der Stadt schlecht, das heißt, ist sie von Lärm und Staub erfüllt, fehlt ihr Luft, Licht und Sonne, dann verordnet man als Arznei: die Datsche, den Kurort – eine Stadt der Erholung – eine grüne Stadt.*« (Zelenyj gorod, S. 17) Doch dieses »*System von Gift und Gegengift*« reproduziere das »*kapitalistische System der Widersprüche*«. »*Die ausgegebenen Millionen werden nur ein schmerzlinderndes Mittel sein, eine zeitweilige Maßnahme, die grundsätzlich fast nichts ändert: grüne Städte werden weitere Millionen verschlingen [...]. Wir sind berechtigt, vom sozialistischen Moskau gesündere und organischere Wege zu fordern – Wege, die wirklich Wege der sozialistischen Umgestaltung genannt werden können.*« (Zelenyj gorod, S. 18)

Setze man für Moskau die bisherige Entwicklung fort, werde die Stadt, so Barschtschs und Ginsburgs Prognose, in wenigen Jahren eine »*Verkehrshölle*« sein, »*Staub, Enge, Lärm, Gedränge werden Nervenkrankheiten verursachen, deren Namen wir noch nicht einmal kennen*« (Zelenyj gorod, S. 17). An die Stelle des »*Systems von Gift und Gegengift*« müsse daher eine »*sozialistische System-Prophylaxe*« treten, die für die Stadt »*die Probleme der Arbeit, der Erholung und der Kultur als einheitlichen Prozess des sozialistischen Seins*« löst (ebd.). Barschtschs und Ginsburgs Lösungsansatz war radikal: Man müsse die alte kompakte Stadt vollständig abschaffen und sie zu einem »*System von selbständigen Siedlungsbändern*« auflösen. Nur so

---

20 Zum Ende und zu den Gründen des Scheiterns Bodenschatz/Post (Hrsg.), Städtebau im Schatten Stalins (wie Anm. 8), S. 84 ff.

lasse sich der Gegensatz von Stadt und Land wirklich aufheben und eine »*maximale Annäherung des Menschen an die Natur*« (Zelenyj gorod, S. 18) erreichen.

Im Rahmen eines derartigen vollständigen Stadtumbaus sollte Selenyj Gorod »*als erstes Glied in der Kette der Maßnahmen*« eines der neuen Siedlungsbänder für Moskau bilden. Barschtsch und Ginsburg konzipierten den Umbau Moskaus als dessen schrittweise Entsiedlung. Moskau sollte zu einem »*zentralen Park der Erholung und Kultur umgestaltet*« (ebd.) werden,[21] in den die geplanten neuen Siedlungsbänder »*hineinführen und sich dort vereinigen*« (Abb. 1). Als erster Schritt sollten die Industrie sowie die wissenschaftlichen und administrativen Einrichtungen, die nicht unmittelbar zu Moskau gehörten, allmählich, aber systematisch aus der Stadt abgezogen und im Land verteilt werden. Das müsse nicht in einem Akt erfolgen, aber die Mittel für Erneuerungen und Erweiterungen der Institutionen und Industrie sollten konsequent in den Aufbau ihrer neuen Standorte investiert werden. Das werde zu einer »*allmählichen Verringerung der Besiedlung*« führen (ebd.).

Als zweiten Schritt sahen Barschtsch und Ginsburg die Umsiedlung der verbleibenden Bevölkerung aus der Innenstadt heraus in die neuen Siedlungsbänder »*entlang der Magistralen, die Moskau mit den umliegenden Zentren verbinden*« – so wie für Selenyj Gorod geplant. »*Dieses gleichmäßige und freie Ansiedeln des Moskauer Proletariats und der landwirtschaftlichen Proletarier, die um Moskau herum leben, soll auf den Prinzipien der maximalen Annäherung des Menschen an die Natur, der maximal hohen hygienischen Lebensbedingungen und der vollkommenen wirtschaftlichen und kulturellen Versorgung des Menschen auf Grundlage der Kollektivierung, der hochentwickelten Technik und der Industrialisierung beruhen.*« (Zelenyj gorod, S. 18)

Der dritte Schritt bestand im völligen Neubauverbot für die Innenstadt und dem »*systematischen Begrünen aller freien Flächen*«. Barschtsch und Ginsburg stellten sich das – etwas naiv – in Form einer schrittweisen passiven Sanierung vor. »*Dieser Prozess soll in ökonomischer Sicht völlig schmerzlos ablaufen. Noch sind wir gezwungen, die Flächen der bestehenden Gebäude zu nutzen. Aber wir werden kein

---

21 Ähnliche, wenn auch nicht so radikale Vorstellungen finden sich auch schon in den Gartenstadt-Entwürfen für Moskau Anfang der 1920er Jahre. Iwan W. Sholtowski, Alexej W. Schtschussew und Sergej S. Schestakow etwa sahen in ihren Entwürfen vor, das historische Zentrum Moskaus zu entkernen, die entstehenden Freiflächen zu begrünen und den Innenstadtbereich als politisches und kulturelles Zentrum zu gestalten (vgl. zu den Entwürfen Selim O. Chan-Magomedow: Pioniere der sowjetischen Architektur. Der Weg zur neuen sowjetischen Architektur in den zwanziger und zu Beginn der dreißiger Jahre, Dresden 1983, S. 274ff sowie Ekaterina Šapiro-Obermair: Bol'šaja Moskva. Primečanija. In: Dies./Wolfgang Obermair (Hrsg.): Bol'šaja Moskva, kotoroj ne bylo/Das große Moskau, das es niemals gab, Wien 2008, S. 166–178, hier S. 169 ff.). In dem utopischen Roman *Reise meines Bruders Alexej ins Land der bäuerlichen Utopie* (1920) beschreibt Alexander Tschajanow ebenfalls den Abriss des alten Moskaus und dessen Umwandlung in einen Park mit »einsame[n] Inseln architektonischer Einheiten« (dt. Übersetzung Frankfurt a. M. 1981, hier S. 25 f.).

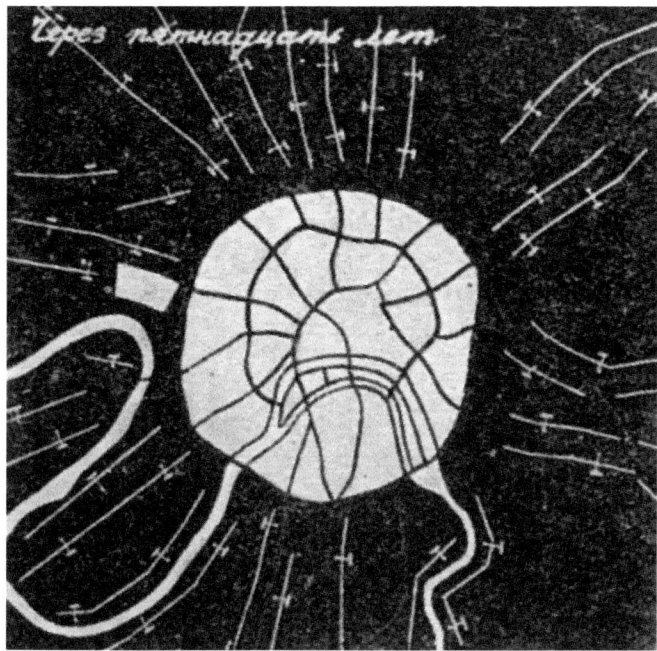

Abb. 1: Selenyi Gorod – Generalplan: In 15 Jahren – Moskau als Knotenpunkt von Siedlungsbändern. Aus: Michail O. Baršč/ Moisej Ja. Ginzburg: Zelenyj gorod. Socialističeskaja rekonstrukcija Moskvy. In: Sovremennaja architektura 5 (1930) H. 1/2, S. 20

neues Kapital mehr in das bestehende Moskau investieren und geduldig warten auf den natürlichen Verschleiß der alten Bauten. Wenn die Amortisation abgelaufen ist, wird das Abtragen dieser Häuser und Viertel ein schmerzloser Prozess der Bereinigung Moskaus.« (ebd.) Erhalten werden sollten nur die historisch wertvollen Bauten als architektonisches Erbe für die kulturgeschichtliche Identität Moskaus. »Wir werden die charakteristischen Teile des alten Moskaus erhalten und sorgsam bewahren: den Kreml, Teile des adligen Moskaus mit den Straßen und Palästen am Arbat und der Powarskaja, teilweise der Pretschinskaja, des Kauf- und Handelsgebietes am Sarjad, Samoskworetsch, Mjasnitzkaja und des proletarischen Viertels Krasnaja Presnja.« (Zelenyj gorod, S. 18 f.) Die zu bewahrenden Architektur- und Baudenkmäler sollten in den geplanten Park integriert werden.

Man muss sich die Dimensionen und die Radikalität des Plans vergegenwärtigen: Es ging um das gesamte historische Stadtgebiet Moskaus. Was Barschtsch und Ginsburg hier planten, waren der schrittweise Abriss einer Zweieinhalbmillionen-Metropole und ihre Umwandlung in einen »grandiosen Park«, in dem nur noch einige wissenschaftliche und administrative Einrichtungen angesiedelt waren sowie Einrichtungen für Kultur, Sport und Erholung; Barschtsch und Ginsburg nennen

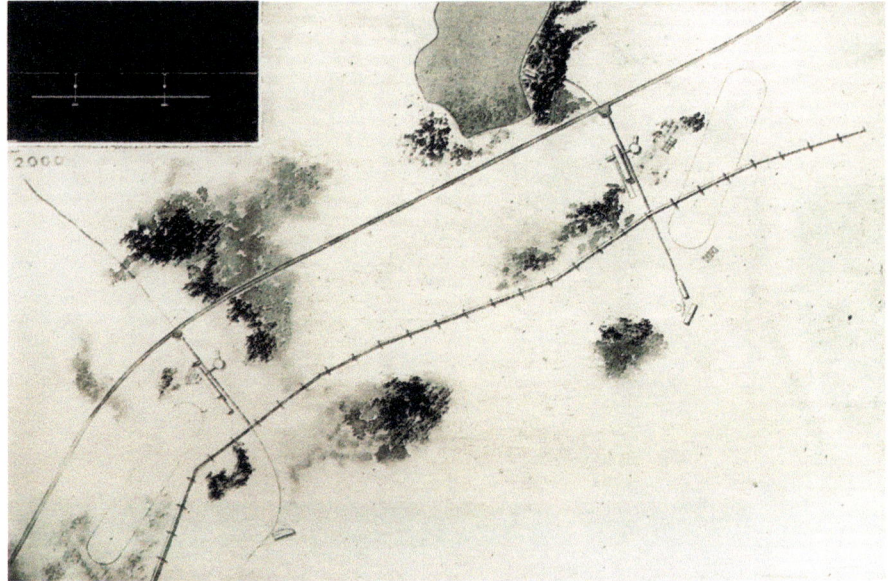

Abb. 2: Selenyj Gorod – Lageplan Autobahn und Wohnband (mit Strichen markierte Linie) mit den Stationen für Verpflegung, Kultur und Erholung. Aus: Michail O. Baršč/ Moisej Ja. Ginzburg: Zelenyj gorod. Socialističeskaja rekonstrukcija Moskvy, in: Sovremennaja architektura 5 (1930) H. 1/2, S. 23.

hier unter anderem Stadien, Wassersportanlagen, Zoos und botanische Gärten sowie Hotels, ferner die politischen und administrativen Institutionen in der Funktion Moskaus als Hauptstadt. Wohnen, Arbeiten (das heiß die Industrie), Handel und Versorgung etc. hingegen sollten komplett verlagert werden.

Die neue ›Stadt‹ – sofern für sie noch von Stadt zu reden ist – sollte in Form von Siedlungsbändern entlang der Ausfallstraßen (Magistralen) bzw. der Verkehrswege zu anderen Zentren entstehen. Im Falle Selenyj Gorods bildete die Jaroslawer Chaussee die Achse. Mit der linearen »bandförmigen« Besiedlung sollte zum einen das System der Besiedlung, das heißt die Verkehrswege, die Infrastruktur zur Ver- und Entsorgung sowie die Bebauung, so wirtschaftlich wie möglich organisiert werden und zum anderen hygienische Wohnverhältnisse geschaffen mit einem Maximum an Natur, Sonne, Luft und Ruhe. Links und rechts der Straßen waren jeweils 200–250 m breite Grünstreifen vorgesehen, die vor dem Verkehr schützen. An sie schlossen die Bereiche mit den Wohnbauten an (Abb. 2). Diese bestanden aus einer parallel zur Straße verlaufenden Reihe von Einraumappartements, den sogenannten Wohnzellen. Der Verlauf der Wohnbänder sollte den lokalen Naturgegebenheiten angepasst werden (Abb. 6): »*Steht uns ein Hügel im Weg – steigt unser Wohnband stufenförmig am Hang empor; stoßen wir auf einen See – macht es einen Bogen; treffen wir auf einen Wald – zerteilt sich das Band in einzelne Glieder, die zwischen den*

Bäumen stehen [...].« (Zelenyj gorod, S. 30) Hinter den Wohnbändern war erneut ein grüner Bereich vorgesehen aus »*Wäldern, Feldern, Sowchosen, Zoos und allen möglichen Gärten*« (Zelenyj gorod, S. 29). Die Wohnungen sollten so nach beiden Seiten Licht, Luft und Grün haben: »*Die ganze Organisation der Besiedlung ist so ausgerichtet, dass zu beiden Seiten vor den Fenstern die weiten Flächen der Parks, Gärten, Kolchosen usw. liegen.*« (Zelenyj gorod, S. 31)

Für Selenyj Gorod sahen Barschtsch und Ginsburg nur auf einer Seite der Straße, der Jaroslawer Chaussee, ein Wohnband vor. Auf der anderen Seite zur Eisenbahnlinie hin sollte sich als breites Band ein lokaler Kultur- und Erholungspark erstrecken. Neben Sport- und Kultureinrichtungen waren in ihm auch der Stadtsowjet von Selenyj Gorod, die Verwaltung, Polizei und Feuerwehr, Partei- und Gewerkschaftseinrichtungen sowie Kindergärten und Schulen geplant.

Die Wohnhäuser sollten in Leichtbauweise errichtet werden. Barschtsch und Ginsburg sahen für die Wohnzellen eine Skelettkonstruktion vor aus vorgefertigten, standardisierten Holzgerüsten als Tragekonstruktion, Holzfasertafeln für die Wände, Fensterrahmen aus Holzspan oder Holz sowie einem flachen Zement- oder Teerpappendach. Das ermögliche, so Barschtsch und Ginsburg, eine industrielle Bauweise, die kostengünstig und schnell sei und regionale Baumaterialien nutze. Die Wohnzellen bestanden aus einem Zimmer, Dusche und WC, die Größe betrug 12 m². Die Wohnzellen sollten auf 2,25 m hohen Stützen stehen (Abb. 4); der Eingang liege dadurch vor Regen und Schnee geschützt. Im Sommer könne der offene Raum unter dem Haus auch als »*große, komfortable Terrasse*« genutzt werden (Abb. 5). Außerdem entstehe so ein überdachter Weg, der die einzelnen Wohnzellen miteinander verbinde. Auch blieben mit der Aufstelzung der Häuser die Gebiete vor und hinter dem Wohnband miteinander verbunden. Die Wände zwischen den Wohnzellen sollten schallisoliert werden und in regelmäßigen Abständen aus Brandschutzmauern bestehen. Die Fenster des Wohnraums nahmen auf beiden Seiten die ganze Wandfläche ein; Barschtsch und Ginsburg planten sie als Faltfenster, die über die ganze Raumbreite aufgezogen werden können (Abb. 4–5). Das Zimmer lasse sich so »*in eine vom Grün umgebene, überdachte Terrasse*« verwandeln: »*Das Zimmer verliert fast seinen ›Zimmer‹-Charakter, es geht in der Natur auf*« – die »*maximale Verbindung des Wohnens mit der Natur*« (Zelenyj gorod, S. 31). Als Sonnenschutz im Sommer dienten Stoffmarkisen über den Fenstern und als Wärmeschutz im Winter »Thermogardinen«, mit dichtem Stoff oder Filz bespannte Holzrahmen, die vertikal auf- und zugezogen werden konnten (Zelenyj gorod, S. 31). Beim damaligen Stand der Bautechnik in Russland wären die Wohnzellen im Winter aber wohl nur mit großem Heizaufwand warm zu halten gewesen. Schon die Wettbewerbsjury merkte an, dass die Häuser nur für den Sommer geeignet seien.[22] Und für den Sommer ist zu vermuten, dass es in ihnen sehr warm werden kann.

---

22 Vgl. Bodenschatz/Post (Hrsg.), Städtebau im Schatten Stalins (wie Anm. 8), S. 83.

Abb. 3: Selenyi Gorod – Detail Siedlungsband: Wohnhäuser mit Station für Verpflegung, Kultur und Erholung und überdachtem Fußgängerweg zur Bushaltestelle an der Straße. Aus: Michail O. Baršč/ Moisej Ja. Ginzburg: Zelenyj gorod. Socialističeskaja rekonstrukcija Moskvy. In: Sovremennaja architektura 5 (1930) H. 1/2, S. 24.

Von den Wohnzellen führten überdachte Fußgängerwege zu den Versorgungsstützpunkten mit Dienstleistungs- sowie Freizeiteinrichtungen und zu den Auto- und Busstationen an der Straße (Abb. 3). Die Stationen sollten im Abstand von jeweils achthundertfünfzig Meter an der Autobahn liegen, so dass die maximale Entfernung zur Wohnung 425 m, das heißt fünf bis zehn Minuten zu Fuß beträgt. Sie waren als Endpunkte für den Autoverkehr gedacht, in den Bereich mit den Wohnbauten sollte es nur zu Fuß gehen. An den Kreuzungen der Autobahnen mit der Eisenbahn lagen die Bahnstationen – etwa alle zwei Kilometer –, um vom Auto und Bus in den Zug umzusteigen. Die Auto- und Busstationen bildeten zugleich die Stützpunkte des »*vergesellschafteten Sektors*« mit den Versorgungs- und Freizeiteinrichtungen: »*An jeder Auto-Bus-Station befindet sich auf dem Weg zum Wohnband eine Kantine [...]. Mit der Kantine sind direkt Räume für die kollektive (ein großer Saal, Terrassen) und die individuelle (separate Kabinen für Lesen, Spiele, Gespräche, Treffen etc.) Erholung verbunden. Die Erholungsräume sind wiederum mit einem kleinen Sportkomplex verbunden [...]. Kommt ein Mensch aus Moskau von seiner Arbeit, dann hält der Bus an der Auto-Bus-Station. Ohne Umwege auf dem Weg zum Wohnungsband kann er sich waschen, duschen, zu Mittag essen, Zeitung lesen, Volleyball oder Tennis spielen und nur, wenn er sich ganz der Ruhe und Erholung hingeben will oder er den Wunsch nach kreativer Beschäftigung hat oder sich zurückziehen will, dann geht er*

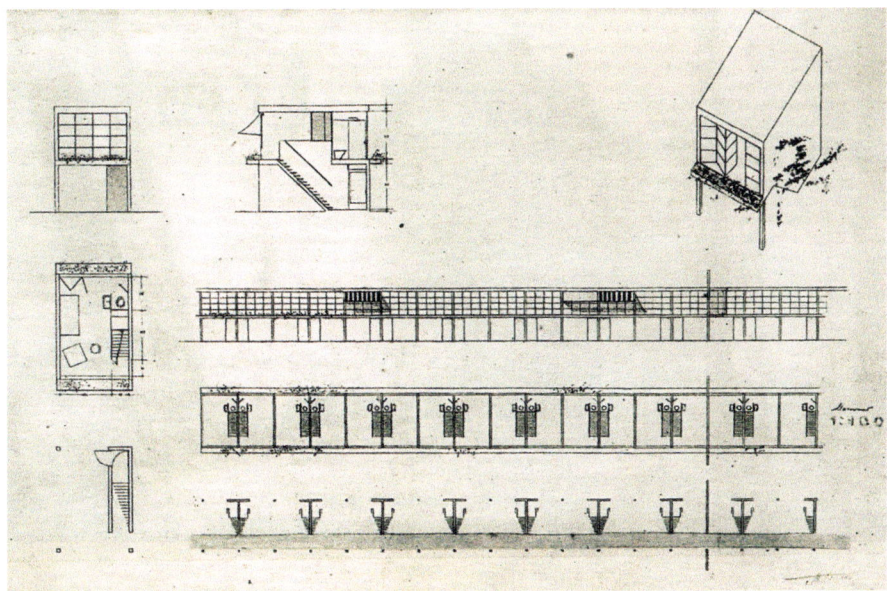

Abb. 4: Selenyi Gorod – Wohnzelle und Block. Block. Aus: Michail O. Baršč/Moisej Ja. Ginzburg: Zelenyj gorod. Socialističeskaja rekonstrukcija Moskvy. In: Sovremennaja architektura 5 (1930) H. 1/2, S. 26.

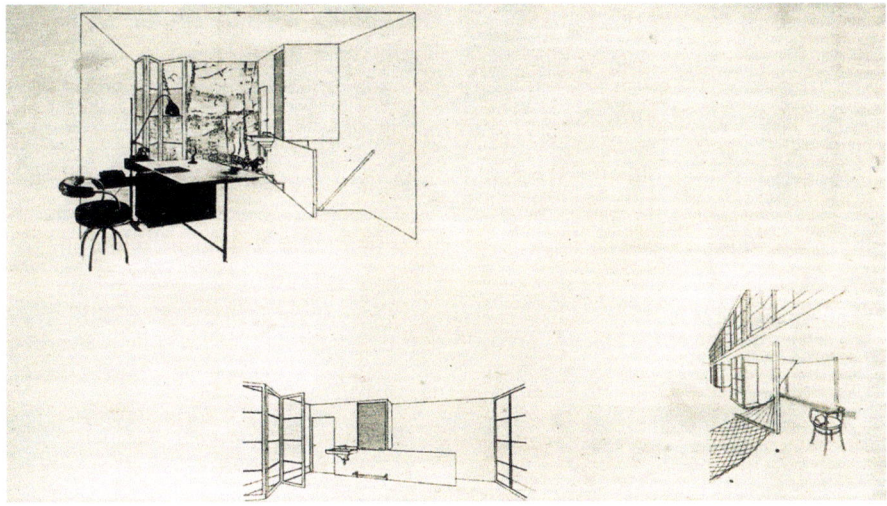

Abb. 5: Selenyi Gorod – Wohnzelle: Innenansicht und ›Terrasse‹. ›Terrasse‹. Aus: Michail O. Baršč/Moisej Ja. Ginzburg: Zelenyj gorod. Socialističeskaja rekonstrukcija Moskvy. In: Sovremennaja architektura 5 (1930) H. 1/2, S. 27.

weiter zur eigenen Wohnzelle, wo er das machen kann, worauf er gerade Lust hat. In der Gegenrichtung sieht es so aus: Er eilt nach Moskau zur Arbeit. Auf dem Weg zur Auto-Bus-Station, wo er in den Bus steigen will, geht er, wiederum ohne einen überflüssigen Schritt zu tun, in die Kantine, wo er frühstückt, Tee trinkt und Zeitung liest, während er auf den Bus wartet. Hat er zu einer anderen Zeit das Bedürfnis nach dem Erholungs- und Verpflegungskomplex, dann braucht er vom Wohnband nur 3–5 Minuten auf dem überdachten Korridor dahin.« (Zelenyj gorod, S. 32 ff.)

3. Die sozialistische Organisation des Lebens

Barschtsch und Ginsburg legten ihrem Entwurf die Utopie einer neuen sozialistischen Lebensweise mit der weitgehenden Abschaffung des privaten Einzelhaushalts und der »*Vergesellschaftung*« »*aller Arten der Versorgung*« zugrunde. Sämtliche Haushaltsarbeiten wie Kochen, Wäschewaschen etc. wurden in eine öffentliche Dienstleistungswirtschaft ausgelagert. Die Wohnzellen enthielten daher keine Küche. Auch ein Familienleben mit Kindern im traditionellen Sinne war in ihnen nicht mehr vorgesehen. Die Wohnzellen waren jeweils für eine Person gedacht. Sie bestanden nur aus einem Raum für Schlafen und individuelle Erholung sowie WC und Dusche (Abb. 4–5). Für Ehepaare gab es die Möglichkeit benachbarter Wohnzellen, »*die mit einer Tür verbunden sind, die sie, wie sie wollen, benutzen können – oder auch nicht*« (Zelenyj gorod, S. 32). Die Kinder sollten in eigenen Kinderquartieren mit Kinderkrippen, -gärten und Schulen in der Nähe leben. Sich von den Vorstellungen einer vollständigen Auflösung der Familien absetzend, schreiben Barschtsch und Ginsburg, dass die Kinder aber auch bei ihren Eltern in den Wohnzellen wohnen können. Es bleibt allerdings offen, wie das in den auf eine Person ausgerichteten Wohnzellen möglich ist. Es ist letztlich schwer vorstellbar, ohne dass es im Alltag zu Einschränkungen kommt.

Die Wohnbänder mit den einzelnen Wohnzellen bilden im Grunde ein in die Fläche verteiltes Kommunehaus. Im Entwurf von Barschtsch und anderen für Magnitogorsk (1930) heißt es auch: »*Nicht ein Kommunehaus, sondern eine Kommune aus Häusern.*«[23] Die »vergesellschafteten«, aus der Wohnung ausgelagerten Funktionen der Versorgung und der Freizeit waren in den Dienstleistungs- und Freizeitkomplexen bei den Auto- und Busstationen zusammengefasst. Diese fungierten gleichsam als kollektivierte, öffentliche Wohnung, die die individuelle Wohnzelle ergänzt. Hier befanden sich eine Kantine mit Speisesaal – es war aber auch möglich, sich

---

23 Michail O. Baršč/Vjačeslav N. Vladimirov/Michail A. Ochitovič/Nikolaj B. Sokolov: Magnitogor'e. K scheme Gen-plana. In: Sovremennaja architektura 5 (1930) H. 1/2, S. 38–57, hier S. 41. (Auszug auf dt. in Fehl/Rodríguez-Lores (Hrsg.), »Die Stadt wird in der Landschaft sein und die Landschaft in der Stadt« (wie Anm. 10), S. 136–152).

das Essen in seine Wohnzelle bringen zu lassen[24] –, Dienstleistungen wie Reinigen und Reparieren der Wäsche sowie Einrichtungen für die gemeinschaftliche und die individuelle Erholung und Freizeit, unter anderem Bibliothek, Aufenthaltsräume, Sportanlagen, außerdem auch Duschen und Umkleideräume. Die Menschen sollten hier, wie der von Barschtsch und Ginsburg skizzierte Tagesablauf zeigt, den größten Teil ihrer Freizeit verbringen. Die Wohnzellen dienten nur als Rückzugsraum zur individuellen Erholung und zur »*kreativen Beschäftigung*« sowie zum Schlafen. Während die Wohnzellen fast puritanisch wirken, sollten die Gemeinschaftseinrichtungen, die »*öffentliche Wohnung*«, mit »*größtmöglichen Luxus*« ausgestattet sein, wie es auch El Lissitzky für die neue Architektur beschrieb.[25]

Barschtsch und Ginsburg gingen für die Vergesellschaftung der Versorgung und Dienstleistungen von einer rationalisierten und zentralisierten Organisation aus, analog der Vergesellschaftung der Produktion. Die Vergesellschaftung befreie den Einzelnen, das heißt vor allem die Frauen, von den Haushaltsarbeiten – »*der Ausbeutung eines Familienmitgliedes durch die anderen*« (Zelenyj Gorod, S. 24) – und ermögliche, diese größtmöglich rationell zu organisieren: »*Sie erlaubt, diese Prozesse auf der Basis höchstentwickelter Technik, die moderne Maschinen, das Verkehrswesen und qualifizierte technische Arbeitskräfte nutzt, auszuführen. Auf diese Weise führt die rational durchgeführte Kollektivierung dieser Prozesse nicht nur zur Verbilligung der Produktion, sondern auch zu einer Erhöhung der Qualität der erzeugten Produkte.*« (Zelenyj Gorod, S. 23) Das Ziel einer rationellen, arbeitssparenden Organisation der Versorgungsprozesse zeigt sich auch in dem Vorschlag, den Einzelhandel mit Kaufhäusern und Läden durch einen Versandhandel zu ersetzen. In den lokalen Kulturparks sollten »*Muster-Ausstellungen*« mit den Konsumgütern eingerichtet werden; über diese könne jeder telefonisch die gewünschten Produkte bestellen und erhalte sie nach Hause geliefert. Der Zahlungsverkehr sollte weitgehend bargeldlos erfolgen (Zelenyj Gorod, S. 28).

Barschtsch und Ginsburg folgten mit der Abschaffung des privaten Einzelhaushalts und der Vergesellschaftung seiner Funktionen der Versorgung bis hin zur Betreuung und Erziehung der Kinder sowie mit der kollektiven Freizeitgestaltung den damaligen Vorstellungen einer neuen sozialistischen Lebensweise, wie sie nach 1917 entwickelt und diskutiert worden waren – deren Symbol war das Kommunehaus.[26] Sie grenzten jedoch ihren Entwurf dezidiert ab von den Vorstellungen einer rigiden Kollektivierung mit der vollständigen Abschaffung der Familie und einer gleichsam tayloristischen Organisation des Alltags, wie sie etwa Leonid M. Sabsowitsch

---

24 »Auf einen Telefonanruf hin kann innerhalb von 3–5 Minuten in einem fahrbaren Thermobehälter Tee, Frühstück oder was gerade gewünscht wird, in die Wohnzelle geliefert werden.« (Zelenyj gorod, S. 34).
25 El Lissitzky: 1929. Rußland: Die Rekonstruktion der Architektur in der Sowjetunion, Wien 1930, S. 23.
26 Vgl. dazu Möbius, Russische Sozialutopien (wie Anm. 1), S. 364–542.

Abb. 6: Selenyi Gorod – Siedlungsband mit Wohnhäusern. Wohnhäusern. Aus: Michail O. Baršč/Moisej Ja. Ginzburg: Zelenyj gorod. Socialističeskaja rekonstrukcija Moskvy. In: Sovremennaja architektura 5 (1930) H. 1/2, S. 29.

vertrat[27] – einer der führenden Verfechter einer umfassenden Kollektivierung der Lebensweise in den Städtebaudebatten Ende der 1920er, Anfang der 1930er Jahre. Die Anwendung der Prinzipien der Produktion, wie Standardisierung, Rationalisierung und Taylorisierung, auf den Bereich des Konsums und des Alltagslebens bedeute, so Barschtsch und Ginsburg, ein falsches Verständnis der Vergesellschaftung. Statt mit der Befreiung vom Haushalt und von den alten Familienstrukturen die Voraussetzung für die »*maximale Entfaltung aller kreativen Fähigkeiten*« zu schaffen, vernichte sie die Individualität des Einzelnen. »*Die mechanische Übertragung der Produktionsprinzipien auf die Verbraucherprinzipien würde unvermeidlich zur Verletzung der Interessen der Verbraucher führen. [...] Man darf [...] nicht die irrige Konsequenz ziehen (wie es häufig geschieht), dass es nötig ist, die individuellen Eigenheiten der Persönlichkeit zu vernichten und alle gleichermaßen über einen Kamm zu scheren [...].*« (Zelenyj gorod, S. 23 f.)

Sabsowitsch sah etwa in seinem Sozgorod-Entwurf eine weitgehende Kollektivierung des Lebens und eine radikale Minimierung des privaten Wohnraums vor: »*Die Wohnhäuser in der sozialistischen Stadt sollen so gebaut werden, dass sie den größten Komfort gewähren für das kollektive Leben, die kollektive Arbeit und die kollektive Erholung der Werktätigen. [...] Sie sollen auch* keine Räumlichkeiten für ein isoliertes Leben jeder einzelnen Familie enthalten [...].*«[28] Für den Einzelnen sollte es nur noch ein standardisiert eingerichtetes[29] Schlafzimmer von ca. 8 m², 2,3 × 3,5 m, geben (Abb. 7). Barschtsch und Ginsburg setzten gegen diese Vorstellungen einer totalen Kollektivierung und der Abschaffung der Familie die Bewahrung eines privaten Raums als Bedingung für die »*Entfaltung jeder einzelnen Persönlichkeit*«.

---

27 Vgl. Leonid M. Sabsovič: Goroda buduščego i organizacija socialističeskogo byta, Moskva 1929, Leonid M. Sabsovič: Socialističeskie goroda, Moskva 1930. Mit seiner Sozgorod-Konzeption gehörte Sabsowitsch zu den sogenannten Urbanisten.
28 Sabsovič, Socialističeskie goroda (wie Anm. 27), S. 44.
29 »*In den sozialistischen Städten wird es kein Bedürfnis nach Privatbesitz an Möbeln [...] geben. Alle Zimmer sollen sich in der Möblierung entsprechen*« (ebenda, S. 52).

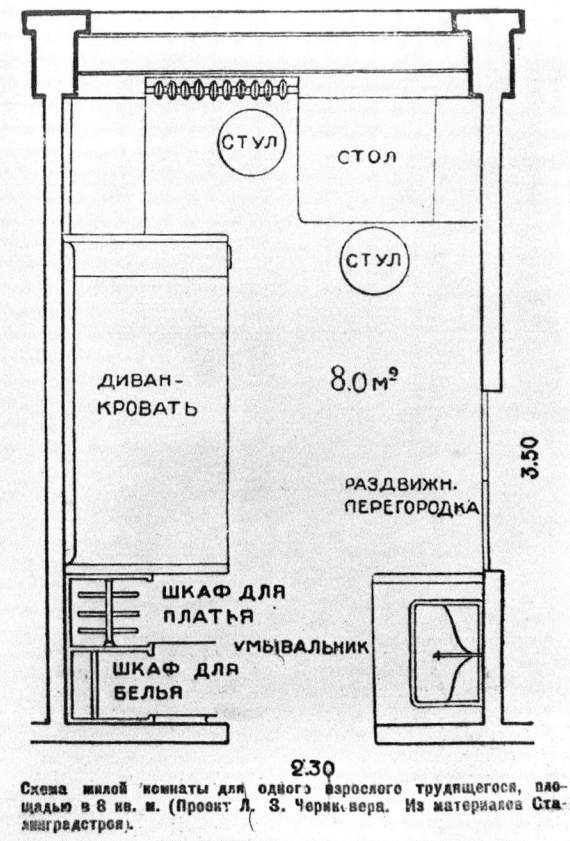

Abb. 7: Schema eines Zimmers für einen werktätigen Erwachsenen. Aus: Leonid M. Sabsovič: Socialističeskie goroda, Moskva 1930, S. 50.

Der eigene Wohnraum müsse mehr sein als nur ein Platz zum Schlafen; er müsse der »*maximalen Entfaltung der kreativen Kräfte des Menschen*« dienen. In dem Entwurf für Magnitogorsk heißt es dazu: »*Wir sehen in der individuellen Wohnstätte einen Platz der gewaltigen, konzentrierten und vertieften Arbeit. [...] Wir vernichten lediglich die Individualwirtschaft, nicht aber die Persönlichkeit und das persönliche Eigentum. So projektieren wir eigenen Wohnraum für den einzelnen Werktätigen, sind uns aber bewusst, dass ihm niemand verwehren kann, seinen Wohnraum, so er das will, mit anderen zu teilen. [...] Wir planen nicht die Auflösung der Familie; uns genügt es, wenn wir den Herd vernichten, die Grundlage der bürgerlichen Familie. Doch umso konsequenter befürworten wir, dass der Frau ein vom Mann getrenntes Zimmer zur Verfügung steht; und wir sorgen dafür, dass die Kinder werktätiger Eltern in deren*

Abwesenheit beaufsichtigt werden [...]. Für die Kinder planen wir deshalb besondere Wohnstätten möglichst dicht bei der Wohnung der Eltern; gleichgültig ob sie dieses Angebot zur Betreuung der Kinder annehmen.«[30]
Barschtsch und Ginsburg verteidigten nun zwar gegenüber den Vorstellungen einer totalen Kollektivierung den individuellen Wohnraum als Freiraum für den Einzelnen und erklärten, dass es nicht darum gehe, die Familie aufzulösen, sondern darum, den individuellen Haushalt abzuschaffen – die »*Küchensklaverei*« der Frau, wie es auf dem gleichnamigen Plakat Grigori M. Schegals von 1931 heißt.[31] Aber letztlich setzte auch ihr Entwurf mit den Wohnzellen der eigenen Gestaltung der Lebensweise enge Grenzen. Die Wohnzellen verweisen ihre Bewohner/innen im Alltag ganz auf die gemeinschaftlichen Versorgungs- und Freizeiteinrichtungen. Der ausgeprägte Dienstleistungscharakter war als Emanzipation gedacht, als Befreiung vom Haushalt, aber er wirkte ebenso normierend für die Lebensweise. Wie weit Barschtsch und Ginsburg dabei auch hinsichtlich der ›Erziehung‹ des Neuen Menschen gingen, zeigt beispielsweise ihr Vorschlag von Hygieneinspekteuren für die Wohnungen. Diese sollten einerseits als Wäscheservice dienen, der die schmutzige Wäsche abholt, sie in die kommunale Wäscherei liefert und die saubere Wäsche zurückbringt. Aber sie sollten ebenso die Wohnzellen regelmäßig »*nach strengen Vorschriften*« kontrollieren und bei mangelnder »*Wohnungs-Hygiene*« Strafen verhängen.[32] Und wie in den kleinen Einraumappartements ein Leben mit Kindern gedacht ist, bleibt, wie erwähnt, offen – zumal, wenn es mehrere und ältere Kinder sind.[33] Die Wohnzellen erscheinen eher für ein Single-Leben (mit und ohne Partnerschaft) gedacht, denn als allgemeine Wohnform für alle. Letztlich sind sie, wie die meisten dieser Kommunehäuser, eine Variation des Wohnheim- und Appartementhaus-Prinzips.

30 Baršč u. a., Magnitogor'e (wie Anm. 23), S. 54 ff.
31 Klaus Waschik/Nina Baburina (Hrsg.): Werben für die Utopie. Russische Plakatkunst des 20. Jahrhunderts, Bietigheim-Bissingen 2003, Abb. 110. Vgl. zu den Debatten um die Befreiung der Frau vom Haushalt auch Carmen Scheide: Kinder, Küche, Kommunismus, Zürich 2002.
32 Baršč u. a., Magnitogor'e (wie Anm. 23), S. 57.
33 Extrem beengte Wohnverhältnisse waren in der Zeit für die meisten die Realität: Der durchschnittliche Wohnraum betrug 1926 4,8 m^2 pro Kopf, in den Großstädten noch weniger; in der Regel teilte sich eine Familie ein Zimmer (vgl. Karl Schlögel: Terror und Traum. Moskau 1937, München 2008, S. 78 f.). Insofern sind der private Raum und dessen vorgesehene Größe in den Entwürfen auch vor dem historischen Hintergrund zu bewerten. Doch ging es mit den Stadt- und Wohnentwürfen gerade um neue Wohnverhältnisse, die das Wohnelend beseitigen.

4. Papierarchitektur der Utopie

Der Entwurf von Barschtsch und Ginzburg für Selenyj Gorod wurde, wie eingangs ausgeführt, nicht realisiert, wie auch ihre Entwürfe für andere Städte nicht. Sie unterlagen in den Wettbewerben. Das lässt sich generell für den Desurbanismus sagen. Er blieb weitgehend Papierarchitektur. Die Idee der Siedlungsbänder wurde in anderen Stadtentwürfen in Teilen als »*radiale Stadterweiterung*« aufgegriffen, doch dienten in diesen die Siedlungsbänder zur Erweiterung der bestehenden Großstadt, nicht als deren Auflösung und Ersetzung.[34]

Im Mai 1930 erteilte das Zentralkomitee (ZK) der Partei mit der Resolution *Die Anstrengungen zur Umordnung unserer Lebensweise betreffend*[35] den Vorstellungen einer sofortigen und weitgehenden Vergesellschaftung der Lebensweise sowie den darauf gerichteten Stadtentwürfen eine Absage. Sie verurteilte diese als »*halbphantastische*«, »*gefährliche utopische Grundsätze*«, die die »*materiellen Ressourcen des Landes*« überforderten. Der sozialistische Umbau der Lebensweise bestehe nicht im utopischen Sprung ins Kommunehaus, sondern die Hauptaufgabe bleibe vorerst, ausreichend Wohnraum zu schaffen und im schrittweisen Aufbau eines kommunalen Dienstleistungssektors. Auf dem Juni-Plenum 1931 des ZK erneuerte Lasar M. Kaganowitsch, Politbüromitglied und Moskauer Parteichef, in einer Rede zur Stadtentwicklung die Kritik an einer forcierten Vergesellschaftung der Lebensweise und der entsprechenden Städtebauprojekte.[36] Er nannte dabei unter anderem namentlich Sabsowitsch; an anderer Stelle kritisierte er auch Barschtschs und Ginsburgs Entwurf für Selenyj Gorod bzw. Moskau, als »*Abenteuergeist und Linksabweichung*«.[37] Die ZK-Resolution von 1930 und das Juni-Plenum 1931 waren der Auftakt für das Eingreifen der Parteiführung in die Debatten um die Gestalt der sozialistischen Stadt.[38] Ihre Kritik bedeutete für die auf der Utopie einer kollektiven Lebensweise gegründeten Stadtentwürfe den politischen Abbruch. Mit ihr endete zugleich »*die erste Phase der Auseinandersetzung um die sozialistische Stadt nach der Machtkonsolidierung der Stalin-Gruppe*«, die von utopischer Euphorie und großer Offenheit geprägt war.[39]

Es greift jedoch zu kurz, für das Ende der utopischen Stadtentwürfe der Avantgarde wie Barschtschs und Ginsburgs für Selenyj Gorod allein auf den Abbruch durch die Politik zu verweisen oder vom Scheitern zu sprechen. Für sie ist ein Moment

---

34 Vgl. Fehl/Rodríguez-Lores (Hrsg.), »Die Stadt wird in der Landschaft sein und die Landschaft in der Stadt« (wie Anm. 10), S. 117 f.
35 In: Bodenschatz/Post (Hrsg.), Städtebau im Schatten Stalins (wie Anm. 8), S. 368–369.
36 Über die Entwicklungswege der Städte in der Sowjetunion, vgl. Bodenschatz/Post (Hrsg.), Städtebau im Schatten Stalins (wie Anm. 8), S. 369–374.
37 Zitiert nach: Bodenschatz/Post (Hrsg.), Städtebau im Schatten Stalins (wie Anm. 8), S. 86.
38 Ebenda, S. 368.
39 Ebenda, S. 85.

stark zu machen, der in dem Begriff »Papierarchitektur« aufscheint. Die Avantgarde betrieb ihre Stadt- und Architekturentwürfe als theoretische Erörterung und Forschung zur zukünftigen Stadt. Es waren utopische Recherchen und Experimente, in denen sie die gesellschaftlichen Möglichkeiten einer neuen Architektur und Stadtplanung erkundete. Auch in den Wettbewerben für konkrete Bauprojekte hielt sie an der Utopie fest. Das gab ihren Entwürfen die Radikalität. Diese richtete sich darauf, die »möglichen Möglichkeiten« (Martin Seel) sichtbar zu machen, nicht auf die Baugrube.

Städte als Traum

Vom kosmischen Peking über das himmlische Jerusalem bis zur humanen Stadt

Michael Trieb (†)
unter Mitarbeit von Anna Oelrichs

Stadt als Traum: jeder Mensch trägt – bewusst oder meist unbewusst – ein Stück Stadt als Traum in sich. Der chinesische Wanderarbeiter, der in der Großstadt die Hoffnung für sich und die Zukunft der Seinen sieht.[1] Der arabische Jugendliche, der von Kameraden, Freundinnen und sinnvollen Arbeitschancen in einer vielfältigen Großstadtwelt träumt. Die amerikanische Geschäftsfrau, die es in die Großstadt zieht, weil sie beruflichen Erfolg ebenso wie ein reiches persönliches Leben anstrebt.[2] Die europäische Künstlerin, die aus ihren engen heimatlichen Verhältnissen ausbricht, um in einer Großstadt nicht nur die denkbar beste Ausbildung zu suchen, sondern auch ihre eigene künstlerische Entwicklung entfalten zu können.

1. Städte – Träume der Menschen

1.1 Die Städte in uns

So sind Städte in uns allen, als Hoffnung, Sehnsucht oder als Traum. Auch dann, wenn wir schon Großstädter sind, aber von einer anderen Großstadt träumen, die das hat, was uns in unserer eigenen Stadt fehlt. Wie dem introvertierten Stuttgarter vielleicht manchmal das lebendige Berlin, der lebendigen Marseillerin das alles verheißende Paris, dem gestressten Paulistanos das lebenslustige Rio de Janeiro, der nüchternen Chicagoerin das kosmopolitische New York, dem materialistischen Shanghaier das sachliche, aber künstlerisch geprägte Peking. Jeder dieser Stadtträume ist einerseits individuell – jeder trägt seine eigene Form von Stadttraum in sich. Andererseits vielen gemeinsam: der Stadttraum ist eine intersubjektive Realität.

---

1 Vgl. Doug Saunders: Arrival City – How the largest migration in History is reshaping our world, London 2011.
2 Vgl. Edward Glaeser: Triumph of the City – How our Greatest Intervention makes us Richer, Smarter, Greener, Healthier and Happier, New York 2011.

1.2 Die Städte um uns

So ist jeder dieser individuellen Stadtträume Teil eines Kollektivtraumes der Menschen von einer Stadt, von Berlin, Paris, New York, Moskau, Peking, Seoul, Rio de Janeiro oder Santiago de Chile. Jede dieser Städte – und unzählige andere – hat ihren eigenen Charakter, Atmosphäre und Image, ist Brennpunkt von Geschichte, Gegenwart und Zukunft, verkörpert Hoffnung, Entwicklung, Höhepunkte und Niederlagen, Abstieg und Auslöschung menschlicher Schicksale. Oft in parallelen Entwicklungen, wo die Einen aufsteigen, sinken gleichzeitig die Anderen ab. Städte sind sich ständig wandelnde sichtbare Artefakte unsichtbarer Netzwerke, technischer, sozialer, wirtschaftlicher, kultureller menschlicher Beziehungen, die auf den Fähigkeiten und Bedürfnissen der Menschen einer Stadt, eines Landes, einer ganzen Kultur beruhen.

1.3 Die Städte an sich

Stadt ist so ein von Menschen gemachter lebendiger Organismus, der Ort der materiellen Existenz, der sozialen Menschenbegegnung und der geistigen Kreativität der Menschen.[3] Die Idee von Stadt – was ist Stadt? – und ihrer jeweiligen Interpretation, ist eine viele Jahrtausende alte Entwicklung – die Schaffung eines menschengemachten Kosmos, eine kleine Welt für sich, in der man geboren, aufwachsen, leben, alt werden und sterben kann, ohne die Stadt je zu verlassen. Diese Stadtidee aber wurde zu unterschiedlichen Zeiten und in unterschiedlichen Kulturen neu interpretiert und von Weltanschauungen getragen, die ihr Kraft und Wirksamkeit gaben.

1.4 Stadttraum in Film, Kunst, Literatur und Science-Fiction

Mehr denn je scheint heute das Thema Stadt ein Leitgedanke in Kunst, Literatur und Science-Fiction zu werden. In der Malerei etwa ist Stadt wohl immer schon ein Dauerthema, mal als Hintergrund oder Umrahmung, später aber auch als eigenes Sujet. Das reicht von zahllosen Darstellungen des himmlischen Jerusalem unbekannter Maler über Stadtansichten Canalettos und William Turners, über Marc Chagall, Lyonel Feininger, Franz Marc, Paul Klee bis hin zu Gerhard Richter, um nur einige Beispiele zu nennen. Künstler wie Christo[4] verwandeln Stadtsituationen selbst in Kunst, Lichtkünstler verwandeln ganze Städte in einen nächtlichen Traum von Stadt. Und von Anfang an war die Stadt ein integraler Bestandteil der großen Filme oder Filmserien, von Fritz Langs »Metropolis« bis zu Donna Leons venezianischen

---

3 Michael Trieb: Stadtästhetik als soziale Aufgabe. In: Joachim Winter/Jürgen Mack (Hrsg.): Herausforderung Stadt – Aspekte einer Humanökologie, Frankfurt 1988, S. 56–73, hier S. 69 ff.
4 Vgl. Rudy Chiappini (Hrsg.): Christo and Jean-Claude, Mailand 2006.

Abb. 1: Steingewordene Träume europäischer Kultur – Ludwigsburg, Potsdam, Lübeck.
Alle Abbildungen: Michael Trieb, Anna Oelrichs/ISA-Internationales Stadtbauatelier.

Krimifilmserien und den Münsteraner »Tatort«-Folgen im deutschen Fernsehen, die abends die echten Städte leeren.

In der Literatur, ob Dichtung, Belletristik, Kriminalliteratur oder Science-Fiction, ist Stadt ein unerschöpfliches Thema, von Kinderbüchern über ganze Gedichtbände[5] bis hin zu zahllosen Romanen, wie beispielsweise von Charles Dickens, Victor Hugo, Alfred Döblin,[6] Dos Passos, Bert Brecht, Rudolf Stibill,[7] die die Stadt als Träger der Wünsche, Erfahrungen, Freuden und Leiden der Menschen in modernen Lebenssituationen beschreiben. Mehr noch, die diese zum Träger mehr oder weniger sublimer pädagogischer Lehren für das persönliche Leben des Lesers machen und deshalb für manchen zum Bibelersatz werden können. Und in der neuen Welt der Comics und des Science-Fiction ist Stadt das vielfache Thema vom Titel bis zum Handlungsgegenstand.[8] In den Comics ist Stadt oft der tragende Hintergrund der Handlung, in Science-Fiction ist die Stadt selbst oft wesentlicher »Mitspieler«, wie etwa in »Wizard of Oz« oder »Palimpsest«.[9] (Abb. 1)

1.5 Stadttraum in Wissenschaft, Philosophie und Weltanschauung

Wissenschaft und Träume? Stadt ist in vielen Wissenschaftsdisziplinen ein wichtiges Thema, nicht nur in der Analyse, sondern auch in der Konzeption und Planung, die manchmal wissenschaftliche Träume werden. In der Psychologie etwa das Arbeits-

---

5 Vgl. Waltraud Wende (Hrsg.): Großstadtlyrik, Stuttgart 1999.
6 Vgl. Alfred Döblin: Berlin-Alexanderplatz, Berlin 1929.
7 Vgl. Rudolf Stibill: La Ville Imaginaire, Stuttgart 1994.
8 Vgl. Annalee Newitz: The greatest dream cities in science fiction and fantasy [online]. URL: http://io9.com/5591208/the-greatest-dream-cities-in-science-fiction-and-fantasy (abgerufen 22.01.2015).
9 Vgl. Catherynne M. Valente: Palimpsest, New York 2009.

feld »Stadtpsychologie«, in der Biologie das »Ökosystem Stadt«, in der Soziologie die »Stadtsoziologie«, in der Informatik die intelligente Stadt, die »Smart City«. Allen gemeinsam sind Analyse, Bewertung des Vorhandenen, die Beobachtung von Entwicklungstrends und Vorschläge für zukünftige Lebensweisen.[10]

In der Philosophie reicht das Thema Stadt von alten Sozialutopien bis zu modernen Moralutopien, von Thomas Morus bis Antoine de Saint-Exupéry, um nur einige Beispiele zu nennen. Thomas Morus »Utopia«, die ideale Schilderung eines neuen Stadtstaates, ist Träger vielfältiger sozialer Ideen für zukünftige Gesellschaften.[11] »Die Stadt in der Wüste« von Antoine de Saint-Exupéry kann man als ein philosophisches – moralisches Werk sehen, welches in meditativer Weise eine Fülle von Lebenserfahrungen und -haltungen am Beispiel einer idealen Stadt als Hülle einer sozialen Gemeinschaft vermittelt.[12]

Und Weltanschauungen waren **immer** schon Träger von Stadtideen. Gleichgültig, ob die chinesische Weltanschauung, die christliche Weltauffassung oder ein materialistisches Weltbild – um nur einige Beispiele zu nennen – die Stadtidee und ihre Realisierung prägt, in allen Kulturen und zu allen Zeiten hat die jeweilige Weltanschauung einen Traum von Stadt entwickelt und bestimmt. Peking, Athen, Rom, New York und viele andere Städte stehen so für unterschiedliche Kulturen, Epochen und Weltbilder.

2. Stadtträume – gestern, heute und morgen

2.1 Stadtträume der Vergangenheit

So leben wir auch heute oft in der einen oder anderen Form von steingewordenen Stadtträumen. Für Einwohner von Ludwigsburg, Potsdam oder Lübeck repräsentiert die jeweilige heutige Innenstadt, soweit sie noch von den jeweiligen historischen Baukulturen geprägt ist, jeweils einen früheren Stadttraum, sei es von Bürgern (Lübeck), von Königen (Potsdam) oder von Fürsten (Ludwigsburg): Sie sind einerseits steingewordene, aber vergangene Träume europäischer Kulturphasen, andererseits aber heute lebendige wesentliche Träger des »Genius Loci«, der städtischen Individualität, ihrer heutigen Identität. Mehr noch, als Antwort auf die durch die Anonymität heutiger Städte unbefriedigten seelischen und geistigen Bedürfnisse der Menschen werden sie zu Anziehungspunkten des Städtetourismus und damit zu einem oft erheblichen Faktor der lokalen Wirtschaft. Nichts zeigt deutlicher die zeitlose Wirkung eines Stadttraumes – wenn auch auf sehr unterschiedliche Art – als diese unmittelbare Verknüpfung von vergangenen menschlichen Träumen und der

---

10 Vgl. Michio Kaku: Physics of the Future – How Science will shape Human Destiny and our Daily Lives by the Year 2100, New York 2011.
11 Vgl. Wessely, Ignaz E. (Hrsg.): Thomas Morus, Utopia, München 1896.
12 Vgl. Antoine de Saint-Exupery: Die Stadt in der Wüste, Düsseldorf 1956.

Abb. 2: Traumstädte von gestern und heute – Stadtsanierung Ellwangen als Synthese von Alt und Neu.

heutigen realen Wirtschaft. Nirgendwo wird heute der Stadttraum als Wirtschaftsfaktor besser beschrieben als auf den aktuellen Arbeitstagungen der Shopping Mall Investoren, wie zum Beispiel der ECE Deutschland.[13] (Abb. 2)

2.2 Stadtträume der Gegenwart

Und wenn wir die Weiterentwicklung und Verwandlung von Städten wie Esslingen, Ellwangen oder auch Frankfurt am Main betrachten, wird deutlich wie wir heute Träume der Vergangenheit mit Träumen der Gegenwart verbinden. Wie steingewordene Träume der Vergangenheit den Boden für lebendige Träume der Gegenwart bilden – vom funktionalen Stadtmerkzeichen, das Funktion, Gestaltung und Bedeutung zu verbinden sucht, wie der als mit lebensermutigenden Zitaten als Hölderlindenkmal verkleidete Oberleitungsmast der Stuttgarter Stadtbahn, über als Raum im Raum neuartig gestaltete Einkaufsstraße in Esslingen bis zu nächtlich leuchtenden Stadtbildern in Ellwangen, die es so nie gegeben hat, und Lichtinszenierungen, die eine ganze Stadt verzaubern können. Aber so wie nicht nur Menschen in Deutschland, sondern in ganz Europa seit Tausenden von Jahren Städte geträumt und realisiert haben, einst von Athen bis Rom, dann von Lübeck bis Florenz, später von

---

13 Gerd Wilhelms: Shopping Center oder Stadtquartiere? In: Urbanicom (Hrsg.): Vom Aschenputtel zum Hans im Glück!, Berlin 2014, S. 32–41, hier 32 ff.

Abb. 3: Traumstädte von heute – Global City Panorama, CBD-Gebiet Peking, Stadtmerkzeichen Stuttgart, Stadtboulevard Esslingen.

St. Petersburg bis Barcelona – von London, Paris, Berlin oder Moskau einmal ganz zu schweigen, so werden heute Städte im arabischen Kulturbereich ebenso – und vor allem – im asiatischen Kulturbereich geträumt. (Abb. 3)

2.3 Stadtträume für die Zukunft

In Asien wird gegenwärtig vielleicht am allerintensivsten von den Städten für morgen geträumt. Stadtträume sind da gleichzeitig Lebensträume, Vorstellungen der Einzelnen von dem angestrebten zukünftigen individuellen Leben, und gesellschaftliche Zielsetzungen, die globale Anerkennung gewinnen wollen und sich in urbanen Traumlandschaften spiegeln. Und die doch so schwer zu realisieren sind, weil sie in Asien, etwa in China, gleichzeitig kulturelle Sprünge von der sozialistischen Vergangenheit in die kapitalistische Gegenwart und von dieser zukünftig nicht nur in eine Soziale Marktwirtschaft, einen sozialen Materialismus der Zukunft führen sollen, sondern neben einer materiellen, auch noch eine immaterielle Stadtidee verlangen. Diese gab es einmal in allen Kulturen,[14] fehlt heute aber auf der ganzen Welt. Gegen-

14 Vgl. Helmuth Bott: Vom Leib zum großen Plan – Über den Entstehungszusammenhang räumlicher Ordnungs- und Gestaltungsprinzipien, Stuttgart 2013.

wärtige asiatische Stadträume sind heute »Realträume«, die nicht nur ganzheitliche materielle Funktionalität, sondern auch immaterielle, mentale, soziale, intellektuelle und spirituelle Funktionalität suchen, verknüpft mit einem expliziten Streben nach einmaliger Identität oder Individualität der einzelnen Stadt – das aber gelingt noch allzu selten.

Dabei gibt es heute auf der ganzen Welt keine besseren Chancen für die Entwicklung und Realisierung von Städten der Zukunft. Die rapide Verstädterung Chinas bietet große Aufgaben aller Art, von innovativen Straßen- und Platzentwürfen als Träger moderner städtischer Lebensformen, die nicht nur Shopping und Konsum, sondern auch Produktion miteinander verbinden, über Gebäude wie Bibliotheken, Museen, Opern bis hin zu Stadien, über innovative Einkaufsviertel, riesige Stadterneuerungen bis zu vielen vollständig Neuen Städten.[15] Das chinesische Fachwissen ist groß, umfasst das Jahrtausende alte Wissen östlicher chinesischer Kultur ebenso wie den neusten Stand westlichen Fachwissens und reicht von umfassenden, tiefgehenden Bestandsaufnahmen und Bewertungen vorhandener Stadtteile und Städte bis hin zu hervorragend vorbereiteten Planungs- und Bauprogrammen. Die Entwicklung einer Stadtidee basiert dann nicht nur auf einem einmaligen Entwurfs- und Entscheidungsprozess, wie beim europäischen Wettbewerb, sondern auf einem aufwendigen »Step by Step« Planungsprozess in vielen Entscheidungsstufen, einem permanenten entwerferischen Brainstorming-Prozess. All das ist getragen einerseits von einem eindrucksvollen langfristigen Denken und Planen und andererseits von einem beeindruckenden Mut für neue Ideen. (Abb. 4)

Aber das Ergebnis mehrerer Jahrzehnte moderner Stadtentwicklung in China ist, dass das Land heute gleichförmig von Hunderten von »Chicagos, New Yorks und Los Angeles« besiedelt erscheint. Als Einwohner oder als Besucher weiß man oft nicht, ob man sich im nördlichen Harbin – der Eiskulpturenstadt – oder Tausende von Kilometern südlich etwa in Kunming, »der Stadt des ewigen Frühlings«, befindet. In China gilt sozusagen »Global City ist überall«. Die Traumstadt nach der chinesischen Wende ist da – die Stadt auf Weltniveau – aber sie sieht überall gleich aus. Und heute sind Chinas Städter von einem tiefen Unbehagen über die Uniformität ihrer Städte befallen, in jeder Stadt sucht man nach Identität und findet sie oft nur in mühsam wieder aufgefrischter Geschichte.

Bis zu diesem Tag wird deshalb sowohl in der Forschung, wie auch in der Planung in China intensiv an der Frage gearbeitet, wie man den Städten jetzt noch Identität geben kann und – darüber hinaus – worin die Identität einer chinesischen Stadt von heute und morgen liegen kann. Entwürfe für solche Traumstädte gibt es immer wieder, oft in ost-westlicher Zusammenarbeit entstanden, aber selten kommen sie in ihrer ursprünglichen Kraft zum Tragen. Die Ursachen dafür liegen in den großen Herausforderungen, vor denen China steht. Dazu gehört der schnelle Urbanisierungsprozess des Landes, die dramatische Veränderung sowohl der Lebensform wie

---

15 Vgl. Yajin Zhang: Neue Städte – Ein Modell nachhaltiger New Town Planung und dessen Anwendung in China, Stuttgart 2011.

Abb. 4: Traumstädte für morgen.

auch der Familien-, Alters- und Sozialstruktur, der Veränderung der Wohn- und damit der Lebensweise von Horizontal zu Vertikal und der damit verbundenen Veränderung des sozialen Lebens. Es gehört aber auch die unsichtbare Herrschaft der sozial wichtigen Beziehungsnetze, dem »guangzhi« oder die individuelle wie kollektive Dominanz kurzfristigen, wirtschaftlichen Denkens ebenso dazu, wie die durchschnittlich geringe technische und architektonische Qualität des Bauens einer Gesellschaft, in der oft Schein wichtiger ist als Sein. Diese einseitige Vorherrschaft materieller Werte und des Images, des »Gesichtes«, ist verknüpft mit dem subjektiv gefühlten niedrigen Niveau des Wohlfühlens in einem Alltag, der in allen sozialen Schichten, aus den unterschiedlichsten Gründen nicht nur von Mut, Ausdauer, Humor und Spaß, sondern auch von Ernst, Unsicherheit, Sorgen und Ängsten geprägt ist.

Und die Ursache? Ein doppelter Verlust. Einerseits der Verlust eines echten Menschenbildes, das der Individualität des Menschen ebenso gerecht wird wie der Kollektivität der Partnerschaft, des Teams und der Gesellschaft mit ihren nicht nur materiellen, sondern auch immateriellen, das heißt seelischen und geistigen Bedürfnissen. Andererseits der Verlust einer geistigen Stadtidee, die sich nicht nur der funktionellen, sondern auch der seelischen und geistigen Aufgabe der Stadt bewusst ist, sie nicht nur als Selbstdarstellungs- und Machtinstrument, sondern als Schule individueller Entwicklung und kulturellen Fortschrittes der Menschheit sieht. Was in Asien nur am stärksten sichtbar wird, ist aber ein globaler Verlust in allen Kulturkreisen der Welt heute: der Verlust eines tragfähigen, allgemeingültigen Menschenbildes und einer geistigen Stadtidee, die über Generationen hinweg die Identität, die Einzigartigkeit einer Stadt sichern könnte.

3. Stadtträume – von der geistigen zur materiellen Stadtidee

3.1 Die geistige Stadtidee

So steht am Anfang der viele Jahrtausende alten chinesischen Stadtkultur die Stadt als getreuer Spiegel der Hierarchie der geistigen Welt, ihr Stadtsystem ist ein gebautes Abbild dieser Weltanschauung. Die chinesische Stadtidee ist also eine geistige Idee. Später bekam die Stadt in der europäischen Kultur eine seelische Dimension in der Idee des himmlischen Jerusalem der christlichen Weltanschauung. In dieser repräsentieren die Bausteine der Stadt moralische Qualitäten, die die Menschen im Laufe des Lebens erwerben sollten. Die hundertfache Abwandlung dieser Idee spiegelt sich insbesondere in den europäischen Städten des Mittelalters wieder. Und heute sind Städte weltweit weitgehend von der Idee der materiellen Werte wie Rationalität, Wirtschaftlichkeit, Effizienz und äußere Erscheinung geprägt. Die moderne Stadtidee ist Spiegel rein materieller Weltanschauung. Und morgen?

3.2 Stadt als Spiegel einer geistigen Weltanschauung

Der viele Jahrtausende Jahre alte chinesische Stadttypus, im Laufe der chinesischen Stadtgeschichte in fast 2.000-facher Form variiert, ist Ausdruck der spirituellen Weltanschauung der chinesischen Kultur und sichtbarer Spiegel der geistigen Hierarchien, wie es Boerschmann anschaulich beschreibt:[16]

> »Man kann den chinesischen Städteanlagen, ebenso wie der ganzen chinesischen Baukunst nur dann gerecht werden, wenn man neben dem Formalen und dem Praktischen zugleich den religiösen und philosophischen Gedanken nachgeht, die bei den Chinesen immer nach einem sichtbaren und künstlerischen Ausdruck verlangt.«[17]

> »Jedenfalls haben die Chinesen schon frühzeitig, mindestens seit der Einführung des Buddhismus um Christi Geburt, der ausgebildeten Stadtform eine religiöse und symbolische Deutung gegeben, indem sie eine solche bewehrte Stadt als Abbild der spirituellen Welt auffassten.«[18]

---

16 Ernst Boerschmann: Anlage chinesischer Städte. In: Stadtbaukunst – alter und neuer Zeit 5 (1924) H. 4, S. 49–53 u. S. 67–70, hier S. 49 ff.
17 Ebenda, S. 70.
18 Ebenda, S. 52.

Diesen philosophisch-weltanschaulichen Hintergrund zeigt und vertieft Alfred Schinz. Ihm zufolge war die Position des Menschen definiert als zwischen Himmel (Yang) und Erde (Yin), als der Gleichgewichtsbringer zwischen beiden polaren Kräften. War ihre Harmonie gestört, weil sie nicht im Gleichgewicht waren, bekam eine Seite das Übergewicht, konnten sie Unglück und Chaos bringen.[19] Dieser Spiegel ist das städtebauliche Prinzip des Magischen Quadrates, der abstrahierte, archetypische Grundtypus der chinesischen Stadt. Das Prinzip des städtebaulichen »Magic Square« wirkt wie das gebaute Gegenstück des buddhistischen Mandalas und scheint bis in das Detail zu reichen, wie Bedeutung der Mittelachse, Orientierung von Nord nach Süd, West nach Ost, Palast im Zentrum des Ganzen, Lage der Tore, vier Tempel an den vier Subzentren – eingespannt in die Polarität von Sonne und Mond, Himmel und Erde, Yin und Yang, männliche und weibliche Kraft.

> *In China man's position was defined as that between Heaven and Earth, the two basic forces of nature yang (heaven) and yin (earth). Man was obligated to keep the two in harmony, because the two forces were creative only when they cooperated harmoniously, they could also be destructive, if one of them gained the upper hand, disturbing the balance, overturning the harmony and bringing disaster and chaos.«* Und weiter: *»In China this was expressed and formulated in the pattern of the »Magic Square«, which is also well-known as the mandala of Buddhism. This was the nine fold square, called in Chinese »jingtianzhi – the well-field system of the holy field of nine squares.«*[20]

3.3 Die seelische Stadtidee

»Nur die Schönheit wird die Welt retten«[21]

Der Leitsatz *»Nur die Schönheit wird die Welt retten«* hat heute wieder an großer Aktualität gewonnen. Zitiert von Politikern, inhaltlich von Philosophen seit vielen Generationen diskutiert, heute weltweit interpretiert von den Kirchen und schon bewusst als Modelabel benutzt, wird er heute wieder verstärkt als Hoffnungsträger im krisengeschütteltem Anfang des 21. Jahrhunderts gesehen. Aber wie dieser Leitsatz zu verstehen ist und was er praktisch bedeutet, bleibt unklar. Dabei gibt es in der Bibel, der Grundlage der christlichen Weltanschauung, die Schilderung eines Beispiels, wie er zu verstehen sein könnte und was er praktisch bedeuten könnte.

---

19 Alfred Schinz: The Magic Squares – Cities in Ancient China, Stuttgart, London 1996, S. 8 ff.
20 Ebenda, S. 9.
21 Fjodor Michailowitsch Dostojewski zugeschrieben, wobei es sich wahrscheinlich ursprünglich um eine byzantinische Weisheit handelt, welche auf einem zeitlosen esoterischen Wissen basiert.

3.4 Das himmlische Jerusalem
3.4.1 Idealstadt aus Edelsteinen und Edelmetallen

In der »Offenbarung des Johannes« wird die Erscheinung des »Neuen Jerusalems« geschildert, als Symbol einer zukünftigen Zeit, der Schönheit einer Stadt, die auf den moralischen Qualitäten einer zukünftigen Menschengemeinschaft beruht: *»und zeigte mir die Heilige Stadt Jerusalem herniederfahren aus dem Himmel ... die hatte die Herrlichkeit Gottes ... und ihr Licht war gleich dem alleredelsten Stein, einem Jaspis, klar wie Kristall.«* Dann wird die zahlenmäßige und metrische Proportionalität der Stadt geschildert, aber dann wieder besonders auf ihre Materialität eingegangen: *»Und ihre Mauer war aus Jaspis und die Stadt aus reinem Golde, gleich dem reinen Glase.«*[22]

Im Folgenden wird dann geschildert, wie diese Mauer mit Edelsteinen geschmückt war: *»Der erste Grundstein war ein Jaspis, der zweite ein Saphir, der dritte ein Chalcedon, der vierte ein Smaragd, der fünfte ein Sardonyx, der sechste ein Sarder, der siebte ein Chrysolith, der achte ein Beryll. Der neunte ein Topas, der zehnte ein Chrysopras, der elfte ein Hyazinth, der zwölfte ein Amethyst«*[23] und dann wird geschildert wie jedes der zwölf Tore der Stadt eine Perle ist und die Gassen der Stadt aus lauterem Golde sind, wie aus durchscheinendem Glas. Diese ganze Stadt wird also aus Edelmetallen, Edelsteinen und Perlen aufgebaut und geschmückt, als Träger einer Neuen Welt, einer idealen, von moralischen Qualitäten getragenen zukünftigen Menschengesellschaft.

3.4.2 Edelsteine als Symbole moralischer Qualitäten

Nun werden heute in einer nicht unbegründeten, aber doch vordergründigen esoterischen Betrachtungsweise normalerweise die Kräfte beschrieben, die einem ein bestimmter Edelstein verleihen kann, zum Beispiel Mut oder Gesundheit usw. Aber eine tiefere Betrachtungsweise kann auch zum Schluss kommen, dass diese Edelmetalle und Edelsteine für moralische Qualitäten stehen, die sich die Menschen im Laufe der Zeit erringen müssen, um ein himmlisches Jerusalem als Spiegel ihrer selbst entstehen zu lassen.[24]

So könnte man, einer zeitgenössischen Interpretation der Apokalypse folgend, in dem Beryll das Symbol für die Entwicklung echten Mitgefühls sehen, im Smaragd der Fähigkeit der Selbstkontrolle, im Chalzedon das Sinnbild für selbst entwickelten, nicht von außen verliehenen Mut erkennen. Und das himmlische Jerusalem wäre

---

22 Die Bibel (Lutherfassung) – Das Neue Testament – Die Offenbarung des Johannes 20,21, Stuttgart 1967, S. 316.
23 Ebenda, S. 316 ff.
24 Vgl. Friedrich Benesch: Apokalypse – Die Verwandlung der Erde: eine okkulte Mineralogie, Stuttgart 1981.

dann nichts anderes als das Symbol für selbst errungene Qualitäten der Menschen – die zu einer neuen sozialen Stadtgemeinschaft führen, den gemeinsamen moralischen Qualitäten, die in dem Abschnitt über das himmlische Jerusalem abschließend geschildert werden.

> »Und ihre Tore werden nicht verschlossen sein des Tages; denn es wird keine Nacht sein. ... Und wird nicht hineingehen irgendein Unreines, und nicht, der da Gräuel tut, und Lüge.«[25]

3.4.3 Die moralgenerierende Architektur

Die vielleicht bisher höchsten Anforderungen an Architektur – und Städtebau – stellen prophetische Worte dar, die die eigentliche Bedeutung von wahrer Kunst betreffen:

> »Lasset noch so viele Menschen nachsinnen, wie sie durch äußere Einrichtungen Verbrecherisches und Vergeherisches aus der Welt schaffen. Wahre Heilung vom Bösen zum Guten wird in der Zukunft für die Menschen darin liegen, dass die wahre Kunst jenes geistige Fluidum« den Menschen vermittelt, welche diese dazu bringt, wenn sie von wirklicher Architektur – und Städtebau – umgeben sind, dann: » wenn sie lügnerisch veranlagt sind, aufhören zu lügen; dass, wenn sie friedenszerstörerisch veranlagt sind, sie aufhören, den Frieden ihrer Mitmenschen zu stören.«[26]

Diese gewaltige Herausforderung an Architektur und Städtebau stammt von dem Geisteswissenschaftler Rudolf Steiner, dessen Gedanken und Anregungen sich heute auf vielen Lebensgebieten in wachsendem Umfang als fruchtbar erweisen – von der Heilpädagogik wie der Camphill-Bewegung, dem Waldorfschulsystem, der homöopathischen Medizin, dem Medikament und Produkte wie Weleda oder der Naturkosmetik, wie Hauschka, dem Körperpflegelabel, das zur Zeit die Trendmarke in der Hollywood Filmstarszene sein soll, bis zu Wirtschaftsunternehmen wie der Drogeriekette DM oder dem Lebensmittelfilialisten ALNATURA. Viele seiner Anregungen auf anderen Gebieten harren noch ihrer allgemeinen Anwendung, so etwa in der Wirtschafts- und Sozialwissenschaften (Dreigliederung, Grundeinkommen), im Maschinenbau (Schwingungstechnik), oder aber auch in Architektur und Städtebau. Das aber heißt mit anderen Worten »*Nur durch wirkliche Kunst....die nicht allein im Einzelkunstwerk, sondern vor allem in Architektur und Städtebau zu finden sein muss, wird das soziale Leben der Menschen entscheidend geändert werden können.*«[27]

---

25 Die Bibel (Lutherfassung) – Das Neue Testament – Die Offenbarung des Johannes 20,21, Stuttgart 1967, S. 316.
26 Vgl. Rudolf Steiner: Wege zu einem Neuen Baustil, Dornach 1982.
27 Vgl. Trieb, Stadtästhetik (wie Anm. 1).

3.5 Die materielle Stadtidee

Die Stadt heute aber ist ein Spiegel materieller Ideale, wie Wirtschaftlichkeit, Modernität und Image. Der Stadtbegriff wird zwar ständig erweitert, kreist aber letztlich immer um einseitige, materielle Bedürfnisse des Menschen in der Stadt – von körperlicher Gesundheit bis materieller Repräsentation.

3.5.1 Interkulturelle Stadtdefinitionen

Die aktuellen Definitionen von Stadt sind meistens materieller Art. So ist auf Wikipedia unter dem Stichwort »Stadt« für den mitteleuropäischen Kulturbereich zu lesen: »Eine Stadt ist eine größere, zentralisierte und abgegrenzte Siedlung im Schnittpunkt größerer Verkehrswege mit einer eigenen Verwaltungs- und Versorgungsstruktur. « Unter dem Stichwort – für den angelsächsischen Kulturbereich – »City« findet sich an erster Stelle »*A City is a relatively large and permanent settlement*« mit »*a particular administrative, legal or historical status.*« Für den romanischen Kulturbereich ist »*La ville ... un milieu physique ou se concentre une forte population humaine, qui a aménagé cet espace pour faciliter et concentrer les activités humaine: habitat, commerce, industrie, éducation, politique, culture etc.*« oder »*Una ciudad es un area urbana con alta densidad de poblacion en la que predominan fundalemente la industria et los servicioa* « und »*Una città e un insediamento umano esteso e stabile, un'area urbana che si differenzia da un paese o un villaggio per dimensione, densità di popolazione, importanza o status legale.*«[28]

3.5.2 Dominanz materieller Aspekte

Auch wenn Aussagen in Wikipedia bei aller wachsenden Bedeutung nicht immer als Hinweise, aber als allgemeingültig genommen werden dürfen, so zeigt doch die Übereinstimmung im Wesentlichen der Aussagen aus drei verschiedenen Kulturkreisen den dominierenden, materialistischen Charakter dieser Stadtdefinitionen. Auch wenn diese ständig erweitert werden, wie beispielsweise durch Öko City, Smart City, Mixed City oder Social City, so dominiert doch auch hier der materielle Aspekt. Von einer Stadt als Spiegel einer geistigen oder moralischen Idee ist keine Rede mehr. Dieser materialistische Grundzug spiegelt sich weltweit in den realen Prozessen der Stadtentwicklung, die weitgehend von den materiellen Bedürfnissen bestimmt sind, wieder. Es gibt zwar im wissenschaftlichen Bereich seit langem tiefgründige und vielschichtige Definitionen von Stadt,[29] aber sie haben bei weitem nicht die Prägnanz,

---

28 http://de.wikipedia.org/wiki/Stadt (abgerufen 22.01.2015); http://en.wikipedia.org/wiki/City (abgerufen 22.01.2015); http://fr.wikipedia.org/wiki/Ville (abgerufen 22.01.2015); http://es.wikipedia.org/wiki/Ciudad (abgerufen 22.01.2015); http://it.wikipedia.org/wiki/Citt%C3%A0 (abgerufen 22.01.2015).
29 Vgl. Lewis Mumford: The City in History, New York 1961.

Einprägsamkeit und Kraft, um als Leitbilder des Städtebaus in den heutigen globalen Urbanisierungsprozessen in die Wirklichkeit umgesetzt zu werden.[30]

3.5.3 Fehlende Leitbilder

Die Städte von heute haben deshalb keinen geistigen Hintergrund, keine seelischen Aufgaben und dienen weitgehend nur der sektoralen Erfüllung von materiellen Bedürfnissen wie bessere Luft, schnellere Mobilität und intelligentere Kommunikation im Alltag. So notwendig dies für das Leben und Überleben ist, mangelt es doch an einer umfassenden Idee von Stadt. Daraus resultiert fehlendes ganzheitliches Denken, dass alle Aspekte der Stadt umfassen. Und die Folge sind Kaskaden sektoraler Einzelaspekte, die zeitweise das Übergewicht über alle anderen gewinnen.

Es fehlt das Verständnis für die Jahrtausende alte Mission der Stadt, selbstgeschaffene Heimat der Menschen zu sein. Eine Heimat, die den Menschen als Ganzes sieht und weiß, dass sie gleichzeitig nicht nur materielle, sondern auch immaterielle Bedürfnisse befriedigen muss. Es fehlt das Wichtigste von allem: ein ganzheitliches Verständnis von dem Menschen zu haben, ein pragmatisches Menschenbild. Dieses allein kann in der modernen Zeit zu einer umfassenden Idee von Stadt führen, ganzheitliches Denken möglich machen und damit sektorale Einzelaspekte immer zum Teil eines Ganzen werden zu lassen.

4. Eine humane Stadtidee

4.1 Ein pragmatisches Menschenbild

Wir wissen, dass Städte von Menschen für Menschen gemacht sind. Aber wenn wir nach einem ganzheitlichen, umfassenden und anwendbaren Menschenbild suchen, dann sind wir wieder – wie bei der Definition der Stadt – mit zahllosen philosophischen, ideologischen, religiösen und kulturellen Definitionen konfrontiert. So beispielsweise: »*Man has: highly developed brain, abstract reasoning language, introspection, problem solving, self-awareness, rationality and sapience.*«[31] Aber keine davon, in welchen Kulturkreisen – Europa, Asien, Amerika – auch immer, gibt bereits ein allgemeingültiges Gesamtbild.

Eine pragmatische, ganzheitliche Definition des Menschen als Grundlage der Stadtplanung könnte, auf verschiedenen Forschungsergebnissen basierend, wie folgt lauten: »*Der Mensch ist eine Individualität, die nicht nur materielle, sondern auch seelische und geistige Bedürfnisse und Fähigkeiten hat.*«[32] Materielle Bedürfnisse sind

---

30 Vgl. Gerd Albers/Alexander Papageorgiou-Venetas: Stadtplanung – Entwicklungslinien von 1945–1980, Tübingen 1984.
31 http://en.wikipedia.org/wiki/Man (abgerufen 22.01.2015).
32 Trieb, Stadtästhetik (wie Anm. 1), S. 69 ff.

STÄDTE ALS TRAUM   235

Abb. 5: Der Mensch ist eine Individualität und hat materielle, seelische und geistige Bedürfnisse.

dann beispielsweise, Ernährung, Schutz vor Wetter; seelische Bedürfnisse sind Sicherheit, Heimatgefühl et cetera und geistige Bedürfnisse sind zum Beispiel Bildung, Philosophie, Religion. (Abb. 5)

4.1.1 Bedürfnisse

Wenn man also von der Frage der Bedürfnisse des Menschen in der Stadt ausgeht und sie analysiert, dann kommt man ganz pragmatisch, unabhängig von jeder Philosophie oder Weltanschauung zu der Erkenntnis, dass sie sich in diese drei Schichten oder »Layers« gliedern lassen, die Schicht der materiellen, der seelischen und der geistigen Bedürfnisse. Und man stellt fest, dass diese gleichzeitig aktiv sind, das heißt materielle Bedürfnisse gleichzeitig von seelischen und geistigen Bedürfnissen begleitet werden. Essen zum Beispiel soll den materiellen Hunger stillen (materielles Bedürfnis), dabei aber gleichzeitig appetitlich aussehen (seelisches Bedürfnis), abwechslungsreich sein und physische Kraft geben, die Phantasie anregen oder das Denken fördern (geistiges Bedürfnis).

4.1.2 Fähigkeiten

Wenn man sich dann die Frage stellt, wie man diese Bedürfnisse gleichzeitig befriedigen kann, realisiert man, dass die Menschen nicht nur diese Bedürfnisse, sondern auch die Fähigkeiten haben, diese zu befriedigen, bei der gleichen Tätigkeit, der gleichen Sache, der gleichen Situation. Im Grunde, erkennt man, dass dies die Essenz jeder kulturellen Entwicklung ist: Alles, was notwendige Funktionen sind, für die Seele schön zu gestalten und mit geistigen Bedeutungen zu hinterlegen. Dieses Wissen galt für die asiatischen Kulturen schon seit Jahrtausenden, ebenso wie für die europäischen oder südamerikanischen Kulturen – bis dieses Wissen in der Neuzeit dem einseitigen Menschenbild des Materialismus weitgehend zum Opfer fiel, der bewusst benutzt wird, um Konsum zu erzeugen. Denn auch hier gilt, was die Abendländische Stadtbaukunst lehrt, dass alles Notwendige der ästhetischen Überhöhung bedarf.[33] (Abb. 6)

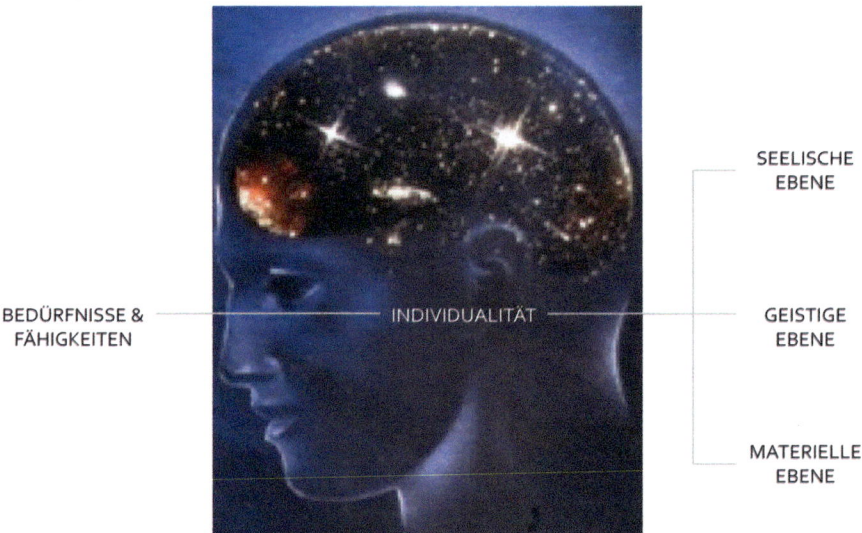

Abb. 6: Ein pragmatisches Menschenbild.

---

33 »Wer immer auch in allen Jahrhunderten ein Notwendiges plante, hat auch das Notwendige nicht erreicht. Die Menschlichkeit bedurfte des emotionalen Bezugs zu ihren Wohnstätten, sie forderte die ästhetische Überhöhung, eine Kultur der Gestaltung, die den Alltag auch als nur Grau erhöht.« Vgl. Wolfgang Braunfels: Abendländische Stadtbaukunst, Köln 1976, S. 325.

So kann man jeden Menschen als eine Individualität verstehen, die eine materielle, physische Seite; eine seelische, psychische Seite und eine geistige, spirituelle Seite hat. Und jede dieser drei Seiten hat jeweils eine Vielfalt von Bedürfnissen, aber auch gleichzeitig die Fähigkeit, diese zu befriedigen.

4.2 Eine pragmatische Stadtidee

Eine pragmatische Stadtidee, ihrerseits, kann darauf gegründet sein, dass die Stadt der Befriedigung aller menschlichen Bedürfnisse mittels aller gegebenen Fähigkeiten der Menschen dient.

4.2.1 Bedürfnisse

Wenn aber die Stadt der Befriedigung menschlicher Bedürfnisse dient, dann bedeutet dies, dass jede Stadt nicht nur materiell funktionsfähig, sondern auch seelisch wirksam und geistig fruchtbar sein sollte. Mehr noch, dass die Stadt – wie jeder Mensch auch – eine eigene, unverwechselbare Identität haben sollte. Identität, um Heimatgefühl und Besonderheit zu vermitteln. Geistige Angebote, um persönliche Entwicklung zu ermöglichen (Bildung, Kultur, Religion und Weltanschauung et cetera). Seelische Werte, um innere Aufbaukräfte zu bekommen (Sicherheit, Anregung, Schönheit et cetera). Materielle Grundlagen, um überhaupt existieren zu können (Wohnen, Arbeiten, Erholen et cetera).

4.2.2 Fähigkeiten

Die Voraussetzung aber, dass die Stadt der Befriedigung aller menschlichen Bedürfnisse – ganzheitlich und gleichzeitig – dient, ist der Einsatz aller menschlichen Fähigkeiten in der Stadt: bei Entwurf, Bau, Steuerung und Erneuerung der Stadt. Nur durch die gleichzeitige Anwendung aller materiellen, seelischen und geistigen Fähigkeiten – allen verfügbaren menschlichen Know How's – wird es möglich, eine Stadt zu haben, die allen menschlichen Bedürfnissen entspricht. Mit anderen Worten, es genügt nicht, auf materieller Ebene eine Funktion zu erfüllen, etwa ein Wohnhaus zu bauen, sondern es muss auch künstlerisch überhöht sein, um seelischen Bedürfnissen zu genügen und in welcher Form auch immer die Bedeutung »Wohnen« repräsentieren, um geistigen Ansprüchen zu entsprechen.[34] (Abb. 7)

---

34 Die geistige Bedeutung der Individualität des Menschen sich auch in den Wohnungen des Massenwohnungsbaus widerspiegeln zu lassen, erscheint heute wie ein unrealistischer Traum – wie das möglich ist zeigte aber schon 1910 Antoni Gaudi mit seiner Casa Mila in Barcelona.

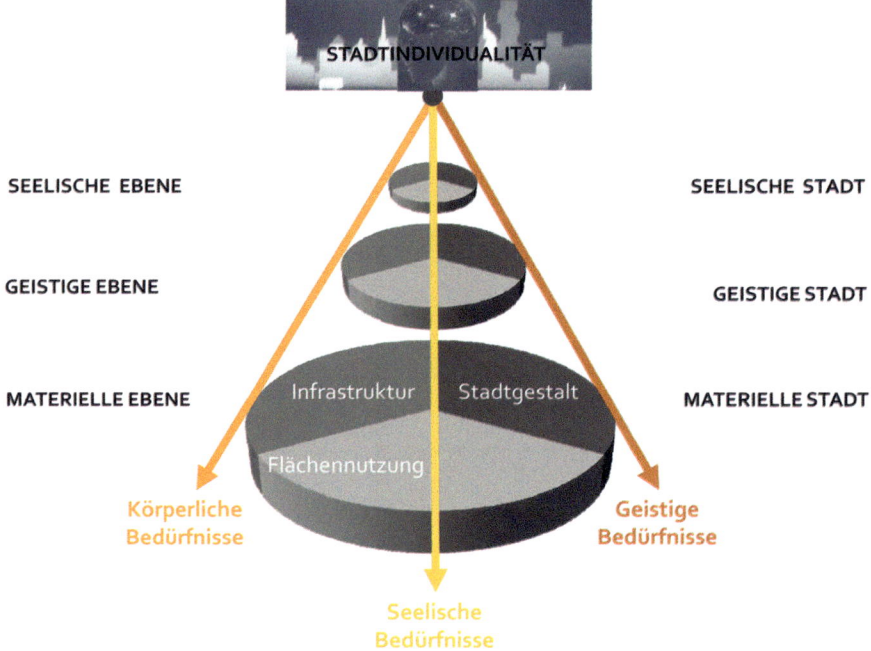

Abb. 7: Ein pragmatisches Stadtbild.

4.2.3 Interaktion zwischen Mensch und Stadt

Die Gegenüberstellung eines pragmatischen Menschenbildes und einer pragmatischen Stadtidee zeigt, wie sich menschliche Individualität und Stadtindividualität, geistiger Mensch und geistige Stadt, seelischer Mensch und seelische Stadt, körperlicher Mensch und körperliche Stadt gegenüberstehen. So wird deutlich, dass eine echte Stadtidee nichts anderes ist als der Spiegel des Menschen, pragmatisch erfasst, mit seinen Bedürfnissen und Fähigkeiten. Deutlich wird auch, wie die drei Säulen der Stadt – Nutzung, Kommunikation und Mobilität, Gestalt – immer nicht nur eine körperliche, sondern auch eine seelische und eine geistige Seite haben.

Die menschliche Individualität bzw. die Summe der Stadtindividualitäten, die eine Stadtbevölkerung bilden, – die intersubjektive menschliche Individualität – steht also mit all ihren Bedürfnissen und Fähigkeiten der jeweiligen Stadtindividualität gegenüber. Diese antwortet den Bedürfnissen mittels der Fähigkeiten und Möglichkeiten der Menschen, die die Stadt planen und bauen – Bürgermeister, Gemeinderat, Stadtplaner und Architekten, Bauherren – durch ihr Handeln insbesondere auf der Flächennutzungsseite (Nutzungsart, Nutzungslage, Nutzungsmaß), der Infrastrukturseite (Technische Infrastruktur, Mobilität, Kommunikation) und der Gestaltseite (Lage, Größe und Form der Bebauung). Die jeweils gegebenen wirt-

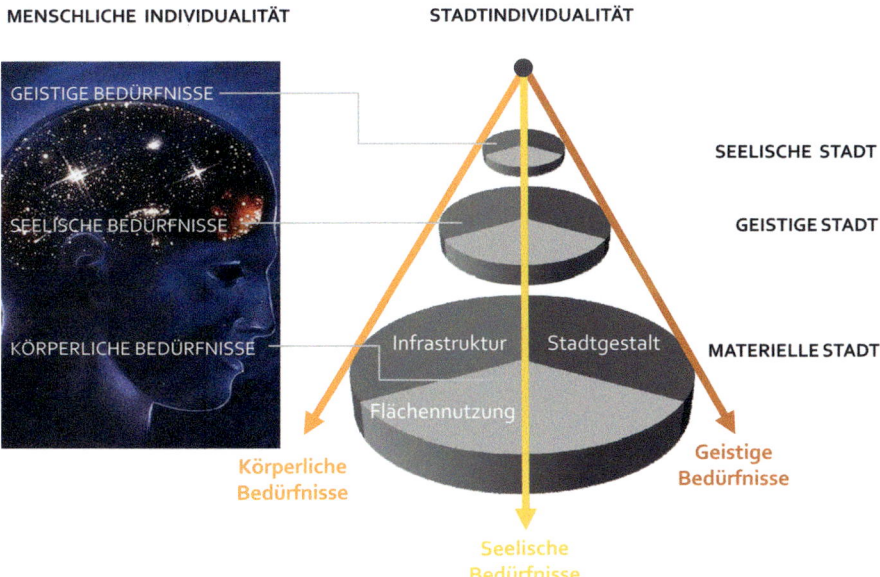

Abb. 8: Stadtidentität ist die städtebauliche Synthese der jeweiligen spirituellen, geistigen und materiellen Stadt.

schaftlichen und technischen Möglichkeiten spielen dabei naturgemäß eine nicht zu vernachlässigende, aber auch nicht zu überschätzende Rolle. (Abb. 8)

5. Konsequenzen einer pragmatischen Stadtidee

5.1 Jede Funktion hat drei Aufgaben

Wenn man die Konsequenzen einer solchen anthropozentrischen, pragmatischen Stadtidee für die Praxis untersucht, zeigt sich, dass alle Funktionen einer Stadt dreifachen Ansprüchen genügen müssen – den materiellen, den seelischen und den geistigen Bedürfnissen. Die Funktion »Wohnen« ist dann nicht nur eine Sache der Funktionalität einer Wohnung – materielle Ansprüche –, sondern auch ihrer inneren (Wohnungsgestaltung) und äußeren Stimmung und Atmosphäre (Wohnumfeld) – seelische Ansprüche – und des geistigen Ausdrucks und der Anregungskraft (Wohnung, Haus, Wohnumfeld) – geistige Ansprüche.

Die Funktion »Verkehr« hat dann nicht nur der Verkehrsfunktion (Fußgänger, Fahrrad, Segway, Auto, ÖPNV) zu dienen, sondern auch die seelischen und geistigen Ansprüche des Menschen an einen – oft täglichen – Weg zu erfüllen, wie Sicherheit, Orientierbarkeit, Abwechslung, Anregung, durch was auch immer. Die Funktion

»Bildung« heißt dann nicht mehr nur, einen perfekt funktionierenden Kindergarten oder eine Universität zu bauen, sondern auch, eine entsprechende schützende seelische Atmosphäre zu gestalten und in ein vielschichtiges geistig anregendes Umfeld von Funktion, Erscheinung und Bedeutung zu betten.

5.2 Das Prinzip der Gleichzeitigkeit

Entscheidend dabei aber ist das Prinzip der Gleichzeitigkeit. Jede Funktion einer Stadt muss ihre dreifache Aufgabe gleichzeitig erfüllen, das heißt gleichzeitig funktionieren, seelisch aufbauen und geistig anregend sein. Es genügt nicht mehr, den Wohnungsbedarf quantitativ zu decken, aber die seelischen und geistigen Ansprüche des Menschen zu vernachlässigen und auf bessere Zeiten zu warten. Es ist nicht mehr verantwortbar, Straßen nur einseitig für eine Verkehrsart, zum Beispiel den Individualverkehr zu bauen und alle andere Verkehrsfunktionen der Straße (Fußgänger, Fahrrad, Segway, ÖPNV) zu vernachlässigen. Auch wenn diesen eigentlich selbstverständlichen Forderungen viele, auch nachvollziehbare Gegenargumente gegenüberstehen – Wirtschaftlichkeit, Zeit, Funktionalität – wird in Zukunft kein Weg daran vorbeiführen, zum Beispiel entsprechend die Förderungsbedingungen für den

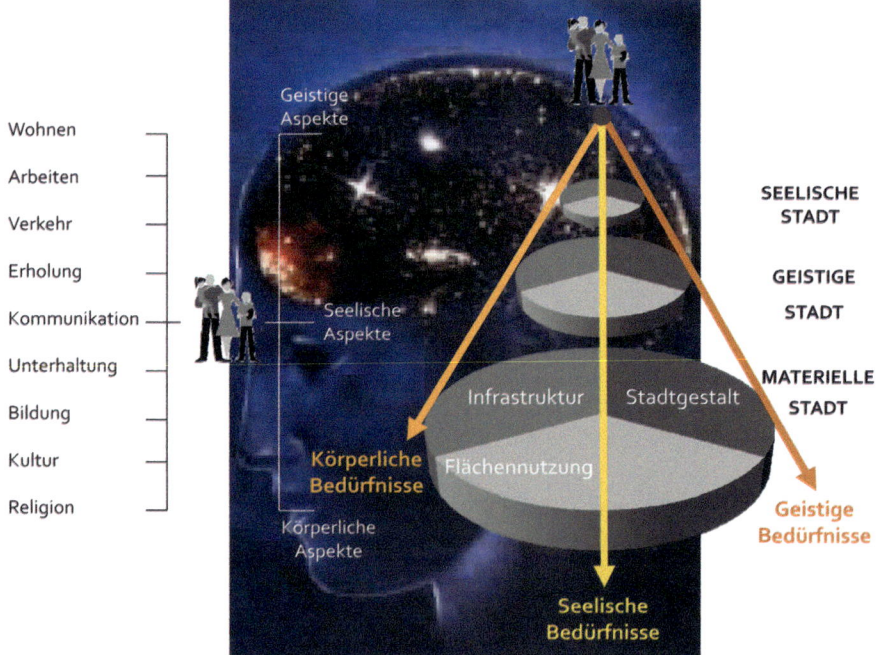

Abb. 9: Jede Bedürfniskategorie hat einen körperlichen, einen seelischen und einen geistigen Aspekt.

Wohnungsbau, die Normen für die Straßenplanung, die Richtlinien für öffentliche Bauten, wie Universitäten oder die Kriterien von Zertifizierungsmethoden weiterzuentwickeln. (Abb. 9)

6. Traumstadt – Gestern, Heute, Morgen

Städte – von Menschen für Menschen gedachte und gebaute Metakosmen – sind, so gesehen, nichts anderes als »steingewordene« Träume der Menschen. Träume von einer gelebten Weltanschauung in der geistigen Stadtidee, Träume von besseren Menschen in der seelischen Stadtidee und Träume von einem idealen materiellen Leben in der materiellen Stadtidee. Auch wenn diese Träume im Menschen sicherlich gleichzeitig lebten – der Traum von Stadt hat immer materielle, seelische und geistige Aspekte –, so dominierten doch in den verschiedenen Kulturepochen, wie es scheint, jeweils der eine oder andere Aspekt.

Gestern, in der Geschichte der Menschheit, so könnte man sagen, dominierte zunächst der Traum einer geistigen Stadtidee, – Spiegel der geistigen Bedürfnisse der Menschen – die beispielsweise die chinesische Stadtkultur bestimmte, und dann später der Traum einer seelische Stadtidee, – Spiegel der seelischen Bedürfnisse der Menschen – die, so will es erscheinen, die europäische und später in anderer Form die hispanoamerikanische Stadtkultur prägte.[35]

Heute, in der Gegenwart, bestimmt weltweit der Traum einer materiellen Stadtidee die globale Stadtkultur – Spiegel der materiellen Bedürfnisse des Menschen. Materielle Ziele, Werte und Bedürfnisse dominieren uns und unseren Alltag, ein unbewusster und bewusster, individueller und kollektiver Egoismus von der Öko-Welle über den Shareholder Value bis hin zum Image als Ich-Repräsentation.

Morgen könnte der Traum einer humanen Stadt, einer anthropozentrisch bestimmten Stadt das tragende Motiv eines globalen Städtebaus werden. Ein Traum von Stadt, der nicht wieder eine Epoche, wie die der materiellen Stadt durch eine neue, einseitigen Stadtraum ablöst, etwa der smarten Öko-Stadt, sondern alle Aspekte menschlicher Bedürfnisse und Fähigkeiten in einem ganzheitlichen Stadttraum zusammenfasst.

Einem Traum von Stadt, der eine geistige, eine seelische und eine materille Stadtidee in einem Idealbild der Stadt von morgen bündelt, diese dann aber in tausendfachen Variationen verwirklicht, bestimmt durch unterschiedliche Geographien, Kulturen, Menschen.

Das pragmatische Menschenbild – die menschliche Individualität mit ihren materiellen, seelischen und geistigen Bedürfnissen und Fähigkeiten – könnte dabei der allgemein-gültige Bezugspunkt sein, auf dem die humane Stadtidee immer wieder neu aufbaut – je nach Funktion, Lage, Kultur und Zeit in tausendfachen Variationen. (Abb. 10)

---

35 Vgl. CEHOPU (Hrsg.): La Ciudad hispanoamericana – El sueno de un orden, Madrid 1989.

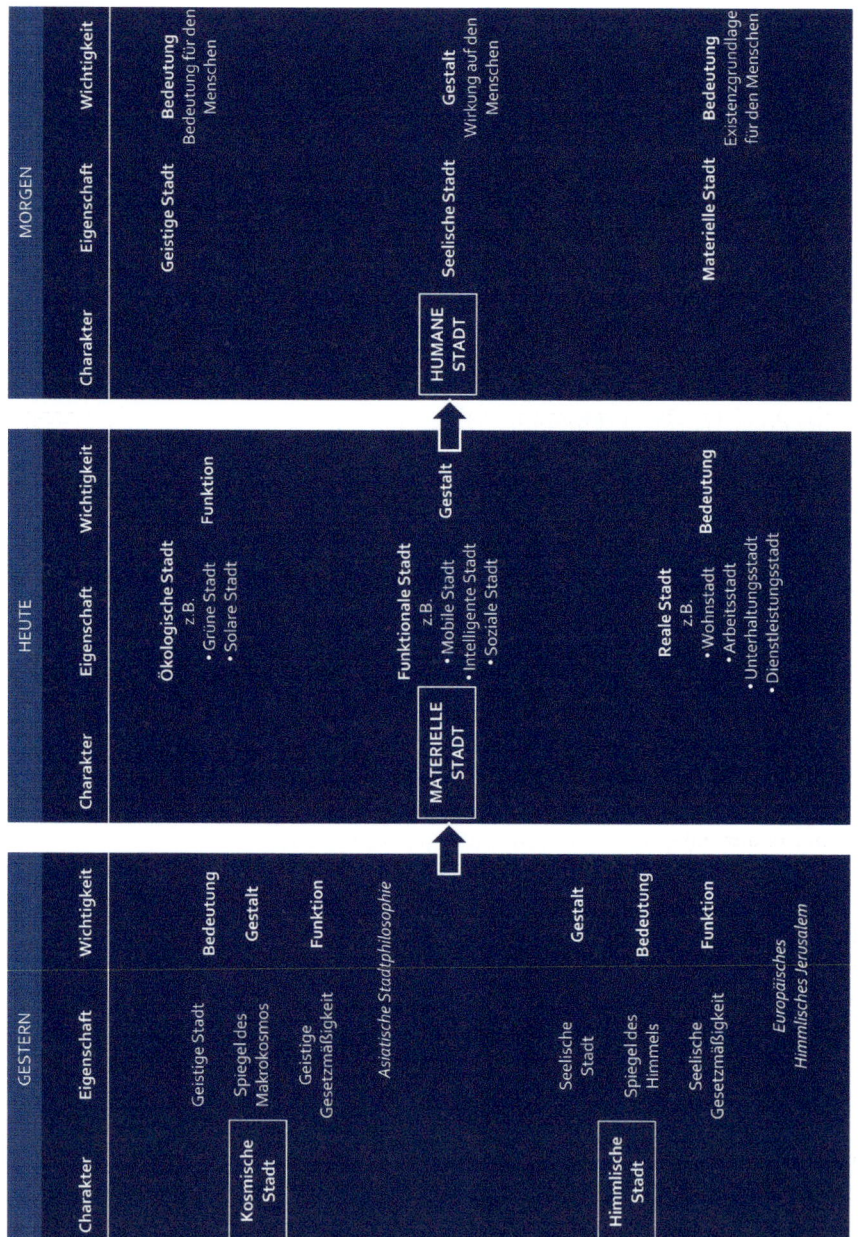

Abb. 10: Die Stadt als Traum – von der geistigen zur humanen Stadt.

In einer Übersicht über den hier sich als Konsequenz ergebenden Entwicklungsprozess von der geistigen – kosmischen – Stadt zur zukünftigen humanen Stadt zeigten sich der Stadttraum von morgen und seine tatsächliche Realisierbarkeit.

Stand hier am Anfang des Stadtgedankens die geistige, kosmische Stadt, wie sie sich unter anderem in der chinesischen Philosophie widerspiegelt, so war das eine kosmische Stadt, ein Spiegel des Makrokosmos, der sich durch geistige Symbole und Gesetzmäßigkeiten in der irdischen Stadt spiegelte. Dabei stand die Bedeutung an erster, die Gestalt an zweiter und die Funktion an letzter Stelle der Wichtigkeit.

Diesem Stadtgedanken folgte die seelische Stadt, eine himmlische Stadtidee, die sich in der vor allem in der seelisch erlebten christlichen Stadt des Mittelalters darstellte, ein Spiegel des Himmels sein wollte und seelische Gesetzmäßigkeiten beinhaltete, die kulturell und moralisch auf die Menschen wirken sollte. Insbesondere in der christlichen Weltanschauung verankert stand die Gestalt an erster Stelle, die Bedeutung an zweiter und die Funktion an dritter Stelle.

Heute dominiert die materielle Stadt, der materielle Stadtaspekt auf der ganzen Welt. Und wenn seelische und geistige Aspekte herangezogen werden, wie zum Beispiel die Soziale Stadt, so doch auch meistens nur als Diener letztlich materieller Interessen. Auch wenn der materielle Aspekt der Stadt die Existenzgrundlage der Menschen darstellt – heute im Wesentlichen in den Aspekten Reale Stadt, Funktionelle Stadt und Ökologische Stadt – so zeigen diese doch heute eine dramatische Einseitigkeit der Stadt. Folglich steht heute die Funktion an erster Stelle, die Gestalt an zweiter und die geistige Bedeutung an dritter Stelle – soweit die beiden letzteren überhaupt eine Rolle spielen.

7. Die humane Stadt der Zukunft

Wie könnte dementsprechend die Zukunft aussehen? Hier wird sie in einer Humanen Stadt gesehen, die auf einem pragmatischen Menschenbild aufbaut, dass die drei Seiten der Stadt – die materielle, die seelische und die geistige – als gleichwertige Aufgaben sieht, in der die geistige Bedeutung, die für den Menschen zuvor an erster Stelle steht, aber eng verknüpft ist mit der Gestalt und ihrer Wirkung auf den Menschen an zweiter Stelle und mit der Funktion als Existenzgrundlage des Menschen an dritter Stelle.

7.1 Die Stadt als Traum – gestern

Am Anfang dieser Betrachtung steht in Asien die chinesische Auffassung der Stadt als Spiegel der kosmischen Weltordnung und Vermittler zwischen Geist und Materie. Sie ist die geistige Stadtidee der kosmischen Stadt. Ihr folgt später in Europa die christliche Idee der Stadt als Idealbild einer zukünftigen, geordneten sozialen Gesellschaft, die von moralischen Qualitäten getragen wird, das »Himmlische Jerusalem«.

7.2 Die Stadt als Traum – heute

Aber das war gestern. Heute herrscht weltweit der Traum von der idealen materiellen Stadt, die alle direkten und indirekten materialistischen Bedürfnisse befriedigt. Diese reichen von den elementaren Grundbedürfnissen wie Wohnen, Arbeiten, Erholen et cetera bis zum hochwertigen Stadtimage, die das eigene Bedürfnis nach Modernität, Globalität, Macht, aber auch Identität und Geschichte repräsentieren. Aspekte dieses materialistischen Ideals sind zum Beispiel Öko City, Smart City, Mobil City, Mixed City, aber auch, genauer betrachtet, Social City oder Uni City. Die materielle Stadtidee ist die Stadt aufeinanderfolgender materieller Teilaspekte und dominiert von wirtschaftlichen, das heißt materiellen Parametern. Eine tragende geistige oder eine seelische Stadtidee gibt es nicht.

7.3 Die Stadt als Traum – morgen

Und morgen? Der Blick auf die Stadtideen von gestern und heute zeigt, wie geistige, seelische und materielle Stadtidee jeweils eine Seite betonen, aber noch keine die Stadt als Ganzes sieht. Eine humane Stadt, ein Ganzes, das die Stadt als einen von Menschen für Menschen geschaffenen Kosmos sieht, ein Ort der materiellen Existenz, der seelischen Erlebnisse, der geistigen Erfahrung und Leistung.[36] Denn die Trias der Stadt hat eine materielle körperliche Dimension, eine psychisch-emotionale Dimension und eine schöpferische, intellektuelle und geistige Dimension. Und sie braucht eine ganzheitliche Leitidee, die gleichzeitig die materielle, die seelische und die geistige Stadt umfasst.

Grundlage dafür könnte das oben dargestellte pragmatische Menschenbild sein, das in der humanen Stadt das Gegenbild seiner Bedürfnisse und Fähigkeiten schafft. Dieses Menschenbild ist in den Grundbedürfnissen und Grundfähigkeiten weltweit das Gleiche, kann jedoch je nach Kulturkreis, Bildung, sozialem Status sehr unterschiedlich ausgeprägt sein. So tritt die humane Stadtidee in unendlichen Variationen auf – ob Metropole oder Kleinstadt, ob in europäischer, asiatischer, arabischer oder amerikanischer Kultur, ob in nördlichen oder südlichen Klimazonen. Immer aber könnte die Stadt ein mehr oder weniger vollkommener Spiegel des jeweiligen humanen, pragmatischen Menschenbildes sein.

---

36 Vgl. Trieb, Stadtästhetik (wie Anm. 1).

Autor:innen

PD Dr. Peter Collin, Max-Planck-Institut für Rechtsgeschichte und Rechtstheorie, Frankfurt am Main

Prof. Dr. Dietrich Erben, Prof. für Theorie und Geschichte von Architektur, Kunst und Design an der Technischen Universität München

Prof. Dr. Frank Göttmann, Prof. em. für Geschichte der Frühen Neuzeit an der Universität Paderborn

Ulrich Koppitz, Bibliotheks-Mitarbeiter im Institut für Geschichte, Theorie und Ethik der Medizin der Heinrich-Heine-Universität Düsseldorf

Dr. Thomas Möbius, Humboldt-Universität zu Berlin, Institut für deutsche Literatur (Wiss. Mitarbeiter am DFG-Projekt »Literarisches Feld DDR: Autor*innen, Werke, Netzwerke«)

Prof. Dr. Roland Müller, Ltd. Stadtarchivdirektor a. D., Stuttgart

Anna Oelrichs M. Sc., Architektin, Zürich (früher ISA Stadtbauatelier Stuttgart)

Prof. Dr. Bernd Roeck, Prof. em. für Allgemeine und Schweizer Geschichte der Neuzeit an der Universität Zürich

Prof. Dr. Dr. Richard Saage, Prof. em. für Politische Theorie und Ideengeschichte an der Martin-Luther-Universität Halle-Wittenberg

Prof. Dr. Prof. hc. mult. Eva Maria Seng, Prof. für Materielles und Immaterielles Kulturgut an der Universität Paderborn

Prof. Dr. Regina Stephan, Prof. für Architekturgeschichte an der Hochschule Mainz

Prof. Dr. Michael Trieb (†), Prof. em. für Stadtgestaltung und Stadtentwicklungsplanung an der Universität Stuttgart, Gründer ISA Internationales Stadtbauatelier

Prof. Dr. Jörg Vögele M. A., wissenschaftlicher Mitarbeiter und Kurator der Graphiksammlung »Mensch und Tod« am Institut für Geschichte, Theorie und Ethik der Medizin der Heinrich-Heine-Universität Düsseldorf

Personenregister

Alberti, Leon Battista 7 f.
Andreae, Johann Valentin 8, 21, 25, 40–44, 50

Bacon, Francis 34
Barschtsch, Michail O. 11, 203–219
Baudelaire, Charles 12
Baumeister, Reinhard 128
Beer, Georg 51 f.
Berlusconi, Silvio 185
Beyer, Eduard 145
Bibra, Philipp Anton von 82
Brecht, Bertold 223
Brügelmann, Johann Gottfried 126
Burckhardt, Jacob 158

Cadbury, George 194
Cadbury, Richard 194
Campanella, Giovanni Domenico (Tommaso) 8, 21, 23, 26, 31
Canaletto (Bernardo Bellotto) 222
Chadwick, Edwin 126
Chagall, Marc 222
Chambless, Edgar 200
Christo (Christo Wladimirow Jawaschew) 222
Cicero, Marcus Tullius 85

Dahlmann, Friedrich Christoph 173–175
Dickens, Charles 223
Dilich, Wilhelm 39, 44, 46
Döblin, Alfred 223
Dos Passos, John Roderigo 223
Dürer, Albrecht 9, 21, 23 f., 26 f., 39, 41 f., 44, 50
Duisberg, Carl 155

Eberhard I., Herzog von Württemberg 63
Eisenman, Peter 200
Eitelberger, Rudolph, Ritter von Edelberg 171, 173
Engels, Friedrich 122–126

Feininger, Lyonel 222

Ferstel, Heinrich von 168
Filarete (Antonio di Pietro Averlino) 8, 21–23, 26 f.
Fischer, Theodor 197
Fourrier, Charles 83
Fromentin, Eugène 165
Friedrich I., Herzog von Württemberg 48
Friedrich II., König von Preußen 89
Funck, Wilhelm 154
Furttenbach, Joseph von 40, 46 f.

Garnier, Tony 199
Garve, Christian 9, 83–91, 93, 95 f.
Ginsburg, Moisej Ja. 11, 203–219
Gminder, Ulrich 197
Goethe, Johann Wolfgang von 158
Graves, Michael 200
Gruner, Justus 84

Haussmann, Georges-Eugène 163
Heinrich IV., König von Frankreich 59
Hilbersheimer, Ludwig 179
Hippodamus von Milet 7, 9
Hoffer, Enrico 185 f.
Howard, Ebenezer 11, 194, 197, 199–201
Hugo, Victor-Marie 223

Jaspert, Fritz 181
Jean Paul (Johann Paul Friedrich Richter) 80, 84
Justi, Johann Gottlob Heinrich von 83

Kaganowitsch, Lazar 219
Kant, Immanuel 86, 159
Karl III., Herzog von Lothringen 63
Kim, Lina 37
Klee, Paul 222
Kolping, Adolf 135
Kolzow, Michail 203 f., 206
Kotzebue, August von 84
Kretschmer, Alfred Franz 90
Krier, Léon 186 f.
Krupp, Margarete 197

Kruse, Walter 138

Ladowski, Nikolaj A. 206
Lang, Fritz 222
Laugier, Marc Antoine 163
Le Corbusier (Jeanneret (-Gris), Charles-Édouard) 202
Leon, Donna Margaret 222
Leonidov, Ivan 32, 35
Lever, William 194
Leverkus, Carl 155
Liebig, Justus von 136
Lindley, William 127
Lissitzky, Lasar Markowitsch (El) 30 f., 33, 35, 215
Lockwood, Henry 191
Ludwig, Herzog von Württemberg 52

Malewitsch, Kasimir 8, 29, 31, 34
Marc, Franz Moritz Wilhelm 222
Mawson, William 191
May, Ernst 181, 201
Mayenberg, Georg Heinsius von 197
Maximilian Franz von Österreich, Kurfürst von Köln 93
Mebes, Paul 198
Mendelsohn, Erich 200
Metzendorf, Georg 197
Morris, William 11, 194
Morus, Thomas 7 f., 17–19, 23, 31, 33 f., 38, 224

Owen, Robert 83

Parker, Barry 197
Patte, Pierre 163
Pettenkofer, Max 129, 145
Philipp II., König von Spanien 48
Philippi, Peter 84
Platon 8
Possa, Giulio 185 f.

Ragazzi, Giancarlo 185 f.

Richter, Gerhard 222
Riehl, Wilhelm Heinrich von 157

Sabsowitsch, Leonid M. 215–217, 219
Saint-Exupéry, Antoine Marie Jean-Baptiste Roger de 224
Salt, Titus 191
Sander, Eduard 149
Sander, Friedrich 127, 143
Schegal, Grigori M. 218
Schickhardt, Heinrich 21, 24, 26 f., 48–52, 55–59, 61–63, 66–69, 73
Schuchard, Johannes 135
Semper, Gottfried 167
Sitte, Camillo 8, 10 f., 157–180, 198
Smith, Adam 85, 88, 90, 95
Soria y Mata, Arturo 200
Specklin, David 39, 44 f., 47
Spitzweg, Carl 84
Stahl, Johann Adam 93
Stein, Heinrich Friedrich Karl von 77
Steiner, Rudolf 232
Stibill, Rudolf 223
Stockhausen, Johann Josef von 93
Stübben, Joseph 154
Süßmilch, Johann Peter von 85

Tagliaventi, Gabriele 186 f.
Taut, Bruno 11, 200–202
Turner, William 222

Unwin, Raymond 197

Vitruv (Marcus Vitruvius Pollio) 7, 10
Voigt, Georg 134
Voss, Heinrich 141

Wagner, Martin 178
Wagner, Otto 8, 177–179
Weyl, Theodor 135
Wesely, Michael 37
Willebrand, Johann Peter 83
Wölfflin, Heinrich 164 f.

Ortsregister

Alessandria 186–188
Algier 202
Amalfi 167
Athen 169, 224 f.
Awtostroj 203

Baltimore 7
Barcelona 226
Barmen s. Wuppertal
Berlin 7, 37 f., 109, 137, 141, 182, 201 f., 221 f., 226
Birmingham 191
Bournville 193 f.
Bradford 191
Brasilia 37
Breslau (Wrocław, PL) 83, 85 f., 165 f.
Bürrig s. Leverkusen

Charlottenburg s. Berlin
Chikago 177, 221
Christophstal s. Freudenstadt
Clerval 51

Dresden 197
Düsseldorf 139, 143, 149
Duisburg 146

Elberfeld s. Wuppertal
Ellwangen 225
Engen 9, 84, 94 f.
Essen 154, 197
Esslingen a.N. 225 f.

Ferrara 63, 66
Florenz 7, 225
Frankfurt am Main 37, 184, 201 f., 225
Frankfurt (Oder) 85
Freudenstadt 8, 21, 24, 26 f., 48–51, 66

Gmindersdorf s. Reutlingen

Haan 140
Halle 85

Hampstead s. London
Harbin 227
Hellerau s. Dresden

Kiel 37
Kunming 227

Langenberg s. Velbert
Leipzig 85
Letchworth Garden City 197
Leverkusen 10, 155 f.
Lieberose 9, 84, 91 f.
Liverpool 191
London 7, 37, 191, 195–197, 226
Los Angeles 227
Ludwigsburg 223 f.
Lübeck 223 f., 225

Magnitogorsk 201, 203
Mailand 9, 185–188
Manchester 10, 191
Marga s. Senftenberg
Marseille 221
Marienberg 50
Montbéliard (Mömpelgard) 48, 66 f.
Moskau 12, 29–31, 203, 205, 207, 209, 222, 226

Nancy 63, 65 f., 70–72
Neapel 9
Neisse (Nysa, PL) 90
New Earswick (York) 192
New York 221 f., 224

Oberwiesenthal (Neustadt im Wiesenthal) 50
Olpe 9, 84, 92–94
Oppenau 51, 55–58

Paris 29, 37, 59 f., 163, 177, 221 f., 226
Peking 12, 221 f., 224
Pompeji 164
Port Sunlight 194
Potsdam 223 f.

Ratingen 126
Reutlingen 197
Rio de Janeiro 221 f.
Rom 164, 168, 224 f.

Santiago de Chile 222
Sao Paolo 221
Scheibenberg 50
Schiltach 51–54, 59
Sebastiansberg (Hora Svatéko Sebastiàna, CZ) 50
Senftenberg 197
Seoul 12, 222
Shanghai 221
Siena 7

St. Petersburg 226
Stuttgart 12, 38, 59, 61–64, 67–69, 73 f., 202, 221, 225

Ulm 46
Urbino 7

Vaihingen an der Enz 51, 55
Velbert 131
Venedig 9, 11

Wien 29, 164, 168 f., 171, 173, 198
Wiesdorf s. Leverkusen
Wuppertal 121, 124, 131 f., 139–142, 144, 146 f., 149–151, 154 f.